Il racconto del Novecento

da Pirandello a Tabucchi

A cura di Ilvano Caliaro

Einaudi scuola

Letteratura del Novecento

In copertina:
Felice Casorati, *Tiro al bersaglio*, 1919
Torino, collezione privata

Grafica:
Gloriano Bosio
Alfredo La Posta

Redazione:
Giacomo Merli

© 1998 by Einaudi scuola®, Milano
Edumond S.p.A.
I edizione Letteratura del Novecento febbraio 1998

ISBN 88-286-0331-3
Tiratura:
                5   6   7   8   9 10
              2002   2003   2004

Stampato da «La Tipografica Varese S.p.A.» - Varese
per conto di Elemond S.p.A.

Stampato in Italia - Printed in Italy

Indice

Introduzione

1. Dal primo Novecento alla Grande guerra

Storia, politica, ideologie. Dopo le profonde tensioni politiche e gli aspri conflitti sociali che travagliano l'ultimo scorcio dell'Ottocento, il nuovo secolo si apre in un clima di fiducia e di ottimismo, specie dopo la chiamata al governo di Giolitti, artefice di una coraggiosa svolta liberale e democratica, il quale rimane presidente del consiglio quasi ininterrottamente dal novembre 1903 al marzo 1914.

Per il suo progetto di rammodernamento delle strutture economiche e sociali del giovane stato italiano, Giolitti cerca il sostegno della borghesia imprenditoriale piú aperta e dell'ala moderata del movimento operaio e sindacale, sempre piú organizzato ed agguerrito. Non può tuttavia mai contare su solide coalizioni di governo, bensí soltanto su maggioranze costituite di volta in volta tramite il compromesso e il patteggiamento parlamentare: questo ne condiziona inevitabilmente le scelte e gli impedisce di realizzare il suo progetto politico, anche per il progressivo avvento di nuove forze quali il sindacalismo rivoluzionario e il nazionalismo. Concessione alle attese della destra nazionalista, oltre che di alcuni ambienti finanziari, è la ripresa della politica coloniale, interrotta dopo il disastro di Adua nel 1896: nel 1911 si procede infatti alla conquista della Libia.

Sfruttando la favorevole congiuntura internazionale, Giolitti può assicurare al paese una crescita senza precedenti, dovuta soprattutto al decollo dell'industria: è questo uno sviluppo peraltro squilibrato a favore dell'Italia settentrionale, il quale, lasciando irrisolti i problemi del Mezzogiorno, approfondisce ulteriormente il divario tra Nord e Sud: le plebi rurali si trovano allora sempre piú costrette all'emigrazione, che raggiunge il suo culmine proprio nell'età giolittiana. Alla vigorosa crescita economica corrisponde, nel complesso, un miglioramento del tenore di vita: l'aumento dei salari e degli stipendi rende i beni di largo consumo e le prime forme di turismo accessibili a piú vaste fasce di popolazione.

L'estrema eterogeneità della coalizione di governo uscita dalle elezioni del 1913 e la crescente insofferenza da parte di varie componenti della società italiana nei suoi confronti, non ultimo il mondo culturale, inducono Giolitti, nel marzo del 1914, a passare le responsabilità di governo a Salandra, nelle previsioni sue e generali solo temporaneamente. Lo statista piemontese tornerà invece a governare, e per breve tempo, sei anni piú tardi, dopo il conflitto che tra il 1914 e il 1918 sconvolge l'Europa.

Nella Grande guerra sfocia tragicamente l'affermazione delle ideologie imperialistiche e nazionalistiche. L'Italia scende in campo, a fianco delle potenze dell'Intesa, il 24 maggio 1915, quasi un anno dopo l'inizio del conflitto. Nei mesi che intercorrono tra l'attentato di Sarajevo e l'entrata in guerra il contrasto tra neutralisti e interventisti infiamma il paese, ma l'Italia reale rimane intimamente contraria o indifferente alla guerra, che non è voluta dalle masse popolari. Per piegare la massiccia maggioranza parlamentare neutralista il governo utilizza la pressione della piazza, fragorosamente dominata dagli interventisti, e della grande stampa, cassa di risonanza dell'interventismo.

La Grande guerra brucia nove milioni di vite umane, cui vanno aggiunti molti milioni di reduci che nelle loro mutilazioni e nelle carni martoriate recheranno per sempre le stimmate di una tragedia sconvolgente. E con la Grande guerra, che determina la fine di un mondo e segna una radicale rottura della continuità storica, si chiude un lungo periodo che, pur inquieto, parrà piú tardi un'età felice di pace, progresso e benessere, definita, con sottile vena nostalgica, *Belle époque*: tale infatti appare a quanti, in questo travagliato Novecento, gettano su di essa uno sguardo retrospettivo.

Negli anni del nuovo secolo che precedono lo scoppio della Grande guerra viene meno la fiducia nei valori fondanti del positivismo, anzitutto nel primato della scienza e quindi della ragione. In ambito filosofico già da tempo si assiste al rifiuto globale della razionalità scientifica in nome della soggettività e dell'intuizione, di cui sono interpreti largamente influenti Nietzsche e Bergson. Nel pensiero nichilista ed eversivo di Nietzsche il primato viene attribuito alla volontà, intesa come forza vitale e creatrice che deve liberarsi dalle pastoie non solo della metafisica, ma anche della morale.

In Italia la reazione antiscientistica riceve un'impronta idealistica, non solo da Benedetto Croce e da Giovanni Gentile, i pensatori che dominano il panorama culturale di quegli anni (il primo eserciterà una pesante egemonia su mezzo secolo di vita intellettuale italiana), ma anche dai giovani intellettuali raccolti, con Giovanni Papini e Giuseppe Prezzolini, attorno alla rivista fiorentina «Il Leonardo» (1903-1907), i quali, mescolando confusamente attivismo e pragmatismo, intuizionismo e misticismo, vitalismo nietzscheano ed estetismo dannunziano, esprimono un ribellismo elitario e antidemocratico, antigiolittiano e antisocialista.

L'opposizione a Giolitti proviene, oltre che da «Il Leonardo», anche da «Il Regno» (1903-1906), fondato e diretto da Enrico Corradini: la rivista, anch'essa fiorentina, diviene l'organo del nazionalismo, fautore di una politica estera imperialista, con cui rinverdire i fasti del passato romano, e di una ferrea disciplina sociale all'interno. Tra i collaboratori piú in evidenza del «Regno» troviamo ancora Papini e Prezzolini, disponibili ad ogni avventura intellettuale.

Evoluzione ultima dell'irrazionalismo e dell'attivismo, con la sua etica dell'aggressività, è il movimento futurista, miscuglio incendiario di ribellismo, nazionalismo e bellicismo. Fautore di una radicale modernità e del progresso tecnologico e industriale, il futurismo, l'unica avanguardia italiana organica e di risonanza europea, elabora ed estende a tutte le arti una poetica coerente, conforme alla sua ideologia sovversiva.

All'eversione antiparlamentare un importante contributo viene anche dall'estrema sinistra, dal sindacalismo rivoluzionario d'ispirazione soreliana, il quale propugna la conquista del potere da parte del proletariato mediante lo sciopero generale e l'uso della violenza, e vede nella guerra il potenziale detonatore di un processo in grado di scardinare la società capitalistica: di qui il suo acceso interventismo.

Il primo quindicennio del Novecento è caratterizzato da un dibattito culturale acceso e vario, che ha luogo soprattutto sulle numerose riviste che in quel periodo vedono la luce in particolare a Firenze, intrecciandosi e sovrapponendosi, fondate e dirette dagli stessi uomini. Le riviste cominciano in quegli anni a sostituire nella guida dell'opinione pubblica le tradizionali istituzioni culturali e al loro interno si forma la moderna figura dell'intellettuale militante.

La temperie irrazionalistica del primo Novecento è anticipata da riviste apparse nell'ultimo scorcio del vecchio secolo, come «Il Convito» (1895-1907) di Adolfo De Bosis, i cui ideali estetistici e antiborghesi implicano una sorta di aristocrazia degli spiriti, di vaga suggestione nietzscheana. Antipositivista ed estetizzante, poi anche nazionalista, è «Il Marzocco», fondato a Firenze da Adolfo ed Angiolo Orvieto nel 1896 e diretto fino al 1900 da Corradini. Uno dei principali collaboratori del «Leonardo», Giuseppe Antonio Borgese, dà vita a «Hermes» (1904-1906), anch'esso nel solco dell'estetismo dannunziano ma incline ad accentuare i miti nazionalistici e imperialistici.

La rivista di gran lunga piú importante di questo periodo è tuttavia «La Voce», fondata nel 1908 da Prezzolini e pubblicata fino al 1916. Negli anni della direzione prezzoliniana (fino al 1914, dopo di che Giuseppe De Robertis le dà un'impronta esclusivamente letteraria) essa esercita un'opposizione democratica alla politica e alla cultura ufficiale, piú incisiva del velleitarismo clamoroso e pseudorivoluzionario di nazionalisti e futuristi che di fatto fanno il gioco dei ceti economicamente piú forti. La «Voce» dimostra infatti un'attenzione seria e concreta nei confronti della realtà del paese ed esercita un'importante azione di sprovincializzazione della cultura italiana. Tra i suoi collaboratori annovera uomini come Croce, Gentile, Amendola, Gaetano Salvemini, Luigi Einaudi (che in seguito prenderanno strade anche radicalmente divergenti), e, sul versante piú propriamente letterario, Giovanni Boine, Clemente Rebora, Renato Serra, Emilio Cecchi, Scipio Slataper: quanto di meglio offre allora la cultura italiana. Lasciata la «Voce», Salvemini fonda nel 1911 «L'Unità», sulla quale egli continua il suo fervido impegno democratico con inchieste di vario respiro sulla realtà italiana.

La fragorosa avanguardia futurista trova invece espressione ufficiale sulla reazionaria ed eversiva «Lacerba», cui Papini e Ardengo Soffici, stanchi dell'esperienza vociana, danno vita nel 1913. In prossimità dell'intervento la rivista si lancia in una campagna di esasperato bellicismo ed, emblematicamente, cessa le sue pubblicazioni alla vigilia dell'entrata in guerra dell'Italia. «Lacerba» ha comunque un notevole peso culturale, anche nell'ambito delle arti figurative, nel solco delle grandi avanguardie europee. «Poesia», fondata a Milano nel 1905 da Filippo Tommaso Marinetti, solo dal 1907 si caratterizza in senso futurista, e su di essa appare nel 1909 il *Manifesto del futurismo* dopo la sua pubblicazione sul parigino «Figaro».

La narrativa. Una prima incrinatura nel naturalismo apportano, agli albori del nuovo secolo, i romanzi di Grazia Deledda, con la loro progressiva trasfigurazione simbolica della realtà sarda e il tono lirico e favoloso del racconto. Ma alla dissoluzione del naturalismo provvedono i grandi narratori del primo Novecento: Italo Svevo, Luigi Pirandello e Federigo Tozzi. Pur muovendo da evidenti basi ottocentesche, essi elaborano costruzioni narrative del tutto diverse, fondate su altri presupposti gnoseologici e su altri canoni estetici, corrispondenti, piú consapevolmente nei primi due, ad una nuova idea di letteratura come autoanalisi e lucida demistificazione.

D'impianto ancora naturalistico, i primi due romanzi di Svevo (*Una vita*, 1892, e *Senilità*, 1898) sono tuttavia già costruiti non sui fatti, bensí sulle risonanze che essi hanno nei protagonisti, sull'auscultazione della vita interiore. Punto d'approdo del processo di dissoluzione del personaggio naturalistico, autonomo e tridimensionale, è *La coscienza di Zeno* (1923), il cui protagonista non è Zeno, bensí la sua coscienza (emblematico è il titolo), e in cui risulta sovvertita la tradizionale tecnica narrativa. Il capolavoro sveviano apre un'era radicalmente nuova della narrativa, nella quale l'individuo non guarda piú intorno a sé ma in sé. Alla dissoluzione del personaggio, reso coscienza e punto di vista dell'autore, giunge anche Pirandello, partito da posizioni narrative legate al verismo regionale (ineludibile per un siciliano): egli ne rompe gli schemi con *Il fu Mattia Pascal* (1904), e li frantuma poi in *Uno nessuno e centomila* (1926), in cui viene meno la certezza non solo dell'identità ma anche dell'unità dell'io. La dimensione oscura dell'inconscio è centrale e scardina il tradizionale impianto narrativo anche in *Con gli occhi chiusi* di Tozzi (scritto nel 1913), e se nella sua narrativa pare persistere il motivo naturalistico e verghiano della «roba», cioè della proprietà da acquisire e difendere, essa assume ben altra valenza, e la sua dissipazione diviene simbolico parricidio, come ne *Il podere* (scritto nel 1918).

L'ansia analitica del nuovo romanzo europeo pervade quindi Svevo, Pirandello e Tozzi, e i protagonisti dei loro racconti appartengono alla folta schiera degli «inetti» novecenteschi. Il triestino Svevo si radica interamente nella cultura mitteleuropea ed è il primo ad avvalersi di Freud per scandagliare le profondità dell'io. Anche Pirandello, la cui concezione della vita psichica è ancora quella descritta dalla psicologia associativa, guarda oltralpe, avvicinandosi, con la sua grottesca deformazione della realtà, al grande espressionismo europeo. Tozzi, coi suoi tipici motivi del conflitto col padre e dell'animalizzazione dei personaggi, richiama Kafka e quella cultura problematica che lo ha espresso.

I confini letterari tra Ottocento e Novecento sono comunque tutt'altro che netti: nei primi anni del nuovo secolo continuano ad operare narratori di valore e di successo come Antonio Fogazzaro e Gabriele d'Annunzio.

A segnare una rottura profonda con la tradizione provvedono anche i futuristi, l'avanguardia palazzeschiana e i vociani. Il futurismo fornisce varie elaborazioni teoriche coerenti con la sua ideologia della modernità (Marinetti nei suoi manifesti propone l'abolizione delle forme «passatiste» e la loro sostituzione con lo stile analogico, il paroliberismo ecc.), ma non dà risultati letterari di rilievo. I risultati piú cospicui di segno futurista sono ottenuti da autori che comunque mantengono una propria originalità rispetto alle soluzioni marinettiane, come Aldo Palazzeschi con *Il codice di Perelà* (1911), sorta di esile fiaba surreale, sospesa tra comico e tragico, di un uomo di fumo.

I vociani, mossi da un'ansia di verità e di rigenerazione morale, sperimentano un linguaggio inquieto, composito, espressionistico, e nuove forme letterarie come il frammento e la prosa lirica, di cui è emblematico *Il mio Carso* (1912) del triestino Slataper, l'espressione piú alta, sul versante narrativo, del clima vociano. Diviso tra la predominante matrice culturale mitteleuropea e il richiamo della tradizione culturale italiana (come Slataper e i numerosi giuliani a Firenze negli anni immediatamente precedenti la Grande guerra), è Carlo Michelstaedter, la cui morte, cercata a soli ventitre anni, è perfettamente coerente con il suo disperato nichilismo.

La tensione morale della migliore generazione vociana impronta anche l'opera di Renato Serra, critico finissimo, che
nell'*Esame di coscienza di un letterato* testimonia il disorienta-
mento e le contraddizioni degli intellettuali alla vigilia della
guerra: in quelle pagine (pubblicate sulla «Voce» il 30 aprile
1915, pochi mesi prima della morte al fronte) la letteratura, di
fronte all'immane e insensata tragedia che si sta consumando,
appare inservibile anche come estremo schermo e privato
conforto, qual era stato per Serra, contro il male di vivere.

2. Tra le due guerre

Storia, politica, ideologie. Le conseguenze del coinvolgi-
mento nella Grande guerra sono particolarmente traumati-
che per l'Italia, dove si rivela la fragilità degli equilibri politici e sociali sui quali si era retto sino ad allora lo Stato unitario. Le elezioni del novembre 1919 sconvolgono il quadro
politico: premiano infatti i due grandi partiti di massa, i socialisti e i popolari. Ma l'indisponibilità dei socialisti all'ac-
·cordo sia con i popolari sia con i liberaldemocratici determina una situazione di instabilità governativa e quindi un pericoloso vuoto di potere di cui approfitta il fascismo, fondato da Benito Mussolini nel maggio precedente come movimento antiparlamentare e antisocialista. Il 1919 e il 1920 –
il cosiddetto «biennio rosso» – sono anni caratterizzati da
una serie di agitazioni e di scioperi senza precedenti, che
coinvolgono l'intero paese. Nell'occupazione delle fabbriche
e delle terre una borghesia sempre piú preoccupata intravede
la «minaccia bolscevica», il preludio di una rivoluzione eversiva dell'assetto sociale, e nell'incipiente fascismo la forza capace di opporvisi.
Il fascismo s'impone rapidamente: viene sottovalutato, soprattutto dai socialisti, e gode della connivenza delle autorità
civili e militari, le quali non si oppongono all'offensiva terro-
ristica delle «squadre d'azione» fasciste contro le strutture
sindacali, politiche e amministrative socialiste, che, iniziata
alla fine del 1920, dilaga nella prima metà del 1921. Giolitti,
al governo tra il giugno 1920 e il maggio 1921, non contrasta,
come potrebbe, l'azione eversiva del fascismo, stimandolo un
fenomeno transitorio. Il suo tentativo di recuperarlo alla le-

galità è proseguito da Bonomi, ma l'agonizzante Stato liberale è ormai incapace di coagulare una salda maggioranza e
quindi di esprimere un governo che ristabilisca l'ordine e
contrasti l'ascesa del fascismo, cui guardano con crescente favore larghi settori del mondo imprenditoriale e del patronato
agricolo nonché i ceti della piccola e media borghesia. La
«marcia su Roma» delle milizie fasciste il 28 ottobre 1922,
un larvato colpo di stato reso possibile dal cedimento del re,
porta Mussolini al governo.

L'illusione di poter riportare il fascismo nell'alveo della le-
galità fino a restaurare, col suo stesso appoggio, lo Stato liberale dura poco. Superato il momento difficile seguito all'assassinio di Giacomo Matteotti nel giugno del 1924, che pare
vanificare i consensi che il fascismo si è fino ad allora procu-
rati, Mussolini può procedere senza grandi resistenze alla liquidazione dello Stato liberale e alla costruzione dello Stato
fascista. Alla fine del 1925 la rappresentanza dei lavoratori
diviene prerogativa dei sindacati fascisti e nell'aprile del 1926
viene proibito lo sciopero. Nel novembre dello stesso anno
sono sciolti tutti i partiti antifascisti: gli esponenti piú attivi
e compromessi dell'opposizione prendono la via dell'esilio, e
solo i comunisti scelgono la lotta clandestina in Italia. I Patti
Lateranensi del febbraio 1929 rafforzano la posizione di
Mussolini sia all'interno sia sul piano internazionale, e le elezioni del marzo successivo, non piú libere, sono un plebiscito
per il fascismo.

Durante il «ventennio» si registra una crescita dell'industria, resa possibile soprattutto dalla flessione dei salari reali
e dalla liquidazione del potere contrattuale della classe operaia. Questo aggrava il divario tra Nord e Sud, il quale, escluso dall'industrializzazione, resta un'area agricola e depressa.
Alla crescita dell'industria si contrappone la stagnazione del-
l'agricoltura, nonostante la politica del fascismo sia vòlta alla
«ruralizzazione» del paese. Durante il regime non migliora il
basso tenore di vita della maggioranza della popolazione, costretta a ridurre i consumi e spesso esposta alla minaccia della disoccupazione.

La vocazione imperialistica del fascismo, coerente con la
sua concezione dello Stato forte, tocca l'apice nel 1936 con
la conquista dell'Etiopia. L'isolamento internazionale che
ne segue provoca l'avvicinamento dell'Italia alla Germa-

nia nazista, culminato nel «Patto d'acciaio» del maggio 1939. La subalternità all'alleato tedesco continua sempre piú marcata nel corso della Seconda guerra mondiale, soprattutto quando, dopo l'armistizio dell'8 settembre 1943, nei territori occupati dalle truppe tedesche, Mussolini costituisce la Repubblica sociale italiana. Il 25 aprile 1945 segna la liberazione dell'Italia dall'invasore nazista e la fine, per il nostro paese, del secondo conflitto mondiale. Provocato dal cieco imperialismo hitleriano, esso è stato una guerra totale, che ha provocato cinquanta milioni di vittime tra civili e militari nonché immani distruzioni materiali, e durante la quale si sono consumati crimini inauditi contro l'umanità come i Lager nazisti e l'«olocausto» del popolo ebraico.

Gran parte degli intellettuali italiani, tra cui Croce ed Einaudi, sottovalutano in un primo tempo il fascismo, giudicandolo un fenomeno controllabile e incanalabile nelle strutture dello Stato liberale. A spingere poi Croce verso l'opposizione sono le leggi liberticide del 1925: il *Manifesto degli intellettuali antifascisti*, da lui redatto e sottoscritto nell'aprile di quell'anno insieme a una quarantina di intellettuali, vuole rispondere a quello di adesione al regime scritto da Gentile. Croce diventerà il punto di riferimento dell'opposizione moderata, essenzialmente etica e intellettuale, al regime.

Chi invece ha ben chiara da subito la natura intollerante e autoritaria del fascismo è Piero Gobetti, il quale denuncia l'acquiescenza o il disimpegno degli intellettuali nei confronti del movimento mussoliniano: l'ennesimo «tradimento dei chierici». Dalle pagine de «La Rivoluzione Liberale» (1922-1925), la rivista politica dichiaratamente antifascista da lui fondata e diretta, Gobetti propone una nuova figura di intellettuale, schierato dalla parte della classe operaia, in cui egli vede incarnati e difesi, nella crisi della società borghese, i valori di giustizia e di libertà propri della tradizione liberal-democratica. L'attività politica di Gobetti, morto nel febbraio del 1926 a Parigi, dove si era trasferito per sottrarsi alla persecuzione fascista, sarà ripresa dal movimento «Giustizia e Libertà» di Carlo e Nello Rosselli, uccisi nel 1937 in Francia da sicari fascisti; attraverso i Rosselli gli ideali gobettiani rivivranno nelle istanze libertarie del Partito d'azione.

In quegli anni anche Antonio Gramsci, tra i fondatori del Partito comunista, teorizza una nuova figura di intellettuale:

un intellettuale rivoluzionario «organico» alla classe lavoratrice, capace di interpretarne le esigenze materiali e spirituali, e di condurla al potere. Durante la lunga e durissima detenzione nelle carceri fasciste (in conseguenza della quale muore nel 1937) egli scrive quei quaderni che, pubblicati nel dopoguerra, contribuiscono in modo decisivo allo sviluppo di un marxismo italiano.

Il consenso al regime, che tocca il suo culmine nel 1936 in concomitanza con la conquista dell'Etiopia, è dettato soprattutto dall'opportunismo e dal timore. Il regime dispone di un capillare apparato di polizia politica, di tribunali speciali, ma soprattutto esercita un controllo efficacissimo sui principali mezzi di comunicazione, dalla stampa al cinema, alla nascente radiofonia, mentre la propaganda fascista costruisce il mito del «Duce», dell'«uomo della Provvidenza». Diviene poi sempre piú difficile sottrarre i giovani all'indottrinamento operato dalle organizzazioni giovanili fasciste, come l'Opera Nazionale Balilla (poi Gioventú Italiana del Littorio), istituita nel 1926. Con la normalizzazione del fascismo, molti intellettuali vengono presi nell'ingranaggio delle istituzioni fasciste (come l'Accademia d'Italia, inaugurata nel 1929, in cui entrano scienziati come Guglielmo Marconi ed Enrico Fermi, e letterati come Pirandello) o sono chiamati a partecipare alle iniziative culturali del regime (come l'«Enciclopedia Italiana», ideata e diretta da Gentile): è sintomatico che nel 1931 su 1200 professori universitari solo undici rifiutino di prestare giuramento di fedeltà al regime.

All'anima movimentista del fascismo, delusa dalla sua normalizzazione, danno voce riviste come «Il Selvaggio» (1924-1943), legato al nome di Mino Maccari, e «L'Italiano» (1926-1947), di Leo Longanesi. Sul «Selvaggio» Maccari lancia nel 1926 il movimento «Strapaese», ispirato ai valori di un'Italia tradizionalista e rurale: la sua violenta polemica è contro il movimento opposto, «Stracittà», e la rivista romana che ne è espressione, «900», fondata da Massimo Bontempelli, che alla cultura fascista intende dare una vernice moderna, cittadina ed europea («900» è inizialmente redatta in francese, a sottolinearne l'apertura internazionale). E di una prospettiva europea si fa portavoce anche un'altra rivista, di matrice gobettiana, «Il Baretti» (1924-1928), che in un ambito piú propriamente letterario trasferisce, nell'impossibilità ormai di un libero discorso politico, l'impegno etico e civile della «Rivoluzione Liberale».

Il distacco degli intellettuali piú lucidi e consapevoli dal regime coincide con la Guerra di Spagna (1936-1939). Un estremo tentativo di recuperare gli intellettuali italiani alla politica culturale fascista è compiuto da Giuseppe Bottai, gerarca e direttore di organi ufficiali, con la rivista «Primato» (1940-1943), nella quale ben presto si sviluppa una linea di progressiva resistenza al regime. Con l'inizio della Seconda guerra mondiale l'antifascismo italiano s'impegna nella costruzione di un fronte nazionale che comprende il Partito comunista, il Partito socialista, il Partito d'azione (fondato nel 1942) e la Democrazia cristiana (in cui, sempre nel 1942, rinasce il Partito popolare). La Resistenza dà un contributo essenziale alla maturazione civile degli italiani e costituisce il punto di partenza della nuova Italia democratica.

La narrativa. Anche in letteratura, il primo dopoguerra si apre nel segno di un «ritorno all'ordine» (un fenomeno peraltro di dimensioni europee). Ne è esemplare la rivista romana «La Ronda» (1919-1922), diretta da Vincenzo Cardarelli e annoverante tra i suoi protagonisti Emilio Cecchi, Riccardo Bacchelli, Antonio Baldini e Bruno Barilli: scrittori eterogenei ma accomunati dal rifiuto delle avanguardie e dell'impegno vociano, e dal recupero della tradizione, intesa essenzialmente come ripristino dell'ordine formale. «La Ronda», il cui spirito era già implicito nell'ultima «Voce», quella diretta da De Robertis, non cade però mai nel nazionalismo letterario, anzi è sempre attenta alle letterature straniere, e la sua azione costituisce un precedente per riviste come «900» e «Solaria». Il programma di restaurazione letteraria della «Ronda» esprime una nuova poetica del frammento, quella del «capitolo», della «prosa d'arte» (esemplari quelle di *Pesci rossi*, 1920, di Cecchi), ben lontana dall'intensità lirica e dalla violenza espressiva del frammentismo vociano. L'unico vero narratore tra i rondisti è Bacchelli, il quale, seguendo il modello manzoniano, approderà al romanzo storico (la sua opera piú nota è la trilogia de *Il mulino del Po*, 1938-1940, che abbraccia un secolo di storia italiana).

Nell'ambito del romanzo, ostacolato negli anni precedenti dal frammentismo vociano e dal futurismo, il «ritorno all'or-

dine» si specifica nella formula «tempo di edificare» con cui
Borgese (ma non è il solo) richiama gli scrittori ad un impegno costruttivo, di cui egli stesso offre un buon esempio con
Rubé (1921), ritratto morale dell'intellettuale alla vigilia del
fascismo, deluso dall'esperienza della guerra e privo di ideali.
I modelli ch'egli indica sono Verga (la cui grandezza viene
consacrata da una fondamentale monografia di Luigi Russo
nel 1919) e l'ultimo Tozzi, quello approdato nei suoi ultimi
romanzi, anche su suggerimento dello stesso Borgese, a costruzioni narrative piú organiche e concluse (Tozzi, anche se
letto in chiave verista, è un'autentica scoperta): ma la prospettiva indicata da Borgese non ha futuro. Nel rilancio della prosa, ma di una prosa ben diversa da quella «d'arte» che
si afferma in quegli anni, s'impegna anche «900»: sulle sue
pagine Bontempelli teorizza, con la sua poetica del «realismo
magico» (fusione di precisione realistica e di atmosfera magi-
ca), una letteratura popolare, fruibile da un pubblico di massa, della quale dà anche esempi concreti con i suoi romanzi.

Impegnata in un ritorno al romanzo che superi il frammentismo lirico e il calligrafismo rondesco è invece «Solaria»
(1926-1936), rivista fiorentina fondata da Alberto Carocci.
Intorno a «Solaria», che si richiama al rigore formale della
«Ronda» congiunto però all'esigenza di una vigile coscienza
morale (propria del gobettiano «Baretti», alcuni collaboratori del quale approdano sulle sue pagine), si sviluppano alcune
tra le piú significative esperienze letterarie italiane del tempo. La rivista è aperta ai piú ampi orizzonti della letteratura
europea e mondiale: attraverso di essa entrano nella cultura
italiana Joyce, Eliot, Proust, Kafka, Rilke, Valéry, ma anche
quella nuova letteratura americana che tanto influirà su Elio
Vittorini e Cesare Pavese nonché sugli scrittori neorealisti
del secondo dopoguerra. Sulle sue pagine o nelle sue edizioni
trovano spazio, accanto ad autori già affermati, vari esor-
dienti, alcuni dei quali, come Carlo Emilio Gadda e Alberto
Moravia, oltre a Vittorini e Pavese, saranno protagonisti nel
secondo dopoguerra. Autentiche operazioni di scoperta e di
rilancio rappresentano i numeri unici dedicati a Saba, a Svevo e a Tozzi. Nell'ambito di «Solaria» convivono diverse
istanze narrative. L'espressione piú caratteristica della rivista
è costituita dalla narrativa introspettivo-memoriale, di gusto
proustiano, i cui testi piú tipici sono quelli di Gianna Manzi-

ni (come *Tempo innamorato*, 1928) e Alessandro Bonsanti
(come *I capricci dell'Adriana*, 1934, e *Racconto militare*, 1937).
Ricco è anche il filone fantastico, magari venato di surrealismo, ben rappresentato da Arturo Loria (con i racconti di *Il
cieco e la Bellona*, 1928; *Fannias Ventosca*, 1929; *La scuola di
ballo*, 1932), Tommaso Landolfi e Alberto Savinio (situazioni surreali e una dimensione allegorica del racconto si ritrovano anche in uno scrittore non gravitante su «Solaria», Dino Buzzati). Il realismo lirico-simbolico di Vittorini indica
un'altra tendenza, viva nella cultura fiorentina di quegli anni, specie in Romano Bilenchi, la cui opera è improntata ad
un realismo intimista che caratterizza anche gli esordi di Vasco Pratolini e di Carlo Cassola. Un caso a sé costituisce Gadda con il suo vertiginoso plurilinguismo (radicale negazione
del classicismo rondesco), espressione di una dolorosa condizione esistenziale e di un rapporto traumatico con la realtà,
avvertita come caos.

Nel 1936 «Solaria» si spacca e muore: coloro che sostengono la necessità di un suo più pronunciato impegno ideologico, come Carocci e Giacomo Noventa, fondano «La Riforma Letteraria» (1936-1939); Bonsanti e i letterati puri danno
vita a «Letteratura» (1937-1943 la prima serie), sulle cui pagine trovano ospitalità scrittori come Pratolini e Cassola,
Franco Fortini e Mario Tobino, oltre ai già «solariani» (come
Vittorini, che tra il 1938 e il 1939 vi pubblica *Conversazione
in Sicilia*, e Gadda, del quale esce tra il 1938 e il 1941 *La cognizione del dolore* e nel 1946 *Quer pasticciaccio brutto de via
Merulana*). Su «Letteratura», oltre che su «Campo di Marte»
(1938-1939), diretta da Alfonso Gatto e da Pratolini, e prima
ancora su «Frontespizio» (1929-1940), voce della cultura cattolica fiorentina, s'incontrano i poeti ermetici.

Estranea alle direzioni narrative solariane è una tendenza
al realismo che si afferma intorno al 1930. Un realismo peraltro variamente declinato (già si è accennato a quello lirico-simbolico di Vittorini e a quello intimista di Bilenchi): dal
realismo critico di Moravia, la cui opera d'esordio e suo capolavoro, *Gli indifferenti* (1929), è già centrata sul tema essenziale della sua narrativa, il «male oscuro» della borghesia;
al realismo aperto a suggestioni liriche e favolose di Corrado
Alvaro in *Gente in Aspromonte* (1930), dedicato a una Calabria d'antica miseria e allucinante immobilità; mentre per

molti aspetti anticipatori del neorealismo sono *Fontamara*
(1930) di Ignazio Silone, rappresentazione del mondo dei disperati «cafoni» della Marsica nella loro secolare lotta contro
il potere (detenuto ora dai fascisti), e *Tre operai* (1934) di
Carlo Bernari, indagine narrativa sulla condizione sociale ed
esistenziale del proletariato napoletano.

3. *Dal secondo dopoguerra a oggi*

Storia, politica, ideologie. Alla fine della Seconda guerra
mondiale un'Europa devastata materialmente e spiritualmen-
te si ritrova nelle mani delle due superpotenze uscite vitto-
riose dal conflitto: gli Stati Uniti e l'Unione Sovietica. Le ri-
spettive zone d'influenza erano già state delineate nella confe-
renza di Yalta del febbraio del 1945, che ai primi aveva asse-
gnato l'Europa occidentale, alla seconda l'Europa orientale e
balcanica ad eccezione della Grecia. Mentre l'Europa occidentale dà inizio, con l'aiuto americano, alla ricostruzione, in
quella orientale i partiti comunisti, giunti al potere grazie al-
l'Armata rossa, instaurano regimi sul modello di quello sovie-
tico, limitando drasticamente le libertà. I due blocchi si con-
trappongono anche nelle alleanze militari (gli Stati Uniti e i
paesi occidentali danno vita nel 1949 al Patto Atlantico; l'U-
nione Sovietica e i paesi satelliti dell'Europa orientale al Patto di Varsavia nel 1953).

In Italia il crollo del fascismo coinvolge la monarchia, a cui
gli italiani, nel referendum del 2 giugno 1946, preferiscono la
repubblica. Il 1° gennaio 1948 entra in vigore la Costituzione
repubblicana, ispirata ai valori della Resistenza e frutto del
compromesso tra istanze liberali e istanze socialiste. Dal dicembre del 1945 il paese è guidato da governi di unità nazionale, formati da rappresentanti della Democrazia cristiana,
del Partito socialista e del Partito comunista, e presieduti da
De Gasperi, leader democristiano. Il difficile equilibrio tra
forze moderate e progressiste si rompe nel maggio del 1947,
quando i partiti di sinistra sono allontanati dal governo. Alle
elezioni dell'aprile 1948, che si svolgono in un clima tesissi-
mo e sono presentate dalla parte moderata come una decisiva
scelta di campo e di civiltà tra Est e Ovest, la Democrazia cristiana e i suoi alleati centristi (liberali, repubblicani e i so-

cialdemocratici di Saragat, staccatisi nel 1947 dai socialisti di Pietro Nenni) ottengono una schiacciante vittoria su socialisti e comunisti, uniti nel Fronte popolare.

Dal 1948 al 1962 l'Italia è guidata da governi di centro. Sono gli anni della ricostruzione, durante i quali il paese, uscito dal conflitto in condizioni disastrose, si avvia al «miracolo economico» degli anni Sessanta. Sul piano internazionale si assiste alla destalinizzazione, avviata nel 1956 da Kruscev, alla quale segue un relativo disgelo tra i due blocchi, che non impedisce all'Unione Sovietica di reprimere in quello stesso anno l'insurrezione ungherese e di soffocare un decennio piú tardi, nel 1968, la «primavera di Praga», il tentativo di Dubček di dare un «volto umano» al socialismo. Con il Concilio Vaticano II (1963-1965), tenutosi durante i papati di Giovanni XXIII e di Paolo VI, anche la Chiesa dà inizio ad un processo di grande rinnovamento.

Gli anni Sessanta vedono una straordinaria crescita dell'economia italiana. Le grandi città industriali del Nord richiamano dalle aree depresse del Sud milioni di persone e per la prima volta il numero dei lavoratori dell'industria supera quello degli addetti all'agricoltura. Il benessere si diffonde in strati sempre piú ampi della popolazione: ne sono simboli l'automobile, gli elettrodomestici e il turismo di massa. Nel 1962, nonostante l'opposizione di una parte del mondo cattolico, la Democrazia cristiana dà vita, con Fanfani, al primo governo di centro-sinistra con la partecipazione dei socialisti.

La crescita economica, frutto dell'industrializzazione, rallenta sul finire degli anni Sessanta. Contemporaneamente nuove inquietudini e istanze prendono ad agitare la società italiana, che in pochi anni ha conosciuto una grande trasformazione, da contadina, qual era soprattutto, a industriale e tecnologica. Gli anni 1968-1969, in particolare, sono caratterizzati dalla contestazione studentesca e dalle rivendicazioni operaie. Con la strage di piazza Fontana a Milano, nel dicembre del 1969, ha inizio il lungo e doloroso periodo della «strategia della tensione», che vede crescere contemporaneamente l'eversione di destra, responsabile di stragi e di attentati, e il terrorismo di marca marxista, culminato nel rapimento e nell'assassinio del leader democristiano Moro da parte delle Brigate rosse (marzo-maggio 1978). In quel momento di estrema tensione, alla guida del paese è un governo di solidarietà nazionale, favorito dalla netta affermazione del Partito comunista alle elezioni del 1976. Altri episodi gravissimi della «strategia della tensione» aprono gli anni Ottanta, durante i quali viene debellato, grazie ai «pentiti», il terrorismo delle Brigate rosse. I governi, a guida socialista, laica e democristiana che si succedono in quegli anni si trovano ad affrontare soprattutto la difficile situazione economica e il dilagare della malavita organizzata. Ma è lo stesso sistema politico che comincia a mostrare vistosamente i segni del suo degrado, per l'ingerenza sempre piú arrogante del potere partitico nella società e per la sostanziale connivenza tra mondo della politica e mondo degli affari.

L'impegno del letterato ha precedenti negli anni Trenta e Quaranta, ma solo nel secondo dopoguerra si definisce in senso politico e sociale progressista. La Resistenza, che aveva generato l'esigenza di una profonda rigenerazione civile e culturale del paese, induce molti intellettuali a rompere il loro isolamento e ad aderire ai partiti di sinistra, in particolare al Partito comunista. Ma il rapporto dell'intellettuale col Partito comunista è un rapporto difficile: ne è esempio quello di Vittorini, culminato nella celebre polemica che nel 1947 lo oppone a Togliatti. Al leader comunista che afferma il primato della politica sulla cultura e la subordinazione dell'intellettuale alle direttive del partito (come teorizzato da Ždanov, il responsabile della politica culturale staliniana), Vittorini ribatte rivendicando i diritti della cultura e la sua piena autonomia nei confronti della politica, che persegue fini contingenti e di parte. L'idea vittoriniana di cultura s'incarna nella rivista, da lui fondata e diretta, «Il Politecnico» (1945-1947): d'impronta illuministico-scientifica, essa è attenta ai problemi politico-sociali, ma anche a quelli dell'arte e della cultura.

La progressiva conoscenza, intorno al 1950, dei *Quaderni del carcere* di Gramsci promuove all'interno del Partito comunista una piú matura riflessione sui problemi della cultura e della letteratura, alla ricerca di una linea nazional-popolare capace di colmare la secolare frattura tra gli scrittori e le classi subalterne, che sia attenta alla realtà storico-sociale e che guardi ai modelli del realismo ottocentesco, soprattutto a Verga.

Nel 1956, la denuncia dei crimini staliniani e la repressione sovietica in Ungheria, difesa dal Partito comunista, portano alla diaspora degli intellettuali dal partito. Si afferma l'i-

dea (oltre che in Vittorini, in Italo Calvino e Franco Fortini,
ad esempio) della piú completa autonomia dell'intellettuale
da qualsiasi politica di partito. Questo fatto, con l'imporsi
della nuova realtà industriale, lo sviluppo del neocapitalismo,
la restaurazione culturale promossa dai governi centristi, la
fine degli entusiasmi e delle speranze di rinnovamento civile
propri dell'immediato dopoguerra, impone la ricerca di un
impegno diverso, adeguato ai tempi. Se ne fanno promotrici
soprattutto due riviste, «Officina» e «Il Menabò». «Officina» (1955-1959), fondata e redatta da Pier Paolo Pasolini,
Francesco Leonetti e Roberto Roversi (cui s'aggiungono in un
secondo tempo Fortini, Gianni Scalia e Paolo Volponi), punta soprattutto sulla sperimentazione di nuove forme espressive. Registrata la fine del neorealismo, essa propone un nuovo
rapporto tra la realtà e la parola, prevalentemente nel registro
di un plurilinguismo dialettale di cui è preso a modello Gadda, soprattutto quello del *Pasticciaccio*. Tra i molti temi del-
l'attualità sociale e culturale dibattuti da «Il Menabò» (1959-
1967), fondato e diretto da Vittorini e Calvino, vi è quello
del rapporto tra industria e letteratura. Vittorini invita a ri-
pensare il ruolo dello scrittore nella nuova realtà industriale,
della produzione e del consumo, al quale assegna il compito
di cogliere le profonde trasformazioni antropologiche e sociali provocate dall'industrializzazione; e pone l'accento anche
sulla necessità della ricerca formale. Con «Officina» e «Il
Menabò» va ricordata un'altra rivista che riflette significativamente il mutato clima culturale, «Il Verri», fondata da Lu-
ciano Anceschi nel 1956, che si apre alle sollecitazioni delle
correnti filosofiche piú attuali e delle scienze umane. Un rinnovamento della nozione di impegno come diretto coinvolgi-
mento degli intellettuali all'interno della fabbrica è promosso
dal movimento di «Comunità», fondato nel 1948 da un
imprenditore illuminato, Adriano Olivetti.

Un attacco eversivo alle strutture e alle tecniche della tradizione letteraria (in quanto espressioni del potere borghese e
in quanto incapaci di esprimere il caos e l'alienazione del
mondo tecnologizzato) viene dalla neoavanguardia, che ha le
sue radici nelle esperienze di «Officina» e del «Menabò», ma
soprattutto del «Verri». Dopo essersi proposta nel 1961 come modello alternativo con l'antologia poetica *I Novissimi*,
due anni dopo la neoavanguardia si organizza in vero e pro-

prio movimento col «Gruppo 63». In coincidenza con la forte politicizzazione del dibattito culturale e letterario avvenuta negli anni 1968-1969, il movimento si spacca poi tra i sostenitori dell'avanguardia letteraria come esperienza autonoma e i fautori della necessità di un impegno anche politico.

Dopo il Sessantotto viene progressivamente meno l'idea,
elaborata dalla sinistra, di intellettuale «organico» e di «egemonia» culturale: vi concorrono la delusione seguita al '68, le
difficoltà e le contraddizioni degli «anni di piombo», il crollo
dei miti (come quello maoista e quello del Vietnam, che mostrano il loro volto atroce), ma soprattutto la caduta, nel
1989, del muro di Berlino, il disfacimento dell'Unione Sovietica con il conseguente collasso ideologico-politico. Gli anni
Ottanta sono segnati dal crollo delle ideologie, e l'intellettuale appare sempre piú esposto alle lusinghe del mondo consu-
mista imposto dai mass media, preda del conformismo e del-
l'indifferenza etica, ed è indotto ad abdicare al suo ruolo di
coscienza critica della società. Quanto al consumismo, già negli anni Sessanta Pasolini, acuto e appassionato testimone del
proprio tempo, lo aveva denunciato come la causa della cata-
strofica, irreversibile, mutazione antropologica della società.

Dal canto suo, l'industria editoriale è venuta decisamente
orientandosi verso una letteratura di consumo, per cui il libro
tende a perdere i connotati di messaggio critico e autonomo
per assumere quelli di prodotto ideologicamente e stilistica-
mente neutro: diviene infatti prioritaria la ricerca del successo
di mercato, che non si fonda sul valore intrinseco del libro, ma
su adeguate strategie aziendali e sulla complicità dei mass media, livellatori dei contenuti, dell'immaginario e della lingua.

La narrativa. Gli anni tra il 1945 e il 1955 sono quelli del neorealismo: a spingere gli scrittori in tale direzione, dopo la prosa
d'arte e l'intimismo dei decenni precedenti, è un desiderio di
testimonianza, di verità, di conoscenza della realtà umana e
sociale (specie quella popolare, contadina e operaia, provinciale
e regionale), suscitato e alimentato dall'ideologia resistenziale.

Il neorealismo non è un movimento letterario organizzato, dotato di una comune e definita poetica, ma piuttosto un
clima, uno stato d'animo diffuso. Oltre a Verga e a Zola, ci si
richiama alla lezione di quegli scrittori che negli anni Trenta

avevano affrontato tematiche sociali: l'Alvaro di *Gente in Aspromonte*, il Bernari di *Tre operai*, il Vittorini de *Il garofano rosso*, opere che peraltro non esprimono alcuna denuncia diretta; solo *Fontamara* di Silone, anche per la sua struttura narrativa corale, costituisce una vera anticipazione della narrativa neorealista. Proprio in concomitanza col neorealismo la narrativa meridionalista conosce un rigoglioso sviluppo: da *Cristo si è fermato a Eboli* (1945) di Carlo Levi, un intellettuale gobettiano del nord che si fa testimone dell'arcaica cultura campana, estranea alla storia in movimento; ai primi libri di Domenico Rea (come *Spaccanapoli*, 1947, e *Gesú, fate luce!*, 1950), che descrivono la degradata realtà dei vicoli napoletani, quella stessa subumanità afflitta da una secolare e irredimibile miseria ritratta in *Speranzella* (1949) di Bernari e in *Il mare non bagna Napoli* (1953) di Anna Maria Ortese; a *Le terre del Sacramento* (1950) di Francesco Jovine, che racconta le lotte contadine del Molise: il romanzo forse piú significativo del neorealismo anche per la coscienza ideologica e la volontà di riscatto che lo pervade.

L'etichetta di neorealismo è appropriata ad una ingente produzione di memorie, diari, testimonianze, cronache o anche racconti e romanzi legati all'esperienza della guerra e della Resistenza. Tra queste opere, di valore artistico diseguale, spiccano *16 ottobre 1943* di Giacomo Debenedetti, rievocazione, di eccezionale intensità, del rastrellamento del ghetto ebraico di Roma ad opera dei tedeschi; *Se questo è un uomo* (1947) di Primo Levi, la piú alta testimonianza umana uscita dall'inferno del Lager nazista; *Il cielo è rosso* (1947) di Giuseppe Berto, ambientato in un Veneto devastato dai bombardamenti verso la fine della guerra; *Il sergente nella neve* (1953) di Mario Rigoni Stern, testimone delle epiche sofferenze degli alpini durante la ritirata dal fronte russo; *L'Agnese va a morire* (1949) di Renata Viganò, che narra l'eroismo di un'umile popolana entrata nella lotta partigiana. L'esaurirsi dell'ideologia resistenziale si avverte nell'opera d'esordio di Calvino, *Il sentiero dei nidi di ragno* (1947), che sfugge alle maglie del neorealismo con quell'apertura al fantastico che è vocazione dell'autore. E soprattutto ne *I ventitre giorni della città di Alba* (1952) di Beppe Fenoglio, dove è già in atto la diseroicizzazione della Resistenza, vista non ideologicamente ma come drammatica avventura esistenziale, e che ha il suo vertice artistico in *Una questione privata* (postumo, 1963).

..

Un'adesione provvisoria al neorealismo, non rispondente ad intime ragioni narrative e povera di risultati artistici, è in *Uomini e no* (1945) di Vittorini e ne *Il compagno* (1947) di Pavese, proprio gli autori di *Conversazione in Sicilia* (1939) e *Paesi tuoi* (1941), libri che nel dopoguerra vengono considerati i modelli della letteratura impegnata e neorealista. Ma il realismo di Vittorini è, come si è detto, lirico-simbolico: in *Conversazione in Sicilia* manca ogni connotazione naturalistica e documentaria e il suo messaggio è assoluto e universale. Il realismo di Pavese è mitico-simbolico: già in *Paesi tuoi*, dietro l'apparenza naturalistica, affiora quel terreno dell'irrazionale in cui scava l'autore, le cui reali colline delle Langhe divengono un luogo mitico e le vicende che vi si svolgono valgono anche come strumento d'interpretazione della realtà (e in questo senso vanno lette le opere della maturità, da *La casa in collina* a *La luna e i falò*). Neorealistica non può dirsi neppure la narrativa di Fenoglio ispirata al mondo contadino delle Langhe, poiché le sue vicende assurgono a manifestazioni esemplari di una condizione assoluta.

La stagione neorealistica di Moravia coincide con i romanzi *La romana* (1947) e *La ciociara* (1957) e i *Racconti romani* (1954 e 1959), dove egli scopre il proletariato come alternativa positiva al mondo borghese, da lui indagato sin dalla sua opera d'esordio e che resterà sempre al centro della sua narrativa. Anche per Cassola il neorealismo costituisce una parentesi: egli assume la tematica storico-politica e resistenziale in *Fausto ed Anna* (1952) e ne *La ragazza di Bube* (1959), ma il suo libro migliore è *Il taglio del bosco* (1954), ricco di tensione esistenziale e metafisica. Pratolini si accosta al neorealismo con la prospettiva corale e il colorito politico di *Cronache di poveri amanti* (1947), e vi si collega in chiave ideologica con *Metello* (1955), imperniato sulla presa di coscienza della classe operaia: la sua pubblicazione provoca un acceso dibattito sul tasso e la qualità del realismo presente in esso, segnale di come la stagione del neorealismo sia ormai esaurita.

In pieno clima neorealistico, nel 1948, la Morante pubblica forse il suo libro piú bello, *Menzogna e sortilegio*, tessuto di trame fantastiche; sempre indipendente dalle voghe letterarie, ella approderà a soluzioni di tipo neorealistico, ormai del tutto fuori tempo, nel 1974 con *La storia*. Nel 1951 Goffredo Parise esordisce, con *Il ragazzo morto e le comete*, all'insegna del favoloso e del surreale; Lalla Romano, nel 1953, pubblica uno splendido racconto, *Maria*, improntato ad un realismo lirico di stampo flaubertiano, dopodiché seguirà l'attitudine sua propria, lo scavo della coscienza e il recupero memoriale (culminante in *Una giovinezza inventata*, 1979). Ne *Il mare non bagna Napoli*, per certi aspetti legato al neorealismo, già si rivela la forza immaginativa della Ortese, che affronterà direttamente il racconto fiabesco con *L'iguana* (1965). Nel 1956 Leonardo Sciascia inizia con *Le parrocchie di Regalpetra* la sua indagine sulla realtà sociale, culturale e storica della Sicilia, una Sicilia ben lontana da quella mitica di Vittorini, intesa anche come metafora delle contraddizioni e dei mali nazionali: ma il suo impegno non è politico-ideologico, bensí etico. Un posto a sé occupa Vitaliano Brancati, il quale (dal *Don Giovanni in Sicilia*, 1941) colpisce, con la sua satira amara, gli aspetti piú tipici e deteriori della «sicilianità» come il gallismo e il culto della virilità.

La crisi del neorealismo è annunciata anche dall'opera di Giorgio Bassani (le *Cinque storie ferraresi* sono del 1956), del tutto estraneo all'ottimismo progressivo dell'ideologia dell'impegno e vòlto ad una narrativa della memoria, tra giudizio morale e ripiegamento intimistico (esemplare *Il giardino dei Finzi-Contini*, 1962). Al momento acuto della crisi giunge, nel 1958, *Il Gattopardo* di Giuseppe Tomasi di Lampedusa, con la sua concezione negativa della storia e il suo simbolismo del disfacimento: un libro che al suo apparire desta non poche polemiche.

Al rinnovamento dei contenuti e delle forme della letteratura provvede, in quegli anni, il cosiddetto neosperimentalismo, radicato nelle esperienze di «Officina» e del «Menabò». Dalla riflessione sui rapporti tra letteratura e industria (maturata entro l'esperienza di «Comunità») nascono opere come *Donnarumma all'assalto* (1959) di Ottiero Ottieri, racconto-saggio sulla caotica industrializzazione del Sud, *Memoriale* (1962) di Volponi, sull'alienante realtà della fabbrica e una trilogia (1965-1969) di Parise sulla riduzione dell'uomo ad oggetto nella civiltà industriale.

In ambito neosperimentalistico rientrano *Ragazzi di vita* (1955) e *Una vita violenta* (1959) di Pasolini, sul mondo diseredato e irredimibile delle borgate romane con la sua carica di

vitalità estrema, a suo modo innocente, in uno stile composito (di lingua, dialetto e gergo). Come pure *Il calzolaio di Vi-
gevano* (1959) di Lucio Mastronardi, dove sono descritti i riflessi psicologici e sociali del processo di industrializzazione
nella provincia lombarda, anche qui con un accentuato
espressionismo linguistico. Su questo agisce la lezione di
Gadda, rimasto sconosciuto al grande pubblico fino al 1957,
anno della pubblicazione in volume del suo libro piú noto,
Quer pasticciaccio brutto de via Merulana. A Gadda si rifà per
la sua ricerca espressiva anche la neoavanguardia, che conte-
sta i codici narrativi tradizionali: ne è esempio l'«antiroman-
zo» di Giorgio Manganelli *Hilarotragoedia* (1964), il cui linguaggio è sicuramente il piú ardito e innovativo dopo quello
gaddiano, e di Alberto Arbasino *Fratelli d'Italia* (prima edizione 1963), due scrittori che, pur mantenendo una propria
originalità, si sono accostati al «Gruppo 63».

Gli anni Settanta vedono il ritorno della letterarietà, la
riaffermazione delle sue possibilità conoscitive e anche della
dimensione estetica. Calvino propone una nuova prospettiva
del racconto, come operazione combinatoria, mai però fine a
se stessa, sottendendovi sempre un tentativo di conoscenza
della realtà: il suo risultato piú alto in questo senso è il metaromanzo *Se una notte d'inverno un viaggiatore* (1979). Prodotto d'alta ingegneria letteraria sull'esempio di Calvino è *Il nome della rosa* (1980) di Umberto Eco, che rappresenta, con il
suo straordinario successo, una svolta emblematica della narrativa, anche per il recupero di quell'affabulazione tradizionale già negata dalla neoavanguardia (di cui lo stesso Eco aveva fatto parte).

Il panorama della narrativa degli anni Settanta e Ottanta
appare affollato e vivace, ma anche intricato: è difficile infatti individuarvi indirizzi ben definiti. Continuano a pub-
blicare gli scrittori piú affermati, come Moravia, Calvino,
Sciascia, Morante, Parise, accanto ai quali si possono ricordare, in ordine sparso, Primo Levi (che s'impone non piú solo nelle vesti di testimone dell'olocausto ebraico, ma come
narratore autentico), Mario Pomilio, Gesualdo Bufalino,
Giorgio Saviane, Carlo Sgorlon, Fulvio Tomizza, Ferdinando
Camon, Giuseppe Pontiggia, Salvatore Satta, Stefano D'Ar-
rigo e, tra i piú giovani, Sebastiano Vassalli, Gianni Celati,
Nico Orengo e Antonio Tabucchi.

Il racconto del Novecento

Dal primo Novecento alla Grande guerra

LUIGI PIRANDELLO

Ciàula scopre la luna

*L'ambiente della novella, apparsa dapprima nel 1912 sul
«Corriere della Sera», è quello delle zolfare siciliane, il medesimo mondo di violenza e di abiezione in cui si svolge la vicenda
di Rosso Malpelo, nell'omonima novella verghiana.*

*All'ultimo anello di una catena di soprusi sta Ciàula, creatu-
ra subumana, forse idiota dalla nascita o forse abbrutito dalla vita bestiale cui è costretto. Se per gli altri che vi lavorano la miniera è «antro infernale», per lui è invece «alvo materno»: nel-
l'oscurità sotterranea egli vive infatti «cieco e sicuro», proprio
come nel grembo della madre. Ciàula ha esperïenza solo del buio
della miniera (poiché sfinito dalla stanchezza dorme dal tramonto all'alba) ed è terrorizzato dalla notte esterna, che rappresenta
per lui l'ignoto. Ma l'uscita nella notte rischiarata dalla luna sarà
per Ciàula una sorta di nascita, o, meglio, di rinascita alla vita:
egli avvertirà infatti con forza, e in modo quasi inconscio, la
grande dolcezza dello spettacolo lunare. Ed è proprio nell'ingenuo, irrazionale, ritorno alla natura che, secondo Pirandello,
l'uomo può ritrovare verità e conforto.*

I picconieri[1], quella sera, volevano smettere di lavorare
senz'aver finito d'estrarre le tante casse di zolfo che bisogna-
vano il giorno appresso a caricar la *calcara*[2]. Cacciagallina, il
soprastante[3], s'affierò[4] contr'essi, con la rivoltella in pugno,
davanti la buca della *Cace*, per impedire che ne uscissero.

– Corpo di... sangue di... indietro tutti, giú tutti di nuovo
alle cave, a buttar sangue fino all'alba, o faccio fuoco!

---

[1] *I picconieri*: i minatori che, a colpi di piccone, estraevano i minerali di zolfo. Pirandello conosceva bene l'ambiente delle zolfare, poiché il padre ne gestiva alcune
nelle vicinanze di Agrigento.
[2] *la calcara*: la fornace dove si fondevano i minerali di zolfo.
[3] *soprastante*: sorvegliante, sovrintendente.
[4] *s'affierò*: infierí.

– Bum! – fece uno dal fondo della buca. – Bum! – echeg-
giarono parecchi altri; e con risa e bestemmie e urli di scherno fecero impeto, e chi dando una gomitata, chi una spallata,
passarono tutti, meno uno. Chi? Zi' Scarda, si sa, quel povero cieco d'un occhio, sul quale Cacciagallina poteva far bene
il gradasso. Gesú, che spavento! Gli si scagliò addosso, che
neanche un leone[5]; lo agguantò per il petto e, quasi avesse in
pugno anche gli altri, gli urlò in faccia, scrollandolo furiosamente:

– Indietro tutti, vi dico, canaglia! Giú tutti alle cave, o
faccio un macello!

Zi' Scarda si lasciò scrollare pacificamente. Doveva pur
prendersi uno sfogo, quel povero galantuomo, ed era naturale se lo prendesse su lui che, vecchio com'era, poteva offrirglielo senza ribellarsi. Del resto, aveva anche lui, a sua volta,
sotto di sé qualcuno piú debole, sul quale rifarsi piú tardi:
Ciàula, il suo *caruso*[6].

Quegli altri... eccoli là, s'allontanavano giú per la stradetta che conduceva a Comitini[7]; ridevano e gridavano:

– Ecco, sí! tienti forte codesto, Cacciagallí! Te lo riempirà
lui il calcherone[8] per domani!

– Gioventú! – sospirò con uno squallido sorriso d'indul-
genza zi' Scarda a Cacciagallina.

E, ancora agguantato per il petto, piegò la testa da un lato, stiracchiò verso il lato opposto il labbro inferiore, e rimase cosí per un pezzo, come in attesa.

Era una smorfia a Cacciagallina? o si burlava della gioventú di quei compagni là?

Veramente, tra gli aspetti di quei luoghi, strideva quella
loro allegria, quella velleità di baldanza giovanile. Nelle dure
facce quasi spente dal bujo crudo delle cave sotterranee, nel
corpo sfiancato dalla fatica quotidiana, nelle vesti strappate,
avevano il livido squallore di quelle terre senza un filo d'erba, sforacchiate dalle zolfare, come da tanti enormi formicaj.

[5] *che neanche un leone*: come non avrebbe fatto neanche un leone.
[6] *Ciàula... caruso*: Ciàula era cosí soprannominato per il verso, simile a quello
della cornacchia («ciàula» in siciliano), ch'egli faceva salendo dalla miniera alla superficie col carico di zolfo sulle spalle; il *caruso* era il garzone, il ragazzo che stava
accanto ad ogni picconiere e portava alla superficie il materiale estratto.
[7] *Comitini*: località vicina ad Agrigento.
[8] *calcherone*: come calcara (vedi nota 2, p. 5).

Ma no: zi' Scarda, fisso in quel suo strano atteggiamento, non si burlava di loro, né faceva una smorfia a Cacciagallina. Quello era il versaccio solito, con cui, non senza stento, si deduceva pian piano in bocca la grossa lagrima[9], che di tratto in tratto gli colava dall'altro occhio, da quello buono.

Aveva preso gusto a quel saporino di sale, e non se ne lasciava scappar via neppur una.

Poco: una goccia, di tanto in tanto; ma buttato dalla mattina alla sera laggiú, duecento e piú metri sottoterra, col piccone in mano, che a ogni colpo gli strappava come un ruglio[10] di rabbia dal petto, zi' Scarda aveva sempre la bocca arsa: e quella lagrima, per la sua bocca, era quel che per il naso sarebbe stato un pizzico di rapè[11].

Un gusto e un riposo.

Quando si sentiva l'occhio pieno, posava per un poco il piccone e, guardando la rossa fiammella fumosa della lanterna confitta nella roccia, che alluciava[12] nella tenebra dell'antro infernale qualche scaglietta di zolfo qua e là, o l'acciaio del palo o della piccozza, piegava la testa da un lato, stiracchiava il labbro inferiore e stava ad aspettar che la lagrima gli colasse giú, lenta, per il solco scavato dalle precedenti.

Gli altri, chi il vizio del fumo, chi quello del vino; lui aveva il vizio della sua lagrima[13].

Era del sacco lacrimale malato e non di pianto, quella lagrima; ma si era bevute anche quelle del pianto, zi' Scarda, quando, quattr'anni addietro, gli era morto l'unico figliuolo, per lo scoppio d'una mina, lasciandogli sette orfanelli e la nuora da mantenere. Tuttora gliene veniva giú qualcuna piú salata delle altre; ed egli la riconosceva subito: scoteva il capo, allora, e mormorava un nome:

– Calicchio...[14]

In considerazione di Calicchio morto, e anche dell'occhio perduto per lo scoppio della stessa mina, lo tenevano ancora

[9] si deduceva... lagrima: conduceva dall'occhio giú alla bocca (predisponendo, con la smorfia, un solco per la lacrima).
[10] ruglio: brontolio sordo e minaccioso.
[11] rapè: tabacco forte da fiuto.
[12] alluciava: faceva luccicare.
[13] lui... lagrima: attraverso il grottesco, l'umorismo pirandelliano svela la pietà dell'autore nei confronti di zi' Scarda, come poco piú sotto avviene nei confronti di Ciàula che veste il panciotto.
[14] Calicchio: diminutivo di Calogero.

lí a lavorare. Lavorava piú e meglio di un giovane; ma ogni sabato sera, la paga gli era data, e per dir la verità lui stesso se
la prendeva, come una carità che gli facessero: tanto che, in-
tascandola, diceva sottovoce, quasi con vergogna:

– Dio gliene renda merito.

Perché, di regola, doveva presumersi che uno della sua età
non poteva piú lavorar bene.

Quando Cacciagallina alla fine lo lasciò per correre dietro
agli altri e indurre con le buone maniere qualcuno a far not-
tata, zi' Scarda lo pregò di mandare almeno a casa uno di
quelli che ritornavano al paese, ad avvertire che egli rimaneva alla zolfara e che perciò non lo aspettassero e non stessero
in pensiero per lui; poi si volse attorno a chiamare il suo *caruso*, che aveva piú di trent'anni (e poteva averne anche sette o settanta, scemo com'era); e lo chiamò col verso con cui si
chiamano, le cornacchie ammaestrate:

– *Te', pa'! te', pa'!*

Ciàula stava a rivestirsi per ritornare al paese.

Rivestirsi per Ciàula significava togliersi prima di tutto la
camicia, o quella che un tempo era stata forse una camicia:
l'unico indumento che, per modo di dire, lo coprisse durante
il lavoro. Toltasi la camicia, indossava sul torace nudo, in cui
si potevano contare a una a una tutte le costole, un panciotto bello largo e lungo, avuto in elemosina, che doveva essere
stato un tempo elegantissimo e sopraffino (ora il luridume vi
aveva fatto una tal roccia[15], che a posarlo per terra stava ritto). Con somma cura Ciàula ne affibbiava i sei bottoni, tre
dei quali ciondolavano, e poi se lo mirava addosso, passando-
ci sopra le mani, perché veramente ancora lo stimava superiore a' suoi meriti: una galanteria[16]. Le gambe nude, misere
e sbilenche, durante quell'ammirazione, gli si accappona-
no, illividite dal freddo. Se qualcuno dei compagni gli dava
uno spintone e gli allungava un calcio, gridandogli: – Quanto
sei bello! – egli apriva fino alle orecchie ad ansa la bocca
sdentata a un riso di soddisfazione, poi infilava i calzoni, che
avevano piú d'una finestra aperta sulle natiche e sui ginocchi;

[15] *roccia*: sudiciume indurito.
[16] *galanteria*: raffinatezza da galantuomini.

s'avvolgeva in un cappottello d'albagio[17] tutto rappezzato, e,
scalzo, imitando meravigliosamente a ogni passo il verso della cornacchia – *cràh! cràh!* – (per cui lo avevano soprannominato Ciàula), s'avviava al paese.

– *Cràh! cràh!* – rispose anche quella sera al richiamo del
suo padrone; e gli si presentò tutto nudo, con la sola galanteria di quel panciotto, debitamente abbottonato.

– Va', va' a rispogliarti, – gli disse zi' Scarda. – Rimettiti
il sacco e la camicia. Oggi per noi il Signore non fa notte[18].

Ciàula non fiatò; restò un pezzo a guardarlo a bocca aperta, con occhi da ebete; poi si poggiò le mani su le reni e, raggrinzando in sú il naso, per lo spasimo, si stirò e disse:

– *Gna bonu!* (Va bene).

E andò a levarsi il panciotto.

Se non fosse stato per la stanchezza e per il bisogno del
sonno, lavorare anche di notte non sarebbe stato niente, perché laggiú, tanto, era sempre notte lo stesso. Ma questo, per
zi' Scarda.

Per Ciàula, no. Ciàula, con la lumierina a olio nella rim-
boccatura del sacco su la fronte, e schiacciata la nuca sotto il
carico, andava sú e giú per la lubrica[19] scala sotterranea, erta,
a scalini rotti, e sú, sú, affievolendo a mano a mano, col fiato mózzo, quel suo crocchiare[20] a ogni scalino, quasi in un gemito di strozzato, rivedeva a ogni salita la luce del sole. Dapprima ne rimaneva abbagliato; poi col respiro che traeva nel
liberarsi dal carico, gli aspetti noti delle cose circostanti gli
balzavano davanti; restava, ancora ansimante, a guardarli un
poco e, senza che n'avesse chiara coscienza, se ne sentiva
confortare.

Cosa strana; della tenebra fangosa delle profonde caverne,
ove dietro ogni svolto stava in agguato la morte, Ciàula non
aveva paura; né paura delle ombre mostruose, che qualche
lanterna suscitava a sbalzi lungo le gallerie, né del subito
guizzare di qualche riflesso rossastro qua e là in una pozza, in
uno stagno d'acqua sulfurea: sapeva sempre dov'era; toccava
con la mano in cerca di sostegno le viscere della montagna: e
ci stava cieco e sicuro come dentro il suo alvo materno.

---

[17] *albagio*: panno di lana grossolana.
[18] *Oggi... notte*: cioè stanotte lavoreremo.
[19] *lubrica*: sdrucciolevole.
[20] *crocchiare*: gracchiare, fare il verso della cornacchia.

Aveva paura, invece, del bujo vano[21] della notte.

Conosceva quello del giorno, laggiú, intramezzato da so-spiri[22] di luce, di là dall'imbuto della scala, per cui saliva tan-te volte al giorno, con quel suo specioso arrangolío[23] di cor-nacchia strozzata. Ma il bujo della notte non lo conosceva.

Ogni sera, terminato il lavoro, ritornava al paese con zi'
Scarda; e là, appena finito d'ingozzare i resti della minestra,
si buttava a dormire sul saccone di paglia per terra, come un
cane; e invano i ragazzi, quei sette nipoti orfani del suo pa-drone, lo pestavano per tenerlo desto e ridere della sua scioc-chezza; cadeva subito in un sonno di piombo, dal quale, ogni
mattina, alla punta dell'alba, soleva riscuoterlo un noto piede.

La paura che egli aveva del bujo della notte gli proveniva
da quella volta che il figlio di zi' Scarda, già suo padrone,
aveva avuto il ventre e il petto squarciati dallo scoppio della
mina, e zi' Scarda stesso era stato preso in un occhio.

Giú, nei varii posti a zolfo[24], si stava per levar mano[25], es-sendo già sera, quando s'era sentito il rimbombo tremendo di
quella mina scoppiata. Tutti i picconieri e i carusi erano ac-corsi sul luogo dello scoppio; egli solo, Ciàula, atterrito, era
scappato a ripararsi in un antro noto soltanto a lui.

Nella furia di cacciarsi là, gli s'era infranta contro la roc-cia la lumierina di terracotta, e quando alla fine, dopo un
tempo che non aveva potuto calcolare, era uscito dall'antro
nel silenzio delle caverne tenebrose e deserte, aveva stentato
a trovare a tentoni la galleria che lo conducesse alla scala; ma
pure non aveva avuto paura. La paura lo aveva assalito, inve-ce, nell'uscir dalla buca nella notte nera, vana.

S'era messo a tremare, sperduto, con un brivido per ogni
vago alito indistinto nel silenzio arcano che riempiva la ster-minata vacuità, ove un brulichío infinito di stelle fitte, pic-colissime, non riusciva a diffondere alcuna luce.

Il bujo, ove doveva esser lume, la solitudine delle cose che
restavan lí con un loro aspetto cangiato[26] e quasi irriconosci-bile, quando piú nessuno le vedeva, gli avevano messo in ta-

---

[21] *vano*: vuoto.
[22] *sospiri*: attimi.
[23] *specioso arrangolío*: strano rantolo.
[24] *nei... zolfo*: nelle varie parti della miniera.
[25] *levar mano*: sospendere il lavoro.
[26] *cangiato*: cambiato, mutato.

le subbuglio l'anima smarrita, che Ciàula s'era all'improvviso lanciato in una corsa pazza, come se qualcuno lo avesse inseguito.

Ora, ritornato giú nella buca con zi' Scarda, mentre stava ad aspettare che il carico fosse pronto, egli sentiva a mano a mano crescersi lo sgomento per quel bujo che avrebbe trovato, sbucando dalla zolfara. E piú per quello, che per questo delle gallerie e della scala, rigovernava attentamente la lumierina di terracotta.

Giungevano da lontano gli stridori e i tonfi cadenzati della pompa, che non posava mai, né giorno né notte[27]. E nella cadenza di quegli stridori e di quei tonfi s'intercalava il ruglio sordo di zi' Scarda, come se il vecchio si facesse ajutare a muovere le braccia dalla forza della macchina lontana.

Alla fine il carico fu pronto, e zi' Scarda ajutò Ciàula a disporlo e rammontarlo[28] sul sacco attorto dietro la nuca.

A mano a mano che zi' Scarda caricava, Ciàula sentiva piegarsi, sotto, le gambe. Una, a un certo punto, prese a tremargli convulsamente cosí forte che, temendo di non piú reggere al peso, con quel tremitío, Ciàula gridò:

– Basta! basta!

– Che basta, cargona! – gli rispose zi' Scarda.

E seguitò a caricare.

Per un momento la paura del bujo della notte fu vinta dalla costernazione che, cosí caricato, e con la stanchezza che si sentiva addosso, forse non avrebbe potuto arrampicarsi fin lassú. Aveva lavorato senza pietà tutto il giorno. Non aveva mai pensato Ciàula che si potesse aver pietà del suo corpo, e non ci pensava neppur ora; ma sentiva che, proprio, non ne poteva piú.

Si mosse sotto il carico enorme, che richiedeva anche uno sforzo d'equilibrio. Sí, ecco, sí, poteva muoversi, almeno finché andava in piano. Ma come sollevar quel peso, quando sarebbe cominciata la salita?

Per fortuna, quando la salita cominciò, Ciàula fu ripreso dalla paura del bujo della notte, a cui tra poco si sarebbe affacciato.

---

[27] *pompa... notte*: quella che ininterrottamente estraeva dalla miniera le acque d'infiltrazione.
[28] *rammontarlo*: raccoglierlo.

Attraversando le gallerie, quella sera, non gli era venuto il solito verso della cornacchia, ma un gemito raschiato, protratto. Ora, sú per la scala, anche questo gemito gli venne meno, arrestato dallo sgomento del silenzio nero che avrebbe trovato nella impalpabile vacuità di fuori.

La scala era cosí erta, che Ciàula, con la testa protesa e schiacciata sotto il carico, pervenuto all'ultima svoltata, per quanto spingesse gli occhi a guardare in sú, non poteva veder la buca che vaneggiava[29] in alto.

Curvo, quasi toccando con la fronte lo scalino che gli stava sopra, e su la cui lubricità la lumierina vacillante rifletteva appena un fioco lume sanguigno, egli veniva sú, sú, sú, dal ventre della montagna, senza piacere, anzi pauroso della prossima liberazione. E non vedeva ancora la buca, che lassú lassú si apriva come un occhio chiaro, d'una deliziosa chiarità d'argento.

Se ne accorse solo quando fu agli ultimi scalini. Dapprima, quantunque gli paresse strano, pensò che fossero gli estremi barlumi del giorno. Ma la chiaría cresceva, cresceva sempre piú, come se il sole, che egli aveva pur visto tramontare, fosse rispuntato.

Possibile?

Restò – appena sbucato all'aperto – sbalordito. Il carico gli cadde dalle spalle. Sollevò un poco le braccia; aprí le mani nere in quella chiarità d'argento.

Grande, placida, come in un fresco, luminoso oceano di silenzio, gli stava di faccia la Luna[30].

Sí, egli sapeva, sapeva che cos'era; ma come tante cose si sanno, a cui non si è dato mai importanza. E che poteva importare a Ciàula, che in cielo ci fosse la Luna?

Ora, ora soltanto, cosí sbucato, di notte, dal ventre della terra, egli la scopriva.

Estatico[31], cadde a sedere sul suo carico, davanti alla buca. Eccola, eccola là, eccola là, la Luna... C'era la Luna! la Luna!

E Ciàula si mise a piangere, senza saperlo, senza volerlo, dal gran conforto, dalla grande dolcezza che sentiva, nell'a-

---

[29] *la buca... che vaneggiava*: l'uscita della miniera che si apriva.
[30] *Grande... Luna*: il lirismo che urge sotto la scorza del realismo descrittivo di questo racconto erompe nel finale con cadenze leopardiane.
[31] *Estatico*: stupito.

verla scoperta, là, mentr'ella saliva pel cielo, la Luna, col suo ampio velo di luce, ignara dei monti, dei piani, delle valli che rischiarava, ignara di lui, che pure per lei non aveva piú paura, né si sentiva piú stanco, nella notte ora piena del suo stupore.

(da *Novelle per un anno*, Mondadori, Milano 1985)

ITALO SVEVO

Vino generoso

*Questo racconto fu composto intorno·al 1914, anno in cui lo
lesse Joyce, e poi rielaborato nel 1927. Si lega alla* Coscienza di
Zeno *perché ci presenta i motivi della malattia e della cura e de-
linea un mondo domestico con i relativi, problematici, rapporti
familiari; ma esso prospetta anche una «senilità» che non è piú
soltanto condizione psicologica (abulia, malattia psichica, malinconia ecc.) bensí anche condizione fisica ed età della vita. Al
capolavoro sveviano rimanda pure l'incidenza del sogno, inteso
freudianamente come strumento di rivelazione dell'inconscio.*

*Un «sogno atroce», un incubo persecutorio, svela infatti la ve-
rità che giace al fondo della coscienza del protagonista: un'emar-
ginante condizione d'inferiorità (di cui la malattia non è certo
causa bensí marchio e conferma) genera l'odio, da cui nascono
senso di colpa e idee persecutorie. Il vino non è affatto «generoso» se libera, nel sogno, i mostri di egoismo e di crudeltà che
s'annidano nel profondo del protagonista, disposto a uccidere
tutti, persino la figlia, pur di salvare se stesso.*

Andava a marito una nipote di mia moglie, in quell'età in
cui le fanciulle cessano d'essere tali e degenerano in zitelle.
La poverina fino a poco prima s'era rifiutata alla vita, ma poi
le pressioni di tutta la famiglia l'avevano indotta a ritornar-
vi, rinunziando al suo desiderio di purezza e di religione,
aveva accettato di parlare[1] con un giovane che la famiglia
aveva prescelto quale un buon partito. Subito dopo addio religione, addio sogni di virtuosa solitudine, e la data delle nozze era stata stabilita anche piú vicina di quanto i congiunti
avessero desiderato. Ed ora sedevamo alla cena della vigilia
delle nozze.

---

[1] *di parlare*: cioè il corteggiamento.

Io, da vecchio licenzioso², ridevo. Che aveva fatto il giovane per indurla a mutare tanto presto? Probabilmente l'a-
veva presa fra le braccia per farle sentire il piacere di vivere
e l'aveva sedotta piuttosto che convinta. Perciò era necessario si facessero loro tanti auguri. Tutti, quando sposano, hanno bisogno di auguri, ma quella fanciulla piú di tutti. Che disastro, se un giorno essa avesse dovuto rimpiangere di essersi lasciata rimettere su quella via, da cui per istinto aveva
aborrito. Ed anch'io accompagnai qualche mio bicchiere con
auguri, che seppi persino confezionare per quel caso speciale:
– Siate contenti per uno o due anni, poi gli altri lunghi anni
li sopporterete piú facilmente, grazie alla riconoscenza di
aver goduto. Della gioia resta il rimpianto ed è anche esso un
dolore, ma un dolore che copre quello fondamentale, il vero
dolore della vita.

Non pareva che la sposa sentisse il bisogno di tanti augurii. Mi sembrava anzi ch'essa avesse la faccia addirittura cristallizzata in un'espressione d'abbandono fiducioso. Era però
la stessa espressione che già aveva avuta quando proclamava
la sua volontà di ritirarsi in un chiostro. Anche questa volta
essa faceva un voto, il voto di essere lieta per tutta la vita.
Fanno sempre dei voti certuni a questo mondo. Avrebbe essa adempiuto questo voto meglio del precedente?

Tutti gli altri, a quella tavola, erano giocondi con grande
naturalezza, come lo sono sempre gli spettatori. A me la naturalezza mancava del tutto. Era una sera memoranda anche per me. Mia moglie aveva ottenuto dal dottor Paoli che
per quella sera mi fosse concesso di mangiare e bere come
tutti gli altri. Era la libertà resa piú preziosa dal mònito che
subito dopo mi sarebbe stata tolta. Ed io mi comportai proprio come quei giovincelli cui si concedono per la prima volta le chiavi di casa. Mangiavo e bevevo, non per sete o per
fame, ma avido di libertà. Ogni boccone, ogni sorso doveva
essere l'asserzione della mia indipendenza. Aprivo la bocca
piú di quanto occorresse per ricevervi i singoli bocconi, ed
il vino passava dalla bottiglia nel bicchiere fino a trabocca-
re, e non ve lo lasciavo che per un istante solo. Sentivo una
smania di movermi io, e là, inchiodato su quella sedia, sep-

---

² *da vecchio licenzioso*: da persona che, esperta della vita, sa quanto gli impulsi
sessuali possano influire sulla condotta degli uomini.

pi avere il sentimento di correre e saltare come un cane liberato dalla catena.

Mia moglie aggravò la mia condizione raccontando ad una
sua vicina a quale regime io di solito fossi sottoposto, mentre
mia figlia Emma, quindicenne, l'ascoltava e si dava dell'importanza completando le indicazioni della mamma. Volevano
dunque ricordarmi la catena anche in quel momento in cui
m'era stata levata? E tutta la mia tortura fu descritta: come
pesavano quel po' di carne che m'era concessa a mezzodí,
privandola d'ogni sapore, e come di sera non ci fosse nulla da
pesare, perché la cena si componeva di una rosetta³ con uno
spizzico di prosciutto e di un bicchiere di latte caldo senza
zucchero, che mi faceva nausea. Ed io, mentre esse parlavano, facevo la critica della scienza del dottore e del loro affetto. Infatti, se il mio organismo era tanto logoro, come si poteva ammettere che quella sera, perché ci era riuscito quel bel
tiro di far sposare chi di sua elezione⁴ non l'avrebbe fatto, esso potesse improvvisamente sopportare tanta roba indigesta e
dannosa? E bevendo mi preparavo alla ribellione del giorno
appresso. Ne avrebbero viste di belle.

Gli altri si dedicavano allo *champagne*, ma io dopo averne
preso qualche bicchiere per rispondere ai varii brindisi, ero
ritornato al vino da pasto comune, un vino istriano secco e
sincero, che un amico di casa aveva inviato per l'occasione. Io
l'amavo quel vino, come si amano i ricordi e non diffidavo di
esso, né ero sorpreso che anziché darmi la gioia e l'oblio facesse aumentare nel mio animo l'ira⁵.

Come potevo non arrabbiarmi? M'avevano fatto passare
un periodo di vita disgraziatissimo. Spaventato e immiserito,
avevo lasciato morire qualunque mio istinto generoso per far
posto a pastiglie, gocce e polverette. Non piú socialismo⁶.
Che cosa poteva importarmi se la terra, contrariamente ad
ogni piú illuminata conclusione scientifica, continuava ad essere l'oggetto di proprietà privata? Se a tanti, perciò, non era

³ *rosetta*: pagnottella.
⁴ *di sua elezione*: per sua scelta.
⁵ *l'ira*: per la cattiva salute, con le conseguenti restrizioni alla libertà.
⁶ *socialismo*: si tratta di un elemento autobiografico. In effetti Svevo fu attratto
dal socialismo umanitario, come attesta anche la sua opera. Un racconto, *La tribú*,
ricco di spunti di polemica antiborghese, fu pubblicato nel 1897 sulla «Critica sociale» di Turati (e ricordato da Gramsci nei *Quaderni del carcere*). In *Senilità* si dice
di Emilio Brentani: «In passato egli aveva vagheggiato delle idee socialiste».

concesso il pane quotidiano e quella parte di libertà che dovrebbe adornare ogni giornata dell'uomo? Avevo io forse l'u-
no o l'altra?

Quella beata sera tentai di costituirmi intero[7]. Quando
mio nipote Giovanni, un uomo gigantesco che pesa oltre cento chilogrammi, con la sua voce stentorea si mise a narrare
certe storielle sulla propria furberia e l'altrui dabbenaggine
negli affari, io ritrovai nel mio cuore l'antico altruismo.
– Che cosa farai tu – gli gridai – quando la lotta fra gli uomini non sarà piú lotta per il denaro?
Per un istante Giovanni restò intontito alla mia frase densa, che capitava improvvisa a sconvolgere il suo mondo. Mi
guardò fisso con gli occhi ingranditi dagli occhiali. Cercava
nella mia faccia delle spiegazioni per orientarsi. Poi, mentre
tutti lo guardavano, sperando di poter ridere per una di quelle sue risposte di materialone ignorante e intelligente, dallo
spirito ingenuo e malizioso, che sorprende sempre ad onta[8]
sia stato usato ancor prima che da Sancho Panza, egli guada-
gnò tempo dicendo che a tutti il vino alterava la visione del
presente, e a me invece confondeva il futuro. Era qualche cosa, ma poi credette di aver trovato di meglio e urlò: – Quando nessuno lotterà piú per il denaro, lo avrò io senza lotta, tutto, tutto –. Si rise molto, specialmente per un gesto
ripetuto dei suoi braccioni, che dapprima allargò stenden-
do le spanne, eppoi ristrinse chiudendo i pugni per far credere di aver afferrato il denaro che a lui doveva fluire da tutte le parti.
La discussione continuò e nessuno s'accorgeva che quando
non parlavo bevevo. E bevevo molto e dicevo poco, intento
com'ero a studiare il mio interno, per vedere se finalmente si
riempisse di benevolenza e d'altruismo. Lievemente bruciava
quell'interno. Ma era un bruciore che poi si sarebbe diffuso
in un gradevole tepore, nel sentimento della giovinezza che il
vino procura, purtroppo per breve tempo soltanto.
E, aspettando questo, gridai a Giovanni: – Se raccoglierai
il denaro che gli altri rifiuteranno, ti getteranno in gattabuia.
Ma Giovanni pronto gridò: – Ed io corromperò i carcerie-

[7] *costituirmi intero*: di essere interamente me stesso.
[8] *ad onta*: nonostante.

ri e farò rinchiudere coloro che non avranno i denari per cor-
romperli.

– Ma il denaro non corromperà piú nessuno.

– E allora perché non lasciarmelo?

M'arrabbiai smodatamente: – Ti appenderemo[9] – urlai. –
Non meriti altro. La corda al collo e dei pesi alle gambe.

Mi fermai stupito. Mi pareva di non aver detto esattamente il mio pensiero. Ero proprio fatto cosí, io? No, certo
no. Riflettei: come ritornare al mio affetto per tutti i viven-
ti, fra i quali doveva pur esserci anche Giovanni? Gli sorrisi
subito, esercitando uno sforzo immane per correggermi e scusarlo e amarlo[10]. Ma lui me lo impedí, perché non badò affatto al mio sorriso benevolo e disse, come rassegnandosi alla
constatazione di una mostruosità: – Già, tutti i socialisti finiscono in pratica col ricorrere al mestiere del carnefice.

M'aveva vinto, ma l'odiai. Pervertiva la mia vita intera,
anche quella che aveva precorso l'intervento del medico e che
io rimpiangevo come tanto luminosa. M'aveva vinto perché
aveva rivelato lo stesso dubbio che già prima delle sue parole
avevo avuto con tanta angoscia[11].

E subito dopo mi capitò un'altra punizione.

– Come sta bene – aveva detto mia sorella, guardandomi
con compiacenza, e fu una frase infelice, perché mia moglie,
non appena la sentí, intravvide la possibilità che quel benessere eccessivo che mi coloriva il volto degenerasse in altret-
tanta malattia. Fu spaventata come se in quel momento qualcuno l'avesse avvisata di un pericolo imminente, e m'assaltò
con violenza: – Basta, basta, – urlò – via quel bicchiere –. In-
vocò l'aiuto del mio vicino, certo Alberi, ch'era uno degli uomini piú lunghi della città, magro, secco e sano, ma occhia-
luto come Giovanni. – Sia tanto buono, gli strappi di mano
quel bicchiere –. E visto che Alberi esitava, si commosse,

[9] *Ti appenderemo*: Ti impiccheremo. Il noi dell'*appenderemo* si riferisce ai socialisti. Ma in realtà il protagonista protesta per una ragione del tutto privata, per la
mancanza di salute, incarnata invece smisuratamente dal nipote Giovanni.

[10] *Gli sorrisi... amarlo*: il protagonista è preso nel circolo vizioso di risentimento
e sensi di colpa.

[11] *M'aveva... angoscia*: in realtà ad essere colpito non è il socialista, ma l'invidioso della salute altrui.

s'affannò: – Signor Alberi, sia tanto buono, gli tolga quel bicchiere.

Io volli ridere, ossia indovinai che allora a una persona bene educata conveniva ridere, ma mi fu impossibile. Avevo preparato la ribellione per il giorno dopo e non era mia colpa se scoppiava subito. Quelle redarguizioni in pubblico erano veramente oltraggiose. Alberi, cui di me, di mia moglie e di tutta quella gente che gli dava da bere e da mangiare non importava un fico fresco, peggiorò la mia situazione rendendola ridicola. Guardava al disopra dei suoi occhiali il bicchiere ch'io stringevo, vi avvicinava le mani come se si fosse accinto a strapparmelo, e finiva per ritirarle con un gesto vivace, come se avesse avuto paura di me che lo guardavo. Ridevano tutti alle mie spalle, Giovanni con un certo suo riso gridato che gli toglieva il fiato.

La mia figliuola Emma credette che sua madre avesse bisogno del suo soccorso. Con un accento che a me parve esageratamente supplice, disse: – Papà mio, non bere altro.

E fu su quell'innocente che si riversò la mia ira. Le dissi una parola dura e minacciosa dettata dal risentimento del vecchio e del padre. Ella ebbe subito gli occhi pieni di lagrime e sua madre non s'occupò piú di me, per dedicarsi tutta a consolarla.

Mio figlio Ottavio, allora tredicenne, corse proprio in quel momento dalla madre. Non s'era accorto di nulla, né del dolore della sorella né della disputa che l'aveva causato. Voleva avere il permesso di andare la sera seguente al cinematografo con alcuni suoi compagni che in quel momento gliel'avevano proposto. Ma mia moglie non lo ascoltava, assorbita interamente dal suo ufficio di consolatrice di Emma.

Io volli ergermi[12] con un atto d'autorità e gridai il mio permesso: – Sí, certo, andrai al cinematografo. Te lo permetto io e basta –. Ottavio, senz'ascoltare altro, ritornò ai suoi compagni dopo di avermi detto: – Grazie, papà –. Peccato, quella sua furia. Se fosse rimasto con noi, m'avrebbe sollevato con la sua contentezza, frutto del mio atto d'autorità.

A quella tavola il buon umore fu distrutto per qualche istante ed io sentivo di aver mancato anche verso la sposa, per la quale quel buon umore doveva essere un augurio e un

---

[12] *ergermi*: impormi.

presagio. Ed invece essa era la sola che intendesse il mio dolore, o cosí mi parve. Mi guardava proprio maternamente, disposta a scusarmi e ad accarezzarmi. Quella fanciulla aveva
sempre avuto quell'aspetto di sicurezza nei suoi giudizii. Come quando ambiva alla vita claustrale, cosí ora credeva di essere superiore a tutti per avervi rinunziato. Ora s'ergeva su
me, su mia moglie e su mia figlia. Ci compativa, e i suoi be-
gli occhi grigi si posavano su noi, sereni, per cercare dove ci
fosse il fallo, che, secondo lei, non poteva mancare dove c'e-
ra il dolore.

Ciò accrebbe il mio rancore per mia moglie, il cui contegno
ci umiliava a quel modo. Ci rendeva inferiori a tutti, anche ai
piú meschini, a quella tavola. Laggiú, in fondo, anche i bimbi di mia cognata avevano cessato di chiacchierare e com-
mentavano l'accaduto accostando le testine. Ghermii il bicchiere, dubbioso se vuotarlo o scagliarlo contro la parete o
magari contro i vetri di faccia. Finii col vuotarlo d'un fiato.
Questo era l'atto piú energico, perché asserzione della mia indipendenza: mi parve il miglior vino che avessi avuto quella
sera. Prolungai l'atto versando nel bicchiere dell'altro vino,
di cui pure sorbii un poco. Ma la gioia non voleva venire, e
tutta la vita anche troppo intensa, che ormai animava il mio
organismo, era rancore. Mi venne una idea curiosa. La mia ribellione non bastava per chiarire tutto. Non avrei potuto
proporre anche alla sposa di ribellarsi con me? Per fortuna
proprio in quell'istante essa sorrise dolcemente all'uomo che
le stava accanto fiducioso. Ed io pensai: «Essa ancora non
sa[13] ed è convinta di sapere».

Ricordo ancora che Giovanni disse: – Ma lasciatelo bere.
Il vino è il latte dei vecchi –. Lo guardai raggrinzando la mia
faccia per simulare un sorriso ma non seppi volergli bene. Sapevo che a lui non premeva altro che il buon umore e voleva
accontentarmi, come un bimbo imbizzito[14] che turba un'adunata d'adulti.

Poi bevetti poco e soltanto se mi guardavano, e piú non
fiatai. Tutto intorno a me vociava giocondamente e mi dava
fastidio. Non ascoltavo ma era difficile di non sentire. Era
scoppiata una discussione fra Alberi e Giovanni, e tutti si di-

[13] *non sa*: ignora la vita.
[14] *imbizzito*: che fa le bizze.

vertivano a vedere alle prese l'uomo grasso con l'uomo magro. Su che cosa vertesse la discussione non so, ma sentii dal-
l'uno e dall'altro parole abbastanza aggressive. Vidi in piedi
l'Alberi che, proteso verso Giovanni, portava i suoi occhiali
fin quasi al centro della tavola, vicinissimo al suo avversario,
che aveva adagiato comodamente su una poltrona a sdraio,
offertagli per ischerzo alla fine della cena, i suoi centoventi
chilogrammi, e lo guardava intento, da quel buon schermito-
re che era, come se studiasse dove assestare la propria stocca-
ta. Ma anche l'Alberi era bello, tanto asciutto, ma tuttavia
sano, mobile e sereno.

E ricordo anche gli augurii e i saluti interminabili al momento della separazione. La sposa mi baciò con un sorriso che
mi parve ancora materno. Accettai quel bacio, distratto. Speculavo[15] quando mi sarebbe stato permesso di spiegarle qualche cosa di questa vita.

In quella[16], da qualcuno, fu fatto un nome, quello di un'a-
mica di mia moglie e antica mia: Anna. Non so da chi né a
che proposito, ma so che fu l'ultimo nome ch'io udii prima di
essere lasciato in pace dai convitati. Da anni io usavo vederla spesso accanto a mia moglie e salutarla con l'amicizia e l'indifferenza di gente che non ha nessuna ragione per protestare d'essere nati nella stessa città e nella stessa epoca. Ecco
che ora invece ricordai ch'essa era stata tanti anni prima il
mio solo delitto d'amore. L'avevo corteggiata quasi fino al
momento di sposare mia moglie. Ma poi del mio tradimento
ch'era stato brusco, tanto che non avevo tentato di attenuar-
lo neppure con una parola sola, nessuno aveva mai parlato,
perché essa poco dopo s'era sposata anche lei ed era stata fe-
licissima. Non era intervenuta alla nostra cena per una lieve
influenza che l'aveva costretta a letto. Niente di grave. Strano e grave era invece che io ora ricordassi il mio delitto d'a-
more, che veniva ad appesantire la mia coscienza già tanto
turbata[17]. Ebbi proprio la sensazione che in quel momento il
mio antico delitto venisse punito. Dal suo letto, che era probabilmente di convalescente, udivo protestare la mia vittima:

---

[15] *Speculavo*: riflettevo chiedendomi.
[16] *In quella*: nel momento del congedo dalla sposa.
[17] *tanto turbata*: dai sensi di colpa.

– Non sarebbe giusto che tu fossi felice –. Io m'avviai alla
mia stanza da letto molto abbattuto. Ero un po' confuso, perché una cosa che intanto non mi pareva giusta era che mia
moglie fosse incaricata di vendicare chi essa stessa aveva sop-
piantato.

Emma venne a darmi la buona notte. Era sorridente, rosea, fresca. Il suo breve groppo di lacrime s'era sciolto in una
reazione di gioia, come avviene in tutti gli organismi sani e
giovini. Io, da poco, intendevo bene l'anima altrui, e la mia
figliuola, poi, era acqua trasparente. La mia sfuriata era servita a conferirle importanza al cospetto di tutti, ed essa ne
godeva con piena ingenuità. Io le diedi un bacio e sono sicuro di aver pensato ch'era una fortuna per me ch'essa fosse
tanto lieta e contenta. Certo, per educarla, sarebbe stato mio
dovere di ammonirla che non s'era comportata con me abbastanza rispettosamente. Non trovai però le parole, e tacqui.
Essa se ne andò, e del mio tentativo di trovare quelle parole,
non restò che una preoccupazione, una confusione, uno sforzo che m'accompagnò per qualche tempo. Per quetarmi pensai: «Le parlerò domani. Le dirò le mie ragioni». Ma non
servì. L'avevo offesa io, ed essa aveva offeso me. Ma era una
nuova offesa ch'essa non ci pensasse piú mentre io ci pensavo sempre.

Anche Ottavio venne a salutarmi. Strano ragazzo. Salutò
me e la sua mamma quasi senza vederci. Era già uscito
quand'io lo raggiunsi col mio grido: – Contento di andare al
cinematografo? – Si fermò, si sforzò di ricordare, e prima di
riprendere la sua corsa disse seccamente: – Sí. – Era molto as-
sonnato.

Mia moglie mi porse la scatola delle pillole. – Son queste? –
domandai io con una maschera di gelo sulla faccia.

– Sí, certo, – disse ella gentilmente. Mi guardò indagando
e, non sapendo altrimenti indovinarmi, mi chiese esitante:
– Stai bene?

– Benissimo – asserii deciso, levandomi uno stivale. E precisamente in quell'istante lo stomaco prese a bruciarmi spa-
ventosamente. «Era questo ch'essa voleva,» pensai con una
logica di cui solo ora dubito.

Inghiottii la pillola con un sorso d'acqua e ne ebbi un lieve refrigerio. Baciai mia moglie sulla guancia macchinalmen-

te. Era un bacio quale poteva accompagnare le pillole. Non me lo sarei potuto risparmiare se volevo evitare discussioni e spiegazioni. Ma non seppi avviarmi al riposo senz'avere precisato la mia posizione nella lotta che per me non era ancora cessata, e dissi nel momento di assestarmi nel letto: – Credo che le pillole sarebbero state piú efficaci se prese col vino.

Spense la luce e ben presto la regolarità del suo respiro mi annunziò ch'essa aveva la coscienza tranquilla, cioè, pensai subito, l'indifferenza piú assoluta per tutto quanto mi riguardava. Io aveva atteso ansiosamente quell'istante, e subito mi dissi ch'ero finalmente libero di respirare rumorosamente, come mi pareva esigesse lo stato del mio organismo, o magari di singhiozzare, come nel mio abbattimento avrei voluto. Ma l'affanno, appena fu libero, divenne un affanno piú vero ancora. Eppoi non era una libertà, cotesta. Come sfogare l'ira che imperversava in me? Non potevo fare altro che rimuginare quello che avrei detto a mia moglie e a mia figlia il giorno dopo. «Avete tanta cura della mia salute, quando si tratta di seccarmi alla presenza di tutti?». Era tanto vero. Ecco che io ora m'arrovellavo solitario nel mio letto e loro dormivano serenamente. Quale bruciore! Aveva invaso nel mio organismo tutto un vasto tratto che sfociava nella gola. Sul tavolino accanto al letto doveva esserci la bottiglia dell'acqua ed io allungai la mano per raggiungerla. Ma urtai il bicchiere vuoto e bastò il lieve tintinnío per destare mia moglie. Già quella lí dorme sempre con un occhio aperto.

– Stai male?[18] – domandò a bassa voce. Dubitava di aver sentito bene e non voleva destarmi. Indovinai un tanto, ma le attribuii la bizzarra intenzione di gioire di quel male, che non era altro che la prova ch'ella aveva avuto ragione. Rinunziai all'acqua e mi riadagiai, quatto quatto. Subito essa ritrovò il suo sonno lieve che le permetteva di sorvegliarmi.

Insomma, se non volevo soggiacere nella lotta con mia moglie, io dovevo dormire. Chiusi gli occhi e mi rattrappii su di un fianco. Subito dovetti cambiare di posizione. Mi ostinai però e non apersi gli occhi. Ma ogni posizione sacrificava una parte del mio corpo. Pensai: «Col corpo fatto cosí non si può

---

[18] *Stai male?*: questa domanda della moglie (che verrà poi ripetuta ancora due volte) scandisce la notte del protagonista, portandone alla luce la mania di persecuzione, la permalosità e lo sciocco orgoglio.

dormire». Ero tutto movimento, tutto veglia. Non può pensare il sonno chi sta correndo. Della corsa avevo l'affanno e anche, nell'orecchio, il calpestío dei miei passi: di scarponi pesanti. Pensai che forse, nel letto, mi movevo troppo dolcemente per poter azzeccare di colpo e con tutte le membra la posizione giusta. Non bisognava cercarla. Bisognava lasciare che ogni cosa trovasse il posto confacente alla sua forma. Mi ribaltai con piena violenza. Subito mia moglie mormorò: – Stai male? – Se avesse usato altre parole io avrei risposto domandando soccorso. Ma non volli rispondere a quelle parole che offensivamente alludevano alla nostra discussione.

Stare fermi doveva pur essere tanto facile. Che difficoltà può essere a giacere, giacere veramente nel letto? Rividi tutte le grandi difficoltà in cui ci imbattiamo a questo mondo, e trovai che veramente, in confronto a qualunque di esse, giacere inerte era una cosa di nulla. Ogni carogna sa stare ferma. La mia determinazione inventò una posizione complicata ma incredibilmente tenace. Ficcai i denti nella parte superiore del guanciale, e mi torsi in modo che anche il petto poggiava sul guanciale mentre la gamba destra usciva dal letto e arrivava quasi a toccare il suolo, e la sinistra s'irrigidiva sul letto inchiodandomivi. Sí. Avevo scoperto un sistema nuovo. Non io afferravo il letto, era il letto che afferrava me. E questa convinzione della mia inerzia fece sí che anche quando l'oppressione aumentò, io ancora non mollai. Quando poi dovetti cedere, mi consolai con l'idea che una parte di quella orrenda notte era trascorsa, ed ebbi anche il premio che, liberatomi dal letto, mi sentii sollevato come un lottatore che si sia liberato da una stretta dell'avversario.

Io non so per quanto tempo stessi poi fermo. Ero stanco. Sorpreso m'avvidi di uno strano bagliore nei miei occhi chiusi, d'un turbinío di fiamme che supposi prodotte dall'incendio che sentivo in me. Non erano vere fiamme ma colori che le simulavano. E s'andarono poi mitigando e componendo in forme tondeggianti, anzi in gocce di un liquido vischioso, che presto si fecero tutte azzurre, miti, ma cerchiate da una striscia luminosa rossa. Cadevano da un punto in alto, si allungavano e, staccatesi, scomparivano in basso. Fui io che dapprima pensai che quelle gocce potevano vedermi. Subito, per vedermi meglio, esse si convertirono in tanti occhiolini. Men-

tre si allungavano cadendo, si formava nel loro centro un cer-
chietto che privandosi del velo azzurro scopriva un vero occhio, malizioso e malevolo. Ero addirittura inseguito da una
folla che mi voleva male. Mi ribellai nel letto gemendo ed in-
vocando: – Mio Dio!
    – Stai male? – domandò subito mia moglie.
    Dev'esser trascorso qualche tempo prima della mia risposta.
Ma poi avvenne che m'accorsi ch'io non giacevo piú nel mio
letto, ma mi ci tenevo aggrappato, ché s'era convertito in un'erta da cui stavo scivolando. Gridai: – Sto male, molto male.
    Mia moglie aveva acceso una candela e mi stava accanto
nella sua rosea camicia da notte. La luce mi rassicurò ed anzi
ebbi chiaro il sentimento di aver dormito e di essermi destato soltanto allora. Il letto s'era raddrizzato ed io vi giacevo
senza sforzo. Guardai mia moglie sorpreso, perché ormai, visto che m'ero accorto di aver dormito, non ero piú sicuro di
aver invocato il suo aiuto. – Che vuoi? – le domandai.
    Essa mi guardò assonnata, stanca. La mia invocazione era
bastata a farla balzare dal letto, non a toglierle il desiderio del
riposo, di fronte al quale non le importava piú neppure di
aver ragione. Per fare presto domandò: – Vuoi di quelle gocce che il dottore prescrisse per il sonno?
    Esitai per quanto il desiderio di star meglio fosse fortis-
simo. – Se lo vuoi, – dissi tentando di apparire solo rassegna-
to. Prendere le gocce non equivale mica alla confessione di
star male.
    Poi ci fu un istante in cui godetti di una grande pace. Durò
finché mia moglie, nella sua camicia rosea, alla luce lieve di
quella candela, mi stette accanto a contare le gocce. Il letto
era un vero letto orizzontale, e le palpebre, se le chiudevo, bastavano a sopprimere qualsiasi luce nell'occhio. Ma io le aprivo di tempo in tempo, e quella luce e il roseo di quella camicia mi davano altrettanto refrigerio che l'oscurità totale. Ma
essa non volle prolungare di un solo minuto la sua assistenza
e fui ripiombato nella notte a lottare da solo per la pace.
    Ricordai che da giovine, per affrettare il sonno, mi co-
stringevo a pensare ad una vecchia bruttissima che mi faceva
dimenticare le belle visioni che m'ossessionavano. Ecco che
ora mi era invece concesso d'invocare senza pericolo la bellezza, che certo m'avrebbe aiutato. Era il vantaggio – l'unico –
della vecchiaia. E pensai, chiamandole per nome, varie belle

donne, desiderii della mia giovinezza, d'un'epoca nella quale
le belle donne avevano abbondato in modo incredibile. Ma
non vennero. Neppur allora si concedettero. Ed evocai, evocai, finché dalla notte sorse una sola figura bella: Anna, proprio lei, com'era tanti anni prima, ma la faccia, la bella rosea
faccia, atteggiata a dolore e rimprovero. Perché voleva ap-
portarmi non la pace ma il rimorso. Questo era chiaro. E
giacché era presente, discussi con lei. Io l'avevo abbandonata, ma essa subito aveva sposato un altro, ciò ch'era nient'altro che giusto. Ma poi aveva messo al mondo una fanciulla
ch'era ormai quindicenne e che somigliava a lei nel colore mite, d'oro nella testa e azzurro negli occhi, ma aveva la faccia
sconvolta dall'intervento del padre che le era stato scelto: le
ondulazioni dolci dei capelli mutate in tanti ricci crespi, le
guance grandi, la bocca larga e le labbra eccessivamente tu-
mide. Ma i colori della madre nelle linee del padre finivano
coll'essere un bacio spudorato, in pubblico. Che cosa voleva
ora da me dopo che mi si era mostrata tanto spesso avvinta al
marito?
    E fu la prima volta, quella sera, che potei credere di aver
vinto. Anna si fece piú mite, quasi ricredendosi. E allora la
sua compagnia non mi dispiacque piú. Poteva restare. E
m'addormentai ammirandola bella e buona, persuasa. Presto
mi addormentai.

    Un sogno atroce. Mi trovai in una costruzione complicata,
ma che subito intesi come se io ne fossi stato parte. Una grotta vastissima, rozza, priva di quegli addobbi che nelle grotte la
natura si diverte a creare, e perciò sicuramente dovuta all'o-
pera dell'uomo; oscura, nella quale io sedevo su un treppiedi
di legno accanto ad una cassa di vetro, debolmente illuminata
di una luce che io ritenni fosse una sua qualità, l'unica luce
che ci fosse nel vasto ambiente, e che arrivava ad illuminare
me, una parete composta di pietroni grezzi e di sotto un muro cementato. Come sono espressive le costruzioni del sogno!
Si dirà che lo sono perché chi le ha architettate può intender-
le facilmente, ed è giusto. Ma il sorprendente si è che l'archi-
tetto non sa di averle fatte, e non lo ricorda neppure quand'è
desto, e rivolgendo il pensiero al mondo da cui è uscito e dove le costruzioni sorgono con tanta facilità può sorprendersi
che là tutto s'intenda senza bisogno di alcuna parola.

Io seppi subito che quella grotta era stata costruita da alcuni uomini che l'usavano per una cura inventata da loro, una cura che doveva essere letale per uno dei rinchiusi (molti dovevano esserci laggiú nell'ombra) ma benefica per tutti gli altri. Proprio cosí! Una specie di religione, che abbisognava di un olocausto, e di ciò naturalmente non fui sorpreso.

Era piú facile assai indovinare che, visto che m'avevano posto tanto vicino alla cassa di vetro nella quale la vittima doveva essere asfissiata, ero prescelto io a morire, a vantaggio di tutti gli altri. Ed io già anticipavo in me i dolori della brutta morte che m'aspettava. Respiravo con difficoltà, e la testa mi doleva e pesava, per cui la sostenevo con le mani, i gomiti poggiati sulle ginocchia.

Improvvisamente tutto quello che già sapevo fu detto da una quantità di gente celata nell'oscurità. Mia moglie parlò per prima: – Affrettati, il dottore ha detto che sei tu che devi entrare in quella cassa –. A me pareva doloroso, ma molto logico. Perciò non protestai, ma finsi di non sentire. E pensai: «L'amore di mia moglie m'è sembrato sempre sciocco». Molte altre voci urlarono imperiosamente: – Vi risolvete[19] ad obbedire? – Fra queste voci distinsi chiarissima quella del dottor Paoli. Io non potevo protestare, ma pensai: «Lui lo fa per essere pagato».

Alzai la testa per esaminare ancora una volta la cassa di vetro che m'attendeva. Allora scopersi, seduta sul coperchio della stessa, la sposa. Anche a quel posto ella conservava la sua perenne aria di tranquilla sicurezza. Sinceramente io disprezzavo quella sciocca, ma fui subito avvertito ch'essa era molto importante per me. Questo l'avrei scoperto anche nella vita reale, vedendola seduta su quell'ordigno che doveva servire ad uccidermi. E allora io la guardai, scodinzolando[20]. Mi sentii come uno di quei minuscoli cagnotti che si conquistano la vita agitando la propria coda. Un'abbiezione!

Ma la sposa parlò. Senz'alcuna violenza, come la cosa piú naturale di questo mondo, essa disse: – Zio, la cassa è per voi.

Io dovevo battermi da solo per la mia vita. Questo anche indovinai. Ebbi il sentimento di saper esercitare uno sforzo

[19] *risolvete*: decidete.
[20] *scodinzolando*: per ottenere pietà.

enorme senza che nessuno se ne potesse avvedere. Proprio
come prima aveva sentito in me un organo che mi permetteva di conquistare il favore del mio giudice senza parlare, cosí
scopersi in me un altro organo, che non so che cosa fosse, per
battermi senza muovermi e cosí assaltare i miei avversari non
messi in guardia. E lo sforzo raggiunse subito il suo effetto.
Ecco che Giovanni, il grosso Giovanni, sedeva nella cassa di
vetro luminosa, su una sedia di legno simile alla mia e nella
stessa mia posizione. Era piegato in avanti, essendo la cassa
troppo bassa, e teneva gli occhiali in mano, affinché non gli
cadessero dal naso. Ma cosí egli aveva un po' l'aspetto di trattare un affare, e di essersi liberato dagli occhiali, per pensare
meglio senza vedere nulla. Ed infatti, benché sudato e già
molto affannato, invece che pensare alla morte vicina era pieno di malizia, come si vedeva dai suoi occhi, nei quali scorsi
il proposito dello stesso sforzo che poco prima aveva esercitato io. Perciò io non sapevo aver compassione di lui, perché
di lui temevo.

Anche a Giovanni lo sforzo riuscí. Poco dopo al suo posto
nella cassa c'era l'Alberi, il lungo, magro e sano Alberi, nella
stessa posizione che aveva avuto Giovanni ma peggiorata dalle dimensioni del suo corpo. Era addirittura piegato in due e
avrebbe destato veramente la mia compassione se anche in lui
oltre che affanno non ci fosse stata una grande malizia. Mi
guardava di sotto in su, con un sorriso malvagio, sapendo che
non dipendeva che da lui di non morire in quella cassa.

Dall'alto della cassa di nuovo la sposa parlò: – Ora, certamente, toccherà a voi, zio –. Sillabava le parole con grande pe-
danteria. E le sue parole furono accompagnate da un altro
suono, molto lontano, molto in altro. Da quel suono prolunga-
tissimo emesso da una persona che rapidamente si moveva per
allontanarsi, appresi che la grotta finiva in un corridoio erto,
che conduceva alla superficie della terra. Era un solo sibilo,
ma un sibilo di consenso, e proveniva da Anna che mi manifestava ancora una volta il suo odio. Non aveva il coraggio di
rivestirlo di parole, perché io veramente l'aveva convinta
ch'essa era stata piú colpevole verso di me che io verso di lei.
Ma la convinzione non fa nulla, quando si tratta di odio.

Ero condannato da tutti. Lontano da me, in qualche parte
della grotta, nell'attesa, mia moglie e il dottore camminavano
su e giú e intuii che mia moglie aveva un aspetto risentito.

Agitava vivacemente le mani declamando i miei torti. Il vino, il cibo e i miei modi bruschi con lei e con la mia figliuola.

Io mi sentivo attratto verso la cassa dallo sguardo di Alberi, rivolto a me trionfalmente. M'avvicinavo ad essa lentamente con la sedia, a pochi millimetri alla volta, ma sapevo che quando fossi giunto ad un metro da essa (cosí era la legge) con un solo salto mi sarei trovato preso, e boccheggiante.

Ma c'era ancora una speranza di salvezza. Giovanni, perfettamente rimessosi dalla fatica della sua dura lotta, era apparso accanto alla cassa, che egli piú non poteva temere, essendoci già stato (anche questo era legge laggiú). Si teneva eretto in piena luce, guardando ora l'Alberi che boccheggiava e minacciava, ed ora me, che alla cassa lentamente m'avvicinavo.

Urlai: – Giovanni! Aiutami a tenerlo dentro... Ti darò del denaro –. Tutta la grotta rimbombò del mio urlo, e parve una risata di scherno. Io intesi. Era vano supplicare. Nella cassa non doveva morire né il primo che v'era stato ficcato, né il secondo, ma il terzo. Anche questa era una legge della grotta, che, come tutte le altre, mi rovinava. Era poi duro che dovessi riconoscere che non era stata fatta in quel momento per danneggiare proprio me. Anch'essa risultava da quell'oscurità e da quella luce. Giovanni neppure rispose, e si strinse nelle spalle per significarmi il suo dolore di non poter salvarmi e di non poter vendermi la salvezza.

E allora io urlai ancora: – Se non si può altrimenti, prendete mia figlia. Dorme qui accanto. Sarà facile –. Anche questi gridi furono rimandati da un'eco enorme. Ne ero frastornato, ma urlai ancora per chiamare mia figlia: – Emma, Emma, Emma!

Ed infatti dal fondo della grotta mi pervenne la risposta di Emma, il suono della sua voce tanto infantile ancora: – Eccomi, babbo, eccomi.

Mi parve non avesse risposto subito. Ci fu allora un violento sconvolgimento che credetti dovuto al mio salto nella cassa. Pensai ancora: «Sempre lenta quella figliuola quando si tratta di obbedire». Questa volta la sua lentezza mi rovinava ed ero pieno di rancore.

Mi destai. Questo era lo sconvolgimento. Il salto da un mondo nell'altro. Ero con la testa e il busto fuori del letto e

sarei caduto se mia moglie non fosse accorsa a trattenermi.
Mi domandò: – Hai sognato? – E poi, commossa: – Invocavi
tua figlia. Vedi come l'ami?

Fui dapprima abbacinato da quella realtà in cui mi parve
che tutto fosse svisato e falsato. E dissi a mia moglie che pur
doveva saper tutto anche lei: – Come potremo ottenere dai
nostri figliuoli il perdono di aver dato loro questa vita?

Ma lei, sempliciona, disse: – I nostri figliuoli sono beati di
vivere.

La vita, ch'io allora sentivo quale la vera, la vita del sogno,
tuttavia m'avviluppava[21] e volli proclamarla: – Perché loro
non sanno niente ancora.

Ma poi tacqui e mi raccolsi in silenzio. La finestra accanto
al mio letto andava illuminandosi e a quella luce io subito
sentii che non dovevo raccontare quel sogno perché bisognava celarne l'onta[22]. Ma presto, come la luce del sole continuò
cosí azzurrigna e mite ma imperiosa ad invadere la stanza, io
quell'onta neppure piú sentii. Non era la mia la vita del sogno
e non ero io colui che scodinzolava e che per salvare se stesso era pronto d'immolare la propria figliuola[23].

Però bisognava evitare il ritorno a quell'orrenda grotta.
Ed è cosí ch'io mi feci docile, e volonteroso m'adattai alla
dieta del dottore. Qualora senza mia colpa, dunque non per
libazioni eccessive ma per l'ultima febbre io avessi a ritornare a quella grotta, io subito salterei nella cassa di vetro, se ci
sarà, per non scodinzolare e per non tradire.

(da *Racconti. Saggi. Pagine disperse*, Dall'Oglio, Milano 1968)

---

[21] *tuttavia mi avviluppava*: continuava ad avvolgermi.
[22] *l'onta*: il carattere vergognoso (perché dal sogno erano emersi il suo egoismo e
la sua crudeltà).
[23] *Non era... figliuola*: come altri personaggi sveviani, il protagonista separa qui
le proprie responsabilità dalle vicende e dal significato del sogno.

FEDERIGO TOZZI

La capanna

Pubblicato dapprima sulla rivista «Il mondo» nel dicembre del 1919, quindi nell'imminenza della morte, è uno dei piú intensi racconti di Tozzi. Il motivo del conflitto padre-figlio lo connette a tanta parte dell'opera dello scrittore senese, sulla quale si proietta l'ombra, autobiografica, di un padre-padrone brutale e inaccessibile (il «padrone che comanda», come egli lo definiva in una lettera del settembre 1906 alla futura moglie Emma).

Nel rapporto distruttivo col padre è l'origine degli stati d'ansia e di paura del figlio, della sua incapacità di stabilire un contatto col mondo esterno, di comunicare («Perché fare i figliuoli crocifissi?», si chiedeva Tozzi scrivendo sempre a Emma nell'ottobre del 1907). Anche Alberto, il protagonista de La capanna, *soffre di questa condizione, traendone cattiveria e aggressività. Il suo odio verso il genitore, centrale nella vicenda del racconto, è tutt'uno coll'invidia nei suoi confronti, coll'impossibilità di essere come lui, e di conquistarlo.*

L'identificazione di Alberto col padre si compirà dopo la morte di questi: allora gli subentrerà anche nelle grazie della serva di casa.

Alberto Dallati, benché ormai non fosse piú un ragazzo, non aveva voglia di lavorare. Si alzava tardi e si sedeva al sole, appoggiato al muro; fumando sigarette e tirando sassate al gatto[1] quando attraversava l'aia. La casa era stata fatta su per una salita, in modo che la fila delle cinque persiane era sempre meno alta da terra; e, all'uscio, dalla parte della strada, una pietra murata in piano faceva da scalino.

A quindici anni egli seguitava a dimagrare e ad assottigliarsi; con gli occhi chiari e le ciglia piccole e lucide; la boc-

---

[1] *tirando sassate al gatto*: la crudeltà di Alberto verso gli animali ricorda quella di Pietro di *Con gli occhi chiusi*, altra opera di Tozzi, il quale da ragazzo amputava le zampe ai grilli e li infilava su uno stecco. Nel sadismo gratuito erompe l'«inettitudine», l'incapacità di affrontare la vita.

ca e le dita di bambina; e i capelli come il pelame di un topo
nero. Una malattia di petto[2] l'aveva lasciato parecchio gracile; e seduto al sole, divertendosi anche a battere la punta
d'un bastone sempre su lo stesso posto, egli pensava cose cattive; e gli ci veniva da sorridere, credendo che qualcuno se ne
accorgesse. Quando c'era l'uva, benché suo padre fosse anche
proprietario del podere, andava a mangiarla nei vigneti degli
altri; e le frutta dove le trovava piú belle. Gli restava sempre
un bisogno vivo di essere allegro, benché in tutto il giorno facesse quel che voleva; gli restava qualche idea stravagante,
che non poteva reprimere. E, allora, gli pigliavano certi scat-
ti di gatto; che graffia quand'uno meno se l'aspetta. Dava
noia, da dietro le persiane, alle persone che non conosceva, e
non veniva il verso[3] di farlo obbedire per nessuna cosa; specie quando, in una fonte vicino a casa, c'erano le rane; per
imparare ad ammazzarle mentre saltavano dentro. D'inverno, in vece, si metteva vicino al focolare, e sembrava tutto disposto a quel che voleva la sua famiglia. Ma, a poco a poco,
ricominciava a dire:
     – Io non posso sopportare le vostre prediche! Se mi la-
sciate fare, può darsi che vi contenti; e, se no, conto di non
conoscervi né meno.
     Spartaco, da padre risoluto, ci s'arrabbiava, ma non gli di-
ceva quasi mai niente. In vece, maltrattava la moglie. Allora,
Alberto, dopo essere stato a sentire, in disparte, lo biasimava
battendosi le mani sul petto:
     – Lei non ci ha colpa. Dillo a me quel che vuoi dire.
     Ma il padre, guardatolo, faceva una specie di grugnito; e,
bestemmiando contro le donne e la famiglia, se ne andava nel
campo a fumare la pipa. Alberto diceva:
     – È un imbecille, benché io sia suo figlio. E tu perché non
gli rispondi male? Perché ti metti a piangere in vece?
     Raffaella, spaventata, allora lo supplicava che fosse buono
e si cambiasse. Ella ci aveva quasi perso la salute; e le era venuta sul viso e nella persona un'aria dolorosa. Spartaco, soprannominato Rampino perché piuttosto piccolo e perché
camminava come se avesse gli artigli e li attaccasse, guardava,
anche parlando, dentro la pipa, e ci ficcava continuamente le

---

[2] *Una malattia di petto*: la tisi.
[3] *non veniva il verso*: era impossibile.

dita; e credeva di far del bene alla moglie, abituandola a esser forte. E siccome Alberto dichiarava ch'egli ormai non aveva piú bisogno di ascoltare i discorsi di nessuno e che ormai gli s'addiceva il comodo proprio, perché non c'era niente di meglio, ella gli rispondeva:

– Perché non sei buono al meno tu?

Perché, secondo la sua testa, tutti dovevano essere buoni. E anche parlando dei suoi canarini, che Alberto e Spartaco volevano ammazzare, buttando al letamaio la gabbia, diceva:

– Sono tanto buoni!

Il marito l'assordava con le sue grida; come quando domava i cavalli, facendoli correre attorno all'aia; mentre Alberto stava nel mezzo a tenere ferma la fune legata al loro collo. E questa era per lui la sola fatica non antipatica.

Dopo, si metteva un fazzoletto perché era sudato; e andava subito a sedersi dove batteva il sole. Si sentiva già uomo fatto, e pensava a tante cose ch'egli desiderava soltanto per sé. E perciò si proponeva di rendersi piú indipendente, liberandosi dal padre e dalla madre. Qualche volta diceva ai contadini:

– Io non so che pretendono da me.

Ma egli si sentiva anche solo; e una grande tristezza gli gravava attorno. Il podere e la casa erano poco per lui. Sapeva che in quelle sei stanze ci si era, da bambino, trascinato con le mani e con i piedi; certe pareti erano restate sciupate dalle sue unghie. Egli sentiva troppo a ridosso l'infanzia; e le voci dei genitori non s'erano ancora cambiate ai suoi orecchi.

Ora egli era già a un altro autunno, senza che avesse fatto niente. S'era abbastanza distratto a veder vendemmiare, da un podere a un altro; aiutando un poco tutti, anche in cose di strapazzo[4]. Il sole ci stava poco all'uscio della casa, e già c'erano nell'aria i primi freddi.

Una sera, dopo essere stato tutto il giorno con le mani in tasca nel mezzo della strada, in su e in giú, entrò nella stalla, e si mise a guardare i due cavalli che rodevano l'avena. Prese la frusta e cominciò a picchiarli. I due cavalli si misero a scalciare, cercando di rompere le cavezze. Raffaella, che su da casa aveva sentito tutto quel rumore, scese; e vide di che si trattava. Cercò subito di levargli di mano la frusta; ma Alberto,

---

[4] *cose di strapazzo*: lavori faticosi.

per ripicco, si mise a dare anche con piú forza. Raffaella andò
a dirlo al marito; che, infuriato, la schiaffeggiò perché non
era stata capace a farlo smettere lei stessa; e andò di corsa
nella stalla. Senza che Alberto se ne accorgesse, prese un pezzo di legno; e glielo batté dietro la testa. Il ragazzo cadde disteso, insanguinando un mucchio di paglia, che era dietro l'u-
scio. Spartaco posò il pezzo di legno e stette zitto a guardare
quel sangue; mentre i cavalli respiravano forte e non stavano
fermi.

Dopo due giorni di febbre, con il pericolo della commozione cerebrale, Alberto scese nell'aia. Aveva la testa fascia-
ta; ma se ne teneva[5] come quando per la prima comunione
aveva portato i guanti. Non parlava al padre; che s'era pentito di avergli fatto male a quel modo. Anzi, cominciò a dire a
tutti che si voleva vendicare. Guardando la luce, sentiva che
anche la sua giovinezza era piú larga; e che la sua casa era
quasi niente.

Allora egli, per vendicarsi, cominciò a parlare male del padre con tutti i conoscenti di casa. E siccome seppe che stava
per vendere una cavalla, andò dal compratore e gli disse ch'e-
ra ombrosa e che aveva il vizio di tirare i calci.

Facendo cosí, egli si sentiva piú eguale alla vita[6]; gli pareva di non essere piú il solito buon ragazzo che si lascia ingannare e non se ne avvede. Gli pareva di conoscere tutti gli altri e come doveva contenersi[7]. Non era piú l'ingenuo, che
aveva rispettato tutto e che non si era permesso mai niente.
Aveva trovato la maniera di farsi innanzi da sé, senza attendere che passassero gli anni. Si compiaceva della sua malizia
e di non avere piú scrupoli. Maligno, anzi, doveva essere da
qui in avanti. Maligno! Maligno sempre! Gli pareva di sentire che i suoi occhi raggiassero, e che non ci fossero piú ostacoli per lui. Credeva di essere doventato[8] forte, e voleva rifarsi del tempo perduto. E siccome voleva fare a meno del padre ed essere piú forte di lui, benché ne avesse anche paura,
si dette a lavorare; ma facendo quel che gli piaceva di piú. E
cominciò a coltivare, a modo suo, un pezzo di terreno. Perché guarisse, e temendo sempre che tutto fosse la conseguen-

[5] *se ne teneva*: ne era orgoglioso.
[6] *piú eguale alla vita*: in grado di affrontare la vita.
[7] *contenersi*: comportarsi.
[8] *doventato*: variante toscana di «diventato».

za di quella bastonata, non gli dicevano piú niente. Invece
non guariva; e tutte le volte che vedeva un bastone, sbianca-
va allontanandosi lesto lesto. Allora lo fecero visitare da un
medico, che non ci capí niente; e rise di Spartaco e di Raffaella. Ma qualche cosa era successo da vero; perché Alberto
s'era fatto sempre piú irritabile, e non poteva dormire.
Avrebbe voluto, prima d'andare a letto, far capire al padre
tutte le ragioni che ormai sentiva dentro di sé; ma, quando ci
si provava, non gli poteva parlare; e invece avrebbe voluto
mettergli un braccio al collo tenendolo stretto a sé. Tuttavia
sentiva che qualche cosa di male e di amaro era nel suo destino; e ne era contento. Allora egli faceva su la tavola, con la
punta delle dita, certe macchie d'inchiostro che gli parevano
cipressi; e gli piacevano perché erano piú neri di quelli nei
campi. Oppure pensava che una vipera, entrata sotto il letto
dalla siepe della strada, gli mordesse un polpastrello della mano o le dita dei piedi, ed egli dovesse morirne in poco meno
di una mezz'ora. E perciò, prima d'entrare a letto, guardava
in tutti i cantucci. Una volta gli parve di stare capovolto e di
cadere giú tra le stelle. Addormentandosi pensava al padre
con una intensità acuta, mettendo sempre di piú una spalla
fuori delle coperte come se avesse potuto avvicinarglisi; sem-
brandogli di parlare e invece facendo piccoli gridi con la bocca che restava chiusa.

Una mattina, arrivarono tre carri di vino. A ogni barile
che portavano giú in cantina egli doveva guardare di quanti
litri era e segnarli sopra un pezzo di carta, in colonna, per fare, dopo, la somma. Ma egli non ci riesciva: sbagliava sempre.
E non s'accorse quando suo padre, che voleva sapere la somma, gli saltò addosso per picchiarlo. Rialzatosi da terra sbalordito, ebbe voglia di fuggire. Ma a pena egli si moveva,
Spartaco con un grido lo faceva stare fermo, ritto al muro
della casa. Allora gli venne da piangere. Voleva chiudere gli
occhi[9] per non vedere piú niente; perché non osava guardarsi
né meno attorno. Aveva perfino paura che avrebbe potuto essere un albero e non un uomo[10]; un albero come quello ra-

[9] *chiudere gli occhi*: la metafora degli «occhi chiusi», diffusa nell'intera opera
tozziana, vuol significare l'incapacità, qui di Alberto, e prima ancora dell'autore, di
affrontare la vita a causa dei complessi generati dalla sua paura del padre.
[10] *Aveva... uomo*: la regressione, qui a oggetto, nasce dal bisogno di affetto e dalla scoperta di non essere amato. È, questo, un ulteriore motivo autobiografico. Se-

sente alla casa. Quando, alla fine, Spartaco si scordò di lui,
egli poté staccarsi dal muro e nascondersi dentro l'erba. Ma
il padre, vistolo, lo minacciò di picchiarlo piú forte. Tuttavia
la sua voce era dolce: Alberto sentiva nella voce del padre la
stessa dolcezza sua. Spartaco gli prese il viso e guardò negli
occhi, perché credette che ci fosse entrata la terra. Poi disse:
– Vai a lavarteli alla pompa!
– Ma non c'è niente.
– Non importa. Vieni: te li lavo io: ti farà bene.

Spartaco, allora, fece pompare l'acqua e gli rinfrescò gli
occhi. Poi glieli asciugò con il fazzoletto. Ma, ormai, il ragazzo si sentiva triste e scoraggiato; benché non avesse piú paura di essere un albero[11], e gli sembrasse di sentirsi crescere,
cosí, mentre respirava. Gli sembrava, in un momento, di doventare grande; e perciò un poco si riebbe.

Spartaco gli disse:
– Non stare cosí. Vai a ruzzare[12].

Bastarono queste parole, perché né meno lui pensasse piú
a quel che era avvenuto. Ora egli voleva stare sempre con il
padre; e, perché non lo mandasse via e sopra a tutto non gli
dicesse di lavorare, cercava di aiutarlo e di farsi benvole-
re. Quando lo vedeva andare nel campo, egli aspettava un
poco e poi si alzava da sedere al sole e lo seguiva, tenendosi
a una certa distanza; finché non poteva fare a meno d'essergli vicino se udiva che comandava o spiegava qualche cosa ai
contadini.

Una volta, non vedendolo riescire[13] subito dalla capanna,
gli venne paura che si fosse sentito male là in mezzo alla paglia. Non era piú curiosità! Il cuore gli batteva forte forte,
quasi tremando. Attraversò l'aia e scostò l'uscio, perché en-
trasse la luce dentro. Poi restò su la soglia come allibito: suo
padre accarezzava la faccia alla donna di servizio, una giovinetta grassa, che non riesciva mai né a pettinarsi né a legarsi
i legacci delle scarpe. Gli venne voglia di gridare e di picchiarli tutti e due. Ma tornò a dietro e si rimise a sedere; sen-

---

condo Freud, nella riduzione ad una vita puramente vegetativa si manifesterebbe
l'angoscia per la propria incapacità di affrontare la vita.
[11] *non avesse... albero*: l'attenzione del padre nei suoi confronti lo fa risentire una
persona.
[12] *ruzzare*: giocare, divertirsi.
[13] *riescire*: uscir fuori.

za piú la forza di alzarsi. Teneva gli occhi, con la fronte ab-
bassata, all'uscio della capanna; aspettando che suo padre e
Concetta uscissero. Dopo un pezzo, chi sa quanto, escí prima
Concetta che, rossa rossa, andò in casa; senza né meno guardarlo. Poi venne fuori Spartaco che, accigliato e burbero,
andò dritto nella stalla. Alberto aveva paura. Avrebbe voluto
rassicurarlo che non aveva pensato niente di male e che gli
voleva molto bene; ma non ebbe animo di alzarsi né meno allora. E la sera, a cena, meno che[14] Spartaco era un poco pallido, non si sarebbe capito niente. È vero che i giorni dopo fu
di meno parole e non lo voleva piú dietro a lui. Glielo faceva
capire alzando la voce mentre parlava con gli altri; e Alberto
mogio mogio tornava via. Era sempre smilzo e i contadini dicevano che era leggero come il gatto e che anche lui sarebbe
stato capace di saltare fino al cornicione·delle finestre.

Ma, dopo qualche settimana, la madre gli disse che suo padre aveva stabilito di mandarlo in un collegio a studiare agricoltura; in un collegio molto lontano che egli non aveva né
meno sentito nominare. Dopo quattro anni sarebbe stato già
capace di amministrare una fattoria. Egli, allora, invece di rispondere male, si sentí tutto disposto ad obbedire. E benché
Spartaco avesse diffidato sempre finché non lo vide in treno,
il ragazzo era quasi lieto di andarsene. Non sapeva né meno
se la madre si fosse accorta di niente.

Quand'era per finire il primo anno di collegio, il direttore
gli disse che doveva partire immediatamente perché suo padre stava male e desiderava parlargli. Alberto lo trovò già
morto. Anche Concetta s'era tutta abbrunata[15] e Raffaella
parlava con lei come se fosse stata un'altra figliola. Egli, mentre sentiva il pianto dentro gli occhi, aveva un gran rancore
invece; e pensava come fare per vendicarsi. La giovinetta era
sempre la stessa. Egli, invece, s'era fatto un quarto di metro
piú alto; s'era perfino un po' ingrossato e gli spuntavano sopra la bocca i primi peli vani[16]. Dire ogni cosa alla madre non
gli piaceva; sopra a tutto perché ormai si sentiva un uomo e
un uomo non doveva fare a quel modo. Doveva pensarci da
solo! La giovinetta gli si teneva lontana e sembrava piú ap-

---

[14] *meno che*: a parte il fatto che.
[15] *abbrunata*: vestita a lutto.
[16] *vani*: negli adolescenti i primi, radi baffi hanno qualcosa di vanitoso, in quanto sono segni di una virilità che di fatto non ha ancora raggiunto la sua pienezza.

penata[17] per lui che per la morte del padrone. Questo contegno gli piaceva; e il rancore si mutava sempre di piú in simpatia. Era una simpatia un poco ambigua; ma non poteva
trattenerla. E Concetta, sempre piú sicura di questo cambiamento, gli parlava con una voce sempre meno dura e piú
aperta.

Allora, una volta, avendola vista entrare nella capanna,
proprio come quel giorno, egli si assicurò che sua madre non
era a nessuna finestra; poi si fece all'uscio e lo scostò, ma piú
risolutamente. La giovinetta, vedendolo entrare, si fece bianca, e stette ferma ad attendere ch'egli dicesse quel che voleva. Era bianca e sudava. Le sue tempie s'inumidivano come
se la vena che andava verso l'occhio dovesse doventare senza
colore e farsi piena d'acqua. Concetta aveva una bella bocca
ed era tanto buona. Che male gli aveva fatto? Egli si sentí come lacerare tutto, con un piacere rapido: in collegio, aveva finito con il desiderarla. Fissandola a lungo, le disse:

– Perché fai la stupidaggine di non dirmi niente, ora?

Ella si rigirò di scatto, per andarsene. Ma egli la prese tra
le braccia e la baciò.

Anche lui, finalmente, l'aveva baciata! Anche lui, quando
era stanco e aveva sudato a domare un cavallo, si faceva portare da lei un bicchiere di vino!

(da *Le novelle*, Vallecchi, Firenze 1963)

---

[17] *appenata*: addolorata.

Tra le due guerre

MASSIMO BONTEMPELLI

Quasi d'amore

Quasi d'amore *fa parte di una raccolta di racconti scritti tra
il 1923 e il 1925,* La donna dei miei sogni e altre storie d'oggi, *che si collocano già entro il clima del «realismo magico», la
poetica novecentista di cui l'autore fu convinto teorizzatore.
Questo racconto esemplifica nel modo migliore proprio una defi-
nizione bontempelliana di «realismo magico»: «Precisione realistica di contorni, solidità di materia ben poggiata sul suolo; e intorno come un'atmosfera di magia che faccia sentire, traverso
un'inquietudine intensa, quasi un'altra dimensione in cui la nostra vita si proietta».
Ma il magico, il fantastico-surreale di Bontempelli non turba
il lettore: la fuga oltre la realtà non implica infatti alcuna avventura conoscitiva del profondo; sempre controllato, resta entro i
confini di una giocosa, raffinata letterarietà e di una lieve ironia.*

Questa è una piccola avventura misteriosa e patetica, e
quasi d'amore. Eppure nei tre giorni che Ginevra e io abbiamo passati a Dòrvesan non ci siamo nemmeno sognati di parlare d'amore. (Forse ognuno dei due sognava per proprio conto.) Abitavamo nello stesso albergo, passavamo insieme quasi tutte le nostre ore, pranzavamo allo stesso tavolino. La
mattina del quarto giorno arrivò suo padre a prenderla; mi
domandò:
– È stata buona?
– Ottima.
– Le ha dato noia?
– Affatto.
E partirono. Non avevamo parlato d'amore, ma qualche
cosa tra noi era accaduto.
Perché il tavolino cui mangiavamo, nella sala a terreno del-
l'albergo, stava rifugiato entro il vano d'una finestra che dava su un piccolo giardino. E ogni sera chiudevamo i vetri di

quella finestra, perché a quell'altezza le prime ore del vespe-
ro sono fredde anche d'estate.

Di là dai vetri, in primo piano si vedevano sporgere chio-
me di cespugli, poco oltre salire due ciuffi di geranio da certi
vàsi sopra un muretto; poi súbito precipitava in giú e dilagava[1] l'ombrosa distesa della valle e dei monti. Qua e là nelle
lontananze qualche clivo s'accendeva di lumi, fino all'orizzonte e al cielo, che s'accendeva di stelle.

Era accaduto questo.

La terza sera, finito di pranzare, ci attardammo alquanto,
uno di fronte all'altra, al nostro tavolino entro il vano della
finestra. La sala dietro noi era vuota e come abolita[2]. E tutto il mondo era forse abolito cosí, s'era raccolto in noi a quel
tavolino, e in quella finestra con i suoi panorami vicini e
lontani.

Ginevra tacque, guardò oltre i vetri chiusi.

Guardai anch'io, e vidi qualche stella.

Poi volsi il capo verso Ginevra. M'accorsi che Ginevra
non guardava le stelle.

La via del suo sguardo era piú breve[3]. Forse finiva ai gerani del muretto. Li guardai anch'io, non mi dissero nulla. Erano due ciuffi simmetrici. Tacevano immobili: il loro rosso era
tinto di buio dall'ombra. Mi parvero ostili. Ripensandoci,
non erano che inespressivi e indifferenti.

Ma Ginevra non guardava neppure i gerani. Continuando
a tenere gli sguardi al vetro, alzò una mano alla fronte e si ac-
comodò una ciocca di capelli ch'era scesa troppo bassa; due o
tre volte la affrontò, fin che quella si dette per vinta. Allora
Ginevra le sorrise. E parlò:

– Una donna trova uno specchio dappertutto.

– Per fortuna – risposi (chi sa perché).

Cercai di specchiarmi anch'io nel vetro, ch'era tutto appoggiato sulla gran massa d'ombra del giardino, della vallata,
del mondo.

– Guardi – le dissi – che effetto curioso! Oltre quel vetro,
vedo tutta una scena: il muretto, i gerani, e il resto: tutto
quello che c'è di là. Ma ci vedo anche un'altra scena: la mia

---

[1] *dilagava*: si stendeva.
[2] *abolita*: scomparsa.
[3] *La via… breve*: Ginevra guardava piú vicino.

immagine, la sua, quella della tovaglia bianca, della bottiglia, e del lume che ci rischiara: tutto quello che c'è di qua. Sono piú fievoli[4], ma precise: lei ha potuto servirsi del vetro come di specchio. Due mondi, tutti e due immediatamente di là. Occupano tutti e due lo stesso spazio. Ma – questo è curioso – non si mescolano, non si urtano, non si sovrappongono, non si completano. Non si dànno né piacere né fastidio. Perché non si conoscono. Servendosi dello stesso spazio, si ignorano a vicenda totalmente. Guardi. La tazza bianca è esattamente nello stesso punto di quella fronda di busso: eppure lei vede la fronda, e vede la tazza, ognuna in modo compiuto, senza rapporti, senza fusione. Ognuno di quei due mondi è opaco in sé, e trasparente rispetto all'altro.

– Ebbene? – domanda Ginevra.

Io rimasi sconcertato per un momento.

– Potrebbe darsi... – riprendo.

M'interruppi súbito:

– Non importa.

– Le sue solite fantasie – dice Ginevra.

– Appunto.

Ma il fenomeno la divertí. Cominciò a muovere una mano tenendola sollevata a mezz'aria al disopra del nostro tavolino, roteandola come un falchetto che volesse calare a rapir le briciole rimaste sulla tovaglia. Ma lei non guardava le briciole, guardava oltre il vetro.

– Che fa? – domandai.

– È divertentissimo. Cercavo di nascondere la mia mano (quella là) in mezzo ai gerani, ma davvero non si riesce.

– Non muova cosí forte, cosí rischia di romperli, i gerani.

Ginevra si mise a ridere.

Io m'accorsi che nel bricco c'era ancora del caffè. Me lo versai, e lo bevvi, sebbene fosse freddo.

Poi aggrottai le ciglia come si fa ai bambini, e la ammonii:

– Non rida: dico sul serio.

Ginevra già non rideva piú. Aveva cessato il giuoco. Posò la mano sulla tovaglia e mi guardò:

– Davvero dice sul serio?

– Quasi. Vogliamo fare un esperimento?

---

[4] *piú fievoli*: piú deboli, trasparenti.

– Che esperimento?

– Guardi là. Ecco, veda: tengo l'immagine della mia mano
proprio al di sopra dei gerani. Non le fa l'effetto che, se la abbasso, arrivo a toccarli? Cosí: guardi, li tocco. Ma i gerani
non si muovono.

– È naturale.

– Naturale, sí; ma io voglio fare una cosa soprannaturale.
Voglio muoverli.

– Come?

– Cosí. Ci dev'essere, in quello spazio unico che alberga
due mondi[5], ci dev'essere un punto, nello spazio e nel tempo,
un punto, un angolo, un istante, nel quale i due mondi si urtano. Lo trovo.

Mi volsi a lei. Anche lei ora guardava me, curiosa, spaurita.

Io mi eccitai.

M'alzai in piedi come un professionista; Ginevra contem-
plava me di sotto in su con uno sguardo spalancato. Io co-
mandai:

– Guardi là.

Ubbidí. Anch'io fissai là.

Con grande attenzione cominciavo l'esperimento. Non
guardavo la mia mano, ne guardavo la immagine, entro lo
specchio del vetro; si abbassava, la effigie[6] fievole della mia
mano, sul cespo dei gerani reali, e li raggiunse. Ma i gerani rimasero immobili. Abbassai ancora: l'immagine della mano
s'intrecciò ai gerani. Ancora vivevano insieme, le due forme,
quella mobile e quella immota, senza mescolarsi, senza offendersi, senza conoscersi.

– Stia zitta. Fissi bene.

Ritentavo. Tesi la volontà. D'un tratto scossi e roteai la
mano.

E l'effigie roteò rapidamente.

Allora i gerani si mossero.

Avevano dato un crollo leggero, come al passare di un vento leggero. Ginevra gridò:

---

[5] *alberga... mondi*: accoglie in sé ciò che sta oltre il vetro e (attraverso l'immagine riflessa) ciò che ne sta al di qua.
[6] *effigie*: immagine.

– Ah!

Ma súbito lo scettico spirito femminile la afferrò per una spalla. Ella la scosse, dicendo:

– È un caso. È passato proprio in quel momento un po' di vento.

Io la guardo dall'alto severamente:

– Fissi ancora. Mi dirà lei quando debbo muoverli.

L'immagine della mano era posata sul geranio fermo. Ginevra taceva; sentii che anelava[7]. Io le feci coraggio:

– Dica, dica lei quando.

Esitò ancora, poi d'improvviso:

– Muova!

Io scossi la mano. E i gerani come prima si chinarono e tremarono.

Allora sedetti e fissai gli occhi nel volto di lei che era pallido.

Ma la commozione le durò poco. Già la riprendeva l'umore del giuoco. Il sangue tornò alle sue guance; e rise. Il riso era un po' rauco, ma ella aggiunse:

– Voglio provare anch'io.

Le lanciai uno sguardo di compassione:

– No, lei non può.

Mi credette súbito, docile, umile.

Per un poco rimanemmo in silenzio, e io meditavo; perché quando sono in villeggiatura amo meditare su queste cose profonde.

Il fiore della mia meditazione sbocciò nelle seguenti parole:

– Il geranio s'è mosso. Dunque, se avesse la facoltà di sentire, avrebbe sentito. Ecco una bella esperienza. Lei va di là.

– Dove?

– Di là, fuori, vicino al geranio. E appoggia una mano cosí, in un posto qualunque; ma ferma. Io sto di qua, e cerco di toccare la sua mano vera con la immagine della mia. Ha capito?

– Sí, sí.

– E lei la sentirà, deve sentirla.

Ginevra s'era già alzata per uscire. La trattenni:

– Un momento. Lei deve sentirla, ma non mi guardi, se no

---

[7] *anelava*: respirava affannosamente.

può essere una sua illusione. Lei quand'è fuori volti le spalle
alla finestra; non mi guardi, guardi di là, nella valle: solo tenga alzata e bene in vista la mano.

– Va bene.

Se n'andò. Osservai il suo corpo vestito di rosa che s'allontanava: il collo scoperto e molto sottile e bianco, che improvvisamente scompariva in mezzo alle prime radici dei capelli neri. Poi mi girai a guardare oltre i vetri.

Quasi súbito la vidi apparire nel giardinetto. Mi volse le
spalle come le avevo ordinato. Il vestito roseo s'era imbruni-
to nella tenebra, ma il collo pareva fatto piú bianco. Eretta
tagliava la tenebra; pareva intagliata nel cielo; pareva che le
stelle si fossero scostate per farle posto.

Con un piccolo sforzo degli occhi evocai, là entro, il mondo delle immagini riflesse. M'ero alzato di nuovo, e vidi me
stesso là, in effigie, in piedi accanto a lei vera.

Ginevra sollevò una mano e la tese, come le avevo insegnato; e cosí ferma la teneva aspettando.

Ma io non mossi la mia mano per toccare con l'effigie la
sua.

Non so quale dèmone mi suggerisse. Io smossi con cautela
tutto il mio corpo, sorvegliandone l'immagine. E questa ora
stava accanto al corpo di lei, lungo il corpo di lei, poco piú alta. Piegai il collo, e anche quel mio capo effigiato si piegò.
Mossi le labbra. E la mia immagine posò la bocca sul collo vivo di lei, presso la radice dei capelli, lo baciò, vi rimase appoggiata e stretta; e d'un tratto vidi lei scuotersi tutta, e abbassare il capo scostandolo; senza voltarsi fuggí.

Fuggí, come se sentisse che l'avevo baciata sul collo.

Sedetti come tranquillo, aspettando il suo ritorno.

Tornò súbito.

Era pallidissima. E non sedette.

Avrei dovuto domandarle: «Perché se n'è andata?» E lei
doveva, anche senza domanda, dirmi qualche cosa.

Non una parola. Non disse piú nulla dell'esperienza. E io
non le domandai nulla. Non sedeva. In piedi davanti al tavolino, fissava una bottiglia d'acqua minerale.

Poi, senza rendersene conto, lentamente, alzò una mano, se la passò sul collo, intorno intorno, ve la tenne premuta, dietro, presso la radice dei capelli, con una specie di
spasimo.

Fu un momento. Allora si sciolse tutta, sorrise, mi guardò finalmente negli occhi. E mi porse la mano[8]:
– Buona notte.
Se n'andò. Non si voltò piú. Scomparve. Quella notte non ho dormito. La mattina dopo venne suo padre a prenderla, come ho già detto, e partirono, e non l'ho piú riveduta.

(da *Racconti e romanzi*, Mondadori, Milano 1961)

[8] *Fu un momento... mano*: in queste pagine bontempelliane il soprannaturale è la semplice realizzazione di un desiderio: grazie allo schermo dell'*esperimento*, i due giovani vivono un «quasi amore» che in loro già covava, ma che la convenienza o la timidezza aveva loro vietato di manifestare.

ALBERTO SAVINIO

Vecchio pianoforte

Il racconto, apparso per la prima volta nel giugno 1927 sulla rivista «La Fiera letteraria», porta in scena un oggetto che sente e che agisce, un vecchio pianoforte, glorioso strumento da concerto di una Filarmonica. La libera immaginazione di Savinio capovolge la stabilita visione del mondo, attribuendo allo strumento musicale un'anima di cui sembra invece privo l'uomo, qui rappresentato da insulse e pretenziose figure di piccoloborghesi.

Vecchio pianoforte può definirsi un racconto surrealista, ma il surrealismo di Savinio, differenziandosi dalle esperienze piú marcatamente d'avanguardia degli anni Dieci e Venti, «non si contenta di rappresentare l'informe e di esprimere l'incosciente, ma vuole dare forma all'informe e coscienza all'incosciente».

Il cavaliere Putignani, la signora Putignani, la signorina Putignani sboccarono in via Ripetta[1]. Ivi, il paterfamilias[2] trasmise il comando della piccola brigata alla signorina Ilda, la quale, come piú pratica dei luoghi, condusse il babbo e la mamma all'ingresso della Filarmonica.

Il custode non divagò in interrogazioni vane, ma con fare sbrigativo domandò: – È per il pianoforte?

– Appunto – rispose il cavaliere, sbalordito di tanto acume.

Preceduti dall'indovino gallonato[3], i tre visitatori traversarono la conventuale nudità di un lungo corridoio, entrarono nella saletta riservata ai concertisti.

Un divanetto rosso e due poltrone si serravano come nau-

---

[1] *via Ripetta*: via del centro di Roma.
[2] *paterfamilias*: capofamiglia. Sull'autoritario cavalier Putignani, meschino impiegato pubblico, s'appunta l'ironia saviniana.
[3] *gallonato*: per i galloni, i fregi, che ornano l'abito di servizio.

fraghi sull'isolotto rettangolare del tappeto[4]. Una piccola foresta di leggii levava al soffitto i rami spogli. Un contrabbasso intabarrato[5] dormiva con la spallaccia al muro. Pianisti curvi sulla tastiera come ciclisti in salita, violinisti con la guancia sul violino, violoncellisti col violoncello tra le gambe costellavano le pareti. Una corona d'alloro lasciava piovere i nastri ingialliti sul divano.

– Ecco lo strumento – disse il custode, e con esperta mano scoprí la tastiera di un pianoforte nero e caudato[6].

La signora Putignani ammirava la stupenda dentatura[7].

– Fabbricazione tedesca – soggiunse il custode – corde incrociate, feltri novissimi: una vera occasione!

– Bisognerebbe provarlo – replicò il cavaliere, e chiamò:
– Ilda!

Ilda era andata nel fondo della stanza, e per lo spiraglio di una portiera cremisi, spiava nella sala dei concerti. Solitario nella fredda luce che pioveva dall'alto, il successore del pianoforte spodestato riposava sul palco, sotto un camice di tela bigia.

– Ilda – ripeté il cavaliere – sònaci qualcosa.

Ilda si schermiva: – Non so... non so... – e tuffò il mento nel pettine magro, come gallinella che si spulcia.

– Come sarebbe! E *Fremito d'Amore*, e *Ricordo di Capri*, e *Passano i Bersaglieri*[8] che suoni sempre in casa della zia Clotilde?

Ilda sculettava, torceva dietro la schiena le braccette nude.

– Lascia fare – intervenne sdegnoso il custode e facendo scorrere il pollice da un capo all'altro della tastiera, suscitò un rivolo di note che rintronò a lungo, si allontanò, si spense.

I Putignani tacevano ammirati. Allora un altro rivolo di note, piú sommesso e misterioso, echeggiò nell'adia-

---

[4] *Un divanetto... tappeto*: l'umorismo di Savinio passa qui per l'umanizzazione degli oggetti (vedi anche, piú avanti, il *contrabbasso intabarrato* e la *dentatura* del pianoforte). Vertice di tale processo è ovviamente il pianoforte che sta al centro del racconto.

[5] *intabarrato*: avvolto nella fodera.

[6] *caudato*: a coda.

[7] *dentatura*: la tastiera.

[8] *fremito... Bersaglieri*: pezzi del repertorio dilettantesco. Emergono di qui la modesta cultura dei Putignani e il loro gusto un po' kitsch. Piú avanti si rivelerà anche l'arrivismo del cavaliere, che sogna di attingere la ricchezza attraverso il successo della figlia pianista.

cente sala dei concerti: l'addio del pianoforte giovane al ve-
terano che partiva.

L'indomani, le scale di casa Putignani risonarono di or-
rende imprecazioni. Sotto gli sforzi associati di una squadra
di facchini, il vecchio pianoforte saliva a passo di lumaca.
Sul pianerottolo del quarto piano, l'imprecante corteo si
fermò: la scala si restringeva a tal punto, che non quel ma-
stodontico strumento con tutta la coda dietro, ma non ci sarebbe passata la piú esile spinetta[9].
– Io non ce la faccio – dichiarò il caposquadra, intimidito
dagli inquilini che si affacciavano alle porte degli appart-
amenti, il cavalier Putignani offrí mance sbalorditive.
Il caposquadra si ammansí, e mediante un sistema di corde e di carrucole, il vecchio pianoforte uscí dalla finestra,
oscillò nel vuoto, si posò su una terrazza fiorita di gerani, entrò nel salotto di casa Putignani.

Sotto lo sguardo compiaciuto del cavaliere e della signora
Putignani, la piccola Ilda «faceva» le scale[10].
Uno strazio.
Scale maggiori e scale minori, scale melodiche e scale ar-
moniche, scale a terze e scale a seste, scale a ottave e scale
cromatiche.
Un tormento.
Finite le scale, la piccola Ilda attaccava gli esercizi di Pi-
schna, molto indicati per «sciogliere» le dita.
Una tortura.
Dopo gli esercizi di Pischna, l'inesperta pianista passava a
una melensa sonatina di Kullak[11].
Un supplizio.

Il vecchio pianoforte fremeva di sdegno. Lui che durante
la sua gloriosa carriera era stato toccato dalle dita dei Paderewski e dei Busoni[12], sentirsi addosso sul tardi dell'età quel-

---

[9] *spinetta*: antico strumento a tastiera, piú piccolo del pianoforte.
[10] *«faceva» le scale*: eseguiva elementari esercizi musicali.
[11] *Dopo gli dopo l'esercizi... Kullak*: Pischna, didatta, fu autore di libri di esercizi per pianoforte; Kullak fu concertista e insegnante.
[12] *Paderewski... Busoni*: celebri pianisti e compositori per pianoforte, il primo
polacco (1860-1941), il secondo fiorentino (1866-1924).

le manine inabili e mollicce! E nelle lunghe solitudini notturne, tra i puf di velluto e i fiori di carta, tra il cane di bronzo con l'orologio in bocca, e la fotografia in ingrandimento di Goffredo Putignani, giovane in uniforme di bersagliere, il vecchio pianoforte rievocava il passato.

Dei tanti pianisti che aveva conosciuto, era quel pianista scheletrico, non si sa bene se polacco o boemo, ma israelita comunque, che meglio di tutti lo aveva saputo dominare. Sotto il martellamento di quelle dita ossute, lo strumento, giovane allora e nel pieno delle forze, vibrava come creatura viva.

Che momenti erano quelli! E quando il pianista, fradicio e traballante si alzava dalla tastiera, le corde fremevano ancora all'uragano degli applausi.

Questi ricordi rievocava il vecchio pianoforte, e nello spasimante[13] desiderio di ritrovare sulla tastiera ingiallita il tocco delle gloriose dita, la sua carcassa[14] scricchiolava come quercia in mezzo alla bufera, e una lontana, misteriosa musica correva le lunghe corde di metallo.

Il commendatore Corpas che abitava al piano di sotto, incontrò per le scale il cavaliere Putignani.

– Ma lo sa, cavaliere, che la sua figliola è una pianista straordinaria?

– Ha cominciato che è poco – rispose Putignani con grato sorriso – ma è volonterosa e si farà.

– Altro che si farà. È un genio, un prodigio! Ieri si stava a sentirla, io e la mia signora. Che forza! Che agilità! Che sentimento!

– Ieri? – ripeté dubitamente il cavaliere. E aggiunse: – Ma se ieri eravamo a Frascati...[15]

Alle lodi del commendatore Corpas, seguirono quelle della signora Strua del terzo piano, poi quelle del notaio del secondo, del ragioniere del primo, dell'ostetrico del piano rialzato, della portiera, dei vicini. Putignani non dubitava piú. La ricchezza gli sorrideva e, impiegato all'Esattoria Civica,

---

[13] *spasimante*: intensissimo.
[14] *carcassa*: la struttura portante del pianoforte. La parola suggerisce l'idea di un corpo logoro, consunto dalla vecchiaia, animando cosí nuovamente lo strumento.
[15] *Frascati*: sui colli Albani, vicino a Roma.

compilava mentalmente la lettera di dimissioni da mandare a
quella carogna del capufficio.

È domenica. La famiglia Putignani torna dalla messa.
All'altezza del secondo piano, un sospetto penetra nell'a-
nimo del cavaliere. Al terzo, il sospetto si converte in certezza. Al quarto piano, Putignani stringe a sé la moglie e la figliola. Sulla soglia di casa sussurra: – Seguitemi in punta di
piedi – e spalanca la porta del salotto.

Davanti ai tre membri esterrefatti della famiglia Putignani, il vecchio pianoforte ricanta l'antica gloria. I tasti balzano
vertiginosamente, lunghi arpeggi corrono la tastiera, la cassa
vibra come una caldaia, la coda oscilla come una balena in na-
vigazione.
E la musica cresce.
I bassi[16] si spezzano con orribili schianti, le corde si torco-
no come serpenti, i martelli[17] schizzano dalla cassa armonica,
i feltri volano per il salotto.
La musica sale al parossismo[18].
Il vecchio pianoforte si rizza in uno sforzo supremo, oscilla a mezz'aria, abbatte la vetrata, ricade fracassato sulla terrazza.
La musica è cessàta.

Fu cosí che in un tenero meriggio d'autunno, sopra una
terrazza fiorita di gerani, il vecchio pianoforte chiuse la sua
gloriosa carriera, sotto un cielo limpido come l'occhio di
una dea.

(da Achille innamorato, Adelphi, Milano 1993)

---

[16] *i bassi*: gli elementi che eseguono le note gravi.
[17] *i martelli*: le bacchette di legno con l'estremità ricoperta di feltro, la quale, azio-
nata da uno dei tasti del pianoforte, batte su una delle corde producendo il suono.
[18] *parossismo*: l'intensità massima.

ALBERTO MORAVIA

Delitto al circolo di tennis

Questo racconto, scritto nel 1927, nasce al tempo e nel clima degli Indifferenti, *che vide la luce nel 1929.*

È un quadro penetrante e crudo, tra i piú forti che Moravia abbia dato, della borghesia italiana agli inizi del fascismo, di una classe condotta al disfacimento morale dalla vicenda bellica. A questo mondo vacuo, ipocrita e conformista, appartengono gli autori dello scherzo qui narrato, frutto dell'ozio e della noia: uno scherzo di cattivo gusto, pieno di depravazione e di viltà, che sfocia in tragedia.

In tempi di prosa d'arte e di lirismo narrativo, la scrittura di Moravia è secca e analitica, la sua descrizione oggettiva, la sua posizione di fronte alla materia di lucido distacco; l'autore non rinuncia tuttavia al giudizio, che si annida in certe pieghe, in certi particolari del racconto.

Verso la metà dell'inverno il comitato direttivo di uno dei piú noti circoli di tennis della nostra città decise di dare un gran ballo di gala. Il comitato, composto dai signori Lucini, Mastrogiovanni, Costa, Ripandelli e Micheli, dopo aver stanziato una somma di denaro per l'acquisto dello champagne, dei liquori e della pasticceria e per il noleggio di una buona orchestrina, passò alla compilazione della lista degli invitati. I membri del circolo appartenevano per la maggior parte a quella classe comunemente chiamata grossa borghesia; erano, dunque, tutti figli di famiglie ricche e stimate, e, poiché bisogna pure lavorare, esercitavano tutti piú o meno qualche parvenza di professione; cosí non fu difficile tra parenti, amici e conoscenti radunare un numero sufficiente di nomi, molti dei quali, preceduti da titoli nobiliari di secondaria importanza, ma decorativi, avrebbero poi dato, nei resoconti mondani dei giornali, un lustro aristocratico alla festa. Ma all'ultimo momento, quando non restava altro da fare che dirama-

re gli inviti, ecco, come il solito, sorgere una difficoltà im-
prevista:

– E la «principessa» non l'invitiamo? – domandò Ripandelli, un giovane sui trent'anni, d'una bellezza alquanto meridionale: capelli neri e lucidi, occhi neri, volto ovale, bruno,
dai tratti perfetti; era conosciuto per la sua rassomiglianza
con uno dei piú noti artisti cinematografici americani, lo sapeva, e se ne serviva per far colpo alle donne.

Mastrogiovanni, Lucini e Micheli approvarono l'idea di
invitare la «principessa»; sarebbe stato un divertimento di
piú, dissero, forse il solo divertimento; e con grandi scoppi di
risa e colpi sulle spalle si ricordarono a vicenda quel che era
successo l'ultima volta: la «principessa» ubriaca, lo champagne nei capelli, le scarpette nascoste, e lei costretta ad aspettare la partenza dell'ultimo invitato per potersene andare a
piedi scalzi, etc... etc...

Soltanto Costa, l'uccello di malaugurio come lo chiamavano, alto, dinoccolato, dai grossi occhiali cerchiati di tartaruga
appoggiati sul lungo naso, e dalla barba, sulle guance magre,
mai abbastanza rasa, soltanto Costa protestò:

– No, – disse, – la «principessa» questa volta lasciatela a
casa sua... ne ho avuto abbastanza dell'ultimo ballo... se volete divertirvi andate a farle una visita, ma qui no...

I compagni insorsero, gli dissero chiaramente quel che
pensavano di lui, e cioè che era un guastafeste, uno stupido,
che, in fin dei conti, il padrone del circolo non era lui.

Erano due ore che sedevano nella stanzetta della direzione, il fumo delle sigarette annebbiava l'aria, faceva un caldo
umido a causa della calce ancor fresca dei muri, tutti portavano sotto le giacche grosse maglie policrome. Ma là attraverso i vetri della finestra, si vedeva un solo ramo di abete
sporgere, cosí immobile e malinconico contro il fondo grigio
del cielo, che non c'era bisogno di andare a vedere per capire
che stava piovendo. Costa si alzò:

– Io lo so, – disse con forza, – che avete intenzione di fare chissà quali porcherie con quella disgraziata... ebbene ve lo
dico una volta per tutte... è una vigliaccheria e dovreste ver-
gognarvene.

– Costa, ti credevo piú intelligente, – affermò Ripandelli
senza muoversi dal suo posto.

– E io te meno malvagio, – rispose Costa: staccò il pastra-

no dall'attaccapanni e uscí senza salutare. Dopo cinque minuti di discussione, il comitato decise all'unanimità di invitare anche la principessa al ballo.

Il ballo incominciò poco dopo le dieci di sera. Aveva piovuto tutto il giorno, la notte era umida e nebbiosa, dal fondo
del viale suburbano sul quale sorgeva la casina del circolo si
poteva vedere, laggiú, in quella buia lontananza, tra due file
oscure di platani, uno splendore, un movimento confuso di
luci e di veicoli: erano gli invitati che arrivavano. Nel vestibolo[1] un servitore preso a nolo li sbarazzava dei loro mantel-
li, quindi, le donne nei loro leggeri vestiti, gli uomini in frak,
passavano discorrendo e ridendo nella grande sala sfarzosa-
mente illuminata.

Questo salone, assai vasto, era alto quanto la casina: un
ballatoio dalla balaustrata[2] di legno tinto di turchino ne faceva il giro al livello del secondo piano. Sul ballatoio si aprivano alcune camerette adibite a spogliatoi e depositi di strumenti sportivi; un enorme lampadario dello stesso stile e dello stesso colore della balaustrata pendeva dal soffitto e per
l'occasione vi erano stati attaccati dei festoni di lampioncini
veneziani che andavano a raggiungere i quattro angoli della
sala; parimenti verniciato di turchino era lo zoccolo; e in fondo, sotto l'angolo della scaletta che saliva al piano superiore,
stava incastrato il banco del bar con le sue colorate file di
bottiglie e la sua brillante vaporiera[3].

La «principessa» che non era principessa, ma a quanto si
diceva soltanto contessa (e si raccontava pure che a suo tempo aveva fatto vita di società, e che ne era stata esiliata per
una brutta storia di adulterio, di fuga e di rovina finanziaria)
arrivò poco dopo le undici. Ripandelli, che sedeva in un gruppo di signore di fronte alla porta spalancata del vestibolo, vide la nota figura, bassa, piuttosto tozza, dai piedi voltati in
fuori come quelli dei palmipedi mentre, voltandogli il dorso
un po' curvo, porgeva la cappa[4] al servitore. «Ci siamo,» pensò e, col cuore pieno di esultanza, le si avventò incontro attraverso la folla danzante e la raggiunse appena in tempo per

---

[1] *vestibolo*: atrio.
[2] *balaustrata*: ringhiera.
[3] *vaporiera*: la macchina del caffè.
[4] *cappa*: mantello.

impedirle di schiaffeggiare il servitore col quale, per qualche suo futile motivo, aveva attaccato briga.

– Benvenuta, benvenuta... – le gridò dalla soglia.

– Ah Ripandelli, mi liberi lei da quest'animale, – disse la donna voltandosi. La faccia della principessa non era bella: sotto una foresta di capelli crespi, tagliati molto corti, gli occhi neri, rotondi e contornati di rughe, brillavano pesti[5] e spiritati; il naso lungo e sensuale, aveva narici piene di peli; la bocca larga dalle labbra tinte e cincischiate[6] dall'età, prodigava continuamente sorrisi brillanti, fatui e convenzionali. La principessa vestiva in maniera insieme vistosa e misera: sul vestito fuori moda, dalla gonna lunga, dal corsetto cosí attillato che due riflessi giuocavano sui due rigonfi lunghi e allampanati del petto, forse per nascondere la scollatura troppo bassa, ella aveva gettato uno scialle nero con uccelli, fiori e arabeschi di tutti i colori; la fronte se l'era stretta in una fascia da cui scappavano d'ogni parte i capelli ribelli. Cosí acconciata, carica di gioielli falsi, guardando davanti a sé con un occhialino d'argento, ella fece il suo ingresso nella sala.

Per fortuna la confusione del ballo impedí che fosse osservata. Ripandelli la guidò in un angolo: – Cara principessa, – disse assumendo subito un tono sfacciato, – che saremmo diventati se lei non fosse venuta?

Gli occhi illusi della donna mostravano chiaramente che prendeva sul serio qualsiasi stupidaggine le venisse detta; ma per civetteria rispose: – Voialtri giovanotti gettate l'amo a piú donne che potete... piú ne abboccano meglio è... non è cosí?

– Balliamo principessa, – disse Ripandelli alzandosi. Ballarono.

– Lei balla come una piuma, – disse il giovane che sentiva quel corpo pesare per intero sul suo braccio.

– Tutti me lo dicono, – rispose la voce stridula. Schiacciata contro il petto inamidato della camicia di Ripandelli, palpitante, la principessa pareva rapita in estasi. Ripandelli si fece piú ardito. – Ebbene, principessa, quando m'invita a casa sua?

---

[5] *pesti*: cerchiati da profonde occhiaie.
[6] *cincischiate*: sciupate.

– Ho un cerchio molto stretto di amici, – rispose la disgraziata che viveva notoriamente in completa solitudine, – proprio l'altro giorno lo dicevo appunto al duca L., che mi pregava per lo stesso favore... un cerchio strettissimo di gente scelta... cosa vuole, di questi tempi non si può mai essere abbastanza sicuri.

«Brutta strega» pensò Ripandelli; – ma no –, riprese ad alta voce, – io non voglio essere invitato con tutti gli altri... lei mi deve ricevere nella sua intimità... per esempio nel suo *boudoir*[7]... oppure... oppure nella sua camera da letto.

La frase era forte ma la donna l'accettò senza protestare: – E, se l'invito, – domandò con voce tenera e un poco ansante a causa dell'emozione della danza: – mi promette di essere buono?

– Buonissimo.

– Allora stasera le permetterò di accompagnarmi a casa... lei ha l'automobile, non è vero?

Il ballo era finito e poiché la folla passava lentamente nella stanza del buffet, Ripandelli accennò ad un salottino particolare, al secondo piano, nel quale li aspettava una bottiglia di champagne:

– Di qui, – disse mostrandole la scala, – cosí potremo parlare con maggiore intimità.

– Eh, è un furfante lei, – disse la donna salendo in fretta la scala e minacciandolo con l'occhialino, – ha pensato a ogni cosa...

Il salottino particolare era una stanzetta piena di armadietti bianchi, nei quali venivano di solito riposte le racchette e le palle. Nel mezzo, sopra una tavola, c'era una bottiglia di champagne tuffata nel suo secchio. Il giovane chiuse la porta, invitò la principessa a sedersi e le versò subito da bere.

– Alla salute della piú bella fra le principesse, – brindò in piedi, – della donna a cui penso giorno e notte.

– Alla sua salute, – ella rispose sperduta[8] ed eccitata. Aveva lasciato cadere lo scialle e mostrava le spalle e il petto: il dorso magro pareva quello di una donna ancora giovane ma,

---

[7] *boudoir*: salottino da signora, per conversazione elegante o intima, venuto di moda nel Settecento.
[8] *sperduta*: confusa, dai complimenti.

davanti, la scollatura del vestito scendeva ad ogni movimento ora da una parte ora dall'altra e lo scolorimento della carne ingiallita e grinzosa rivelava il disfacimento dell'età. Ripandelli, la testa appoggiata sulla mano, le fissava addosso
due occhi falsamente appassionati.

– Principessa mi ami? – le domandò ad un tratto con voce
inspirata.

– E tu? – ella rispose con straordinaria sicurezza. Poi, come vinta da una tentazione troppo forte, tese un braccio e
posò una mano sulla nuca del giovane; – e tu? – ripeté.

Ripandelli diede un'occhiata alla porta chiusa; ora il ballo doveva essere ricominciato, se ne sentiva il frastuono ca-
denzato.

– Io, – rispose con lentezza, – io mia cara mi consumo per
te, sono impazzito, non connetto piú.

Si udí bussare; poi la porta si aprí, e Lucini, Micheli, Mastrogiovanni e un quarto che aveva nome Jancovich irruppe-
ro nella stanza. Questo quarto improvviso, era il piú vecchio
membro del circolo, poteva aver cinquant'anni ed era già tutto brizzolato; di persona era dinoccolato, con una faccia lunga, magra e malinconica, un naso sottile, e due rughe profonde e ironiche che gli solcavano il volto dagli occhi fino al collo. Industriale, guadagnava molto; la maggior parte della
giornata, la passava al circolo del tennis a giocare a carte; al
circolo anche i ragazzi lo chiamavano col suo nome di batte-
simo, Beniamino. Ora, appena Jancovich ebbe veduto Ripandelli e la principessa, come era stato prestabilito, cacciò un
grido di dolore levando le braccia al soffitto:

– Come, mio figlio qui? e con una donna? e precisamente
con la donna che amo?

Ripandelli si voltò verso la principessa: – Ecco mio padre... siamo perduti...

– Esci di qui, – continuava intanto Jancovich con la sua
voce, melensa[9], – esci di qui, figlio snaturato.

– Padre mio, – rispose fieramente Ripandelli, – non obbe-
dirò che ad una sola voce, quella della passione.

– E tu amor mio..., – soggiunse Jancovich volgendosi con
espressione triste e dignitosa verso la principessa – non la-
sciarti abbindolare da quel mascalzone di mio figlio, vieni da

[9] *melensa*: fatua, sciocca.

me invece, appoggia la tua vezzosa testolina sul petto del tuo Beniamino che non ha mai cessato di amarti.

Mordendosi a sangue le labbra per non ridere, Ripandelli si scagliò contro il suo sedicente padre: – A me mascalzone, a me? – Quindi seguí una bella scena di confusione e di sdegno. Jancovich da una parte, Ripandelli dall'altra, trettenuti a stento dagli amici, fingevano di fare ogni sforzo per raggiungersi e azzuffarsi; cento grida di: – Teneteli, teneteli, sennò si ammazzano, – si levavano dal tumulto insieme con risate mal dissimulate; rannicchiata in un angolo, atterrita, la principessa giungeva le mani. Finalmente fu possibile calmare quegli indemoniati.

– Qui non c'è rimedio, – disse allora Lucini facendosi avanti: – Padre e figlio innamorati della stessa donna: bisogna che la principessa scelga.

Fu intimato alla principessa di dare il suo giudizio. Indecisa, lusingata, preoccupata, ella uscí dall'angolo con quel suo passo dondolante, un piede di qua e l'altro di là: – Io non posso scegliere –, disse alfine dopo aver attentamente osservato i due contendenti, – perché... perché mi piacete tutti e due.

Risa ed applausi; – ed io principessa ti piaccio? – domandò improvvisamente Lucini prendendola per la vita. Questo fu il segnale di una specie di orgia: padre e figlio si riconciliarono, si abbracciarono; la principessa fu fatta sedere in mezzo a loro e le fu abbondantemente versato da bere. In pochi minuti fu del tutto ubriaca: rideva, batteva le mani, i capelli gonfi le formavano una testa enorme.

Gli uomini le facevano certe domande insidiose: – Qualcuno mi ha informato, – disse ad un certo punto Micheli, – che non sei principessa, che non sei niente e che sei figlia del salumiere dell'angolo: è vero.

La donna s'indignò: – Era una linguaccia ed era certamente lui il figlio del salumiere... dovete saper che prima della guerra ci fu anche un principe del sangue[10] che mi mandò un meraviglioso mazzo di orchidee e un biglietto... e nel biglietto c'era scritto: «Alla sua Adelina il suo Gogò...».

Grandi scoppi di risa accolsero queste parole. Ai cinque uomini che nell'intimità si facevano chiamare dalle loro

---

[10] *del sangue*: di sangue reale.

amanti Niní, Lulú, amorino e porcellino mio, quel nomigno-
lo di Gogò, quel vezzeggiativo di Adelina parvero il massimo
della ridicolaggine e della stupidità; dalle risa si tenevano i
fianchi, erano indolenziti; – ah Gogò, cattivo Gogò – ripete-
vano. Inebriata, lusingatissima, la principessa prodigava sorrisi, sguardi e colpi di occhialino. – Principessa quanto sei
spassosa, – le gridava in faccia Lucini e lei, come se le avesse
fatto un complimento, rideva. – Ah, principessa, principessa
mia – cantava sentimentalmente Ripandelli; ma ad un tratto
il suo volto si indurí: allungò una mano e ghermí crudelmen-
te il petto della donna. Ella si divincolò, tutta rossa, ma poi
subitamente rise e lanciò un tale sguardo al giovane che questi lasciò subito la stretta: – Uh che petto floscio, – gridò agli
altri, – sembra di stringere un cencio... e se la spogliassimo? –
Ormai il programma degli scherzi era quasi esaurito, questa
proposta ebbe un grande successo: – Principessa, – disse Lucini, – ci hanno detto che hai un bellissimo corpo... ebbene
sii generosa, mostracelo... dopo moriremo contenti.

– Su principessa, – disse Jancovich con la sua voce seria e
belante, mettendole senz'altro le mani addosso e cercando di
abbassare sulle braccia le bretelline del vestito, – il tuo bel
corpicino non deve restarci nascosto... il tuo bel corpicino
bianco e roseo, tutto pieno di fossette come quello di una
bambina di sei anni.

– Sfacciati – disse la principessa ridendo. Ma dopo molte
insistenze, acconsentí ad abbassare il vestito fino a mezzo
petto: i suoi occhi brillavano, il compiacimento le faceva tremare gli angoli della bocca:

– Non è vero che sono ben fatta? – domandò a Ripandelli. Ma il giovane storse la bocca e gli altri gridarono che non
bastava, che volevano vedere di piú; Lucini diede uno strappo alla scollatura. Allora, sia che ella si vergognasse di mostrare il corpo troppo maturo, sia che tra i fumi del vino un
barlume di coscienza l'avesse illuminata ed ella si fosse veduta in quella stanzetta bianca, tra quegli uomini imbestialiti,
rossa, scarmigliata, col petto mezzo nudo, ad un tratto resi-
stette e si dibatté: – lasciatemi, vi dico, lasciatemi – intimò
divincolandosi. Ma il giuoco aveva eccitato i cinque uomini,
due la trattennero per le braccia, gli altri tre le abbassarono il
vestito fino alla cintola, denudando un torso gialliccio, pieno
di pieghe, dal petto ciondolante e bruno.

– Dio com'è brutta, – esclamò Micheli, – e quanta roba ha addosso... quanto è infagottata... deve avere addosso almeno quattro paia di mutande... –. Gli altri ridevano rallegrati dallo spettacolo di quella nudità squallida e furiosa, e cercavano di liberare i fianchi dal viluppo delle vesti. Non era facile, la principessa si dibatteva con violenza, il volto rosso sotto il tosone[11] dei capelli era compassionevole, tanto chiaramente esprimeva il terrore, la disperazione e la vergogna. Ma questa resistenza, invece di impietosire Ripandelli, lo irritava come i sussulti di una bestia ferita che non si decidesse a morire: – brutta strega, vuoi star ferma sí o no? – le gridò improvvisamente e per dar forza alle sue parole prese dalla tavola un calice e gettò il vino ghiacciato sul viso e sul petto della disgraziata. Una specie di grido lamentoso e amaro, una frenetica rivolta seguirono questa brusca aspersione. E liberatasi non si sa come dalle mani dei suoi tormentatori, nuda fino alla cintola, le braccia levate sopra la testa fiammeggiante di capelli, trascinando dai fianchi in giú tutta una massa di panni rivoltati, la principessa si slanciò verso la porta.

Per un istante lo stupore impedí ai cinque uomini di agire. Ma Ripandelli gridò: – afferratela che ci scappa sopra il ballatoio – e tutti e cinque si precipitarono sulla donna a cui la porta previdentemente chiusa a chiave aveva ritardato la fuga. Micheli la afferrò per un braccio, Mastrogiovanni per la vita, Ripandelli addirittura per i capelli. La trascinarono daccapo alla tavola, quella resistenza li aveva imbestialiti, provavano un desiderio crudele di batterla[12], di punzecchiarla, di tormentarla. – Ma questa volta ti vogliamo nuda, – le gridò in faccia Ripandelli, – nuda ti vogliamo –. Ella spalancava gli occhi atterriti, si dibatteva, poi, ad un tratto, incominciò a gridare.

Prima un grido rauco, poi un altro simile ad un singhiozzo, alfine, inaspettato, un terzo acutissimo, lacerante «Ahiii!!!» – Spaventati Micheli e Mastrogiovanni la lasciarono. Forse soltanto in quel momento Ripandelli ebbe per la

---

[11] *tosone*: vello. Il termine, antico e dunque ricercato, aggiunge una calcolata stonatura alla scena, insieme crudele e grottesca.
[12] *quella resistenza... batterla*: nel racconto il registro puramente oggettivo viene piú volte violato, ma qui in modo particolarmente visibile: lo scrittore, tramite i due verbi e l'aggettivo *crudele*, fornisce una dura valutazione morale dei seviziatori.

prima volta la sensazione della gravità della situazione nella quale coi suoi compagni si era cacciato. Fu come se una mano enorme gli avesse stretto il cuore, cosí, con cinque dita, come si stringe una spugna. Gli vennero un furore terribile, un odio sanguinoso contro la donna che si era daccapo scagliata contro la porta e gridando la tempestava coi pugni, e nello stesso tempo lo colpirono un senso nero di irreparabilità[13] e quell'angoscia che fa pensare «non c'è piú rimedio, il peggio è successo, meglio abbandonarsi alla china…». Un istante di esitazione; poi con una mano che non gli sembrò la sua tanto gli parve indipendente dalla sua volontà, afferrò sulla tavola la bottiglia vuota e l'abbatté con forza sulla nuca della donna, una sola volta.

Ella si accasciò in terra attraverso la soglia, in una maniera che non lasciava dubbi sull'efficacia del colpo[14]: sul fianco destro, con la fronte contro la porta chiusa, nel mucchio largo dei suoi cenci. In piedi, la bottiglia ancora in mano, Ripandelli concentrava tutta la sua attenzione sul dorso della donna. All'altezza dell'ascella c'era un neo della grandezza di una lenticchia; questo particolare, e forse anche il fatto che la folta capigliatura non lasciava vedere la faccia, gli fece per un secondo immaginare di aver colpito tutt'altra persona e per tutt'altra ragione: per esempio una splendida fanciulla dal corpo perfetto, troppo amata e invano, sulle cui membra esanimi egli si sarebbe gettato lagrimando, pentito, amaramente pentito, e che sarebbe forse stato possibile ricondurre in vita. Ma poi il torso ebbe uno strano sussulto, e bruscamente si rovesciò sulla schiena mostrando il petto, un seno di qua, l'altro di là, e orribile a vedersi, il volto. I capelli nascondevano gli occhi («per fortuna» egli pensò) ma la bocca semiaperta in un modo particolarmente inespressivo gli ricordò troppo bene certi animali uccisi che aveva veduto da bimbo. «È morta», pensò tranquillamente, e insieme spaventato dalla propria tranquillità. Allora si voltò, e posò la bottiglia sopra la tavola.

Gli altri quattro, seduti in fondo presso la finestra, lo

---

[13] *senso… irreparabilità*: la cupa sensazione che non si poteva evitare quanto stava per fare.

[14] *in una maniera… colpo*: s'impone qui, invece, la componente fredda e distaccata della scrittura moraviana, che fa cadere l'accento non sulla spietatezza del colpo, ma sulla sua efficacia.

guardarono incomprensivi. La tavola che era nel mezzo della stanza impediva loro di distinguere il corpo della principessa, non avevano veduto che il colpo. Poi, con una specie di cauta curiosità, Lucini si alzò, e sporgendosi in avanti, guardò verso la porta. La cosa era là, attraverso la soglia. I suoi compagni lo videro diventare bianco:

– Questa volta l'abbiamo fatta grossa – disse a bassa voce, in tono spaventato, senza guardarli.

Micheli si alzò che era seduto nell'angolo piú lontano. Era studente in medicina, questa sua prerogativa gli dava come un senso di responsabilità: – forse è soltanto svenuta, – disse con voce chiara, – bisogna rianimarla... aspettate –. Prese un bicchiere mezzo pieno dalla tavola, si chinò sul corpo della donna, gli altri gli si raggrupparono intorno. Lo videro passarle un braccio sotto il dorso, sollevarla, scuoterla, versare un po' di vino tra le labbra. Ma la testa dondolava, dalle spalle le braccia pendevano senza vita. Allora Micheli riadagiò la donna in terra e le appoggiò l'orecchio sul petto. Dopo un istante si rialzò.

– Credo che sia morta – disse, ancora rosso per lo sforzo compiuto.

Ci fu un silenzio. – Ma copritela – gridò ad un tratto Lucini che non sapeva staccare gli occhi dal cadavere.

– Coprila tu.

Ancora silenzio. Dal basso il frastuono dell'orchestra arrivava distintamente, ecco, adesso era piú sommesso, doveva essere un tango. I cinque si guardavano. Ripandelli solo fra tutti si era seduto, e curvo, con la testa fra le mani, guardava davanti a sé: vedeva che i pantaloni neri degli amici gli facevano circolo intorno, ma non erano abbastanza stretti, tra l'uno e l'altro, ecco, laggiú sotto la porta laccata di bianco, impossibile non vederla, la massa di quel corpo disteso.

– Ma è roba da matti, – incominciò Mastrogiovanni come per protestare contro qualche idea assurda, rivolgendosi a Ripandelli, – con la bottiglia... ma cosa ti ha preso in quel momento?

– Io non c'entro, – disse qualcuno con voce tremante. Ripandelli, immobile, riconobbe Lucini. – Siete tutti testimoni che io ero seduto presso la finestra.

Fu Jancovich, il piú vecchio di tutti, dal volto malinconico, dalla voce melensa, a rispondergli: – sí, sí, – disse – di-

scutete ragazzi miei... chi è stato e chi non è stato... poi nel
bel mezzo dell'interessante discussione entra qualcuno e andiamo tutti a finir di discutere in qualche altro posto...

– E tanto ci andremo in tutti i modi – disse Ripandelli cu-
pamente.

Jancovich fece un gesto violento e comico: – Questo è pazzo... perché lui vuole andare in prigione, vuole che anche gli
altri ci vadano –. Un riso per un istante gli corrugò profondamente tutto il volto magro.

– Piuttosto state a sentire quel che vi dico...

– ? ? ?

– Ecco... la principessa viveva sola, non è vero? dunque
non s'accorgeranno della sua sparizione prima di una settimana... noi ora andiamo a ballare, e comportiamoci come se
nulla fosse successo... quando il ballo sarà finito, la carriche-
remo sopra la mia automobile e la porteremo in qualche altro
posto, fuori di città... oppure... possiamo gettarla nel fiume...
cosí crederanno che si sia uccisa... viveva sola... in un istante
di sconforto... son cose che succedono... in tutti i casi se ci
domandano dov'è diremo che ad un certo momento è uscita
dalla sala e non è stata piú riveduta... siamo intesi?

Gli altri impallidirono, spaventati: la donna era morta,
questo lo sapevano, ma l'idea di aver commesso un delitto, di
aver ucciso, e di essere perciò in stato di colpa, non aveva ancora sfiorato la loro coscienza... La complicità che sentivano
di avere con Ripandelli era quella del divertimento, non quella dell'assassinio. Questa proposta di buttare a fiume il cadavere li mise bruscamente di fronte alla realtà. Lucini, Micheli e Mastrogiovanni protestarono, affermarono che non c'entravano, che non volevano entrarci, che Ripandelli si sbrigas-
se da sé.

– E va bene, – rispose allora Jancovich che mentalmente
aveva soppesato le possibilità giuridiche del delitto, – vuol
dire che ci rivedremo in Tribunale...: Ripandelli sarà condannato per omicidio ma noi qualche annetto per complicità
necessaria lo prenderemo lo stesso –. Silenzio costernato.
Lucini che era il piú giovane di tutti, era bianco, aveva gli
occhi pieni di lagrime; improvvisamente agitò il pugno per
aria:

– Lo sapevo che doveva finir cosí, lo sapevo... ah non ci
fossi mai venuto!

Ma Jancovich aveva troppo evidentemente ragione. E poi bisognava decidersi: da un momento all'altro qualcuno poteva entrare. Il parere del piú vecchio venne approvato, e, a un tratto, come se avessero voluto con l'azione soffocare il loro pensiero, i cinque uomini si diedero con alacrità a far scomparire le tracce del delitto. Bottiglia e bicchieri furono chiusi in un armadietto; il cadavere fu trascinato non senza difficoltà in un angolo e coperto con un panno spugnoso; c'era uno specchietto inchiodato alla parete, ciascuno di loro andò ad esaminarsi per vedere se era in ordine. Poi, uno dopo l'altro, uscirono dalla stanza, la luce fu spenta, la porta venne chiusa e la chiave la prese Jancovich.

In quel momento il ballo raggiungeva il massimo grado del suo splendore. La sala era affollata, folti gruppi di persone sedevano intorno alle pareti; altri stavano appollaiati sopra i davanzali delle finestre; nel mezzo la moltitudine dei ballerini si agitava in tutti i sensi; mille stelle filanti volavano da ogni parte; pallottole multicolori di ovatta venivano lanciate con abbondanza; da ogni angolo salivano stridenti i fischi acuti dei cetrioli di gomma e i suoni stridenti dei pifferi di cartone; palloncini di ogni tinta oscillavano tra i filamenti di carta pendenti dal lampadario, ogni tanto qualcuno ne scoppiava con asciutta sonorità, le coppie se li contendevano, cercavano di strapparseli, e facevano ressa intorno a chi aveva conservati intatti i suoi. Risa, voci, suoni, colori, forme, e azzurre nuvole di fumo di tabacco, tutto questo agli occhi estatici[15] dei cinque curvi lassú dal ballatoio sopra la caverna luminosa[16], si confondeva in una sola nebbia dorata di irraggiungibile Mille e una Notte, faceva l'effetto di un paradiso di incoscienza e di leggerezza, perduto, per sempre perduto. Per quanti sforzi facessero, il pensiero li tirava indietro, li ricacciava nella stanzetta piena di armadi, con la tavola sparsa di bicchieri, le sedie in disordine, la finestra chiusa, e là, in un angolo, quel corpo. Ma alfine si scossero, discesero la scala.

– Allora mi raccomando, –, disse un'ultima volta Jancovich, – animazione, ballate, divertitevi come se nulla fosse

[15] *estatici*: stupiti.
[16] *la caverna luminosa*: il salone illuminato.

successo –. Poi Mastrogiovanni per primo, e gli altri dietro,
entrarono tutti e cinque nella folla e vi si confusero, indistin-
guibili ormai dagli altri ballerini che come loro vestiti di nero, a passo di danza, abbracciati alle dame, sfilavano lentamente davanti al palco dei suonatori.

(da *I racconti*, Bompiani, Milano 1968)

CORRADO ALVARO

Ritratto di Melusina

In queste pagine l'autore evoca con toni lirici la propria terra d'origine; con l'intera raccolta da cui è tratto (L'amata alla finestra, *1929*) *il racconto preannuncia i motivi, gli ambienti e le figure del capolavoro di Alvaro,* Gente in Aspromonte *(1930).*

L'adolescente Melusina incarna il desolato Aspromonte, ignorato dalla storia e dal progresso, terra di miseria secolare: è una figura che, campita sullo sfondo di un paese in rovina, sfuma nel simbolo («Questo è il paese dove è rimasta Melusina, e la sua bellezza in questo luogo è sorprendente come se reggesse il simbolo d'una vita finita, d'una tradizione abbandonata, d'una natura spenta e inodora»). I sentimenti e i pregiudizi di Melusina, che l'autore coglie sottilmente nel loro affiorare ancora confuso e inconsapevole, sono elementari e primordiali: dal pittore che scruta la sua figura per ritrarla ella si sente come violata e rapita a se stessa, «compromessa».

Tra le cose che ho piú care, v'è un ritratto di donna che comperai da un artista tornato dai miei paesi. Fu quasi un dovere per me prendermi questa sconosciuta e nasconderla agli occhi degli estranei; perché, sebbene io non ricordi quasi piú le passioni della mia terra, me n'è rimasta una solidarietà carnale[1]. So che molte donne della mia gente non si sono fatte mai ritrarre; basta presentarsi in una delle nostre strade con una macchina da fotografie perché tutte le donne volgano il capo dalla parte del muro; io ho un solo ritratto di mia madre, quando andò sposa, ed è tutta spaventata di trovarsi davanti all'obiettivo una volta nella sua vita, accanto allo sposo in piedi in atto di proteggerla. Dico che anch'io soffro di questo ritegno primordiale: mi sembra di posare per qualche cosa di definitivo, prima che lo stampo della vita si spezzi. Ma

[1] *una solidarietà carnale*: un legame indissolubile, quasi fisico.

per una donna dev'esserci un altro sentimento a questo ritegno: quello di appartenere a qualcuno non ancora rivelato,
cui confida, però, già da piccola le proprie sembianze come
un segreto, e la propria bellezza senza appello, senza testimonianze, senza ricordi. Una immagine nostra è sempre qualche
cosa di noi, e anche su un'immagine si può coltivare un odio,
pungerle gli occhi con una spilla[2], o un amore baciandola, ed
ella non si può muovere, e forse di lontano il suo corpo se ne
risente.

Comunque, le sembianze di questa donna sono tra le mie
carte. Ella sta qui a braccia conserte: la mano destra che copre la sinistra, come la piú debole e la piú indifesa delle due,
mostra le dita ancora intatte, appena schiacciate alla punta
dove ella ha l'impressione[3] delle cose che ha strette; l'orcio[4],
il pane, i bimbi fratelli, primi pesi della sua vita. I segreti della vita del paese si rivelano in lei, nel suo viso calmo dalla
fronte bassa e dritta, come compressa da un lungo peso sop-
portato sulla testa da tutta una generazione di donne; il naso
forte e dritto segue l'armonia della fronte, e di questa armonia si stupiscono le ciglia con lo stupore delle statue nel punto in cui le ciglia si disgiungono. Solo la bocca tumida, sporgente sul mento rotondo, ne rompe l'armonia ed è come un
bacio cattivo su un volto ignaro. Ella è come ferita da questa
sua bocca. Sta la donna afflitta e costretta; già il fatto che esista fra le mie mani la sua immagine la invecchia, l'appassisce,
la uccide. Ella, certo, nella sua fronte bassa pensa, pensa a
questo doppio di se stessa che non sa dove sia, e non lo dirà
al suo uomo quando sposerà[5]: unico segreto della sua vita, incomprensibile a lei stessa.

Conosco anche il suo paese perché vi fui. È costruito su
una rocca bianca e si chiama, appunto, La Rocca. Da venti
anni la popolazione di questo paese, che si era rifugiata lassú
da alcuni secoli, emigra verso la bassa città lungo il mare. Tirati giú dai traffici e dai nuovi mestieri, si sono lentamente

---

[2] *pungerle... spilla*: secondo la procedura della magia nera.
[3] *ha l'impressione*: porta il segno.
[4] *l'orcio*: il vaso di terracotta.
[5] *non... sposerà*: A Melusina pare, attraverso la fotografia e poi attraverso il ritratto, di dare ad altri quella bellezza che dovrebbe serbare per chi la sposerà: perciò tacerà la cosa al suo futuro marito. Opera in lei, inconsapevole, uno degli atavi-
ci pregiudizi della cultura in cui è cresciuta.

spostati quasi tutti, dopo che i signori vi abbandonarono i loro palazzi piantati a picco sulla roccia e si fecero le lunghe e
basse abitazioni sulla strada ferrata fiancheggiata di gerani.
Rimasero alla Rocca i piú umili, pastori e contadini, che di là
raggiungono facilmente l'altopiano dove fiorisce la lupinella[6],
e gli orti nelle pieghe della terra, segreti umidi e ombrosi. Vi
rimasero i vecchi, quelli che non avevano piú da tentare la
sorte, e i loro figli e i nipoti: ma già anch'essi col pensiero di
dover partire. Vi rimase anche la donna del ritratto. Il suo
nome è Melusina. Si trova nella casa dove il nonno centenario sta tutto il dí seduto, le gambe raggricciate[7] e le braccia
smisurate al modo dei quadrumani[8]. Mezzo cieco sta sulla
porta al sole e lo fissa ostinatamente come legandovi la sua vita. Sullo scalino alto della porta un piccino sta per cadere e
piangere, e gli risponde grave la capra che leva il muso di sul-
l'erba fresca. Quello è il fratellino di Melusina, e sono i piú
piccoli della casa, nati quando il padre era già vecchio. I fratelli grandi hanno un mestiere nel paese nuovo; soltanto loro
sono rimasti fedeli alla terra. Melusina non ha quindici anni.
Quando Melusina si mette sullo scalino della porta, appare l'abitatrice d'un mondo di dove sono scomparsi gli uomini, e le generazioni stanno per estinguersi. Il paese abbandonato intorno si sfascia rapidamente, le piazze e le strade deserte sono amplificate dai meandri che si aprono nelle case
crollanti, di dove hanno portato via le porte e le finestre, gli
ammattonati[9] e le tegole. Crollano a ogni pioggia, con un pol-
verio minuto, i tetti e i pavimenti nelle cucine e nelle stalle.
Tutto è divenuto bianco come se i respiri e le parole trascorse fossero raggelati e incanutiti nell'aria. Vi cresce solo l'orti-
ca troppo densa. La nicchia, scavata nel muro per posarvi il
lume e il corpo[10] dell'olio e del vino e la fiaccola di resina, è
ripulita dal sole e dal vento, e la macchia d'unto scompare
dalla pietra, e le crepature fanno una rete di varici[11] intorno
alla fabbrica[12].

---

[6] *lupinella*: erba ottima come foraggio.
[7] *raggricciate*: rannicchiate.
[8] *quadrumani*: le scimmie.
[9] *ammattonati*: pavimenti rustici di mattoni.
[10] *il corpo*: il recipiente.
[11] *varici*: vene (propriamente vene dilatate).
[12] *fabbrica*: edificio.

Le piante erratiche[13] si sono rifugiate sulle creste dei muri
liberati dai tetti, sulle finestre vane[14], sui davanzali crollanti,
che nutriscono della loro midolla[15] il fico selvatico, e il boc-
caleone, e le spighe di segala. E i focolari spenti vi sono, e i
consunti scalini alla porta dove l'acqua delle piogge stagna
sull'antica orma dell'uomo che li ha scavati passando, e le scale monotone che precipitano dalla sommità come prese dalla
vertigine della solitudine. Da stagione a stagione, gli uomini
abbandonano il paese, con le masserizie caricate sull'asino
che si lagna destando gli echi delle stalle deserte[16]. Sono fug-
giti anche i cani. La fontana s'è rotta come una vena, e si vede correre il filo dell'acqua nelle èmbrici messe a canale[17]. La
chiesa è spalancata, l'altare disadorno, e qui il muro che si
sfalda è pieno di dramma: sembra che qui sia un perpetuo Venerdí Santo, quando si manomettono gli altari e se ne abbat-
tono le suppellettili[18]. L'eco delle squille e dei canti è fuggita
attraverso le rotte vetrate. Le pietre tombali ricevono il sole
del soffitto squarciato.

Questo è il paese dove è rimasta Melusina, e la sua bellezza in questo luogo è sorprendente come se reggesse il simbolo d'una vita finita, d'una tradizione abbandonata, d'una natura spenta e inodora. Forse un giorno si presenterà alla sua
casa un pastore e dirà parole basse a suo padre, mentre ella
vigila il fuoco, col piede posato sul focolare, il ginocchio alto,
e su di esso il gomito e la mano aperta, il viso poggiato nel ca-
vo della mano, con un bell'atto di forza in riposo nel fianco
delineato ad arco, dalla guancia piena alla caviglia rotonda[19]
appena scoperta dalla veste pesante. Forse per lei rivivrà, come un fuoco che si appicca male, la vita del paese; e i figliuoli suoi porteranno i resti della sua bellezza che si saranno
spartita, tenendosi chi la bocca e chi gli occhi, e la trascine-
ranno per i rigagnoli e i campi[20].

[13] *erratiche*: spontanee.
[14] *vane*: vuote, cioè aperte, perché prive di serramenti.
[15] *della loro midolla*: cioè con la terra che si annida in essi come un midollo.
[16] *destando… deserte*: facendo risuonare il suo raglio nelle stalle vuote.
[17] *nelle… canale*: nelle tegole poste a incanalare l'acqua piovana.
[18] *un perpetuo… suppellettili*: il Venerdí Santo, in segno di lutto per la morte di
Gesú, gli altari delle chiese vengono spogliati dei loro addobbi.
[19] *col piede… rotonda*: posa da statua greca. È un quadro tipicamente mitologi-
co, come quello di Eufemia che fa il bagno nella fonte, in un altro racconto, dell'*A-
mata alla finestra*: Ermafrodito.
[20] *Forse per lei… campi*: questa frase, incentrata sulle immagini del fuoco e della

Quando vi arrivò il pittore, e la vide, ella stava seduta sulla porta. Egli si fermò a guardarla sorpreso. Ella si rifugiò in casa. Il pittore era ospite del piú gran signore del luogo, quello che comandava sulle bestie, sui campi e sugli uomini[21]. Il giorno dopo, che era domenica, stavano tutti in casa, e si presentò proprio il signore col forestiero. La ragazza si affacciò spaventata e disse: – Che volete?

– Voglio vedere tuo padre, – disse il signore.

Allora uscí fuori il padre, col viso bianco, che aspettava da quella visita insolita una cattiva notizia. – Tu devi permettere che questo forestiero faccia il ritratto a tua figlia. È un pittore della Germania e si porterà il ritratto molto lontano di qui. Nessuno lo saprà. – Il padre non disse altro che: – Come volete, come comandate, signore – e allargò le braccia con rassegnazione. Chiamò la figlia che si presentò come una bestia riluttante al mercato. – Eccola qui, – disse, quasi offrisse quanto aveva di meglio per non vederselo strappare con la forza. La ragazza sedette sullo scalino, il padre sedette accanto a lei, e dall'altra parte si era accostato il vecchio che stava attento al filo del discorso.

Il pittore prese da una borsa un foglio di carta, grande grande, bianco bianco, e si mise a disegnare. La guardava fisso. Ella teneva gli occhi chiusi. Il padre guardava ora lui ora lei come per capire un dialogo incomprensibile fatto nella lingua incantata degli uomini giovani. Ecco il pittore si fermava sulle ciglia, sugli occhi, sulla fronte, ecco fissava la bocca. Non si sentiva una parola. Anche il signore stava a guardare. Come un dio guardava il pittore, come un dio ricalcava le sembianze di lei, ed ella si sentiva sotto una luce abbagliante con le sue vene, le sue pieghe, i suoi segreti, e tutto. E coprendosi una mano mostrava l'altra, e alla fine le nascose tutte e due come due colombe sotto il grembiule. Si sentiva percorsa punto per punto da quell'occhio come se la consumasse; e il pittore stesso imitava l'atto della sua bocca spingendo in fuori le labbra, imitava il suo sguardo, la ritrosia corrugata

bellezza di Melusina *spartita* tra i figli, esemplifica al meglio lo stile lirico di Alvaro. *Per lei* sta per «attraverso di lei», «grazie a lei» (in quanto madre).

[21] *piú gran... uomini*: è, quello del paese aspromontino qui evocato, un mondo ancora feudale. La denuncia delle condizioni sociali ed economiche della Calabria del tempo, dei soprusi dei latifondisti che speculavano sulla miseria dei pastori e dei braccianti, sarà vigorosa in *Gente in Aspromonte*.

delle sue ciglia, e sorrideva. Ella sentiva di disfarsi lentamente, di inabissarsi, di perdersi, di fondersi nell'universo, di entrare in un altro corpo sotto altre spoglie. Il vecchio sentiva
il fruscio della matita e gli strappi della mano che tracciava il
segno come se lavorasse con un coltello in una materia viva.
Melusina pensava alle streghe, ai ritratti sui quali si fanno i
sortilegi, e già si vedeva spogliata delle sue sembianze, della
sua vita e della sua ventura[22], le bruciavano gli occhi come se
le conficcassero degli spilli vendicatori. Il signore rideva e diceva: – Proprio lei, proprio lei. Somigliano come due gocce
d'acqua –. Ella cominciò a guardare quell'uomo come se il loro destino si fosse unito assurdamente: le sembrava che l'a-
vesse rapita, che ella gli avesse confidato un segreto, che si
fosse affidata a lui per sempre.

Egli era nella sua mente come se l'avesse sposata, e all'alba di un matrimonio, immemore per un attimo di essersi legata a un uomo. E questo era il suo uomo, inaspettato, arrivato come una favola, che ella serviva scalza e dimessa. Il suo
ritratto avrebbe viaggiato con lui, egli l'avrebbe messo in una
stanza di una città lontana, e là ella sarebbe rimasta per sempre, sposa mistica[23] di uno che l'aveva rapita. Si sentí vicine
le mani di quell'uomo, e il suo fiato, e i suoi occhi d'acciaio.
Dunque, ella tirò fuori la mano come se gli concedesse qualche cosa, aprí gli occhi, lo guardò. Il sole splendeva sulla testa bionda di lui, come un'aureola, ed ella ricordò che somigliava a qualcuno, sebbene cosí forestiero: forse a una immagine dipinta in una chiesa. Sentí per la prima volta in quella
sosta il tempo, e le voci sommesse delle cose intorno, e l'immobilità delle statue dei santi sotto le ore che volgono[24] col
sole, e il suo respiro, e il battito del sangue sotto il pollice.
Tra i suoi occhi fissi il mondo diminuiva e volgeva al tramonto come accade di sentire nel sonno. Le parve di dormire e di essere trascinata in alto.

Una voce, quella del pittore, disse: – È finito. Grazie –.
Allora ella si scosse. Vide che sorridevano mentre studiava-
no il disegno, il signore si stupiva, tutti e due non vedevano ormai che quel foglio di carta dove avevano messo lei

---

[22] *ventura*: felicità futura.
[23] *mistica*: spirituale.
[24] *volgono*: trascorrono.

prigioniera; ed ella era rimasta sullo scalino come una spo-
glia inerte.

– Volete vedere? – Melusina si nascose in casa. Il contadino fece cenno di no. Il pittore arrotolò il foglio. Il contadino
ascoltava quello stridio con gli occhi pieni di diffidenza e di
dubbio. Nell'ombra della casa si udí Melusina piangere col
pianto lungo, calmo, di chi piange una morte e avrà da piangere per molto tempo.

(da *Opere*, Bompiani, Milano 1974)

ROMANO BILENCHI

Un errore geografico

*Questo racconto risale al 1937, anche se in seguito ha subíto
lievi ritocchi formali. Svolge un tema caro all'autore, l'analisi
dei rapporti interpersonali durante l'adolescenza, fase cruciale
del cammino non facile verso la consapevolezza e la maturità.*

*Bilenchi rappresenta spesso la difficoltà, se non l'impossibi-
lità, di entrare in armonia col mondo circostante. Al ragazzo protagonista di* Un errore geografico, *ad esempio, è negata l'integrazione in un ambiente diverso da quello d'origine, e l'ostilità
immotivata degli «altri» nei suoi confronti lo condanna all'isolamento e alla sofferenza. Nell'esperienza della solitudine e della non comunicazione, colta nell'adolescenza e ancor prima nel-
l'infanzia, lo scrittore senese riconosce tuttavia la prefigurazione
di un rapporto duraturo con la realtà.*

*Il motivo del contrasto tra il singolo e l'ambiente si innesta
poi su quello, anch'esso tipico di Bilenchi, tra paese e città, nella quale l'integrazione è piú difficile e la persona piú sola.*

Gli abitanti della città di F. non conoscono la geografia; la
geografia del loro paese, di casa propria. Quando da G. andai
a studiare a F. mi avvidi subito che quella gente aveva un'i-
dea sbagliata della posizione del mio paese nativo. Appena
nominai G. mi dissero: – Ohè, maremmano![1]

Un giorno, poi, mentre spiegava non ricordo piú quale
scrittore antico, il professore d'italiano cominciò a parlare di
certi pastori che alle finestre delle loro capanne tenevano, invece di vetri, pelli di pecore conciate fini fini. Chi sa perché
mi alzai, dall'ultimo banco ove sedevo, e dissi: – Sí, è vero:
anche da noi i contadini appiccicano alle finestre delle loro

---

[1] *maremmano*: chi è originario della Maremma, la fascia costiera paludosa della
Toscana meridionale.

casupole pelli di coniglio o di pecora al posto dei vetri, tanto
è grande la loro miseria –. Chi sa perché mi alzai e dissi cosí;
forse per farmi bello verso il professore; forse perché, spinto
da un impulso umanitario per la povera gente, volevo testi-
moniare ai miei compagni, tutti piccoli cittadini, che il professore aveva detto una cosa giusta, che esisteva davvero nel
mondo una simile miseria; ma, a parte la miseria, l'affermazione era un prodotto della mia fantasia. In vita mia, e Dio sa
se di campagna ne avevo girata, mi era capitato una sola volta di vedere, in una capanna di contadini, un vetro rattoppa-
to con pezzi di carta; e la massaia, del resto, si era quasi scu-
sata dicendo che appena qualcuno della famiglia fosse andato
in città avrebbe comprato un bel vetro nuovo. Appena in piedi dinanzi alla classe sentii ogni impulso frenato e m'accorsi
di averla detta grossa. Sperai che il professore non fosse al
corrente degli usi della mia provincia, ma lui, a quella uscita,
alzò la testa dal libro e disse: – Non raccontare sciocchezze –.
Dopo un momento rise e tutti risero, anche per compiacerlo.
– Ma aspettiamo un po' – disse poi, – forse hai ragione. Il tuo
paese, G., non è in Maremma? È probabile che in Maremma
vadano ancora vestiti di pelle di pecora.

Di nuovo tutti si misero a ridere. Qualcuno, forse per rile-
vare che tanto io quanto il professore eravamo allo stesso livello di stupidità, sghignazzò ambiguamente[2]. Mi voltai per
cogliere quella incerta eppure unica solidarietà nei miei riguardi, ma il primo compagno che incontrai con gli occhi per
non compromettersi mi disse: – Zampognaro – e fece il verso
della zampogna. Un altro disse: – Hai mai guardato[3] le peco-
rine? – e in coro gli altri fecero: «Beee, beee».

Cominciai, e questo fu il mio errore, a rispondere a ciascuno di loro, via via che aprivano bocca. Ero uno dei piú
piccoli e ingenui della classe, e ben presto fui preda di quella
masnada. Benché appartenessero a famiglie distinte, c'era fra
loro soltanto un figlio di bottegaio di mercato arricchito, come avevo potuto osservare dalle mamme e dai babbi che ogni
mese venivano alla scuola, me ne dissero di ogni colore. Infine con le lacrime agli occhi, approfittando d'un istante di silenzio, urlai: – Professore, G. non è in Maremma.

---

[2] *ambiguamente*: in modo tale che non era facile capire di chi ridesse.
[3] *guardato*: sorvegliato.

– È in Maremma.

– No, non è in Maremma.

– È in Maremma – disse il professore a muso duro. – Ho amici dalle tue parti e spesso vado da loro a cacciare le allodole. Conosco bene il paese. È in Maremma.

– Anche noi di G. andiamo a cacciare le allodole in Maremma. Ma dal mio paese alla Maremma ci sono per lo meno ottanta chilometri. È tutta una cosa diversa da noi. E poi G. è una città – dissi.

– Ma se ho veduto dei butteri[4] proprio al mercato di G. – disse lui.

– È impossibile. Sono sempre vissuto lí e butteri non ne ho mai veduti.

– Non insistere. Non vorrai mica far credere che io sia scemo?

– Io non voglio nulla – dissi, – ma G. non è in Maremma. Al mercato vengono venditori ambulanti vestiti da pellirosse. Per questo si potrebbe affermare che G. è in America.

– Sei anche spiritoso – disse lui. – Ma prima di darti dello stupido e di buttarti fuori di classe dimostrerò ai tuoi compagni come G. si trovi in Maremma. – Mandò un ragazzo a prendere la carta geografica della regione nell'aula di scienze, cosí anche lí seppero del mio diverbio e che ci si stava divertendo alle mie spalle. Sulla carta, nonostante non gli facessi passare per buona una sola delle sue affermazioni, abolendo i veri confini delle province e creandone dei nuovi immaginari, il professore riuscí a convincere i miei compagni, complici la scala di 1:1 000 000[5] e altre storie, che G. era effettivamente in Maremma.

– È tanto vero che G. non è in Maremma – ribattei infine, – che da noi maremmano è sinonimo d'uomo rozzo e ignorante.

– Abbiamo allora in te – concluse lui, – la riprova che a G. siete autentici maremmani. Rozzi e ignoranti come te ho conosciuto pochi ragazzi. Hai ancora i calzettoni pelosi[6]. – E con uno sguardo mi percorse la persona. Gli altri fecero lo

---

[4] *butteri*: i mandriani a cavallo tipici della Maremma.
[5] *scala di 1:1 000 000*: la carta geografica è pertanto alquanto approssimata nella rappresentazione.
[6] *pelosi*: di lana grezza.

stesso. Sentii di non essere elegante come i miei compagni. Tacqui avvilito. Da quel giorno fui «il maremmano». Ma ciò che m'irritava di piú era, in fondo, l'ignoranza geografica del professore e dei miei compagni.

Non potevo soffrire la Maremma. Ero stato preso da tale avversione al primo scritto che mi era capitato sotto gli occhi intorno a quel territorio e ai suoi abitanti. Avevo letto in precedenza numerosi libri sui cavalieri delle praterie americane, avevo visto al cinematografo infiniti film sulle loro strabilianti avventure; libri e film che mi avevano esaltato. Un paio di anni della mia vita erano stati dedicati ai cavalli, ai lacci, ai grandi cappelli, alle pistole di quegli uomini straordinari. Nel mio cuore non c'era stato posto per altri. Quando essi giungevano a liberare i compagni assaliti dagli indiani, sentivo che la loro piccola guizzante bandiera rappresentava la libertà; e mi sarei scagliato alla gola di coloro che parteggiavano per il Cervo Bianco e per il Figlio dell'Aquila. Quando i carri della carovana, costretta a disporsi in cerchio per fronteggiare l'assalto degli indiani assassini, tornavano allegri e veloci a inseguirsi per immense e deserte praterie e per profonde gole di monti, mi pareva che gli uomini avessero di nuovo conquistato il diritto di percorrere il mondo. I nomi di quei cavalieri – sapevo tutti i nomi degli eroi di tutti i romanzi a dispense e di tutti i film – erano sempre sulla mia bocca. Valutavo ogni persona confrontandola con loro e ben pochi resistevano al confronto. Quando lessi che a due passi, si può dire, da casa mia, c'erano uomini che prendevano al laccio cavalli selvaggi, che domavano tori, che vestivano come nel Far-West o press'a poco, che bivaccavano la notte sotto il cielo stellato ravvolti in coperte intorno a grossi fuochi e con accanto il fucile e il cane fedele, risi di cuore. Neppure le storie dei cani fedeli, comuni e accettate in ogni parte del mondo, riuscii a prendere sul serio. Guardai tante carte geografiche e sempre piú mi convinsi che in quella zona cosí vicina a me, larga quanto una moneta da un soldo, non era possibile vi fossero bestie selvagge, uomini audaci e probabilità di avventure. Né le dolcissime donne brune che cantavano sui carri coperti di tela e che, all'occorrenza, caricavano le armi dei compagni. Una brutta copia degli eroi di mia conoscenza. I cavalieri dei libri e dei film combattevano continuamente contro indiani e predoni; ma lí, a due passi da me, che predoni potevano esserci? Lontano il tempo degli antichi famosi briganti, se mai erano esistiti: anche su di loro avevo i miei dubbi.

Quando andai a studiare a F. la pensavo proprio cosí. Perciò non potevo gradire il soprannome di «maremmano».

Giocavo al calcio con abilità, ma anche con una certa rudezza, nonostante fossi piccolo e magro. Mi feci notare subito la prima volta che scesi in campo coi miei compagni, e mi misero mezzala sinistra nella squadra che rappresentava il liceo nel campionato studentesco. Giocai alcune partite riscotendo molti applausi.

– Il maremmano è bravo – dicevano, – deve essersi allenato coi puledri selvaggi. I butteri gli hanno insegnato un sacco di diavolerie.

I frizzi e le stoccate[7], siccome ero certo contenessero una lode sincera, non m'irritavano affatto. Sorridevo e gli altri tacevano presto. Eravamo ormai vicini alla fine del campionato con molta probabilità di riuscirvi primi e mi ripromettevo, per i servizi resi all'onore del liceo, pensate che una partita era stata vinta per un unico punto segnato da me, di non essere in avvenire chiamato «maremmano», quando nell'ultimo incontro accadde un brutto incidente. Durante una discesa mi trovai a voltare le spalle alla porta avversaria. Dalla destra mi passarono il pallone. Mi girai per colpire al volo. Il portiere aveva intuito la mossa e si gettò in avanti per bloccare gamba e pallone, ma il mio calcio lo prese in piena bocca. Svenne. Gli avevo rotto tre denti. I suoi compagni mi furono addosso minacciosi. Dissi che non l'avevo fatto apposta, che era stata una disgrazia, che ero amicissimo del portiere il quale alloggiava nella mia stessa pensione, ma gli studenti sostenitori dell'altra squadra, assai numerosi tra il pubblico, cominciarono a urlare:
– Maremmano, maremmano, maremmano.

Persi il lume degli occhi, e voltatomi dalla parte del pubblico che gridava di piú, feci un gesto sconcio. L'arbitro mi mandò fuori del campo. Mentre uscivo dal recinto di giuoco le grida e le offese raddoppiarono. Vidi che gridavano anche le ragazze.

---

[7] *frizzi e stoccate*: battute pungenti.

– Maremmano, maremmano, maremmano; viene da G.

Tra coloro che urlavano dovevano esserci anche i miei compagni. Infatti, come potevano tutti sapere che ero nato a G.? Mi sentii privo di ogni solidarietà e camminai a capo basso verso gli spogliatoi.

– Maremmano, maremmano, ha ancora i calzettoni pelosi.

Che i miei calzettoni non piacessero agli altri non m'importava. Era questione di gusti. La roba di lana mi è sempre piaciuta fatta a mano e piuttosto grossa. Per me i calzettoni erano bellissimi e io non davo loro la colpa dei miei guai, nonostante fossero continuamente oggetto di rilievi e di satira. Anche quella volta piú che per ogni altra cosa mi arrabbiai per l'ingiustizia che si commetteva ai danni di G. continuando a crederla in Maremma. Andai fra il pubblico e cercai di spiegare a quegli ignoranti l'errore che commettevano, ma a forza di risa, di grida, di spinte e persino di calci nel sedere fui cacciato negli spogliatoi.

Il giorno dopo il preside mi chiamò e mi sospese per una settimana a causa del gesto fatto al pubblico, gesto che disonorava il liceo. Mi sfogai col preside sperando che almeno lui capisse che G. non era in Maremma. Egli mi ascoltò a lungo, ma sul volto aveva la stessa aria canzonatoria dei miei compagni e, alla fine del mio discorso, confermò la punizione. Forse mi credette un po' scemo.

Primo impulso fu quello di scrivere a casa e pregare il babbo e la mamma di mandarmi a studiare in un'altra città. Ma come spiegare le mie pene? Non sarei stato compreso, anzi mi avrebbero sgridato. Essi facevano dei sacrifici per mantenermi al liceo. Decisi di sopportare ancora. Al mio ritorno a scuola dopo la sospensione, le offese contro G. e contro di me si moltiplicarono. Però si avvicinava l'estate e con l'estate sarebbero venute le vacanze. A casa avrei pensato al da farsi per l'anno dopo; forse avrei abbandonato gli studi e sarei andato a lavorare. Ma proprio allora mi capitò il guaio piú grosso.

Una domenica mattina, uscito di buon'ora dalla pensione per godermi i freschi colori della inoltrata primavera, vidi i muri pieni di manifesti vivaci e molta gente in crocchio che stava ad ammirarli. Le tre figure che campeggiavano nei manifesti mi fecero subito arricciare il naso; un toro a capo bas-

so quasi nell'atto di lanciarsi nella strada, un puledro esile e
scalpitante e un buttero che guardava le due bestie con un'e-
spressione di sprezzante sicurezza. Mi avvicinai. I manifesti
annunziavano che la prossima domenica, in un prato vicino
all'ippodromo, per la prima volta in una città, i cavalieri di
Maremma si sarebbero esibiti in emozionanti prodezze.

Non ero mai stato in Maremma, né avevo veduto butteri
altro che nelle fotografie. Migliore occasione di quella per ridere di loro non poteva capitarmi. Inoltre mi piaceva immen-
samente il luogo ove si sarebbe svolta la giostra. Il fiume,
uscendo dalla città, si allontana, con bizzarre svolte, nella
campagna, finalmente libero da case e da ponti. Tra la riva
destra del fiume e una fila di colline ci sono parchi molto belli, con caffè di legno e alberi enormi; e belli sono alcuni prati verdi circondati da ben curate siepi di bossolo[8], che si aprono all'improvviso in mezzo agli alberi. In uno di quei prati
era allora l'ippodromo. I prati e le siepi verdi mi piacevano
piú d'ogni altra cosa a F. e non mancavo mai, nei pomeriggi
in cui non avevo lezione, di recarmi a visitarli. Sedevo ai mar-
gini, accanto al bossolo, e di lí osservavo l'erba bassa e tenera che mi empiva l'animo di gioia.

– Ci andrò domenica – decisi e, a mezzogiorno, di ritorno
alla pensione, invitai i miei compagni di tavola, il portiere che
avevo ferito durante la partita di calcio e due alunni del mio
stesso liceo, a recarsi con me allo spettacolo.

– Avevamo già veduto il manifesto – disse il portiere. –
Verremo ad ammirare i tuoi maestri –. Anche gli altri accet-
tarono e il giorno fissato c'incamminammo verso il luogo dello spettacolo. Vi era una grande folla quale non mi aspettavo,
richiamata lí, pensai, piú dalla splendida giornata che dai butteri e dalle loro bestie. Signore e ragazze belle, come alle corse. Avevo cominciato in quel luogo a guardare le donne andando a passeggiare la domenica nei pressi dell'ippodromo.
Procedendo dietro alla folla entrammo in un prato, su un lato del quale erano state costruite alcune tribune di legno. Improvvisamente mi accorsi di non essere piú con i miei compagni; forse la calca ci aveva diviso. Trovai un posto a sedere.
Entrarono nella lizza un puledro selvaggio e alcuni butteri

---

[8] *bossolo*: arbusto sempreverde.

vestiti alla maniera dei cavalieri d'oltre Oceano. Ne fui subito urtato. Il puledro prese a vagare disordinatamente per il
prato. Un buttero gli si precipitò dietro. Compito del buttero era quello di montare in groppa al puledro mentre correva
e di rimanerci a dispetto delle furie della bestia. Ma il puledro, scorto l'uomo, si fermò e si lasciò avvicinare. Allora il
buttero, forse impressionato dalla presenza di tanta gente,
spiccò un salto andando a finire cavalcioni quasi sul collo del
puledro. Era come montare su un cavallo di legno, eppure cavallo e cavaliere caddero in terra. Accorsero gli altri butteri.
Il puledro non voleva rialzarsi e teneva l'uomo prigioniero
premendogli con la pancia sulle gambe. Il pubblico cominciò
a gridare. Finalmente il puledro si decise a rimettersi in piedi
e, quieto quieto, si fece condurre fuori dal prato.
    – Non è da domare – gridò uno spettatore. – È una pe-
cora.
    Scoppiarono risate e clamori. Anch'io ridevo di gusto.
    Entrò nello spiazzo verde un toro. Subito un buttero l'af-
frontò tentando di afferrarlo per le corna e di piegarlo. La
folla tacque. Il toro sembrava piú sveglio del puledro. Infatti
ben presto le parti s'invertirono. Pareva fosse il toro che
avesse l'incarico di atterrare il buttero. Cominciò la bestia ad
agire con una specie di strana malizia: si produsse in una lunga serie di finte come un giocatore di calcio che vuole supe-
rare un avversario: infine caricò l'uomo mandandolo a gambe
levate. Una carica però piena di precauzione, senza malanimo, quasi che il toro avesse voluto burlarsi del burbero atteggiamento del nemico, e gli spettatori compresero subito
che il cavaliere non si era fatto alcun male. Di nuovo gli altri
butteri corsero in aiuto del compagno. Allora il toro prese a
correre allegramente e quei poveri diavoli dietro. Si diresse
verso le siepi, e compiuti due giri torno torno al prato, trovato un varco, si precipitò in direzione del fiume. I butteri, disperati, scomparvero anch'essi oltre la siepe fra gli schiamazzi del pubblico.
    La folla gridava e imprecava. Infine, saputo che altre at-
trazioni non ci sarebbero state, cominciò a sfollare.
    – Truffatori – urlavano.
    – È uno scandalo.
    – Un ladrocinio.
    – Abbasso i maremmani.

– Vogliamo i denari che abbiamo pagato.

Io urlavo insieme con gli altri. Qualcuno tirò delle legnate sul casotto dove prima si vendevano i biglietti delle tribune. Io tirai una pietra sulle tavole di legno: avrei desiderato veder tutto distrutto. All'uscita i miei compagni mi circondarono.

– Ti cercavamo – disse uno.

– Ti sei nascosto, eh!

– Belli i tuoi compaesani. Dovresti rendere a tutti gli spettatori i denari del biglietto.

– È un maremmano anche lui – disse il portiere, indicandomi alle persone vicine.

– È proprio un maremmano come questi truffatori che ci hanno preso in giro.

Numerosi ragazzi mi vennero addosso e cominciarono a canzonarmi come se mi avessero sempre conosciuto.

– Non credete che sia maremmano? – disse ancora il portiere. – Guardategli i calzettoni. È roba di Maremma.

– Domani mi metterò i calzettoni di cotone – dissi. – Faccio cosí ogni anno quando viene il caldo. – Poi aggiunsi: – G. non è in Maremma.

Al nome di G. anche i grandi fecero causa comune con i ragazzi.

– Di' ai tuoi compaesani che sono dei ladri – disse un giovanotto. Gli altri risero. Con le lacrime agli occhi cercai allora di spiegare il gravissimo errore che commettevano credendo che G. si trovasse in Maremma.

– È un po' tocco? – chiese uno a un mio compagno.

– Altro che poco – rispose il mio compagno.

I ragazzi urlarono piú di prima. Mi dettero perfino delle spinte, e i grandi non erano da meno di loro.

Sopraggiunse un giovane; rideva e raccontò di essere stato sul fiume. Il toro si era gettato nell'acqua e i butteri piangevano, bestemmiavano e pregavano i santi e il toro, ma non riuscivano a tirarlo fuori. A queste notizie raddoppiarono gli schiamazzi contro di me.

– Sarà il figlio del padrone dei butteri se li difende tanto – disse una ragazza.

– No – gridai. – Non li difendo. Li odio. Non c'entro nulla con loro. Mio nonno aveva poderi. Mia madre è una signora. È lei che ha fatto questi calzettoni.

– Sono di lana caprina – disse un vecchio signore. Un ragazzo fece: «Bee», un altro «Muu», e un altro ancora mi dette un pugno.

Mi voltai. Stavo in mezzo a uno dei viali che portano alla città. La gente mi veniva dietro a semicerchio. Piangevo. Forse era molto tempo che piangevo. Mi staccai dal gruppo e mi appoggiai a un albero. Lontano, sul greto del fiume, intravidi i miei compagni che correvano in direzione opposta. Forse andavano a vedere il toro che si era buttato nell'acqua.

(da *Il processo di Mary Dugan e altri racconti*, Einaudi, Torino 1972)

DINO BUZZATI

I sette messaggeri

Il racconto, pubblicato per la prima volta nel 1939 sulla rivista «La lettura», contiene motivi e simboli già riscontrabili nei precedenti romanzi di Buzzati, ma soprattutto nel suo capolavoro, Il deserto dei Tartari, concluso nei primi mesi di quell'anno.

La vicenda narrata si configura come un viaggio allegorico dell'autore all'interno di se stesso, su una visibile traccia dantesca: «Ho cominciato il viaggio poco più che trentenne...», eco del memorabile avvio della Commedia: «Nel mezzo del cammin di nostra vita...». Ma, come in Dante, questo viaggio assume significato universale, facendosi metafora dell'esistenza; il franare del tempo porta via con sé i sentimenti, le attese, le illusioni, provocando solitudine ed estraniamento.

L'«estrema frontiera», meta del viaggio attraverso un paesaggio metafisico, è quella dell'esistenza e coincide quindi con la morte: quella morte che è stata l'ossessione di Buzzati, presente, in forma esplicita o velata, in ogni sua pagina.

Partito ad esplorare il regno di mio padre, di giorno in giorno vado allontanandomi dalla città e le notizie che mi giungono si fanno sempre più rare.

Ho cominciato il viaggio poco più che trentenne e più di otto anni sono passati, esattamente otto anni, sei mesi e quindici giorni di ininterrotto cammino. Credevo, alla partenza, che in poche settimane avrei facilmente raggiunto i confini del regno, invece ho continuato ad incontrare sempre nuove genti e paesi; e dovunque uomini che parlavano la mia stessa lingua, che dicevano di essere sudditi miei.

Penso talora che la bussola del mio geografo sia impazzita e che, credendo di procedere sempre verso il meridione, noi in realtà siamo forse andati girando su noi stessi, senza mai aumentare la distanza che ci separa dalla capitale; questo potrebbe spiegare il motivo per cui ancora non siamo giunti all'estrema frontiera.

Ma piú sovente mi tormenta il dubbio che questo confine non esista, che il regno si estenda senza limite alcuno e che, per quanto io avanzi, mai potrò arrivare alla fine. Mi misi in viaggio che avevo già piú di trent'anni, troppo tardi forse. Gli amici, i familiari stessi, deridevano il mio progetto come inutile dispendio degli anni migliori della vita. Pochi in realtà dei miei fedeli acconsentirono a partire.

Sebbene spensierato – ben piú di quanto sia ora! – mi preoccupai di poter comunicare, durante il viaggio, con i miei cari, e fra i cavalieri della scorta scelsi i sette migliori, che mi servissero da messaggeri.

Credevo, inconsapevole, che averne sette fosse addirittura un'esagerazione. Con l'andar del tempo mi accorsi al contrario che erano ridicolmente pochi; e sí che nessuno di essi è mai caduto malato, né è incappato nei briganti, né ha sfiancato le cavalcature. Tutti e sette mi hanno servito con una tenacia e una devozione che difficilmente riuscirò mai a ricompensare.

Per distinguerli facilmente imposi loro nomi con le iniziali alfabeticamente progressive: Alessandro, Bartolomeo, Caio, Domenico, Ettore, Federico, Gregorio.

Non uso alla lontananza dalla mia casa, vi spedii il primo, Alessandro, fin dalla sera del secondo giorno di viaggio, quando avevamo percorso già un'ottantina di leghe. La sera dopo, per assicurarmi la continuità delle comunicazioni, inviai il secondo, poi il terzo, poi il quarto, consecutivamente, fino all'ottava sera di viaggio, in cui partí Gregorio. Il primo non era ancora tornato.

Ci raggiunse la decima sera, mentre stavamo disponendo il campo per la notte, in una valle disabitata. Seppi da Alessandro che la sua rapidità era stata inferiore al previsto; avevo pensato che, procedendo isolato, in sella a un ottimo destriero, egli potesse percorrere, nel medesimo tempo, una distanza due volte la nostra; invece aveva potuto solamente una volta e mezza; in una giornata, mentre noi avanzavamo di quaranta leghe, lui ne divorava sessanta, ma non piú.

Cosí fu degli altri. Bartolomeo, partito per la città alla terza sera di viaggio, ci raggiunse alla quindicesima; Caio, partito alla quarta, alla ventesima solo fu di ritorno. Ben pre-

sto constatai che bastava moltiplicare per cinque i giorni fin
lí impiegati per sapere quando il messaggero ci avrebbe ripresi.

Allontanandoci sempre piú dalla capitale, l'itinerario dei
messi si faceva ogni volta piú lungo. Dopo cinquanta giorni di
cammino, l'intervallo fra un arrivo e l'altro dei messaggeri cominciò a spaziarsi sensibilmente; mentre prima me ne vedevo
arrivare al campo uno ogni cinque giorni, questo intervallo
divenne di venticinque; la voce della mia città diveniva in tal
modo sempre piú fioca; intere settimane passavano senza che
io ne avessi alcuna notizia.

Trascorsi che furono sei mesi – già avevamo varcato i
monti Fasani – l'intervallo fra un arrivo e l'altro dei messaggeri aumentò a ben quattro mesi. Essi mi recavano ormai notizie lontane; le buste mi giungevano gualcite, talora con
macchie di umido per le notti trascorse all'addiaccio da chi
me le portava.

Procedemmo ancora. Invano cercavo di persuadermi che
le nuvole trascorrenti sopra di me fossero uguali a quelle della mia fanciullezza, che il cielo della città lontana non fosse diverso dalla cupola azzurra che mi sovrastava, che l'aria
fosse la stessa, uguale il soffio del vento, identiche le voci degli uccelli. Le nuvole, il cielo, l'aria, i venti, gli uccelli, mi ap-
parivano in verità cose nuove e diverse; e io mi sentivo straniero.

Avanti, avanti! Vagabondi incontrati per le pianure mi dicevano che i confini non erano lontani. Io incitavo i miei uomini a non posare[1], spegnevo gli accenti scoraggianti che si
facevano sulle loro labbra[2]. Erano già passati quattro anni
dalla mia partenza; che lunga fatica. La capitale, la mia casa,
mio padre, si erano fatti stranamente remoti, quasi non ci
credevo. Ben venti mesi di silenzio e di solitudine intercorre-
vano ora fra le successive comparse dei messaggeri. Mi portavano curiose lettere ingiallite dal tempo, e in esse trovavo nomi dimenticati, modi di dire a me insoliti, sentimenti che non
riuscivo a capire. Il mattino successivo, dopo una sola notte
di riposo, mentre noi ci rimettevamo in cammino, il messo

[1] posare: fermarsi.
[2] gli accenti... labbra: le parole di sconforto che affioravano.

partiva nella direzione opposta, recando alla città le lettere
che da parecchio tempo io avevo apprestate.

Ma otto anni e mezzo sono trascorsi. Stasera cenavo da solo nella mia tenda quando è entrato Domenico, che riusciva
ancora a sorridere benché stravolto dalla fatica. Da quasi sette anni non lo rivedevo. Per tutto questo periodo lunghissimo
egli non aveva fatto che correre, attraverso praterie, boschi e
deserti, cambiando chissà quante volte cavalcatura, per portarmi quel pacco di buste che finora non ho avuto voglia di
aprire. Egli è già andato a dormire e ripartirà domani stesso
all'alba.

Ripartirà per l'ultima volta. Sul taccuino ho calcolato che,
se tutto andrà bene, io continuando il cammino come ho fatto finora e lui il suo, non potrò rivedere Domenico che fra
trentaquattro anni. Io allora ne avrò settantadue. Ma comincio a sentirmi stanco ed è probabile che la morte mi coglierà
prima. Cosí non lo potrò mai piú rivedere.

Fra trentaquattro anni (prima anzi, molto prima) Domenico scorgerà inaspettatamente i fuochi del mio accampamento
e si domanderà perché mai, nel frattempo, io abbia fatto cosí poco cammino. Come stasera, il buon messaggero entrerà
nella mia tenda con le lettere ingiallite dagli anni, cariche di
assurde notizie di un tempo già sepolto; ma si fermerà sulla
soglia, vedendomi immobile disteso sul giaciglio, due soldati
ai fianchi con le torce, morto[3].

Eppure va, Domenico, e non dirmi che sono crudele! Porta il mio ultimo saluto alla città dove io sono nato. Tu sei il
superstite legame con il mondo che un tempo fu anche mio. I
piú recenti messaggi mi hanno fatto sapere che molte cose sono cambiate, che mio padre è morto, che la Corona è passata
a mio fratello maggiore, che mi considerano perduto, che
hanno costruito alti palazzi di pietra là dove prima erano le
querce sotto cui andavo solitamente a giocare. Ma è pur sempre la mia vecchia patria. Tu sei l'ultimo legame con loro,
Domenico. Il quinto messaggero, Ettore, che mi raggiungerà,
Dio volendo, fra un anno e otto mesi, non potrà ripartire perché non farebbe piú in tempo a tornare. Dopo di te il silenzio, o Domenico, a meno che finalmente io non trovi i sospi-

[3] *morto*: giunto alla vera mèta del suo viaggio.

rati confini. Ma quanto piú procedo, piú vado convincendomi che non esiste frontiera.

Non esiste, io sospetto, frontiera, almeno nel senso che
noi siamo abituati a pensare. Non ci sono muraglie di separazione, né valli divisorie, né montagne che chiudano il passo.
Probabilmente varcherò il limite senza accorgermene neppure, e continuerò ad andare avanti, ignaro[4].

Per questo io intendo che Ettore e gli altri messi dopo di
lui, quando mi avranno nuovamente raggiunto, non riprendano piú la via della capitale ma partano innanzi a precedermi, affinché io possa sapere in antecedenza ciò che mi attende.

Un'ansia inconsueta da qualche tempo si accende in me alla sera, e non è piú rimpianto delle gioie lasciate, come accadeva nei primi tempi del viaggio; piuttosto è l'impazienza di
conoscere le terre ignote a cui mi dirigo.

Vado notando – e non l'ho confidato finora a nessuno –
vado notando come di giorno in giorno, man mano che avanzo verso l'improbabile mèta, nel cielo irraggi una luce insolita quale mai mi è apparsa, neppure nei sogni; e come le piante, i monti, i fiumi che attraversiamo, sembrino fatti di una
essenza diversa da quella nostrana e l'aria rechi presagi che
non so dire.

Una speranza nuova mi trarrà domattina ancora piú avanti, verso quelle montagne inesplorate che le ombre della notte stanno occultando. Ancora una volta io leverò il campo,
mentre Domenico scomparirà all'orizzonte dalla parte opposta, per recare alla città lontanissima l'inutile mio messaggio.

(da *La boutique del mistero*, Mondadori, Milano 1968)

---

[4] *Ma quanto... ignaro*: la morte non è prefigurata come una rottura brusca della
vita, come un traumatico ingresso in un «altro mondo», dal quale è inutile mandare
messaggi.

TOMMASO LANDOLFI

Il racconto del lupo mannaro

Per questa vicenda surreale, tratta dalla raccolta Il mar delle
blatte e altri racconti *(1939), Landolfi attinge al repertorio fantastico della superstizione popolare. Il racconto è infatti il lungo
monologo di uno dei due lupi mannari di cui si narra: due lupi
mannari, in verità, a loro modo miti e remissivi.*

*Della luna, causa della loro metamorfosi bestiale, i poveri li-
cantropi possono evitare temporaneamente gli effetti annerendo-
la, ma non possono sopprimerla. Ciò vale anche per la vita, di cui
è simbolo appunto la luna, «forza irresistibile» che si muove
«ciecamente e stupidamente». Adombrato nel «mal di luna» dei
licantropi è quindi il «male di vivere» dell'autore, percepibile
sotto la scorza consueta del sarcasmo e della dissacrazione.*

*Landolfi, smarrito entro una realtà inconoscibile, insensata e
preda del caso, «forza irresistibile» che «regge» anche la luna,
confessò una volta, ne* La bière du pécheur *(1953), che la sua
vera passione era «non vivere».*

L'amico ed io non possiamo patire[1] la luna: al suo lume
escono i morti sfigurati dalle tombe, particolarmente donne
avvolte in bianchi sudari, l'aria si colma d'ombre verdognole
e talvolta s'affumica d'un giallo sinistro, tutto c'è da temere,
ogni erbetta ogni fronda ogni animale, una notte di luna. E
quel che è peggio, essa ci costringe a rotolarci mugolando e la-
trando nei posti umidi, nei braghi[2] dietro ai pagliai; guai allora se un nostro simile ci si parasse davanti! Con cieca furia
lo sbraneremmo, ammenoché egli non ci pungesse, piú ratto
di noi, con uno spillo[3]. E, anche in questo caso, rimaniamo

[1] *patire*: sopportare.
[2] *braghi*: luoghi fangosi.
[3] *ammenoché... spillo*: è la parodia dell'uccisione del vampiro con il paletto di legno appuntito.

tutta la notte, e poi tutto il giorno, storditi e torpidi, come
uscissimo da un incubo infamante. Insomma l'amico ed io
non possiamo patire la luna.

Ora avvenne che una notte di luna io sedessi in cucina,
ch'è la stanza piú riparata della casa, presso il focolare; porte
e finestre avevo chiuso, battenti e sportelli, perché non pe-
netrasse filo dei raggi che, fuori, empivano e facevano sospesa l'aria. E tuttavia sinistri[4] movimenti si producevano entro
di me, quando l'amico entrò all'improvviso recando in mano
un grosso oggetto rotondo simile a una vescica di strutto[5],
ma un po' piú brillante. Osservandola si vedeva che pulsava
alquanto, come fanno certe lampade elettriche, e appariva percorsa da deboli correnti sottopelle, le quali suscitavano
lievi riflessi madreperlacei simili a quelli di cui svariano[6] le
meduse.

– Che è questo? – gridai, attratto mio malgrado da alcun-
ché di magnetico nell'aspetto e, dirò, nel comportamento della vescica.

– Non vedi? Son riuscito ad acchiapparla... – rispose l'a-
mico guardandomi con un sorriso incerto.

– La luna! – esclamai allora. L'amico annuí tacendo.

Lo schifo ci soverchiava: la luna fra l'altro sudava un liquido ialino[7] che gocciava di tra le dita dell'amico. Questi
però non si decideva a deporla.

– Oh mettila in quell'angolo – urlai, – troveremo il modo
di ammazzarla!

– No, – disse l'amico con improvvisa risoluzione, e prese a
parlare in gran fretta, – ascoltami, io so che, abbandonata a
se stessa, questa cosa schifosa farà di tutto per tornarsene in
mezzo al cielo (a tormento nostro e di tanti altri); essa non
può farne a meno, è come i palloncini dei fanciulli. E non cer-
cherà davvero le uscite piú facili, no, su sempre dritta, ciecamente e stupidamente: essa, la maligna che ci governa, c'è
una forza irresistibile che regge anche lei. Dunque hai capito
la mia idea: lasciamola andare qui sotto la cappa, e, se non ci
libereremo di lei, ci libereremo del suo funesto splendore,

[4] *sinistri*: preannunciatori della loro metamorfosi in lupo.
[5] *vescica di strutto*: vescica di maiale riempita di grasso.
[6] *svariano*: si mostrano varie.
[7] *ialino*: trasparente.

giacché la fuliggine la farà nera quanto uno spazzacamino. In qualunque altro modo è inutile, non riusciremmo ad ammazzarla, sarebbe come voler schiacciare una lacrima d'argento vivo.

Cosí lasciammo andare la luna sotto la cappa; ed essa subito s'elevò colla rapidità d'un razzo e sparí nella gola del camino.

– Oh, – disse l'amico – che sollievo! quanto faticavo a tenerla giú, cosí viscida e grassa com'è! E ora speriamo bene; – e si guardava con disgusto le mani impiastricciate.

Udimmo per un momento lassú un rovellio[8], dei flati sordi al pari di trulli[9], come quando si punge una vescia, persino dei sospiri: forse la luna, giunta alla strozzatura della gola, non poteva passare che a fatica, e si sarebbe detto che sbuffasse. Forse comprimeva e sformava, per passare, il suo corpo molliccio; gocce di liquido sozzo cadevano friggendo nel fuoco, la cucina s'empiva di fumo, giacché la luna ostruiva il passaggio. Poi piú nulla e la cappa prese a risucchiare il fumo.

Ci precipitammo fuori. Un gelido vento spazzava il cielo terso, tutte le stelle brillavano vivamente; e della luna non si scorgeva traccia. Evviva urràh, gridammo come invasati, è fatta! e ci abbracciavamo. Io poi fui preso da un dubbio: non poteva darsi che la luna fosse rimasta appiattata[10] nella gola del mio camino? Ma l'amico mi rassicurò, non poteva essere, assolutamente no, e del resto m'accorsi che né lui né io avremmo avuto ormai il coraggio d'andare a vedere; cosí ci abbandonammo, fuori, alla nostra gioia.

Io, quando rimasi solo, bruciai sul fuoco, con grande circospezione, sostanze velenose, e quei suffumigi mi tranquillizzarono del tutto. Quella notte medesima, per gioia, andammo a rotolarci un po' in un posto umido nel mio giardino, ma cosí, innocentemente e quasi per sfregio[11], non perché vi fossimo costretti.

Per parecchi mesi la luna non ricomparve in cielo e noi eravamo liberi e leggeri. Liberi no, contenti e liberi dalle triste rabbie, ma non liberi. Giacché non è che non ci fosse

---

[8] *rovellio*: rumore sordo, continuo.
[9] *flati… trulli*: soffi simili a peti.
[10] *appiattata*: nascosta.
[11] *innocentemente… sfregio*: per gioco, quindi per libera scelta, come sberleffo alla luna, che prima d'essere annerita a quel comportamento li costringeva.

in cielo, lo sentivamo bene invece che c'era e ci guardava; solo era buia, nera, troppo fuligginosa per potersi vedere e poterci tormentare. Era come il sole nero e notturno che nei tempi antichi attraversava il cielo a ritroso, fra il tramonto e l'alba[12].

Infatti, anche quella nostra misera gioia cessò presto; una notte la luna ricomparve. Era slabbrata e fumosa, cupa da non si dire, e si vedeva appena, forse solo l'amico ed io potevamo vederla, perché sapevamo che c'era; e ci guardava rabbuiata di lassú con aria di vendetta. Vedemmo allora quanto l'avesse danneggiata il suo passaggio forzato per la gola del camino; ma il vento degli spazi e la sua corsa stessa l'andavano gradatamente mondando della fuliggine, e il suo continuo volteggiare ne riplasmava il molle corpo. Per molto tempo apparve come quando esce da un'eclisse, pure ogni giorno un po' piú chiara; finché ridivenne cosí, come ognuno può vederla, e noi abbiamo ripreso a rotolarci nei braghi.

Ma non s'è vendicata, come sembrava volesse, in fondo è piú buona di quanto non si crede, meno maligna piú stupida, che so! Io per me propendo a credere che non ci abbia colpa in definitiva, che non sia colpa sua, che lei ci è obbligata tale e quale come noi, davvero propendo a crederlo. L'amico no, secondo lui non ci sono scuse che tengano.

Ed ecco ad ogni modo perché io vi dico: contro la luna non c'è niente da fare[13].

(da *Le piú belle pagine*, Rizzoli, Milano 1989)

---

[12] *Era... l'alba*: invenzione «mitologica» dell'autore, per meglio spiegare l'immagine della luna nera.

[13] *contro... fare*: in una pagina di diario del dicembre 1958 (in *Rien va*,1963), Landolfi scrive: «L'esistenza è una condanna senza appello e senza riscatto; niente vi è da fare contro di essa; ed è forse la nostra speranza soltanto, il nostro bisogno di riprender fiato come dall'acuto dolore d' una ferita, che ha immaginato uno stato altro dall'esistere, un nulla. Forse, mio Dio, tutto esiste, è esistito, esisterà in eterno. Non c'è niente da fare contro la vita, fuorché vivere, press'a poco come in un posto chiuso dove si sia soffocati dal fumo del tabacco non c'è di meglio che fumare».

ELIO VITTORINI

Nome e lagrime

Il racconto nacque nel tempo e nel clima di Conversazione in
Sicilia, *cui si connette per l'equilibrata convivenza di realtà e di
significato metaforico. Apparso dapprima nell'ottobre del 1939
sulla rivista «Corrente», fu premesso a* Conversazione in Sicilia
*quando nel 1941 il romanzo apparve per la prima volta in volu-
me col titolo appunto di* Nome e lagrime.
*La narrazione è giocata sull'ambiguità tra presenza fisica e
memoria. L'«io» narrante scrive un nome di donna; la parola
prende la parvenza di un corpo o forse suscita un ricordo, che poi
svanisce lasciando solo le «lagrime»: immagine, dolorosa, di
un'assenza. Il racconto è interpretabile anche politicamente: il
totalitarismo aveva mostrato il suo volto atroce e provocato il secondo conflitto mondiale, per cui la donna irraggiungibile e pian-
gente è anche la libertà.*

Io scrivevo sulla ghiaia del giardino e già era buio; da un
pezzo con le luci accese a tutte le finestre.

Passò il guardiano.

– Che scrivete? – mi chiese.

– Una parola – risposi.

Egli si chinò a guardare, ma non vide.

– Che parola è? – chiese di nuovo.

– Bene – dissi io. – È un nome[1].

Egli agitò le sue chiavi.

– Niente viva? Niente abbasso?[2]

[1] *Io scrivevo... nome:* confronta con i versi di P. Eluard, *Libertà* (raccolta in *Poesia e verità,* 1942): «Su i quaderni di scolaro / Su i miei banchi e gli alberi / Su la sab-
bia su la neve / scrivo il tuo nome // Su ogni pagina che ho letto / Su ogni pagina che
è bianca / Sasso sangue carta o cenere / Scrivo il tuo nome... E in virtú d'una parola / Ricomincio la mia vita / Sono nato per conoscerti / Per chiamarti // Libertà»
(trad. di F. Fortini).

[2] *Niente... abbasso?:* il guardiano si assicura che non si tratti di un'invettiva politica.

– Oh no! – io esclamai.

E risi anche.

– È un nome di persona – dissi.

– Di una persona che aspettate? – egli chiese.

– Sí – io risposi. – L'aspetto.

Il guardiano allora si allontanò, e io ripresi a scrivere. Scrissi e incontrai la terra sotto la ghiaia, e scavai, e scrissi, e la notte fu piú nera.

Ritornò il guardiano.

– Ancora scrivete? – disse.

– Sí – dissi io. – Ho scritto un altro poco.

– Che altro avete scritto? – egli chiese.

– Niente d'altro – io risposi. – Nient'altro che quella parola.

– Come? – il guardiano gridò. – Nient'altro che quel nome?

E di nuovo agitò le sue chiavi, accese la sua lanterna per guardare.

– Vedo – disse. – Non è altro che quel nome.

Alzò la lanterna e mi guardò in faccia.

– L'ho scritto piú profondo – spiegai io.

– Ah cosí? – egli disse a questo. – Se volete continuare vi do una zappa.

– Datemela – risposi io.

Il guardiano mi diede la zappa, poi di nuovo si allontanò, e con la zappa io scavai e scrissi il nome sino a molto profondo nella terra. L'avrei scritto, invero, sino al carbone e al ferro, sino ai piú segreti metalli che sono nomi antichi. Ma il guardiano tornò ancora una volta e disse: – Ora dovete andarvene. Qui si chiude.

Io uscii dalle fosse del nome[3].

– Va bene – risposi.

Posai la zappa, e mi asciugai la fronte, guardai la città intorno a me, di là dagli alberi oscuri.

– Va bene – dissi. – Va bene.

Il guardiano sogghignò.

---

[3] *dalle fosse… nome*: dalla buca sul cui fondo aveva scritto il nome.

– Non è venuta, eh?
– Non è venuta – dissi io.
Ma subito dopo chiesi: – Chi non è venuta?
Il guardiano alzò la sua lanterna a guardarmi in faccia come prima.
– La persona che aspettavate – disse.
– Sí – dissi io – non è venuta.
Ma, di nuovo, subito dopo, chiesi: – Quale persona?
– Diamine! – il guardiano disse. – La persona del nome.
E agitò la sua lanterna, agitò le sue chiavi, soggiunse: – Se volete aspettare ancora un poco, non fate complimenti.
– Non è questo che conta[4] – dissi io. – Grazie.

Ma non me ne andai, rimasi, e il guardiano rimase con me, come a tenermi compagnia.
– Bella notte! – disse.
– Bella – dissi io.

Quindi egli fece qualche passo, con la sua lanterna in mano, verso gli alberi.
– Ma – disse – siete sicuro che non sia là?
Io sapevo che non poteva venire, pure trasalii.
– Dove? – dissi sottovoce.
– Là – il guardiano disse. – Seduta sulla panca.
Foglie, a queste parole, si mossero; una donna si alzò dal buio e cominciò a camminare sulla ghiaia. Io chiusi gli occhi per il suono dei suoi passi.
– Era venuta, eh? – disse il guardiano.
Senza rispondergli io m'avviai dietro a quella donna.
– Si chiude – il guardiano gridò. – Si chiude.
Gridando «Si chiude» si allontanò tra gli alberi.

Io andai dietro alla donna fuori dal giardino, e poi per le strade della città.
La seguii dietro a quello ch'era stato il suono dei suoi passi sulla ghiaia. Posso dire anzi: guidato dal ricordo dei suoi passi. E fu un camminare lungo, un seguire lungo, ora nella folla e ora per marciapiedi solitarii fino a che, per la prima volta, non alzai gli occhi e la vidi, una passante, nella luce dell'ultimo negozio.

[4] *Non... conta*: non importa.

Vidi i suoi capelli, invero. Non altro. Ed ebbi paura di perderla, cominciai a correre.

La città, a quelle latitudini, si alternava in prati e alte case, Campi di Marte[5] oscuri e fiere di lumi[6], con l'occhio rosso del gasogeno[7] al fondo. Domandai piú volte: – È passata di qua?

Tutti mi rispondevano di non sapere.

Ma una bambina beffarda si avvicinò, veloce su pattini a rotelle, e rise.

– Aaah! – rise. – Scommetto che cerchi mia sorella.

– Tua sorella? – io esclamai. – Come si chiama?

– Non te lo dico – la bambina rispose.

E di nuovo rise; fece, sui suoi pattini, un giro di danza della morte intorno a me.

– Aaah! – rise.

– Dimmi allora dov'è – io le domandai.

– Aaah! – la bambina rise. – È in un portone.

Turbinò intorno a me nella sua danza della morte ancora un minuto, poi pattinò via sull'infinito viale, e rideva.

– È in un portone – gridò da lungi, ridendo.

C'erano abbiette coppie[8] nei portoni ma io giunsi ad uno ch'era deserto e ignudo. Il battente si aprí quando lo spinsi, salii le scale e cominciai a sentir piangere.

– È lei che piange? – chiesi alla portinaia.

La vecchia dormiva seduta a metà delle scale, coi suoi stracci in mano, e si svegliò, mi guardò.

– Non so – rispose. – Volete l'ascensore?

Io non lo volli, volevo andare sino a quel pianto, e continuai a salire le scale tra le nere[9] finestre spalancate. Arrivai infine dov'era il pianto; dietro un uscio bianco. Entrai e l'ebbi vicino, accesi la luce.

Ma non vidi nella stanza nessuno, né udii piú nulla. Pure, sul divano, c'era il fazzoletto delle sue lagrime.

(da Le opere narrative, Mondadori, Milano 1974)

---

[5] Campi di Marte: piazze d'armi. Qui è un ricordo di quella di Firenze, dove Vittorini abitò a lungo.

[6] fiere di lumi: zone molto illuminate.

[7] gasogeno: impianto per la produzione di gas combustibile.

[8] abbiette coppie: coppie in atteggiamenti equivoci.

[9] nere: buie.

CARLO EMILIO GADDA

La domenica

L'intera opera gaddiana si configura come un ininterrotto autoritratto. Anche in questo racconto, scritto nel 1945, tornano infatti, espliciti o dissimulati, i traumi dell'autore: la rovina economica della famiglia, cui contribuí la costruzione della villa in Brianza, oggetto di feroce risentimento ma insieme simbolo straziato di un «nido» familiare poi disperso; la morte del fratello in guerra, ferita mai rimarginata; il rapporto viscerale di amore e odio con la madre. A questi si aggiungono qui altri motivi ricorrenti in Gadda, come la ripugnanza verso la borghesia gretta e involgarita nonché verso l'ignoranza e il cattivo gusto dei nuovi ricchi.

Anche da queste pagine filtra la disperata condizione psicologica, la pena di vivere di Gadda, che oltre ai dolori privati soffrí il caos della realtà, riflesso nella sua scrittura espressionistica. Lo scrittore milanese, in una delle sue ultime apparizioni televisive, alla domanda: «Come giudica Carlo Emilio Gadda?», rispose: «Una infelice creatura. Sfortunata e infelice».

I Mananti[1] lo sorpassarono come folata di vento e la loro «Augusta»[2] rimpiccioli e disparve dentro il riverbero d'oro. Doveva arrivare all'Olmeta per il treno delle sei, camminava col suo passo veloce, sudando, rasentando i paracarri pitturati a bianconero. A mano, la valigetta di cartone[3] di cui aveva smarrito la chiave. Riconobbe la macchina dall'andatura

---

[1] *I Mananti*: i contadini arricchiti che, con il loro arrivismo e l'orgogliosa ostentazione di una ricchezza spesso di dubbia provenienza, rappresentano la categoria dei *parvenus*, ai quali va tutto il disprezzo e la ripugnanza dell'autore.
[2] *Augusta*: la prima utilitaria Lancia, prodotta dal 1932 al 1938.
[3] *la valigetta di cartone*: particolare che, insieme al percorso a piedi, denota una condizione economica modesta.

e dal colore violetto, caso unico, prima ancora che dal for-
mato.

Il trenino delle sei, come tutti i trenini della rete, era un
onesto e affumicato convoglio, sganciato da una compagnia
belga verso il Progresso negli anni che avevan succeduto a
Porta Pia[4]. Ogni vagone, davanti e dietro, ci aveva una specie di ballatoio o terrazzino con ringhiera di ferro: e questo
dei gradini laterali, per cui si saliva o scendeva. Una specie di
cancelletto poteva sbarrare il passo agli accedenti[5], o ai di-
scendenti, vietava di cader fuori dal ballatoio durante la corsa: e giovani contadini sedevano talora un po' di traverso sul
corrimano del cancelletto e della ringhiera, con cosce mal
contenute ne' pantaloni, quasi turgore di salcicce: quel ferro
pareva reciderne la pienezza, il rotondo vigore.

Dopo i «gabinetti» della stazione di Cortepiana-Olmeta,
un piccolo obelisco di marmo, con una flebile dicitura[6] (interrotta a metà da una macchia giallorossa), ricordava, a chi
avesse avuto il buontempo di posarvi gli occhi, come qualmente[7] i promotori della linea ferrata fossero cinque: e il piú
autorevole dei cinque era stato suo zio, Senatore e Ministro
dei Lavori Pubblici, a nome Giuseppe[8].

Pensò che il nonno Mananti[9], certo, non aveva avuto alcuna ingerenza nella costruzione della rete. Ragazzo, gli pareva però d'aver sentito dire che i fratelli di lui vi avessero lavorato come giornatanti[10] per la collocazione delle traversine.
Ricordò che il vecchio faceva sempre no, no, col capo[11], come dicesse «non mollo neanche un centesimo», e, dal parlético[12], non arrivava a firmare: o forse non sapeva scrivere.
Aveva occhi grigi, d'un grigiore simile al lichene, che non lasciava trasparire l'idea: anzi, le intenzioni e le idee si celava-
no dietro quelle pupille vetrose come delle ragazze nude die-

---

[4] *negli anni… Pia*: subito dopo la presa di Roma, nel 1870.
[5] *accedenti*: i viaggiatori che salivano.
[6] *obelisco… flebile dicitura*: monumento commemorativo che reca un'iscrizione
poco leggibile.
[7] *qualmente*: rafforzativo di *come*.
[8] *suo zio… Giuseppe*: uno zio dell'autore, Giuseppe Gadda, fu ministro dei lavori pubblici nel governo Lanza–Sella (1869–1873).
[9] *il nonno Mananti*: l'iniziatore delle fortune economiche della famiglia Mananti.
[10] *giornatanti*: operai a giornata.
[11] *faceva… capo*: aveva un tic.
[12] *dal parlético*: a causa del tremito delle mani.

tro un paravento. Talora, in paese, le mani in tasca, lo si vedeva a contrattare con qualcheduno, come lo avessero appena risvegliato da un lungo sonno[13]: annoiato, distratto, rim-
bambolato, duro. All'osteria della Giuditta, certe mattine, gli
prendevano la mano e dicevano: – Firmiamo qui, signor Venanzio – : cosí al re Carlomagno i suoi chierici grandi, e scribi di palazzo[14]. E ne veniva un pettine cuneiforme[15], nerissi-
mo, dati gli inchiostri d'allora, involtato in una specie di gomitolo tentennante, ch'era poi nient'altro che lo svolazzo.
Bimbo, egli pensava allora che quello svolo (ma per il signor
Venanzio era un lungo barcollare della penna), quel garbuglio
cosí laborioso d'attorno le aste, fosse indispensabile per disposizione di legge a sancire il patto di compravendita, a garentire[16] il possesso d'una casipola o delle prime terre che il
Mananti, un po' alla volta, andava acquistando un po' da tutti: e anche dal babbo.

Rivide, camminando, e tutto era luce[17], ora, la faccia antica della povertà. Due lacrime, gocce d'un dolore terso[18], erano discese per le gote incartapecorite del babbo, smarrendosi
nella tristezza un po' arruffata della barba, mentre il notaro
abbadava a leggere, a leggere, con una voce di caprone-dia-
volo di sotterra[19]: – Davanti a noi regio notaro in Cortepiana
sono oggi comparsi i signori, ecc. ecc. – : e questi erano il
babbo, a vendere, e i Mananti, a comprare. Seguivano i testimoni. C'era anche il Mananti figlio, vestivano i panni del
campagnolo: con la cera svogliata e anzi malcontenta delle
vittime, condotte da non si sa qual volere importuno di terzi
o di quarti a conchiudere un mercato di troppo svantaggioso
per degli umili. In realtà l'alienazione del piccolo fondo e del-

[13] *come... sonno*: contrariamente alle apparenze, il vecchio Mananti era estremamente vigile quando faceva gli affari.
[14] *cosí... palazzo*: erompe l'amara ironia gaddiana. Per *chierici* e *scribi* di palazzo
s'intendono i dignitari e i segretari di corte.
[15] *un pettine cuneiforme*: una firma fatta di tanti trattini a forma di cuneo, somi-
glianti ai denti di un pettine.
[16] *garentire*: garantire, sancire. Forma antiquata, delle molte (come *casipola, musaico, notaro, abbadava, sotterra, arbuscello*) che, con latinismi (come *nari*), parole letterarie, tecniche e di registro piú basso, entrano nel ricco impasto linguistico della
scrittura gaddiana.
[17] *Rivide... luce*: ricordò nitidamente.
[18] *terso*: pulito, dell'uomo onesto che è costretto a vendere una cosa cara.
[19] *con una... sotterra*: esprime l'insensibilità del notaio alla sofferenza di chi è costretto a vendere.

la casuccia poderale[20] avveniva a un prezzo gretto[21], insufficiente a ripagarne il valore, o il costo. Ma il babbo aveva da
provvedere agli studi dei ragazzi: a lui, e allo scomparso[22]. La
vita gli si era consumata via come un nulla, negli anni difficili: ed era un cammino già stanco, il suo[23]. Il ritratto del generale Ravasco, nella tetraggine dello studio, appariva deturpa-
to da un eczema: una miriade di puntolini neri, a opera d'un
numero incredibile di mosche, tutte defunte, però. Cordoni e
spalline insignivano la casacca del generale, sopra un crosto-
ne di medaglie e di stelle, tante quante sognava lui, bimbo.
Con che fremito di orgoglio e di commossa fierezza si esta-
siava a numerare quei cordoni! Tre, erano: piú che tutti gli
altri generali. Bianchissimi, forse intrecciati di fil d'argento.
E pure sentiva che le difficoltà e gli stenti d'ogni giorno an-
gustiavano il babbo: cordoni, stelle, erano cosa remota: una
autorevolezza, un valore di altri. Nessuno riesciva, quel giorno, a fermare le ventate diacce[24] del tramontano. Lungo la
sua povera strada, che potevano aiutarlo c'erano soltanto la
mamma, il babbo; tutto il resto del mondo funzionava senza
badare a un fanciullo; il babbo aveva poco denaro. Pochi anni, forse, prima del commiato[25].

Il Mananti secondo, il figlio del nonno, impiegava spesso
il verbo fare, dicendo di aver «fatta» la guerra. Non si capiva bene come, né dove. Certo è che aveva seguitato a campa-
re anche durante gli anni di guerra. E dopo gli anni di guerra, venuti gli anni di pace, aveva saputo «rimboccar le maniche». Aveva rilevato alle aste di alienazione[26] un camion militare, non del tutto invalido, per quanto sfiorato dalla gloria.
Aveva «cominciato» cosí; forse, piú che cominciato, seguitato[27]. Quell'autocarro in congedo era stato il piú geniale de'
suoi collaboratori. Tra Cortepiana e Valle Barona, tra Corte-

---

[20] *l'alienazione... poderale*: la vendita del podere con la casa.
[21] *gretto*: misero.
[22] *allo scomparso*: ricorda Enrico, il fratello minore di Carlo Emilio, da questi
amatissimo e ammirato, che precipitò, appena ventunenne, col suo aereo pochi mesi prima della fine della Grande guerra.
[23] *era... il suo*: era già stanco della vita, divenuta difficile e dolorosa.
[24] *diacce*: gelide.
[25] *commiato*: la morte.
[26] *aste di alienazione*: aste pubbliche in cui si vendevano residuati di guerra.
[27] *seguitato*: continuato l'opera del padre.

piana e i capiluoghi. Guidava lui, «personalmente». Alle
quattro del mattino era in piedi. Aveva anche trascorso alcuni mesi in carcere, ma il processo di appello gli aveva ridato
la libertà, e la certezza di essere un perfetto galantuomo.
Adesso era il proprietario di una azienda di trasporti, di una
di legnami, e di una fornace. Soprattutto era «interessato»[28]
nella rappresentanza italiana delle pillole «Vigor»[29], che d'un
uomo, dopo poche settimane di cura, possono fare un leone:
e d'una donna una leonessa. (Ma non bisogna sbagliare scatola, però: gli uomini devono prendere le pillole da leone, e le
donne le pillole da leonessa). Sembra che delle speciali sostanze «radioattive»[30] conferiscano a queste pillole il loro
pregio e ne giustifichino il prezzo, che è piuttosto elevato, come quello di tutte le cose pregevoli. Per quanto l'eccipiente[31]
sia dei piú banali, e anzi assolutamente inoffensivo, per conferma anche delle maggiori autorità mediche.
   Riandava, camminando, il sentiero degli anni.
   Un bel giorno si venne a sapere che «il cavalier Mananti»[32]
aveva comperato dai Bazzichelli (fallivano) la casa che questi
ultimi avevano comperato da lui; pagandola ai Bazzichelli ancor meno di quanto i Bazzichelli non l'avessero pagata a lui.
Era la casa di campagna costruita dal babbo, «per i suoi figli»: la casa che, a poter crescere, s'era finita di mangiare tutto il poco denaro del babbo.
   Immagini, strappi[33] del passato, mulinavano in quello
strano cervello: come suscitatevi dal cammino, dai paracarri. Nella valigetta di cartone, spelacchiatissima, un rotolet-
to di fogli. Erano i disegni d'un piccolo monumento fune-
rario.
   Lo aveva ideato lui stesso, nell'orrore e nella inanità[34] d'un
rimpianto, vincendo le continue paure dell'ignoto, i suggeri-

[28] *era «interessato»*: aveva una partecipazione.
[29] *pillole «Vigor»*: un ricostituente famoso in quegli anni.
[30] *speciali sostanze «radioattive»*: la radioattività non c'entra ovviamente nulla. È
ancora l'ironia, amara, di Gadda.
[31] *eccipiente*: la sostanza che, nei farmaci, entra in composizione con quella me-
dicamentosa.
[32] *il cavalier Mananti*: il «genio» imprenditoriale del «Mananti secondo» aveva
avuto un riconoscimento ufficiale.
[33] *strappi*: frammenti dolorosi.
[34] *inanità*: inutilità.

menti meticolosi della parsimonia[35]. Un sacello[36]: quasi un altare in figura d'un piccolo portale ad arco, di serizzo[37] assai chiaro: due gradini formavan l'accesso, l'invito, come dicono i capimastri. Il fondo del portale a musaico, a «ciel d'oro». E nella luce d'oro che campiva[38] quel fondo, sotto l'arco fermo che pareva schiudere l'infinito cammino[39], la croce nera, di ferro: esile e povera come quella del Battista[40], quasi arbuscello: pianta venuta dal dolore. O, forse, immagine disperata del nulla. Simile (e pure lontana dall'idea), alcuna stele greca o alcuna terra[41] etrusca.

Era la tomba della mamma.

La casa degli anni[42] rimaneva, sul colle: tutto occupato dalla luce al tramonto. Egli si allontanava come fuggisse, come respingendo o abbandonando ogni memoria, lo strazio delle cose perdute. A ogni svolta della strada provinciale la bianca immagine della casa pareva dirgli «addio», radicata nel colle. Col benedicente sguardo delle finestre, bianca e oramai perduta in una lontananza; in una volontà di purezza. Le tombe dei genitori e del fratello giovinetto erano là, dietro il colle, quasi nell'ombra del colle, presso dove altre tombe erano state dimenticate dal tempo, di Galli, di Liguri, con fede d'alcuni monili, vaselli[43]. I frantumi dei vasi, i verdi monili di consunto bronzo, erano stati recuperati alle teche di vetro del museo archeologico di Como. Dove Cesare aveva sostato: e vi aveva dedotto[44] uomini, e ricostituito le mura: «Novi moenia Comi».[45] Cesare, che aveva dato nuove mura a Como, nuovo numero ai secoli[46]. Il bidello del museo archeologico ha un libro: e vi registra un visitatore ogni due anni.

[35] *vincendo... parsimonia*: vincendo il terrore della morte (che il monumento funebre gli ispirava) e gli scrupoli suscitati dalla necessità di spendere con moderazione.
[36] *Un sacello*: una piccola cappella.
[37] *serizzo*: varietà di granito.
[38] *campiva*: copriva.
[39] *l'infinito cammino*: quello della vita eterna.
[40] *quella del Battista*: quella di san Giovanni Battista, fatta di due rami d'albero.
[41] *terra*: terracotta.
[42] *La casa... anni*: espressione ambigua. Forse gli «anni» sono quelli per certi aspetti felici in essa trascorsi.
[43] *con... vaselli*: l'esistenza di quegli antichissimi abitanti della Lombardia è testimoniata da reperti archeologici quali gioielli e vasetti.
[44] *dedotto*: condotto.
[45] *Novi moenia Comi*: Mura della nuova Como.
[46] *Cesare... secoli*: con Augusto (nel testo chiamato Cesare) è iniziata la serie dei secoli «dopo Cristo».

Alla stazione, per una volta tanto, volle buttar via, nella stanchezza, il fardello cosí greve della propria parsimonia: chiese un biglietto di prima classe: (la ferrovia ha solo prima e terza). La vettura gli apparve affollata. Sui velluti scarlatti, insigniti di merletti candidi contro l'untume delle zucche[47], c'era un sol posto ancora disponibile. Vi si arrestò: capitò a fianco della signora Batraci[48]. Stava pitturandosi le labbra: e imbiancandosi, viceversa, la punta del naso: con provvedimento alterno: con matitone e piumino, che aveva estratti, dopo tutta una coorte[49] d'altri aggeggi dorati e argentati, da una scatoletta di tartaruga finta: e questa qui dal marsupio universale d'una borsa; di pelle di coccodrillo: (ma in realtà vitellone di Lomellina[50]). – Oh! sono proprio contenta di rivederlo, caro il mio dottore!... – non si stancò di ripetere, mentre accudiva a rifinire con alcuni tocchi maestri quel capolavoro dell'ottimismo[51]. – Che cosa fate di bello? – Tornava in città, come tutti. – Ma voi siete ingrassato!... – esclamò senza batter ciglio (ché li aveva fermi sullo specchietto), e senza neppure guardarlo. – Ma state proprio benone!... Si vede che gli affari vi vanno a gonfie vele... e di che cosa vi occupate adesso?... – : si era specializzata nel riversare sul groppone dei cristiani[52] la grandine de' suoi interrogativi, ma faceva a meno regolarmente d'una qualunque risposta. – Dov'è che lavorate?... – (L'ingegnere aveva fama d'essersi occupato di diverse cose, in vita sua). – Mi hanno detto, aspettate!... chi è che me l'ha detto?... chissà poi se è vero!... che siete dentro nei concimi chimici, è vero?... che ne avete fin sopra il collo... Coi concimi si può far soldi... Anche il signor Donda, del resto, si può dire proprio che la sua fortuna l'ha cominciata col letame... Ma che cosa è, poi, questo letame artificiale? Con che cosa lo fanno? Sarei proprio curiosa di sape-

---

[47] *contro l'untume delle zucche*: a evitare l'impronta untuosa delle teste.
[48] *Batraci*: *bátrachos* in greco significa "rana". Il parlare della signora sarà futile e insulso, uno sproloquio di frasi fatte, di luoghi comuni della conversazione piccolo-borghese: un vero e proprio gracidío.
[49] *una coorte*: un gran numero.
[50] *in realtà... Lomellina*: come la tartaruga della *trousse*, cosí il coccodrillo della borsa è finto: segno del cattivo gusto della signora. La Lomellina è la pianura lombarda delimitata dai fiumi Po, Ticino e Sesia.
[51] *quel capolavoro dell'ottimismo*: il trucco, con cui s'illudeva di migliorare il suo aspetto.
[52] *sul groppone dei cristiani*: sulla schiena delle persone. Espressione idiomatica.

re di dov'è che lo tiran fuori! Dio mio!... dev'essere proprio
una gran cosa la scienza, questa scienza moderna! Si può dire che arriva dappertutto!... Dove noi altre, povere donne,
non lo immaginiamo neanche... Io, poi, non ce ne capisco
niente del tutto... Ma voi, col vostro ingegno, si sa, è un altro paio di maniche. Siete sempre stato un ragazzo studioso.
Ragazzo... ragazzo... con qualche annetto sulle spalle, se vogliamo... Vi ricordate, dottore, quando giocavamo a prender-
ci, nel giardino dei Garbagnati?... Dio mio!... come passa il
tempo! Ma fin che c'è vita, c'è speranza... Voi uomini,
poi!... Il peggio è per noi, povere donnette... – Cambiò tono:
la gragnuola⁵³ parve trasformarsi in una pioggia di miele e latte. – Adesso è la volta della mia Luisa, cara la mia stella!...
Lo sapete già, forse? dite la verità... Cosa volete, è il loro destino, povere figliole!... Ed è venuto il suo momento anche
per lei... – Sorrise mansuefatta⁵⁴, commossa, negli occhi mol-
li e vetrosi, gelatinosi, nelle palpebre piuttosto grevi, rigon-
fie, stancamente sedute sulle gote, pareva una buona cagna
rappacificata col mondo⁵⁵. – Ormai ve lo posso dire anche a
voi... perché la cosa è ufficiale... e poi... voi siete un amico,
un vero amico... una persona seria... peccato però che non ci
abbiate pensato anche voi!... Ma, se volete, siete sempre in
tempo... basta volere... Su, fatevi coraggio anche voi... –
L'ingegnere non rispondeva. Dal finestrino vedeva in un addio d'oro⁵⁶ la casa lontanissima fuggire, fuggire. – Con il secondo dei Mananti, sapete, il Mimmo⁵⁷, quel bel ragazzo...
terzo arrivato, ma pensate!, in discesa con ostacoli, alla coppa della Madonna di Campiglio!... Sono tanto distinti! Sono
loro che mi hanno accompagnato alla stazione. E come guida!... da far paura a starci vicino. Sí, sí, sono i nipotini del
nonno Mananti... quello!... proprio quello! Eh, ma il tempo
passa, caro dottore!... Cosa credete?... che i bambini debba-
no rimaner sempre bambini?...
    Un miracoloso intervento delle Superne Essenze, a cui era

⁵³ *la gragnuola*: martellante come grandine.
⁵⁴ *mansuefatta*: raddolcita.
⁵⁵ *pareva... mondo*: l'ironia feroce scaturisce dal disprezzo e dalla ripugnanza nei
confronti della meschinità della signora Batraci.
⁵⁶ *d'oro*: illuminato dalla luce dorata del tramonto.
⁵⁷ *il Mimmo*: è un Mananti della terza generazione (l'uso del nome di persona
preceduto dall'articolo è secondo l'uso lombardo).

venuta l'idea di far acquistare alla signora Batraci la rivista «Grazia», permise al dottore (dottore in ingegneria) di ritrovare nel blando ritmo del púffete-púffete[58] una vaga speranza di dormiveglia. Ma lo riscosse un sussulto della sua compagna di velluti[59]: – Dite la verità... faranno una bella coppia, sí o no?... – e l'occhio della madre si perdeva ai lontani orizzonti[60]: rivenutone, con un sorriso, posò su una pagina di mutandine, di reggipetti, ricami e trine, da sognarseli a bocca aperta[61]. Il treno correva, il dottore si addormentò. Presto però le sue nari principiarono ad essere stimolate da quell'odore «industriale» mescolato di solfúro di carbonio, di gas, di benzolo, di colle, di spurghi di gassogeni[62] e di fumo di forni, che annuncia prossimi o addirittura imminenti i sobborghi della metropoli. Alla stazione suburbana si alzò, salutò con l'abituale cortesia, discese, bombardato dagli «arrivederci!» e dai «fatevi vivo!». La signora Batraci lo vide consegnare il biglietto, smarrirsi nella folla operaia. L'indomani, lunedí, avrebbero seguitato, d'ogni osso, a cavarne tutta la colla[63] che se ne può cavare, coi piú moderni procedimenti.

(da *I racconti. Accoppiamenti giudiziosi*, Garzanti, Milano 1985)

---

[58] *púffete púffete*: il rumore del treno.
[59] *compagna di velluti*: vicina di posto.
[60] *lontani orizzonti*: le fortune matrimoniali della figlia.
[61] *rivenutone... aperta*: l'ironia torna a colpire la pochezza della signora Batraci.
[62] *di spurghi di gassogeni*: degli scarichi dei gassogeni (impianti per la produzione di gas combustibile).
[63] *d'ogni osso... colla*: allude all'estrazione di colla da ossa di animali.

Dal secondo dopoguerra a oggi

CESARE PAVESE

Storia segreta

Scritte tra il novembre del 1943 e l'agosto del 1944, queste pagine intensissime appartengono al volume di racconti Feria d'agosto, *uscito nel 1945. Pavese vi esprime una concezione mitica della campagna (che «non è soltanto la terra ma tutto quello che c'è dentro»), percepita come la Grande Madre, la «divina rus» di Virgilio.*

La campagna, le colline intorno a Santo Stefano Belbo che costituiscono la sua storia e la sua geografia soprattutto interiori, è filtrata attraverso i ricordi dell'infanzia, intesa freudianamente come matrice dell'uomo adulto, come tempo in cui si decide il proprio destino («La nostra fanciullezza [...] è non ciò che fummo ma ciò che siamo da sempre», si afferma ne L'adolescenza, *altro racconto di* Feria d'agosto).

Il ritorno a quella campagna che Pavese, sul filo della memoria, compie in questo racconto, è soprattutto una «catabasi», una discesa nel regno dei morti, alle radici piú profonde del proprio essere, luogo dove abita quell'«evento» per lui «unico» che fu la morte del padre, quando egli aveva appena sei anni, morte che lasciò su di lui un segno indelebile e che è all'origine del suo «vizio assurdo», la vocazione al suicidio. E in questa ricerca di sé egli si scopre fuori del tempo o, meglio, nel tempo mitico dell'istante-eternità, dell'eterno ritorno.

Per questa strada passava mio padre. Passava di notte perch'era lunga e voleva arrivare di buon'ora. Faceva a piedi la collina, poi tutta la valle e poi le altre colline, finché sbucavano insieme il sole in faccia e lui sull'ultima cresta. La strada saliva alle nuvole, che si rompevano nel sole sopra il fumo della pianura. Io le ho viste queste nuvole: luccicavano ancora come oro; mio padre disse, ai suoi tempi, che quand'erano basse e infuocate gli promettevano una buona

giornata. Allora sui mercati correvano pezze d'oro[1]. Ancor
oggi i passanti vanno verso la pianura piegati innanzi col
mantello sulla bocca. Non si guardano intorno, neanche se
il tempo è sereno. Le ombre cadono dietro, sulla strada, e li
seguono adagio. La collina li segue, col suo orizzonte uguale. Io conosco quest'orizzonte, ciascuno degli alberi piccoli
che incorona le creste. So che cosa si vede da sotto quegli
alberi.

Mio padre a prima luce[2] non scendeva in pianura. Girava
per coste e cascine a cominciare il mercato[3]. Parlava nei cortili con gente assonnata. Facevano colazione. Bevevano un
bicchiere taciturni sulla porta. Mio padre conosceva tutti
quanti e sapeva le stalle di tutta la strada; sapeva le disgrazie,
i bisogni, le donne. Parlava poco. Quando incontrava nei cortili altri sensali, stava zitto e lasciava che dicessero.

Anni e anni fa – era vedovo, e noialtri, bambini – qualcuno gli aveva detto di smetterla e attaccare il biroccino[4]. Ma
era inverno e lui diceva che il cavallo avrebbe patito su per
quelle stradette. Col mantello sugli occhi e il berretto di pelo, partiva nella nebbia e saliva alla Bicocca due vallate lontano. Ci stava la Sandiana, ch'era la figlia di un suo amico,
giovane e disperata da quando si vedeva sola in quelle vigne.
Mio padre aveva in mente di portarsela in casa e farsi fare ancora un figlio. Ma lei passava le giornate addosso al fuoco, in
una stanza come un pollaio, e non faceva che ripetere ch'era
sola e che aveva paura. Poi si seppe che un sensale di fuori le
aveva parlato di vendere e andarsene a vivere tranquilla in
città. Mio padre sospettava qualcosa e pestò molta neve per
venirne in chiaro[5], finché un giorno alla Bicocca trovò quel-
l'altro che si scaldava i piedi al fuoco. Ma ancora non capiva
chi poteva comprare la terra: sapeva l'idea di tutti là intorno.
La donna diceva di no; mio padre tornò verso sera e trovò i
figli del sensale che caricavano la roba. Allora capí di esser
vecchio. La Sandiana andò a stare vicino al mercato.

---

[1] *correvano pezze d'oro*: si trattavano appezzamenti di terreno fertilissimi.
[2] *a prima luce*: all'alba.
[3] *a cominciare il mercato*: come si dice piú avanti, il padre faceva il sensale, cioè
il mediatore, di terreni.
[4] *smetterla... biroccino*: di non spostarsi piú a piedi e di muoversi invece col biroccino, calesse a due ruote.
[5] *pestò... chiaro*: un inverno fece molta strada, si diede molto da fare, per appu-
rare la verità.

Non parlava di queste cose con noi. Si sapevano dalla gente e dai sospiri che cacciava in quegli anni. Adesso, le volte che scendeva in città, passava a farsi il sangue cattivo là sotto[6]. Era in un cortiletto basso, coperto di vite vergine, dove il rumore del mercato arrivava appena. Il sensale, venduta la terra, era tornato ai suoi paesi. La Sandiana aspettava, seduta alla stufa come una gatta. Per un pezzo mio padre le mandò un piatto caldo. Quell'inverno lo passò all'osteria. Veniva a sedersi, guardava il va e vieni, il fumo, i sensali, e pareva che ascoltasse i discorsi. Lasciava che gli affari li facessero gli altri. Pensava ancora a quella vigna[7].

La Sandiana per tutto l'inverno non uscí dal cortile. Senza terra, sapeva di non valere piú niente; e, sul patto[8], era incinta. Si sfogava con la donna che le portava da mangiare, e diceva che i vecchi sono peggio dei giovani. Mandò a dire a mio padre che si voleva ammazzare. Mio padre lasciò che passasse l'inverno; poi riprese a battere le colline. A marzo gli dissero che s'era sgravata.

Allora venne a cercarla, e le propose di portarsela in casa. Dicono che la Sandiana, dimagrita, piangesse; ma so che mio padre dovette tagliar corto e dirle che veniva da noi per far la donna dove non ce n'erano, e non la padrona. Ma neanche la serva. Non eravamo signori.

Cosí diede una stanza alla Sandiana e al bambino, e lui continuò a dormir solo. L'idea di fare quel figlio era sfumata con la vigna. Neanche nell'estate, che[9] la Sandiana rifiorí come una sposa e allattava, mio padre cambiò. Partiva col buio, e la Sandiana si levava a preparargli la roba. Tra loro parlavano appena. Noialtri ragazzi, messi su[10] dalla serva, tendevamo l'orecchio per sentire qualcosa. La Sandiana piaceva anche a noi. Ci accudiva e aiutava.

Verso sera, d'estate, andavamo con lei per le campagne. Sapevamo la strada per dove tornava mio padre, e bastava che la tenessimo d'occhio dall'alto. Noi portavamo la Sandia-

---

[6] *là sotto*: dove era andata ad abitare Sandiana.
[7] *Pensava... vigna*: come quell'io narrante, il padre di Pavese non era diverso dalla gente delle sue Langhe: uomini duri, taciturni, legati visceralmente alla terra.
[8] *sul patto*: inoltre. Espressione piemontese.
[9] *che*: in cui. Costrutto popolare. Pavese utilizza forme e modi del parlato all'interno comunque di una lingua sempre molto sorvegliata.
[10] *messi su*: istigati.

na a vedere i nostri posti, e lei sapeva dirci il nome dei campanili e dei paesi piú lontani. Ci descriveva quel che lassú da quei boschi si vedeva in pianura, e quel che faceva la gente nelle casupole isolate. Ci parlava di suo padre e di quando alla Bicocca erano in tanti, fratelli e sorelle, e la sera giravano con le lanterne a chiudere stalle e cantine. Raccontava di quando d'inverno i suoi nonni sentivano il lupo raspare alla porta e continuavano a vegliare e intrecciare cavagni[11]. Prendevamo i sentieri attraverso le vigne, e chi primo arrivava, gridava e agitava le braccia sul cielo. Correva anche lei.

Quell'anno ero cresciuto, e nell'inverno avrei dovuto andare a scuola in città. La Sandiana mi diceva che ci sarei stato bene e avrei scordato il paese. Mi sarei vergognato di casa e di noialtri. Io capivo che aveva ragione, eppure, anche adesso che l'estate finiva, guardavo le strade, le nuvole, le uve, per stamparmi ogni cosa dentro e vantarmene poi. Avrei voluto anch'io esser nato alla Bicocca coi suoi vecchi e aver conosciuto i fratelli e provato quelle notti che venivano i lupi. Di questo avrei voluto vantarmi, e ascoltando la Sandiana sapevo che me ne sarei vantato. Cosí era fin da allora: godevo non le cose che facevo ma quelle che sentivo dagli altri. Non sembravo mio padre.

La casa della Sandiana era in mano a due vecchi, mezzadri di un signore che l'aveva ricomprata e che nessuno conosceva. Andavamo sovente su quella collina e di là si vedevano i pini, neri dietro la casa, alti in mezzo alle vigne come campanili, pieni d'uccelli che volavano. La Sandiana ci portò una volta fin nel cortile; c'era un cane che la riconobbe e le corse addosso saltando. Allora uscí la vecchia, e si parlarono e girarono insieme nella casa e sull'aia. Noi aspettammo nel cortile, sotto il pagliaio, e tiravamo dei sassi nel pino piú grosso. Io guardavo il sentiero che dai beni portava al pozzo. Non ero mai stato in un cortile piú vuoto, sembrava abbandonato: anche il cane che mugolava di sopra con le donne non l'avevo mai visto: non la voce di un cane ma piú fiera[12]. Pensavo a quei tempi che i fratelli della Sandiana giravano i boschi. Il bosco era nero, profondo, sull'altra sponda della collina. Quando tornò con la Sandiana e si lamentavano insieme, la

---

[11] *cavagni*: cesti. Forma dialettale.
[12] *fiera*: da fiera, da animale selvaggio.

vecchia ci disse che voleva darci qualcosa – una cotogna – ma
non ne trovò. La Sandiana rideva, contenta.

Il cane voleva venire con noi; lo legarono al filo. Per tornare passammo da un altro sentiero, e per tutta la strada la
Sandiana non parlò: disse soltanto di non dire a mio padre
ch'eravamo saliti lassú, perché era troppo lontano. Ma quella
sera mi chiese se sapevo che mio padre ci fosse venuto quel-
l'estate. Le risposi che avrebbe dovuto domandarlo alla vecchia, e lei allora stette zitta.

Un mattino trovammo mio padre in cucina. Non era domenica, ma tutto aveva l'aria insolita. Tornò la Sandiana dal
cortile con una faccia agitata e i capelli negli occhi. Il bambino piangeva e mandarono la serva a calmarlo. Mio padre comandava e scherzava. Non era ancora il giorno ch'io dovessi
partire, e non capivo il perché dell'agitazione, ma poi lo seppi da una parola della serva. La Bicocca era nostra; mio padre
l'aveva comprata.

Partirono sul biroccino lui e la Sandiana. La serva quel
giorno fu cattiva e ci disse, come fossimo uomini, che ormai
la padrona era l'altra e la Bicocca era sua e di suo figlio.
Aspettammo tutto il giorno che tornassero. Io speravo che almeno girare nel bosco la Sandiana mi avrebbe lasciato, e per
meritarmelo accudii il bambino che – la serva diceva – era ormai mio fratello. Pensavo piú di tutto a quei fratelli morti, e
godevo a sapere che sarebbero stati anche i miei. Quella sera
la serva disse a mio padre che bisognava far festa e andò a
prendere il vino.

Tanti anni eran passati e dovevano ancora passare, nel-
l'inverno andai in città e cambiai vita; ci tornai l'anno dopo,
divenni un altro; venivo in paese per le vacanze e cosí mi
sembrò di esser stato ragazzo soltanto d'estate[13]. La Sandiana era sempre la stessa; il bambino era morto; cosí il tempo
in casa nostra non passò quasi piú. Tutti gli anni l'estate fu
come quando non andavo ancor via, un'unica estate che durò
sempre.

Tutti gli anni io guardavo le nuvole, le uve e le piante per

---

[13] *venivo... d'estate*: le estati trascorse a Santo Stefano Belbo furono il tempo in
cui Pavese (qui proiettato nell'io narrante) visse piú intensamente.

vantarmene in città, ma, non so come, pensavo a tutt'altro
laggiú e non ne parlavo. Doveva aver ragione la Sandiana che
mi chiedeva sempre se i compagni mi avevano canzonato e se
sarei tornato ancora nella vigna. Ma nella vigna io ci tornavo
felice e le chiedevo se veniva anche lei. Il giorno stesso che
rientravo a casa facevo il giro delle strade e dei sentieri, e
quei mattini mi svegliavo contento se era sole e piú contento
se pioveva, perché non c'è che l'acqua fresca per metter voglia di girare la campagna. La Sandiana rideva se tornavo ba-
gnato e infangato e mi diceva che sarebbe venuta anche lei –
una volta.

Non venne, ma una sera ci prese il temporale sulla strada,
e noialtri ragazzi avevamo paura del tuono, la Sandiana del
lampo. A me il lampo piaceva, quella luce violetta improvvisa che inondava come un'acqua, ma la Sandiana raccontò
ch'era di zolfo e che uccideva con la scossa. – Se non è niente, – le dicevo, – si vede una luce che passa. – Tu non sai, –
mi rispose, – dove tocca ammazza. Mamma mia –. Io allora
fiutavo nell'aria bagnata e sentii finalmente l'odore del lampo: un odore nuovo, come d'un fiore mai veduto, schiacciato
tra le nuvole e l'acqua. – Senti? – le dissi; ma la Sandiana si
premeva con la mano sulle orecchie, sotto il portico dov'eravamo rifugiati. Il profumo ci durò fino a casa: era fresco,
pungeva dentro il naso come quando si tuffa la faccia nel catino. La Sandiana diceva che quello era vento passato sui boschi, ma non l'avevo mai sentito prima: era davvero l'odore
del lampo. – Chi sa dove è caduto, – disse.

Ma non volle venire a cercarlo. Doveva esser caduto nei
boschi, sapeva troppo di selvatico. Ora capivo perché tante
cose strane si raccontano dei boschi, perché ci sono tante
piante, tanti fiori mai veduti, e rumori di bestie che si na-
scondono nei rovi. Forse il lampo diventa una pietra, una lucertola, uno strato di fiorellini[14], e bisogna sentirlo all'odore.
Di terra bruciata ce n'era sí, ma la terra bruciata non sa quel
profumo d'acqua. La Sandiana mi rispondeva e diceva di no.

Nel bosco della Bicocca c'era uno spacco dentro il tufo[15].

---

[14] *Forse… fiorellini*: il ragazzo rivive in sé lo stupore arcaico delle superstizioni
contadine, come piú avanti la credenza che attribuiva al tuono gli spacchi nella terra. Ai suoi occhi la realtà assume una dimensione mitica.

[15] *uno spacco dentro il tufo*: simbolo della terra sessuata, femminile, come nel-
l'immagine ricorrente in *Paesi tuoi* della «mammella» per indicare la «collina».

La Sandiana diceva ch'era stato un terremoto prima ancora
che noialtri nascessimo. Nessuno se non qualche biscia poteva passarci. Ma io avevo visto una volta lassú un bel fiore lil-
la e chi sa che il suo odore non fosse lo stesso del lampo. Capivo che il tuono facesse gli spacchi ma il temporale cadeva
dal cielo e qualcosa di bello doveva portare. – Macché, – disse la Sandiana, – tutto quello che nasce, è fatto di terra; acqua e radici sono in terra; dentro il grano che mangi e il vino
d'uva c'è tutto il buono della terra –. Io non avevo mai pensato che la terra servisse a fare il grano e a mantenerci, tanto piú adesso che studiavo. Se anche avevamo la Bicocca,
non eravamo contadini[16]. Ma quando mangiavo le frutta[17],
capivo.
      Le frutta, secondo il terreno, hanno molti sapori. Si cono-
scono come fossero gente. Ce n'è delle magre, delle sane, delle cattive, delle aspre. Qualcuna è come le ragazze. Ci sono
fichi e uva luglienga alla Bicocca che sanno ancora di Sandiana. Io ne ho mangiate di ogni sorta, e specialmente la selvatica, le prugnole e le nespole acerbe.
      Specialmente le prugnole mi facevano gola. Ancora adesso
lascio tutto per le prugnole. Le sento a distanza: fanno siepi
spinose, verdissime lungo le forre[18], in mezzo ai rovi. Alla fine d'agosto i rami ingrossano di chicchi azzurri, piú scuri del
cielo, agglomerati e sodi. Hanno un sapore brusco e asperri-
mo che non piace a nessuno eppure non mancano di una punta di dolce. Con novembre son tutte cadute.
      Che le prugnole sappiano di succhi selvatici, si capisce an-
che dai luoghi dove crescono. Io le trovavo sempre all'orlo
delle vigne, dove il coltivo finisce e piú nulla matura se non
l'arido del terreno scoperto. Allora non pensavo a queste cose; avrei solamente voluto che mio padre, la Sandiana e tutti
quanti mangiassero prugnole. Degli altri non so; la Sandiana
diceva che le mordevano la lingua. – Per questo mi piacciono,
– dicevo io, – loro sí che si sente che crescono nella campa-

---

[16] *non eravamo contadini*: anche Pavese era nato in campagna per caso, da genitori che non erano contadini. La sua famiglia abitava da tempo a Torino e tornava a
Santo Stefano Belbo solo d'estate.
[17] *le frutta*: il nome collettivo «frutta» è qui concordato con l'articolo al plurale.
Mentre «la frutta» designa una categoria alimentare, «le frutta» indica un insieme
di frutti.
[18] *le forre*: i burroni.

gna. Nessuno le tocca eppure vengono[19]. Se la campagna fosse sola farebbe ancora delle prugnole.

La Sandiana rideva e diceva: – Sapessi... – Sapessi cosa?
Fin che un giorno mi disse che di là dai suoi boschi dopo
un'altra vallata, alla Madonna della Rovere la costa era tutta
una prugnola. – Ci andiamo? – Era troppo lontano. – Ma
nessuno le coglie? – chiedevo.

A questo ci pensavo sempre. Non soltanto non bastavo[20] a
scoprire tutte quelle delle nostre strade, ma tante colline c'e-
rano al mondo, tanta campagna sterminata e dappertutto
prugnole, su per le rive, nei fossi, in luoghi impervi, dove
nessuno anche volendo arriva mai. Me le vedevo con le foglie
ricciute, coi rametti pesanti di frutto, immobili, in attesa di
una mano che non sarebbe mai venuta. Oggi ancora mi pare
un assurdo tanto spreco di sapori e di succhi che nessuno gu-
sterà. Raccolgono il grano, raccolgono l'uva, e non ce n'è mai
abbastanza. Ma la ricchezza della terra si rivela in queste cose selvagge. Nemmeno gli uccelli, selvaggi anche loro, non
potevano goderne, perché le spine dei rametti li ferivano negli occhi.

Allora pensavo alle cose, alle bestie, ai sapori, alle nuvole
che la Sandiana aveva conosciuto quando stava nei boschi, e
capivo che tutto perduto non era, che ci son delle cose che
basta che esistano e si gode a saperlo. Anche le prugnole, diceva la Sandiana, non se ne mangia piú di due tre alla volta.
Ma è un piacere sapere che ce n'è dappertutto.

Già a quel tempo bastava che dicesse un paese, e mi pareva di vederlo. I suoi paesi erano fatti di cascine, di canneti e
di raccolti, come i miei. Mi pareva di esserci stato o di poterci andar domani. Qualcuno ne spuntava dietro ai boschi. Eppure se salivo in biroccino con mio padre partivo come alla
scoperta. C'era di mezzo quel selvatico che lei non sapeva ma
io mettevo dappertutto.

Una strada e un canneto sono cose comuni, per lo meno da
noi, ma avvistati cosí in lontananza sotto una cresta e sapendo che dietro ci sono altre creste altri canneti e per quanto si
passi tra loro ne restano sempre dove noi non andremo e

[19] *Nessuno... vengono*: nessuno le coltiva eppure nascono e maturano. «Venire»
in questa accezione è una forma dialettale.
[20] *non bastavo*: non ero in grado.

qualcuno c'è stato e noi no – ecco questo pensavo ascoltando
la Sandiana. Invidiavo mio padre ch'era stato in tanti luoghi
e aveva fatto quelle strade e quelle creste giorno e notte. Che
fosse fatica lo seppi piú tardi. Ora mi accontentavo di guardarlo la sera quando saliva taciturno i tre scalini o aspettava
noialtri. In quel momento non pareva piú mio padre. Gli si
capiva in faccia che veniva da lontano e ch'era stanco – aveva negli occhi anche lui quel selvatico. Era tanto stanco che,
se la Sandiana lo chiamava, veniva senza risponderle. Dei
paesi tra loro non parlavano mai.

Qualche volta ci portava in biroccino per un tratto, ma poco, perché il cavallo faticava già troppo con lui. Andammo
sempre piú lontano a piedi. Solamente al principio e alla fine
dell'estate facevo con lui lo stradone della città e lui guidava,
io pensavo a quei giorni che laggiú c'era stata la Sandiana, e
mi pareva tanto tempo perché allora la città non l'avevo mai
veduta. Gli chiedevo s'era vero che da giovane ci scappava di
nascosto, e lui brusco, scherzando, diceva che ci andavano i
vecchi soltanto, a vedere la festa, e tornavano a piedi la notte mentre loro ragazzi contavano le botte[21] e guardavano i riflessi in lontananza. – Adesso hanno troppi palazzi, – diceva,
– e si vergognano di noi delle campagne. Si divertono al chiuso. Non vale piú la pena di venirci –. Nel fresco dell'alba stavo attento per accorgermi dove finiva lo stradone e cominciavano i palazzi e c'era sempre come un fumo dorato e neb-
bioso che sembrava un'altr'aria e uno c'entrava a poco a poco e, una volta arrivato, pareva impossibile che ci fossero ancora dei paesi e delle colline. Lontano, chi sa dove, c'era il
mare. Lo dicevo a mio padre, e lui rideva, brusco.

Adesso che il tempo è passato e quelle estati le ricordo, so
che cosa volevo dalla Madonna della Rovere. Una siepe di
prugnole mi chiudeva l'orizzonte, e l'orizzonte sono nuvole,
cose lontane, strade, che basta sapere che esistono. La Madonna della Rovere è sempre esistita, e dappertutto, sulle coste, sulle creste dei paesi, ci sono chiese e masse d'alberi im-
piccolite nella distanza. Dentro, la luce è colorata, il cielo ta-
ce; e donne come la Sandiana ci stanno in ginocchio e si se-
gnano, qualcuna c'è sempre. Se una vetrata della volta è

---

[21] *le botte*: i fuochi d'artificio.

schiusa, si sente un soffio di cielo piú caldo, qualcosa di vivo, che sono le piante, i sapori, le nuvole.

Queste chiese di cresta sono tutte cosí. Ce n'è sempre qualcuna piú lontana, mai vista. Nel porticato di ciascuna è tutto il cielo e vi si sentono le prugnole e i canneti che il cammino non basta a raggiungere. Tanto vale fermarsi a due passi e sapere che tutta la terra è un gran bosco che non potremo mai far nostro davvero come un frutto. Anzi, le cose che ci crescono a due passi hanno il loro sapore da quelle selvatiche, e se il campo e la vigna ci nutrono è perché affiora alle radici una forza nascosta. Mio padre direbbe che al mondo tutto viene dal basso. Io non so né sapevo di questo, ma la Madonna della Rovere era come il santuario delle cose nascoste e lontane che devono esistere.

Quando anni fa morí mio padre, trovai nel mio dolore un senso di calma[22] che non mi aspettavo eppure avevo sempre saputo. Andai in chiesa e al cimitero; rividi le donne col velo sul capo e i quadretti della Via crucis, sentii l'odore dell'incenso e di terra scavata. Piú abbattuta di me, la Sandiana pregò sulla tomba; poi ritornammo a casa insieme e lei ci preparò la cena. Da molto tempo non tornavo, e il cortile mi parve piú piccolo. Parlammo di mio padre e della Bicocca, della vendemmia e della morte[23], poi a notte avanzata rimasi solo alla finestra.

In quei giorni ripensai molte cose che avevo dimenticato. Pensai che mio padre ora esisteva come qualcosa di selvatico e non aveva piú bisogno di girare giorno e notte per dirmelo. La chiesa, com'è giusto, l'aveva inghiottito, ma la chiesa anche lei non va di là dall'orizzonte e mio padre sotterra non era cambiato. Da corpo di sangue era fatto radice[24], una radice delle mille che tagliata la pianta perdurano in terra. Queste radici esistono, la campagna ne è piena. I finestroni colorati della chiesa non cambiano niente, e anzi fanno pensare che nulla muta neanche fuori sotto il cielo, e che quanto è

[22] *morí... un senso di calma*: un male atroce aveva stroncato la vitalità del padre di Pavese, sul quale la morte esercitò una profonda suggestione come liberazione dalla sofferenza e dal dolore.
[23] *della vendemmia e della morte*: entrambe rientrano nell'inesorabile ciclo di morte e di rinascita della natura.
[24] *Pensai... radice*: il padre, con la morte, è ritornato alla collina, alla Madre Terra. Il figlio lo avverte dissolto nel paesaggio, lo percepisce dovunque.

lontano e sepolto continua a vivere tranquillo in quella luce. Ora in tutte le cose sentivo mio padre; la sua assenza pungente e monotona condiva ogni vista e ogni voce della campagna. Non riuscivo a richiuderlo[25] dentro la bara nella tomba stretta: come in tutti i paesi di queste colline ci son chiese e cappelle, cosí lui mi accompagnava dappertutto, mi precedeva sulle creste, mi voleva ragazzo. Nei luoghi piú suoi mi fermavo per lui; lo sentivo ragazzo. Guardavo dalla parte dell'alba la strada e la città nascosta in fondo dove – quanto tempo fa? – lui era entrato un mattino, col suo passo campagnolo e raccolto[26].

Parlavamo di lui. La Sandiana bambina l'aveva veduto ballare e sapeva la voce che aveva a quei tempi. Diceva che invece di aiutare in campagna, lui già allora era sempre per strade e comprava i cavalli. Comprava e vendeva, ma piú che il commercio gli piaceva girare. Lui sí che i paesi li aveva veduti. Nostra madre l'aveva trovata in città e sposata senza dirlo a nessuno, poi tornato in paese e rifatta la pace aveva dato un grosso pranzo di nozze. La prima delle mie sorelle era nata due giorni dopo quel pranzo.

Allora mio padre era allegro e manesco. La Sandiana diceva che a quarant'anni si mise coi suoi fratelli e andava in giro con loro scherzando come un giovanotto. Si vedevano sempre alla Bicocca ma lei non pensava che l'avrebbe sposata. Ci veniva mia madre a cercarlo quando stavano fuori la notte. Mia madre era giovane, sempre spaventata, e sembrava una figliola accanto a lui. Chi avrebbe pensato che doveva morire la prima[27]. La Sandiana scordava mio padre e parlava di donne, di loro.

Io tacevo e rivedevo la città nella nebbia. Non era questo che cercavo di lui. Le donne l'avevano fatto mio padre, ma c'era qualcosa piú antico di questo, di piú segreto e sepolto per sempre. Voglio dire, un ragazzo. Come me anche mio padre era entrato in città, non per chiudersi in scuola ma per fare fortuna. C'era entrato selvatico e non era cambiato. Mi chiedevo che cosa l'aveva cacciato laggiú, quale rabbia, quale istinto, lui che pure era nato in un campo. La città sonno-

---

[25] richiuderlo: pensarlo rinchiuso.
[26] passo... raccolto: il padre camminava a capo basso e con passi brevi.
[27] la prima: per prima.

lenta gli era parsa superba alla fine, e non ci s'era mai fermato, ma le sue donne le aveva trovate laggiú, anche l'ultima, anche quella che veniva dalla Bicocca. Forse sapeva tutto questo da principio. Forse anche lui cercava in città l'ignoto, il selvatico.

Qui mi voltavo alla Sandiana e le chiedevo se mio padre non aveva mai pensato di fermarsi in città. Lei sembrava non capire e mi diceva che in quel caso non avrebbe comperato la Bicocca. Invece capiva benissimo: la risposta era quella. A mio padre piaceva venire in città da una terra[28]: il suo lavoro si faceva sopra un'aia, e d'aia in aia la città glielo pagava. Palazzi e mercato per lui volevano ancor dire pezze d'oro, carrate di sacchi e di botti, campagna. Nella città non conosceva veramente se non quelli che venivano dai campi come lui. Con gli altri scherzava. Cosí era stato da ragazzo e cosí era morto.

Adesso era inutile salir quelle creste per essere solo con lui. Mi bastava incontrare un canneto, un fico storto contro il cielo, una terra vangata, per commuovermi e contentarmi. Quel che c'era lontano, di là dalle creste, la città, la pianura fumosa, se ne stava sepolto, nulla piú che una chiesa coperta dagli alberi sull'orizzonte.

Invece i gerani che la Sandiana teneva sulla finestra, mi parevano davvero città. Avevano un colore vivacissimo come soltanto i rosolacci[29], ma dalla forma complicata e dalle foglie si capiva che non crescono in terra. S'avvicinava l'ora che ne avrei veduti molti in pianura, sui terrazzi delle ville. Quando vedevo la Sandiana alla finestra per bagnarli, mi pareva che anche lei fosse qualcosa di mai visto, di scarlatto come loro.

La Sandiana era come una forestiera; quel che faceva lei sembrava sempre nuovo, tanto piú adesso che non c'ero che d'estate. Quando andavamo alla Bicocca la seguivo dappertutto, nelle stanze rossastre, sui solai, davanti alle finestre. C'erano contro i muri cassapanche massicce, sempre chiuse, e i pavimenti di mattoni eran coperti di grano, di patate, di meliga[30]. Per traversarli bisognava scalzarsi. La Sandiana gi-

---

[28] *da una terra*: vedi nota 7 p. 111.
[29] *i rosolacci*: i papaveri.
[30] *meliga*: il mais.

rava, toccava e vedeva. – Chi sa che freddo fa d'inverno in queste stanze, – dissi una volta. – Non fa freddo dappertutto? – mi disse lei, brusca. Sembrava che fosse la casa di un altro e che lei ci tornasse per impararla[31] sempre meglio. Era felice, si capiva.

– Vedi, tuo padre, – diceva, – ha comperato tutto questo per voialtri.

Non appena arrivava, tirava su l'acqua dal pozzo e la portava in cucina. Se i contadini erano fuori a far fieno o qualcosa, si legava un fazzoletto sul capo e ci andava anche lei. Io salivo i sentieri di punta[32] a cercare le prugnole in fondo alle vigne, e di là vedevo che si muoveva in mezzo al campo. Già allora mi piaceva appiattarmi[33] in quella solitudine, nell'incolto sotto gli ultimi filari, a due passi dal bosco. Poi mi prendeva la paura e ritornavo a rompicollo dal sentiero. Vedendomi correre ridevano tutti.

– Se scappi, – dicevano, – la paura ti acchiappa.

Era qualcosa, la paura, che per tutti esisteva. La Sandiana mi disse che dovevo resistere. – Se stai fermo al tuo posto, la paura si spaventa. Ma se scappi ti vien dietro come il vento di notte –. Le risposi che avevo paura anche al chiaro. – Quand'è chiaro la devi guardare negli occhi. Lei scappa a nascondersi –. Ma l'idea di guardar la paura mi spaventava ancor di piú. – Tu l'hai vista? – le chiesi. – Com'è?

– Se l'hai vista anche tu.

– Io no.

La Sandiana rideva. – Stacci attento alla prima occasione. Vedrai com'è fatta.

Questi discorsi mi mettevano in orgasmo. – Non è soltanto la paura, – dicevo. – Quando sto solo nella vigna o sotto il portico, aspetto qualcosa. Mi par sempre che deva succedere[34]. Delle volte ci vado apposta. Se non fosse che scappo vedrei che cos'è.

– E tu férmati, – diceva la Sandiana.

– È una cosa come quando per stirare metti il ferro alla finestra. Sopra la brace si vede il cielo tremare. Hai già visto?

[31] *impararla*: conoscerla.
[32] *di punta*: difilato, rapido.
[33] *appiattarmi*: nascondermi.
[34] *Quando… succedere*: agli occhi del ragazzo la campagna sembra vivere, miticamente, nell'attesa di un'epifania, di un prodigio.

– Sí.

– Tu in campagna non vedi mai niente?

– Ne vedo sí.

– No, tu ridi. A me sembra che dalla terra esca un calore continuo che tien verdi le piante e le fa crescere, e certi giorni mi fa senso camminarci perché dico che magari metto il piede sul vivo e sottoterra se ne accorge[35]. Quando il sole è piú forte si sente il rumore della terra che cresce.

A nessun altro confidavo queste cose. Ma la Sandiana diceva che avevo ragione; raccontava che una volta aveva un fiore che si apriva ogni mattina sotto il sole e si muoveva[36].

– Ce ne sono nei boschi?

– Chi lo sa, – disse la Sandiana. – Nei boschi c'è di tutto. Nei boschi andavamo qualche volta per funghi, ma bisognava che avesse piovuto, e la Sandiana ne trovava piú lei sola che tutti noialtri. Lei sapeva il terreno e ficcava la mano sotto le foglie marce: non si sbagliava mai. Delle volte io passavo, guardavo, non ce n'era nessuno. Veniva lei, sembrava che le fossero cresciuti sotto i piedi. Mi diceva ridendo che i funghi crescono di colpo, dalla sera al mattino, da un'ora all'altra, e che conoscono la mano. Sono come le talpe, si muovono; li fa l'acqua e il calore. Peccato che la strada era lunga, sapevo venirci soltanto con lei. Partivamo da casa al mattino e arrivavamo sulle creste sudati. Passavamo una valle e una costa, perdevamo i sentieri. Quelle notti, nel letto, tutta quanta la collina mi pareva un vivaio caloroso di pioggia e di funghi, che solamente la Sandiana conosceva a palmo a palmo.

– Mio nonno diceva, – mi disse una volta, – che ogni fatica che si fa in campagna, ritorna in forza dentro il sangue nella notte. C'è qualcosa nel terreno, che si respira sudando. E diceva che è meno fatica camminare sui beni che non sulla strada. Era già vecchio e non voleva mai saperne.

– Perché sulla strada?

Chiedevo ma avevo capito. La Sandiana mi guardò se dovesse scherzare.

– Perché. Sulla strada non zappi.

– Ma è terreno anche quello.

---

[35] *mi fa senso… accorge*: percezione della terra, della natura, come creatura vivente, che sente.

[36] *raccontava… muoveva*: anche il racconto di Sandiana acquista una dimensione mitica.

– Vallo a chiedere a lui.

Alla Bicocca nella balza[37] di tufo, proprio dietro la casa, c'era uno scavo profondo che faceva cantina, e là dentro tenevano attrezzi, carrette, robe. Mi misi in testa che l'avesse scavato quel nonno. Col tempo la muraglia di roccia s'era fatta grigia, ma nel fondo dov'era piú scuro, sudava ancora umidità e c'era un pozzetto. Qui ci cresceva il capelvenere[38]. Ragazze in paese dissero che il capelvenere è una bella pianta, e la Sandiana andò una volta per sbarbarne[39] e farne un vaso. Io le tenevo la candela.

– Qui siamo sotto la collina[40], – dissi.

– È piú fresco che sopra.

Fin che restammo sottoterra io pensavo a suo nonno e dicevo che l'acqua è il sudore delle radici. Lo dicevo tra me perché avevo paura che la Sandiana mi burlasse. Ma non mi tenni che le chiesi[41] se non vengono sotterra anche i gerani. – Sei matto, – gridò. Poi mi chiese perché.

– Si somigliano.

– Come?

– In campagna non vengono.

La Sandiana mi chiese: – Non siamo in campagna?

Allora capii ch'era inutile dirlo e m'accorsi ch'era vero, la campagna non è solamente la terra ma tutto quello che c'è dentro. Mi venne voglia di restarmene là sotto, e che fuori piovesse, crescessero gli alberi, passasse la sera e il mattino. «Qui di notte è già buio», pensai, «dentro la terra è sempre notte».

Ci tornai qualche volta da solo, ma come dappertutto dov'era silenzio, tendevo l'orecchio perplesso. Dalla soglia spiavo nel buio. Credevo di udire il gorgoglío dell'acqua che sudava dal tufo, inzuppava la volta, scorreva tutta la collina. Pensavo a quel vecchione[42] che camminava solamente sui sentieri. Lui sí che doveva sapere che cosa è campagna. Ma adesso era morto e sepolto, e con un passo ero in cortile sotto il cielo.

---

[37] *balza*: rupe.
[38] *il capelvenere*: felce comunissima negli ambienti umidi.
[39] *sbarbarne*: sradicarne.
[40] *la collina*: luogo reale e insieme, per Pavese, luogo mitico-simbolico per eccellenza.
[41] *non mi... chiesi*: non riuscii a trattenermi dal chiederle.
[42] *quel vecchione*: il nonno di Sandiana.

Quel che dicevo alla Sandiana accadeva nell'ora che tutti
dormono, tra pranzo e merenda, quando il sole brucia e ancora adesso esco a girare. Esco in mezzo alle case, nel riverbero bianco, e penso a quello che pensavo allora. Credo che
mi annoiavo e anelavo il momento che la giornata riprendes-
se, ma è nella noia che toccavo il fondo della giornata e del-
l'estate. Nulla accadeva, nemmeno una voce, nei cortili e sulle coste, e questo vuoto m'incantava come se il tempo si fer-
masse nell'aria. Venivo al punto che ogni cosa era possibile e
vigeva[43], solamente, non capivo perché in tanto fervore ogni
cosa tacesse. Allora guardavo le formiche in terra, o le piante
lontano, minuscole anch'esse sulla grande costa; e le formiche
irrequiete e le piante sembravano smarrite anche loro nel
tempo. La collina è tutta fatta di cose distanti, e a volte rientrando salivo a osservarla nella finestra dei gerani. Tra i gerani e le creste calcinate nel sole[44] c'era comune la distanza,
la ricchezza nascosta. Io guardavo dai fiori alle creste ma senza sapere perché lo facessi; né l'avrei detto alla Sandiana che
mi voleva canzonare. Mi serviva piuttosto anche lei da finestra, e molte volte la guardavo come guardavo quei gerani,
fioriti in città. Anche lei c'era stata a suo tempo.
    La città aveva viuzze raccolte, dove s'aprivano portoni sui
giardini improvvisi. Li intravedevo andando a scuola e pensavo che fossero una nuova campagna più segreta e più bella.
Sapevo certo che mio padre non li aveva mai guardati e non
osavo domandargliene. Ma la Sandiana ch'era stata in quelle
viuzze, doveva averli conosciuti; e cercai di riconoscere la
sua vite vergine, che d'inverno era rossa più del fuoco. Né
mio padre né lei me ne avevano mai detto nulla; da chi l'a-
vessi sentito non so. Ma nei cortili non mettevo piede, m'accontentavo di passare; quando c'era una vite mi chiedevo
perché la Sandiana non fosse rimasta, e immaginavo di venirci adesso, di salire le grandi scale solenni, di stare con lei
nel palazzo. Qualche volta d'inverno venivano insieme a vedermi la domenica, e avevo il permesso di uscire con loro,

---

[43] *Venivo... vigeva*: ero convinto che tutto potesse accadere, che tutto fosse vivo. L'attesa del prodigio, dell'epifania divina, nell'ora meridiana (ora in cui, secondo il mito, si manifesta il dio Pan), conferma la percezione mitica che Pavese ha della natura.
[44] *calcinate nel sole*: bianche come la calce, abbaglianti sotto i raggi del sole.

con lei; ma dei tempi ch'era stata in città non le sapevo mai parlare. Mi portavano fino al mercato dove mio padre comandava merenda; poi lui si fermava con l'oste discorrendo, noialtri uscivamo a vedere la gente a passeggio. Prendevamo dai portici fino al Castello; c'erano donne ben vestite, signori, soldati, e ragazzi come me ma piú ricchi, e tutti andavano adagio, si fermavano un poco, tornavano, facendosi segno e vociando. M'incantavano nel freddo le porte dei caffè piene di fumo e dorate, ma la Sandiana mi tirava per la mano, se mi staccavo s'inquietava, e assisteva tra curiosa e impaziente fin che avessi veduto ogni cosa. Preferivo le volte che aveva da fare e tagliavamo nella folla, correvamo[45] le viuzze deserte dei miei giardini. Faceva freddo, ma potevo sempre dirle quali fiori ci fossero nella bella stagione e le chiedevo chi ci stesse nei palazzi e se non c'era mai salita. Lei mi chiedeva di dov'erano i compagni, e invidiava i piú ricchi, ma diceva che i ricchi non stanno mica nei palazzi, ci fa troppo caldo e l'aria è chiusa, vanno invece in campagna dove hanno le ville, nelle montagne e al mare. Cosí parlavamo del mare; conoscevo diversi che d'estate ci andavano, lei stava a sentire e mi chiedeva se da uomo ci avrei condotti i miei bambini. Ma io non pensavo a bambini, pensavo a me stesso su coste lontane e a lunghi viaggi; passavamo davanti ai portoni e cosí i fiori piú ricchi e nascosti si confondevano col mare nel mio cuore. Pensavo allora alla finestra dei gerani come a uno sfondo di luoghi marini. La sera rientravo dai compagni carico di frutta, e ne davo ai piú degni e mangiavamo ripetendoci le storie piú assurde.

Cosí la ricchezza, ch'era tutta la giornata[46] di mio padre, per me si faceva fantasticheria[47] e perdeva quell'astio con cui la sentivo agognata da tutti. Non capivo quell'astio. Non capivo, a dir vero, cosa fosse ricchezza. Mi pareva qualcosa di esotico che di là dall'orizzonte promettesse stupori, come una luna di settembre ancor nascosta dalle piante. Non capivo i rapporti del grano e dell'uva coi palazzi e la vita in città. La Sandiana che girava la Bicocca misurando i raccolti con oc-

---

[45] *correvamo*: percorrevamo.
[46] *tutta la giornata*: lo scopo del lavoro.
[47] *si faceva… fantasticheria*: si trasformava nei luoghi che raggiungevo con la mia fantasia.

chio cattivo[48], mi scoraggiava: io cercavo le prugnole. Una
volta senza dirmelo fece roncare una riva d'incolto[49] per met-
terla a grano: arrivai ch'era tutto finito e i cespugli buttati: le
diedi dei nomi[50], minacciai, tirai calci – lei rise. Non capiva
le lacrime, e perciò non piansi. Tanto feci che divenne cattiva e lo disse a mio padre, che mi picchiò. Mi canzonarono poi
tutta la sera perché non capivo le cose. Io piansi di nascosto,
e per vendetta mi vietai per un pezzo di guardar la collina attraverso i gerani.

Ma la guardavo dai canneti della strada, dove basta fermarsi e si è soli, e anche qui la lontananza, filtrata dal canneto, pareva nitida e piú azzurra, tra fiorita e marina. A salire
piú in alto – ma ci andavo di rado e non solo – s'intravedeva
la pianura; e minuscole chiazze sperdute nel vago[51], ch'eran
case o paesi, parevano vele, arcipelaghi, spume[52]. Eran queste
le cose che portavo con me nell'inverno in città; e non le dicevo, le chiudevo orgoglioso nel cuore. Ascoltavo i compagni
parlare e vantarsi; io stavo zitto, non perché non godessi a
sentirli, ma piuttosto capivo che le cose proprio vere non si
riesce a raccontarle. Non soltanto è necessario che chi ascol-
ta le sappia, ma bisognava già saperle quando si sono cono-
sciute, e insomma è impossibile saperle da un altro. Io stesso
mi chiedevo quando avevo cominciato a sapere, ma era come
se mi avessero chiesto quando avevo conosciuto mio padre.
La Sandiana un bel giorno era venuta a star con noi, eppure
nemmeno di lei ricordavo che prima non c'era. A quei tempi
sapevo soltanto che niente comincia se non l'indomani.

(da *Feria d'agosto*, Einaudi, Torino 1968)

---

[48] *con occhio cattivo*: con sguardo preoccupato.
[49] *roncare... d'incolto*: ripulire un terreno incolto dalla vegetazione selvatica.
[50] *le diedi dei nomi*: la insultai.
[51] *nel vago*: nell'indistinto della lontananza.
[52] *di guardar... spume*: scrisse Pavese a Fernanda Pivano da Santo Stefano Belbo
il 25 giugno 1942: «Mi metto stamattina per le strade della mia infanzia e mi riguardo con cautela le grandi colline [...]. Quello era il mio Paradiso, i miei Mari del
Sud, la prateria, i cavalli, Ophir, l'Elefante bianco ecc. [...] Qui naturalmente non
parla piú il bambino, l'infante, ma un uomo che è stato quel bambino».

ELSA MORANTE

Il soldato siciliano

Questa storia, l'unica superstite dei tre racconti di guerra scritti dalla Morante, fu pubblicata per la prima volta nel dicembre 1945 sulla rivista «L'Europeo». Vi è svelato il segreto di un soldato siciliano apparso una notte alla capanna in cui ha trovato ricovero l'autrice: un rimorso tormentoso lo induce a cercare la morte in guerra.

La figura del soldato siciliano assume una dimensione leggendaria, il suo racconto una cadenza da fiaba, e la triste realtà storica che fa da sfondo alla storia è presto dimenticata: la scrittrice tende, istintivamente, a trasfigurare fantasticamente la realtà, per dare voce ai sentimenti eterni dell'uomo.

Questa Morante, restia ad ogni rappresentazione storicizzata e documentaria della realtà, appare estranea agli orizzonti del neorealismo contemporaneo (un neorealismo fuori tempo, di maniera, sarà invece nella Storia, *del 1974): nel* Soldato siciliano *vi è infatti quell'affabulare stregato proprio di* Menzogna e sortilegio, *il capolavoro della scrittrice, alla cui composizione ella già da lungo tempo attendeva quando scrisse questo racconto.*

Nel tempo che gli eserciti alleati, a causa dell'inverno, sostavano al di là del fiume Gariglianio[1], io vivevo rifugiata in cima a una montagna, al di qua del fiume[2]. Un giorno, per la salvezza di persone che amavo, fui costretta ad un breve viaggio a Roma. Era un amaro viaggio, poiché Roma, la città do-

---

[1] *Nel tempo... Gariglianio*: gli Alleati avrebbero superato la linea Gustav (il fronte che correva tra la foce del Gariglianio, il fiume che segna il confine tra Lazio e Campania, e l'Adriatico a sud di Pescara) solo nel giugno del 1944.

[2] *io vivevo... fiume*: la Morante abbandonò Roma nel settembre del 1943 insieme ad Alberto Moravia, suo marito dal 1941, sospettato di antifascismo. Fino al maggio del 1944 vissero sulle montagne di Fondi in Ciociaria, in quel paese di Sant'Agata che nella *Ciociara* moraviana diviene Sant'Eufemia. Tornarono a Roma dopo la sua liberazione da parte degli Alleati, nel giugno di quell'anno.

ve nacqui e dove ho sempre vissuto, era per me in quel tempo una città nemica[3].

Il treno partiva la mattina presto. Io scesi dalla montagna
il pomeriggio del giorno avanti per trovarmi in pianura prima
che facesse buio; dovevo trascorrere una notte in pianura e
all'alba avviarmi verso la piú vicina stazione.

Trovai ricovero per la notte presso la famiglia di un carrettiere di nome Giuseppe. L'abitazione di Giuseppe si componeva di tre capanne: una faceva da riparo all'asino e al car-
retto, nell'altra dormiva Giuseppe con la moglie Marietta e le
tre bambine, e nella terza si cucinava, sopra un fuoco di legna
acceso in terra.

Fu deciso che le due ragazzine maggiori mi avrebbero ce-
duto il loro letto, e avrebbero dormito nel letto matrimoniale, con la madre e la bambina lattante. Quanto a Giuseppe, si
adattò volentieri a dormire in cucina, sopra un mucchio di
paglia. Erano, quelle, notti di pericoli e di spaventi. Piú di
mille tedeschi, destinati al fronte, si erano accampati nei din-
torni. Fragorosi carriaggi percorrevano senza fine le prossime
strade; si vedevano le luci delle tende accendersi nel basso-
piano, e si udivano grida e richiami di voci straniere.

Chiuso l'uscio della capanna, io, Marietta e le figlie ci ac-
cingemmo a coricarci. – Perché non ti spogli? – mi chiese la
madre, sciogliendosi le cocche del fazzoletto, – tanto, qui
siamo tutte donne, e ti ho cambiato le lenzuola –. Ma io,
non avvezza a dormire fra estranei, mi distesi vestita sulla
coperta.

Le ragazzette maggiori, contente di dormire nel letto grande, seguitarono a ridere e a giocare con la sorella in fasce anche dopo che fu spento il lume. La madre, però, le ammoní a
tacere; poco dopo, dai loro respiri, capii che dormivano.

Io mi disposi ad una notte di insonnia. Mi raffiguravo la
folla dei miei compagni di treno, e le fermate in mezzo alle
vuote campagne e alla strage; pensavo a ciò che avrei risposto
se una voce improvvisa mi avesse ordinato di mostrare le mie
carte, e il mio bagaglio. E poi, mi domandavo se avrei potuto mai giungere a Roma, giacché le ferrovie venivano bom-
bardate ogni giorno.

[3] *nemica*: poiché occupata dai nazisti.

Ma in quel punto, udii sulle frasche del tetto un battito fitto e sonante; aveva incominciato a piovere, e col maltempo, che rendeva i bombardamenti difficili, il viaggio si annunciava piú tranquillo.

Nel cuore della notte, la bambina lattante si mise a piangere. Vi fu nel letto grande qualche moto, e un bisbiglio: era Marietta che nutriva la bambina, e le parlava a bassissima voce. Poi ritornò il silenzio: il fragore dei carriaggi, come pure i gridi, i richiami delle pattuglie, tacevano da un pezzo.

Io pensavo quanto mi sarebbe piaciuto di attraversare il fiume Garigliano, e arrivare fino alla Sicilia, bella e desiderata in quella stagione. Non sono mai stata laggiú, dov'è il paese di mio padre, e dove adesso avrei potuto vivere libera[4].

In quel punto l'uscio di travi fu spinto dall'esterno, e per il vano entrò un fascio di luce bianca. Mi drizzai sul letto, temendo una visita dei tedeschi; ma ecco affacciarsi la grande, cenciosa[5] persona di un soldato del nostro esercito. Sebbene stinta dalle intemperie, e coperta di fango, l'uniforme era tuttavia riconoscibile. – Un soldato! – esclamai, – non entrare, qui siamo tutte donne –. Ma egli rispose che voleva soltanto ripararsi un poco, e avanzò nella capanna. Era un uomo adulto, con folti sopraccigli, e una barba ricciuta e nera; capelli ricci e selvaggi, in parte già canuti, gli uscivano dal berretto, e attraverso gli strappi dell'uniforme si scorgevano i suoi forti ginocchi. Portava una lampada quali usano i minatori per discendere nelle cave.

Gli feci osservare che avrebbe svegliato tutti, con la sua luce accecante; ma egli rispose che le mie ospiti eran troppo immerse nel sonno, per avvedersi di lui. E deposta a terra la lampada, si sedette sopra una cassa, presso l'uscio. Sembrava febbricitante. – Se vuoi riposarti, – gli risposi, – chiedi a Giuseppe di farti dormire nell'altra capanna –. Ma il soldato disse di no, che per certi suoi motivi aveva risoluto[6] di andar vagando senza riposare, né prender sonno. – E tu, perché non ti corichi? – soggiunse. Gli dissi il mio timore che il let-

---

[4] *libera*: gli Alleati erano sbarcati in Sicilia nel luglio del 1943 e tre mesi dopo avevano raggiunto Napoli.
[5] *cenciosa*: vestita di un'uniforme logora e lacerata.
[6] *risoluto*: deciso.

to non fosse pulito. – Eh, che fa[7]! – rispose, – guarda il mio mantello, è pieno di pidocchi.

Mi spiegò poi di avere guerreggiato nell'esercito, e di combattere adesso alla macchia, contro i tedeschi; e che piú tardi si sarebbe unito agli inglesi per continuare la guerra. Cosí guerreggiando senza tregua, seguitò, sperava di raggiungere un certo suo scopo.

Nella sua voce intensa, un po' cantilenante, avevo riconosciuto subito l'accento della Sicilia. – Sei siciliano? – gli domandai. – Sí, – rispose, – sono di Santa Margherita[8]. – Proprio nel momento che tu arrivavi, – osservai, – pensavo che avrei voluto andarmene in Sicilia. – Invece io, – disse il soldato, – in Sicilia, da vivo, non ci tornerò piú.

Gli chiesi il perché; ed egli, in dialetto siciliano, mi fece il racconto seguente:

– Il mio nome è Gabriele. A Santa Margherita facevo il minatore, e avevo moglie e una figlia. Due anni dopo le nozze, mia moglie si traviò, e fuggí di casa per fare la mala vita[9], lasciandomi solo con la bambina, che ancora non camminava. La bambina si chiamava Assunta; uscendo per andare alla cava, la lasciavo nel letto, ed essa non gridava, perché era assai quieta. Io le avevo appeso ai ferri del letto, per una cordicella, un anello d'ottone, avanzo di una vecchia lanterna, che col suo dondolare la faceva ridere: altri giochi non aveva. Abitavamo in una casa isolata, in mezzo ad una pianura secca, non lontano dalle cave; a una cert'ora, un venditore ambulante amico mio, passando di là, entrava per poco, e fatta alzare la bambina, la vestiva e la metteva a sedere in terra. Al mio ritorno, la sera, io cucinavo la minestra, e Assunta mangiava insieme a me, sulle mie ginocchia; ma certe volte io mi addormentavo prima ancora d'aver vuotato il piatto. Mi accadeva di risvegliarmi, dopo un'ora, magari, e di vedere che Assunta dormiva, addosso a me, oppure se ne stava lí ferma guardandomi con gli occhi aperti e curiosi. Un giorno, però, mentre era sola in casa, cadde dal letto e si ruppe la giuntura del polso. Il mio amico, arrivato piú tardi nella mattina, la trovò dov'era caduta, stesa in terra, e quasi senza respiro a

---

[7] *fa*: importa. Forma dialettale.
[8] *Santa Margherita*: in provincia di Agrigento.
[9] *fare la mala vita*: prostituirsi. L'abiezione morale in cui cade la donna ha le sue radici nella miseria.

causa del dolore. Da quel giorno, le rimase una mano un poco storpiata; per cui non poté mai fare dei lavori pesanti. Divenne, però, una bella ragazza, una vera siciliana: magrolina,
ma con la pelle bianca, gli occhi neri come il carbone, e una
lunga capigliatura, nera e ricciuta, che lei si legava sulla nuca
con un nastro rosso. A quel tempo, il venditore ambulante si
trasferí in un altro paese, e noi là, in mezzo a un deserto, restammo senza amici. Accadde poi che fu chiusa la cava dov'io
lavoravo, e mi trovai disoccupato. Passavo le giornate al sole,
senza far niente, e l'ozio m'inferociva; non avendo altri compagni che Assunta, sfogavo la rabbia con lei, la insultavo, la
percuotevo, e (sebbene non esistesse una fanciulla piú innocente) spesso le gridavo: – Che fai qui? Vattene sulla strada
come tua madre –. Cosí che Assunta, un poco alla volta, mi
prese in odio; non parlava, giacché, avvezza alla solitudine,
era cresciuta assai taciturna, ma mi guardava con occhi neri,
infuocati, quasi fosse la figlia del demonio. In breve, io non
trovavo lavoro; e avendo il Maresciallo di Santa Margherita
proposto di prendermi Assunta come cameriera, accettammo.
Assunta aveva ormai quindici anni e il suo lavoro non era grave[10], poiché il Maresciallo viveva solo con un figlio giovinetto. Assunta aveva una stanzuccia per dormire, vicino alla cucina, riceveva il vitto, e in piú lo stipendio, che il padrone
consegnava a me. Egli era di carattere brusco, ma bonario, e
del resto passava quasi il giorno intero in Caserma. Assunta
lavorava per lo piú nella cucina, posta sotto la scala. Ed ecco
che il figlio del Maresciallo, un ragazzo nero, selvatico, di poco piú grande di lei, cominciò ad importunarla. Assunta lo
scacciava, ma lui, per impaurirla, balzava come uno spirito
dalla finestruola del sottoscala, e guardandola con gli occhi
lucenti le afferrava i capelli, l'abbracciava e voleva tentarla
coi baci. Anch'egli era quasi fanciullo, e non aveva mai toccato una donna; per cui le ripulse lo inasprivano, e cercava di
vincere con la violenza. Assunta si liberava dibattendosi, gridava e piangeva; ma non osava dir niente al Maresciallo, né
tanto meno a me. D'altra parte, non poteva lasciare quel posto, essendo assai difficile per lei trovare un altro lavoro, a
causa della sua mano storpiata. E come ritornare a casa, da
un padre che odiava, e che non poteva neppure darle un pa-

[10] *grave*: pesante.

ne? Ma a nessun costo voleva cadere nella vergogna, come
sua madre[11].

– Passò in tal modo circa un mese. Una sera, il Maresciallo, rincasando piú tardi del solito, trovò la casa tutta in silenzio, e la cena bene apparecchiata per lui sulla tavola. Il figlio,
già a letto, dormiva profondamente, ed egli, mangiato che ebbe, si preparò a coricarsi accanto al figlio. Ma nell'affacciarsi
per chiudere la finestra (era una notte chiara), vide giú nel
cortile Assunta seduta sull'orlo del pozzo, che s'intrecciava i
capelli con dita frettolose, e parlava fra di sé. Fece per chiamarla; ma poi pensò che forse ella stava lí per godere un poco l'aria notturna, perché il tempo era afoso, e la cameretta
di lei, sotto la scala, doveva esser molto calda. Perciò, senza
dirle niente, si sporse per trarre a sé le persiane: in quel momento gli parve di vedere che la fanciulla, terminata la treccia, se la girava intorno alla fronte, e con le forcine se la fermava al di sopra dell'orecchio, come una benda che le coprisse gli occhi. Ma solo piú tardi gli tornò alla memoria tale gesto, a cui, stanco e sonnolento, non aveva allora fatto gran caso. Il fatto è che Assunta si era bendata gli occhi in quel modo per impedirsi di guardare e farsi piú coraggio; la mattina
seguente, ella non comparve, e dopo averla ricercata nella casa e per tutto il paese, la ritrovarono in fondo al pozzo.

– Poiché era morta per sua volontà, la ragazza non fu benedetta in chiesa, né sepolta dentro il recinto del camposanto; ma fuori, presso l'entrata, dove il Maresciallo per carità le
fece incidere una lapide. Ora, tutti coloro che muoiono suicidi non possono riposare, come gli altri morti, sotto la terra né
altrove; ma seguitano a vagare, senza mai quiete, intorno al
camposanto e alla casa da cui si staccarono con violenza. Vorrebbero tornare nella loro famiglia, manifestarsi[12]; ma non
possono. Ed ecco perché io non voglio piú dormire: come potrei riposare in pace sapendo che mia figlia non trova sonno[13]? Dopo che la seppellirono io non resistevo in casa nostra
a Santa Margherita, con l'idea di lei che camminava intorno,
s'affannava, cercava di farsi capire; ed io non potevo capire il

---

[11] E come… madre: Assunta non vede davanti a sé via d'uscita.
[12] tutti… manifestarsi: la credenza popolare dà al racconto un'intonazione fiabesca.
[13] sonno: pace.

mio sangue[14]. Perciò me ne venni sul continente, arruolando-
mi come soldato. E seguiterò a combattere, finché non avrò
raggiunto il mio scopo.

Chiesi al siciliano quale fosse lo scopo di cui parlava.

– Ciò ch'io voglio, – spiegò, – è di venir colpito, un giorno o l'altro. Non ho il coraggio di Assunta, per morire allo
stesso modo. Ma se mi colpiranno a morte, allora, diventato
uno come lei, potrò ritornare in Sicilia, a Santa Margherita.
Andrò a cercare mia figlia, là intorno alla casa, e potremo
spiegarci. Io l'accompagnerò, e chi sa che lei non riesca a dormire in braccio a me, come quando era bambina[15].

Questo fu il racconto di Gabriele; era venuta l'alba, e,
spenta la sua luce, egli si accomiatò. Io mi riscossi, dovendo
partire; si udiva il suono della pioggia, che non aveva mai cessato durante la notte.

Poco dopo, sulla via fangosa, io già dubitavo se quella visita fosse stata una realtà o soltanto una cosa immaginata nel-
l'insonnia. Ancora, io dubito; e per molti segni mi sembra
chiaro che colui non era una figura terrestre[16]. Pure, mi vien
fatto di pensare a quel soldato, e a ciò che sarà di lui. Mi domando se avrà potuto ritornare in Sicilia; e se infine Assunta
avrà un po' di riposo fra le braccia del padre.

(da *Lo scialle andaluso*, Einaudi, Torino 1963)

[14] *il mio sangue*: mia figlia.
[15] *Ciò ch'io... bambina*: solo la morte, ch'egli cerca ma che non ha il coraggio di
darsi, gli consentirà di ritrovare la figlia.
[16] *Poco... terrestre*: questa affermazione conferma la tendenza istintiva di Elsa
Morante alla trasfigurazione fantastica della realtà.

GIORGIO BASSANI

La passeggiata prima di cena

Questa «storia ferrarese», scritta tra la fine del 1948 e i primi mesi del 1951, ha subíto nel corso degli anni diverse rielaborazioni.

È densa di materia ebraica, attinta a quel mondo, la comunità israelita ferrarese negli anni precedenti la seconda guerra mondiale, di cui l'intera opera bassaniana costituisce una sorta di saga dolorosa. Vi si rappresenta il divario e l'attrito sordo tra due mondi posti entro le mura cittadine, quello della borghesia ebraica e quello dei «contadini di città» cattolici, la cui diversità e inconciliabilità prendono emblematicamente corpo nei due lati — nei due volti — affatto diversi della casa di Elia Corcos e della moglie Gemma.

Il carattere ebraico della storia non è soltanto nella materia, ma anche nella tensione conoscitiva con cui Bassani tratta quella materia infrangendo un secolare tabú della sua gente, la consegna del silenzio su ciò che riguarda il milieu *razziale.*

Anche se solo di scorcio, per la prima volta nella Passeggiata *entra la tragedia storica, l'insanabile trauma della persecuzione e dello sterminio degli ebrei.*

1.

Ancor oggi può succedere, frugando in certe bottegucce di Ferrara, di mettere le mani su cartoline vecchie di quasi cento anni. Sono vedute spesso ingiallite, macchiate, talvolta a dire il vero poco decifrabili... Una delle tante mostra corso Giovecca, la principale arteria cittadina, come era allora, nella seconda metà dell'Ottocento. A destra e in ombra, a guisa di quinta[1], si staglia lo sperone[2] del Teatro Comunale, mentre la luce, che è quella tipica di un dorato crepuscolo prima-

---

[1] *a guisa di quinta*: a chiudere la veduta urbana, come una scenografia di teatro.
[2] *lo sperone*: la struttura sporgente.

verile emiliano, converge interamente sul lato sinistro dell'immagine. Da questa parte le case sono basse, per lo piú a un solo piano, coi tetti ricoperti da grosse tegole brune, alla base qualche piccolo negozio, una pizzicheria[3], l'antro[4] di un carbonaio, una macelleria equina, eccetera: tutta roba che nel '30, anno ottavo dell'E.F.[5], quando pressoché di contro al Teatro Comunale fu decisa la costruzione dell'enorme palazzo in candido travertino romano delle Assicurazioni Generali, venne rasa al suolo senza pietà.

La cartolina è ricavata da una fotografia. Come tale essa dà conto, e non senza efficacia rappresentativa, dell'aspetto della Giovecca intorno alla fine del secolo XIX (una specie di larga carraia nell'insieme piuttosto informe, col suo ruvido ciottolato, piú degno di un paesone della Bassa che di un capoluogo di provincia, scompartito nel mezzo dalle esili righe parallele delle rotaie del tram), ma ovviamente non altrettanto della vita che nell'attimo in cui il fotografo fece scattare l'obiettivo la percorreva da cima a fondo: dall'angolo del Teatro Comunale e del sottostante Gran Caffè Zampori, sulla destra, a pochi metri di distanza dal luogo dove era piazzato il cavalletto, fino laggiú, alla lontana, rosea fronte soleggiata della Prospettiva terminale[6].

In primo piano l'immagine appare gremita di particolari. Si nota il garzone di una barbieria che si affaccia sulla soglia della bottega a stuzzicarsi i denti; un cane che annusa il marciapiede davanti all'ingresso della macelleria equina; uno scolaretto che attraversa la strada di corsa, da sinistra a destra, evitando per un pelo di finire sotto le ruote di un calesse; un signore di mezza età, in *redingote*[7] e bombetta, il quale, col braccio alzato, scosta la tenda che protegge l'interno del Caffè Zampori da ogni eccesso di luce; un bellissimo tiro a quattro[8] che viene avanti e si appresta ad affrontare al gran trotto la cosiddetta Salita del Castello. Senonché non appena

---

[3] *una pizzicheria*: un negozio di generi alimentari.
[4] *l'antro*: il negozio buio, sporco.
[5] E. F.: Era Fascista. Istituita nel 1926 e resa obbligatoria l'anno seguente in aggiunta al calendario civile, ebbe inizio dal 28 ottobre 1922, data della marcia su Roma.
[6] *Prospettiva terminale*: la struttura architettonica in forma di arco scenografico (costruita agli inizi del Settecento) che chiude corso Giovecca.
[7] *redingote*: abito con giacca lunga fino al ginocchio.
[8] *tiro a quattro*: carrozza trainata da quattro cavalli.

uno tenta di indagare, socchiudendo magari le palpebre, l'e-
siguo spazio centrale della cartolina corrispondente al fondo
piú remoto della Giovecca, siccome tutto in quel punto si fa
subito confuso (cose e persone non vi hanno piú alcun rilievo, dissolte come risultano dentro una sorta di pulviscolo luminoso), basti questo a spiegare perché mai una ragazza di
circa vent'anni, che proprio allora, camminando sveltamente
lungo il marciapiede di sinistra, era arrivata a non piú di un
centinaio di metri dalla Prospettiva, non sia riuscita a tra-
mandare fino a noi riguardanti odierni[9] la benché minima testimonianza visiva della sua presenza, della sua esistenza.
    Diciamolo subito, la ragazza non era bella. Il suo viso era
anzi come ce n'è tanti, né bello né brutto: reso, se possibile,
ancora piú comune e insignificante dal fatto che a quei tempi
l'uso del rossetto, del belletto, della cipria, alle giovani donne
dei ceti popolari non veniva in genere consentito. Occhi mora-
ti[10] dove il raggio della gioventú brillava soltanto di rado e quasi di soppiatto[11], e dall'espressione spaurita, malinconica, non
molto diversa da quella piena di pazienza e dolcezza dello
sguardo di certi animali domestici; capelli castani che, tirati indietro sulla nuca, lasciavano troppo scoperta una fronte sporgente, massiccia, da contadina; un corpo procace e tozzo su
cui, cinto da un nastrino di velluto nero, si levava un collo esile, per non dire gracile...: in una strada del prestigio di corso
Giovecca, e per giunta nell'ora particolarmente animata, eccitata, che a Ferrara, oggi non meno di ieri, ha sempre preceduto l'intimo rito serale della cena, è da supporre che anche a un
occhio meno indifferente di un obiettivo fotografico il passaggio di una ragazza come questa sarebbe forse sfuggito.
    Rimane adesso da stabilire quali potessero essere in una se-
ra di maggio di una settantina d'anni fa i pensieri di una ragazza appunto come questa, apprendista infermiera presso
l'Ospedale Comunale di Ferrara da nemmeno tre mesi.
    Ebbene, tornando a osservare nella cartolina di cui sopra,
però con un briciolo di vera partecipazione, l'aspetto generale di corso Giovecca in quel momento del giorno e della sua

    [9] *noi riguardanti odierni*: noi che guardiamo oggi.
    [10] *morati*: molto scuri.
    [11] *dove il raggio… soppiatto*: nei quali la giovinezza pareva quasi timorosa di ma-
nifestarsi.

storia, badando all'effetto complessivo di gioia, di speranza, prodotto in primissimo piano dallo sperone nerastro del Teatro Comunale, cosí simile a una prora che avanzi ardimentosa verso il futuro e la libertà, sarà difficile sottrarsi all'impressione che qualcosa delle ingenue fantasticherie di una fanciulla – di *quella*, e di nessun'altra –, diretta verso casa dopo molte ore di una fatica non certo congeniale, sia rimasto in qualche modo registrato nell'immagine che ci è dinanzi.

Al termine di una intera giornata trascorsa nei tristi cameroni dell'ex convento dove, subito dopo il 1860, l'Ospedale Sant'Anna aveva trovato provvisoria e inadeguata sistemazione, era, si può arguirlo, con autentica avidità che Gemma Brondi si abbandonava ai propri sogni, alle proprie immaginazioni adolescenti. Camminava senza vedere[12], è la parola. Tanto è vero che giunta all'altezza della Prospettiva, quando, come era solita fare ogni sera, alzò meccanicamente gli occhi ai tre fornici dell'interrompimento architettonico[13], una frase che fu sussurrata in quel preciso istante al suo orecchio («Buona sera, signorina», o qualcosa del genere) la trovò impreparata, senza difesa, pronta soltanto ad arrossire e impallidire, a guardarsi intorno spaurita come in cerca di scampo.

– Buona sera, signorina, – aveva sussurrato la voce. – Permette che l'accompagni?

La frase fu questa, o, come si diceva, pressappoco questa. A pronunciarla, e a trattenere subito dopo Gemma Brondi in una conversazione che forzava gli sguardi di lei a evitare quelli pungenti e nerissimi del suo interlocutore, era stato un giovanotto sui trent'anni, vestito di scuro, con le mani strette alle manopole di una pesante bicicletta Triumph: un giovanotto dal volto emaciato[14] su cui spiccavano lenti cerchiate d'argento, a stanghetta, e baffi, spioventi attorno alla bocca, non meno neri degli occhi.

Ma a questo punto, percorrendo di volo il cammino lungo il quale i due giovani stanno per avviarsi, trasferiamoci a poca distanza dalla Prospettiva di Giovecca, e precisamente nell'interno della grande casa di tipo campagnolo dove la fami-

[12] *con autentica... vedere*: Gemma è talmente immersa nei propri sogni che non vede ciò che la circonda.

[13] *tre fornici... architettonico*: le arcate laterali della Prospettiva (aggiunta moderna).

[14] *emaciato*: pallidissimo.

glia Brondi, una famiglia di contadini di città, vive da tempo immemorabile. La casa sorge a ridosso delle mura urbane, restandone separata solamente in virtú della stradetta polverosa che lungheggia quel tratto dei bastioni. È già quasi notte. Nelle stanze a terreno le cui finestre guardano dietro, verso l'aperta distesa degli orti, hanno acceso la luce proprio ora.

2.

L'unica persona in casa che si fosse accorta fin da principio del dottor Corcos, del dottor Elia Corcos, era stata Ausilia, la sorella maggiore.

Ogni sera eccola da capo.

Dopo aver apparecchiato il tavolo tondo del tinello, e quindi, passata in cucina, avere acceso il fuoco sotto la pentola e sotto il tegame; non appena le voci del padre e dei fratelli, che erano rimasti fino a buio a lavorare nell'orto, e adesso stavano per rientrare, cominciavano a farsi udire piú distinte: proprio allora Ausilia si dileguava, per non riapparire che tardi, quando gli altri erano ormai arrivati al termine del pranzo.

Dov'è che Ausilia andasse a rintanarsi la madre certo l'aveva capito quasi immediatamente. Ma per qual motivo avrebbe dovuto parlarne? Seduta, da *arzdóra*[15], con la porta di cucina dietro le spalle, si era subito limitata a sorridere dentro se stessa a un'immagine della figlia piú grande affacciata a braccia conserte alla finestra della camera che lei divideva al piano di sopra con l'altra, con Gemma, e facendo magari seguire un grosso sospiro. Quanto al vecchio Brondi e ai tre figlioli, loro, curvi sul piatto, continuavano a mangiare col solito appetito. La novità delle puntuali, ricorrenti sparizioni di Ausilia al momento della cena, pareva non interessarli. Inutile occuparsene – avevano l'aria di pensare. – Di lí a un po' quella specie di capricciosa zitella che l'Ausilia si avviava a diventare sarebbe ricomparsa da sé: quando le fosse girato.

Discesa giú per la scala interna senza produrre il piú piccolo rumore, infine Ausilia si presentava sulla soglia del tinello leggera come un fantasma. La madre era la sola ad alzare il capo. Tirava ancora avanti la faccenda? – domandava mutamente, lanciando un rapido sguardo verso la zona d'om-

---

[15] *arzdóra*: nelle vecchie famiglie contadine dell'Emilia, la donna piú anziana, la padrona di casa.

bra dove, in attesa di avvicinarsi e sedersi, Ausilia era solita
sostare un attimo –. Né la risposta di Ausilia si lasciava mai
desiderare. In netto anticipo sul susseguente ingresso di
Gemma, sempre un tantino affannoso e disordinato, Dolores
Brondi riceveva di rimando l'informazione che cercava, che
le premeva. Sí, eccome – assicurava Ausilia con un'impercettibile smorfia di assenso –. La faccenda tirava avanti tale e
quale, non accennava neanche per sogno a finire.

Qualche parola fra madre e figlia corse un mese piú tardi
all'incirca, mentre, come sempre usavano verso l'ora del tramonto, si recavano per i Vespri nella vicina chiesa di San-
t'Andrea.

Per arrivare piú presto in via Campo Sabbionario dove era
la chiesa, abitualmente si servivano del sentiero che, dietro la
casa, attraversava dritto dritto l'orto fino a raggiungere laggiú in fondo una piccola porta verde, situata giusto a metà del
muro di cinta. Chi lo sa. Forse fu proprio l'angustia[16] del sentiero a favorire fra loro le prime confidenze, il primo scambio
di osservazioni e pareri... Fatto si è che soltanto dopo quelle
rotte, quasi impaurite battute di un dialogo iniziale condotto
dalle due donne pressoché correndo, senza farcela a guardarsi in viso, battute concernenti l'aspetto dello sconosciuto filarino[17] di Gemma, il quale, a considerarne il volto pallidissimo, i baffi neri spioventi attorno al mento rasato con cura,
non poteva essere che un signore, soltanto da allora venne
permesso ad Ausilia di rincasare con almeno venti minuti di
anticipo sull'*amen* conclusivo. Gli occhi fissi all'altare, Dolores Brondi la sentiva alzarsi, smuovere appena al suo fianco la
seggiola di paglia. Eh già – ragionava, rimasta sola e roden-
dosi di segreta invidia –: delle sue nuove scoperte loro due
non avrebbero magari potuto discorrere con la debita comodità prima della sera successiva. Tra breve, in ogni caso,
quando il pensiero di Ausilia affacciata alla sua finestra-os-
servatorio l'avrebbe indotta a trattenersi a conversare come
le vicine, sulla soglia della porticina dell'orto, qualche istante
piú a lungo del necessario, se una voce maschile avesse gridato di lontano alle sue spalle: «Insomma, si mangia?» (finora
non era mai successo, però poteva anche succedere!), lei sa-

---

[16] *l'angustia*: la strettezza.
[17] *filarino*: corteggiatore.

rebbe tornata verso casa senza per niente affrettarsi, e anzi
mostrando un viso chiuso, ostile, da persona decisa a far valere a tutti i costi i propri diritti. Ma come. Lei e Ausilia non
uscivano mai. Non uscivano se non al termine della giornata
e per chiuderla santamente. Qualcuno aveva da protestare?
Bel coraggio, sul serio! Se le cose fossero andate cosí, la cena
sarebbe stata consumata in un silenzio di tomba. E poi, una
volta che Gemma fosse rientrata anche lei, e anche lei avesse
finito di mangiare, tutti quanti a letto.

L'estate si avvicinava. I pipistrelli vorticavano attorno alla mole bruna, controluce, dell'abside di Sant'Andrea, con
strida sempre piú acute. E a mano a mano che il tempo passava, l'immagine del corteggiatore di Gemma si veniva arric-
chendo di nuovi particolari: una magnifica giacca azzurra a
coda di rondine, scintillanti occhiali d'argento, un grosso orologio d'oro che lui, una volta, sul punto di accomiatarsi, aveva estratto da un taschino del gilè, e poi, via via, una cravatta di seta bianca, una mazzetta[18] dal pomo d'avorio, e un'a-
ria, una cert'aria... Una sera, provocando il vivo ritrarsi di
Ausilia, la coppia, anziché giú in istrada, era apparsa là sopra,
ferma tra gli alberi dei bastioni quasi all'altezza della finestra:
da far supporre che Gemma e l'uomo potessero essere rimasti sdraiati fino allora nell'erba folta di un prato a stringersi e
a baciarsi (per non dire peggio!). Un'altra sera ancora, sempre in procinto di salutare e di andarsene, lui, oltre a levarsi
il cappello, si era inchinato cerimoniosamente, forse le aveva
perfino baciato la mano. Le sue intenzioni erano anche troppo chiare! – concludeva Ausilia, rapita[19] e indignata insieme,
riferendo questi ultimi avvenimenti –. Possibile comunque
che Gemma non si accorgesse del pericolo che correva? Possibile che non capisse che un signore come quello[20]...? Ma intanto chi era, il signore, come si chiamava?

Del dottor Elia Corcos trentenne non resta nessun ritratto. L'unico, conservato dalla signora Gemma Corcos, vita na-
tural durante, dentro un piccolo comò che a molti anni di distanza dalla scomparsa di lei fu venduto insieme con altre cose che le erano appartenute a un antiquario di via Mazzini,

[18] *mazzetta*: bastone da passeggio.
[19] *rapita*: invidiosa.
[20] *che un signore come quello*...: resta sottinteso: cercava solo il suo piacere, voleva togliersi un capriccio, e nulla piú.

sarebbe stato reperibile ritagliando una piccola testa da un gruppo fotografico che lei, ancora ragazza, minimo ovale sfuocato fra i tanti, aveva portato a casa dall'ospedale, e nascosto poi nel cassetto dove era custodita la sua biancheria. Dunque, ammesso per pura ipotesi che esplorando le viscere di un polveroso e tarlato mobiluccio venuto fuori da un fondo di magazzino fosse tuttora possibile recuperare la fotografia in parola (si trattava di una classica foto-ricordo: con una decina di medici in camice bianco seduti a semicerchio davanti, e dietro, in piedi, a fare da sfondo e da corona, una trentina di infermiere in camice grigio), non sarebbe affatto improbabile che osservando con attenzione il viso smunto, avido e estremamente pallido di Elia Corcos a trent'anni, uno riuscisse ad avere il senso abbastanza preciso dello stupore di Ausilia Brondi, prima, e subito dopo di sua madre, quando ai loro occhi spalancati fu dato finalmente di conoscere quella realtà cosí diversa dall'altra che a poco a poco si erano venute costruendo a forza d'immaginazione[21]. Veh, un dottorino di quelli dell'ospedale – esclamarono insieme, deluse e irritate –, uno di quei morti di fame! Niente, niente. Visto che Gemma non si decideva, ci avrebbero pensato loro a informare la famiglia. Il padre e i fratelli non avrebbero piú permesso che Gemma da ora in poi non uscisse di casa? Pazienza! Purché una faccenda del genere avesse termine, tutti quanti avrebbero rinunciato piú che volentieri a quei pochi soldi che lei portava indietro dal *Sant'Anna*.

Tra il dire e il fare, tra l'immaginazione e l'eseguire, sussisteva tuttavia l'usata differenza[22]. Tanto è vero che non appena rientrata (ogni ritorno lungo lo stretto sentiero dell'orto, fra il portoncino verde e l'aia, aveva sempre prodotto nelle due complici[23] un effetto calmante...), Ausilia si affrettò come d'abitudine a salire su in camera, e, dopo aver riposto la fotografia nel cassetto di Gemma, a mettersi a guardare dalla solita finestra.

Senonché era segnato che le delizie dello spiare e del riferire, del congetturare e del dedurre, segrete delizie che la

[21] *quella realtà... immaginazione*: che Elia Corcos voleva sposare Gemma.
[22] *l'usata differenza*: il «mare», come si suol dire.
[23] *due complici*: poiché Ausilia e la madre erano le sole persone della famiglia al corrente della storia tra Gemma ed Elia.

fantasia, sovvertendo l'intransigenza dei propositi di severità
testé formulati, tendeva già a dilazionare verso un vago futuro senza limiti[24], proprio alla fine di quella stessa giornata dovessero subire un brusco arresto di fronte alla sostanza
dei fatti.

I due innamorati venivano avanti lungo la stradetta senza
dar segno di accorgersi d'essere arrivati là dove, previa un'occhiata rivolta alla persiana dietro la quale Ausilia vigilava,
puntualmente si separavano. Gemma camminava un poco di-
scosta dal dottore, e questi, pur procedendo di pari passo insieme con lei, ne restava diviso dalla bicicletta. Non scam-
biavano parola. Però c'era qualcosa nella rigidezza dei porta-
menti, nell'ostinazione con la quale entrambi tenevano gli
sguardi fissi a terra, che conferiva al loro silenzio un peso e
una gravità particolari. Inoltre, avvicinati che si furono un
po' di piú, parve ad Ausilia che la sorella avesse il viso abbondantemente rigato di lacrime.

Ormai erano fermi sotto la finestra, davanti all'uscio. Ausilia si sentí a un tratto mancare il fiato. – E adesso? –, bi-
sbigliò, premendosi una mano sul seno. Cos'è che significava
quel loro improvviso fissarsi occhi negli occhi? E perché continuavano a restare separati dalla bicicletta e a non dire una
parola?

Quand'ecco, come in risposta, il dottore afferrò la
Triumph dal manubrio e dal sellino, le fece fare dietrofront,
e, rapido, andò ad appoggiarla contro il pendio erboso del ba-
stione, dall'altro lato della strada. Stette per qualche istante
là di fronte, volgendo il dorso e tutto curvo: da far pensare
che fosse assorto nell'esame della catena, di un pedale, chi lo
sa. Infine, raddrizzatosi, cominciò a tornare lento lento sui
propri passi.

Gemma non si era mossa. Addossata allo stipite della porta, attendeva.

L'altro ebbe uno strano gesto: proprio come – cosí sembrò
a Ausilia – se si forbisse i mustacchi[25].

Si baciarono lungamente. A piú riprese.

Dopodiché il dottore riattraversò la strada, e, raccolta la

[24] *a dilazionare… limiti*: a rinviare in un lontano e imprecisato futuro.
[25] *si forbisse i mustacchi*: si pulisse i lunghi e folti baffi.

biciletta e portandosela dietro (era passato del tempo: nel
buio sia pure all'inizio i suoi movimenti si distinguevano a fatica), seguí Gemma che lo aveva già preceduto nell'interno
della casa.

3.

Introdotto che fu nel tinello e fatto accomodare giusto di
fronte al capofamiglia che, al suo ingresso, aveva levato la
faccia dal solitario ed era rimasto a guardarlo con la bocca semiaperta[26], per prima cosa il dottore si presentò. Nome, cognome, paternità, professione, perfino l'indirizzo... La sua ri-
sultò una dichiarazione anagrafica in piena regola: una lunga
tirata che forse, senza il soccorso della straordinaria, in qualche modo paralizzante compitezza delle sue maniere, o magari della tensione stabilitasi di colpo nell'aria della stanza, sarebbe potuta apparire noiosa, pedantesca, e nella sua diffusa
minuziosità per lo meno stravagante.

Elia Corcos – pensavano nel frattempo i quattro maschi di
casa, i quali prima d'ora neppure sapevano che esistesse –,
che razza di nome. La *redingote* del mestiere; la cravatta di seta bianca; il cappello nero a larghe falde rialzate che, posato
sui ginocchi riuniti, emergeva appena al di sopra dell'orlo del
tavolo (e ogni cosa un po' lisa, leggermente stinta, forse per
essere stata acquistata di seconda mano); il suo eloquio farci-
to ogni tanto di brevi frasi o singole parole in dialetto che lui
pronunciava quasi con diffidenza, come se le prendesse con le
molle; il suo viso medesimo, che sembrava plasmato di u-
na materia particolare, piú fragile e delicata di quella normale: per quanto modesta potesse essere la sua famiglia d'origine, nonché, attualmente, nel caso che vivesse da solo facendo vita da scapolo, la sua personale posizione finanziaria, tutto, in lui – se ne rendevano ben conto –, lo diceva appartenente alla classe dei signori, e perciò diverso, fondamental-
mente estraneo.

A paragone di questa, ogni ulteriore considerazione, compresa quella che non fosse cattolico bensí ebreo, anzi «israelita», come lui stesso ebbe a precisare, era destinata per il
momento a passare in seconda linea. All'infuori insomma del
solito, eterno senso di inferiorità, di rispetto fatto soprattut-

[26] *semiaperta*: per lo stupore.

to di timidezza espressiva che ha sempre indotto nei contadini del luogo, non importa se accolti o meno a vivere nell'ambito delle mura urbane, qualsiasi commercio[27] coi ceti borghesi, la sua presenza non suscitò da principio proprio niente. Ma che cos'altro, in fondo, avrebbe dovuto suscitare a
quell'epoca? Il sole della notorietà, o per meglio dire dell'af-
fettuosa, incrollabile ammirazione, molto vicina all'idoleggiamento feticistico[28], che per tre buone generazioni di ferraresi di tutte le categorie sociali avrebbe accompagnato passo
passo la lunga esistenza di Elia Corcos, tanto da fare di lui col
tempo una specie di istituzione, di simbolo municipale, quel
sole era ancora troppo lontano dal sorgere e prender quota,
insieme con l'alba del nuovo secolo, nel vasto cielo sovra-
stante la città.

E difatti:

«Un grande clinico!», si sarebbe cominciato a proclamare,
ma soltanto di lí a una decina d'anni, non prima.

O addirittura, decenni e decenni piú tardi, da parte dei testimoni della florida vecchiaia di Elia Corcos:

«Un genio, signori! Un uomo che se Ferrara al momento
buono non fosse stata Ferrara, ma Bologna...»

Secondo questi ultimi, non mai sazi, fra l'altro, lamentando
la moderna decadenza ferrarese, di rievocare e rimpiangere i
remoti splendori del Rinascimento estense, la causa determi-
nante della fortuna cosí inadeguata, soltanto provinciale, toccata alla carriera medica di Corcos, era da far risalire a un preciso evento storico, accaduto verso la fine del secolo scorso.

Attorno al 1890 un oscuro deputato bolognese, socialista,
aveva ottenuto, ricattando «ignobilmente» Crispi, il grande
Francesco Crispi[29], che il piú importante nodo ferroviario
dell'Italia settentrionale anziché a Ferrara fosse impiantato a
Bologna. E siccome tutta la prosperità, tutta la successiva e
perdurante felicità di Bologna erano dipese da quella risoluzione fatale, tanto piú odiosa perché strappata con raggiro da
un socialista, ma non per questo meno efficace e vantaggiosa
per Bologna, la quale, grazie ad essa, era diventata in un batter d'occhio la maggiore città dell'Emilia: che cosa era stato

[27] *commercio*: relazione.
[28] *idoleggiamento feticistico*: ammirazione cieca.
[29] *Francesco Crispi*: presidente del Consiglio tra il 1887 e il 1891, e tra il 1893 e
il 1896.

infine anche Elia Corcos, come tanti altri suoi concittadini, come tanti altri galantuomini suoi pari, di niente altro colpevoli che d'essere nati e cresciuti a Ferrara, se non una vittima innocente degli intrighi della politica? Anche lui, non diversamente da innumerevoli altri suoi compatrioti degni di miglior sorte, proprio quando già stava per spiccare il volo (Potere, Gloria, Felicità, eccetera: oh le grandi, eterne parole, trattenute in fondo alla strozza[30] da un feroce pudore, ma ognora valide, nella fantasia, a mobilitare dietro le quattro torri del Castello che sorgono al centro dell'abitato e danno il primo saluto della città a chiunque provenga dalla campagna, cieli prodigiosi, prodigiosamente accesi...), anche lui sul più bello aveva dovuto rinunciare, ritirarsi, arrendersi. Verso la stessa epoca aveva preso moglie. E il suo matrimonio, a trent'anni, con una ragazza del popolo senza dubbio dotata di molte belle qualità, ma che chissà se aveva finito la quarta elementare, ne aveva suggellato la sconfitta e il sacrificio.

Di tale tenore, dunque, decenni e decenni più tardi, sarebbero stati i pensieri di molti ferraresi le cui tempie sono incanutite fra le due guerre di questo secolo, a proposito di Elia Corcos e del suo strano, per non dire misterioso matrimonio giovanile. Dopo avere spaziato così vastamente, evocando dal passato perfino il nome di Francesco Crispi, questi pensieri portavano sempre alla medesima conclusione: che la signora Gemma, la defunta moglie di Elia Corcos, non aveva *capito*, che Gemma Corcos, nata Brondi, non era, poveretta, stata all'altezza. Ma era giusto, giova chiedere, spacciarsi di lei[31] con tanta disinvoltura? Da un pezzo riposava da sola in fondo a via Borso, alla Certosa[32]. Eppure non era stata proprio lei l'unica persona che a Ferrara fosse mai riuscita a penetrare di là dalla barriera delle solenni, ironiche scappellate che Elia Corcos, specie quando, nella bella stagione e prima di cena, scendeva lungo la Giovecca, era sempre stato solito largire a dritta e a manca: un ostacolo che aveva prontamente e inevitabilmente bloccato qualsiasi moto di curiosità, qualsiasi indagine? E lasciando da parte una buona volta Ferrara e il suo progressivo declino dopo l'Unità, quella tale sera

[30] *strozza*: gola.
[31] *spacciarsi di lei*: pronunciare un tale giudizio su di lei.
[32] *alla Certosa*: nel cimitero monumentale.

del 1888 – quella lontana, remotissima sera d'estate –, nel
corso della quale Elia Corcos, aveva chiesto e ottenuto di fi-
danzarsi «in casa», chi, se non lei, nel buio tinello rustico di
casa Brondi, sedeva giusto fra lui, Corcos, e il capofamiglia,
a pari distanza dall'uno e dall'altro: nel posto quindi piú adat-
to per cogliere l'istante preciso in cui sporgendosi subitaneo
dall'ombra il volto dell'ospite era entrato, livido, nel cerchio
della luce?

Ombra dovunque, in giro. Al centro la tovaglia splendeva
immacolata.

No, nessuno meglio di Gemma Corcos, nata Brondi, era
stato in grado di valutare il tempo che c'era voluto perché il
sacrificio fosse consumato. Non ce n'era voluto, ad Elia, di
tempo per dichiarare la vera ragione della sua presenza in casa – avrebbe ricordato Gemma fino al termine dei suoi giorni –, molto di piú di quanto ne occorra per compiere una breve serie di movimenti: chinare il dorso, portare la testa in
avanti, offrire al lume un volto pallidissimo, di gran lunga piú
pallido del solito, come se tutto il sangue delle arterie e delle
vene se lo fosse di colpo risucchiato il cuore.

Diceva quel suo volto pieno di paura (il profluvio[33] di parole che intanto seguitava a uscirgli di bocca non contava,
non aveva la minima importanza):

– Per qual motivo mi trovo qui, a chiedere, come ho chiesto un attimo fa, al vecchio ubriacone la figlia infermiera in
isposa? A che scopo, in nome di Dio, sto rovinandomi con le
mie stesse mani? Soltanto per riparare a una gravidanza? E
nemmeno accertata, per giunta?

E poi:

– Mi è dato ancora scegliere, volendo. Cambiando idea,
posso ancora uscire di qui, sfidare tutti quanti, padre, madre,
fratelli, non farmi piú rivedere. Come anche posso, se lo pre-
ferisco, stare al gioco, accettare fin da adesso la vita modesta
del medico-curante di provincia: col vantaggio, però, in questo caso, quando la ragazza fra poco mi riaccompagnerà fino
alla porta di strada, di cominciare a insinuare che la causa di
tutto sarà stata lei, il matrimonio al quale saranno stati *loro*,
in un certo senso, ad avermi costretto.

E poi:

---

[33] *il profluvio*: la gran quantità.

– Di fronte a due strade, la prima aspra, difficile, malsicura, l'altra piana, facile, bella comoda, uno, siamo giusti, non può mica troppo esitare su quale prendere!

E infine, mentre sotto i baffi le labbra avevano di tanto in tanto un impercettibile scatto laterale, chiaramente sardonico[34]:

– Sul serio piana, del resto, la strada che ho già imboccato? Sul serio facile, bella comoda? Chi lo sa.

4.
Si sposarono. Si allogarono[35] da principio presso il padre di lui, il vecchio mercante di grani Salomone Corcos, e là, in via Vittoria, nel cuore di quello che fino a non molto avanti era stato il ghetto, nacquero Jacopo, subito, e poi Ruben. Dovette insomma trascorrere una mezza dozzina d'anni prima che la dimora di via della Ghiara, «magna sed apta mihi, sed nulli obnoxia, sed parta meo»[36] – come soleva dire fra il serio e il faceto Elia, i cui baffi e le cui tempie si erano venute frattanto spruzzando leggermente di bianco –, potesse essere acquistata.

Per arrivarci da casa Brondi, quando, s'intende, si fosse percorso il viottolo in cima ai bastioni ed evitato ogni possibile scorciatoia urbana, c'era da compiere una sgambata di almeno mezz'ora. Si cominciava lasciandosi alle spalle il Borgo San Giorgio, raggruppato intorno alla grande chiesa omonima e alla sua bruna torre campanaria. Si continuava fiancheggiando per quanto era lunga la monotona, cieca muraglia del Manicomio. Infine, dopo aver cominciato a intravedere sulla sinistra, all'estremo limite della pianura sterminata, la linea azzurrina e ondulante delle colline di Bologna, ecco che, girando la testa dalla parte della città, gli sguardi venivano immediatamente attratti da una facciata grigia, laggiú, tutta tramata di vite americana, le verdi imposte accostate a difendere gli interni da ogni eccesso di riverbero: una facciata che

---

[34] sardonico: beffardo.
[35] si allogarono: andarono ad abitare.
[36] magna... meo: parodia di parte dell'iscrizione posta sulla facciata della casa acquistata nel 1527 dall'Ariosto in contrada Mirasole a Ferrara: «Parva sed apta mihi, sed nulli obnoxia, sed non sordida; parta meo sed tamen aere domus [Piccola ma adatta a me, non tributaria ad alcuno, non misera e tuttavia fabbricata col mio denaro]». L'Ariosto, ritenendola consona alla propria natura, la conservò.

rivolta come era verso mezzogiorno, e quindi esposta a ricevere ogni benché minima variazione della luce, coi suoi pallo-
ri, con le sue cupezze, coi suoi improvvisi rossori e trasalimenti[37] faceva davvero pensare a qualche cosa di vivente, di
umano.

Se uno la guardava per l'appunto di là sopra, la casa, dal-
l'alto delle mura, l'avrebbe detta una specie di colonica: con
davanti la sua brava aia separata dall'orto adiacente per mezzo di una siepe, e con l'orto, poi, che, pieno di alberi da frutta e scompartito da un esiguo vialetto centrale, scendeva giú
giú, fin sotto il robusto muro di cinta. E non c'era pericolo
che se ne restasse intimiditi, no di certo, ad accedervi da questo lato! – pensavano il padre e i fratelli di Gemma, i quali, i
pomeriggi che venivano a spaccare la legna, non mancavano
mai di scegliere il cammino delle mura –. Mentre, di lassú, si
annunciavano a forza di grida, di grossi fischi popolari, anche
essi, pur se magari confusamente, senza esserselo mai detto,
sentivano come tra lo sguardo che l'edificio, corruscando[38]
dolcemente dai vetri del secondo piano e degli abbaini, volgeva in direzione dei campi, e quello, ben noto, che una donna ancor giovane, il busto inquadrato da una finestra spalancata del primo piano, mandava loro da lungi attraverso l'aria
già un po' scurita, esistesse in qualche modo un rapporto, una
segreta somiglianza e affinità. Lei alzava un braccio a salu-
tarli, agitandolo con insistenza festosa. Che si accomodasse-
ro! – sembrava esortare –. Che venissero avanti! Non lo sapevano, santo Dio, che il piccolo uscio ai loro piedi, messo là,
alla base del muro di cinta, per consentire l'entrata in casa
anche dal di dietro, era stato disposto che rimanesse socchiu-
so fino a buio giusto perché loro, al caso, potessero passare li-
beramente?

Dal lato opposto la casa nemmeno si riconosceva.

Appariva come un dignitoso palazzetto di nudo cotto rosso. E ogni volta sembrava incredibile, ai parenti di Elia pro-
venienti in semplice visita, che la campagna di cui via della
Ghiara, col suo aspetto tranquillo e appartato, è vero, però
marcatamente cittadino, faceva quasi dimenticare l'esistenza,
cominciasse invece a non piú di qualche decina di metri di di-

---

[37] *trasalimenti*: variazioni di colore.
[38] *corruscando*: risplendendo.

stanza, appena oltre quell'ultimo velo di facciate dall'aria in prevalenza borghese, in qualche caso addirittura signorile, tra le quali, senza affatto scapitarne[39] al confronto, si allineava anche quella del dottor Corcos.

Corcos, Josz, Cohen, Lattes o Tabet[40] che fossero, nessuno di loro, consanguinei e affini, pareva per nulla intimorito dalla targhetta d'ottone rettangolare con sopra scritto DR. ELIA CORCOS MEDICO-CHIRURGO che, lustrata a dovere, spiccava con le sue belle, nere lettere maiuscole sul portone di strada. E sebbene a suo tempo avessero severamente criticato Elia per aver preso in moglie una «guià»[41], e in seguito avessero anche disapprovato che lui fosse uscito dal quartiere del ghetto, dove era nato, per andare a stabilirsi in una zona della città talmente fuori mano, ciò nondimeno, sopraggiungendo, era sempre con un senso di intimo compiacimento che si facevano all'ingresso principale, cosí intonato a lui, Elia, e a loro stessi. La fisionomia della casa, la quiete e il silenzio della contrada, similissimi, pur nella loro diversità, a quelli dei vicoli medioevali di dove erano partiti, bastavano a rassicurarli. Significavano chiaramente che Elia dopo tutto non era cambiato, era rimasto uno del loro sangue e della loro educazione[42]: un Corcos, infine.

Assodato quest'ultimo fatto, fondamentale, e siccome a questo punto risultava chiaro che lui a convertirsi non ci pensava nemmeno, ma anzi, col crescente successo in città e provincia della sua professione di medico, conferiva all'origine comune un lustro del quale anche essi presto o tardi avrebbero finito col godere i benefici (a poco piú di quaranta anni, oltre che primario dell'Ospedale Sant'Anna, reparto donne, era diventato medico personale della duchessa Costabili, la dama di gran lunga piú *chic* e piú influente di Ferrara, nonché, forse, della duchessa, dopo la morte prematura del con-

[39] *scapitarne*: risultare inferiore.
[40] *Corcos... Tabet*: cognomi di famiglie israelite che ricorrono nell'intera opera di Bassani.
[41] *guià*: non ebrea.
[42] *Elia... educazione*: la casa ha due lati, due volti diversi: quello posteriore che rispecchia il mondo di Gemma; quello anteriore che rispecchia il mondo di Elia. La casa ha inoltre due ingressi separati: dal retro per i parenti di Gemma; davanti per i parenti di Elia. Lati e ingressi che sanciscono una divisione all'esterno della casa (tra il mondo di Elia e quello di Gemma) e una coesistenza di diversi al suo interno (Elia e Gemma).

sorte, forse qualcosa di piú del medico personale...), allora
tutto il resto si poteva ormai scusarlo, giustificarlo, e in certi
determinati casi addirittura applaudirlo.

Che cosa diavolo importava, per esempio – ragionavano –,
che lui, personalmente, uscisse da una famiglia meno che me-
diocre, figlio come era di quell'inetto di Salomone Corcos, di
quel mercantuccio di rilievo scarsissimo, trascurabile sotto
ogni punto di vista, il quale, in vita sua, tranne che mettere al
mondo figli (ne aveva avuto ben dodici!), e ridursi infine a
vegetare alle spalle di Elia, l'ultimo della serie, non aveva mai
combinato niente di niente? E la moglie stessa che si era scelto, *guià* e di bassa estrazione (devota, d'altronde, abile nel
condurre una casa, lavoratrice come poche, anzi come nessuna, cuoca impareggiabile), per qual motivo ci si doveva intestare[43] a considerarla quella specie di palla di piombo al piede
di cui molti in giro continuavano a parlare? No, no. Se lui,
prudente e avveduto come sempre era stato, aveva deciso a
un dato punto di prendersi il gusto e il lusso di una *mésalliance*[44], a ciò non doveva essersi indotto unicamente per riparare
alle conseguenze di uno sbaglio che aveva commesso all'ospedale durante un solitario turno di notte trascorso in compagnia di una ragazza esuberante (finire dinanzi al signor Sin-
daco, in casi del genere, dalle parti di Ferrara non è mai stato
ritenuto strettamente indispensabile!), bensí sapendo con assoluta esattezza quello che faceva[45]. In qualsiasi modo fosse
andata veramente, l'importante comunque era che lui, malgrado ogni sua eccentricità e bizzarria, compresa quella di ri-
fiutarsi a partire da una certa data di continuare a pagare per
un banco a Scuola italiana, affermando che la coscienza non
gli permetteva di fingere una fede di cui era privo (salvo, poi,
trattandosi della *milà* dei figli, acconsentire di buon grado a
sottoporli alla piccola operazione, e anzi dichiarare una volta
in pieno Tempio che «l'usanza» non gli dispiaceva, rispon-
dendo evidentemente a norme d'igiene note anche agli antichi, e perciò da essi, non senza saggezza, incluse nella religione), l'importante insomma era che lui, nella sostanza, venendo al dunque, continuasse a adeguarsi alla regola generale[46].

[43] *intestare*: ostinare.
[44] *mésalliance*: matrimonio con persona di livello sociale inferiore.
[45] *sapendo... faceva*: anche se nessuno era riuscito a penetrarne le ragioni.
[46] *l'importante... generale*: nonostante la contraddittorietà di certi suoi atteggia-

E infine, a questo proposito, quando il piccolo Ruben, nel 1902, a soli otto anni, era morto di meningite, non era stata forse per tutti una lieta e consolante conferma che in quell'occasione fosse proprio lui, Elia, in contrasto con la sua abituale noncuranza in materia di pratica religiosa, a insistere perché il suo secondogenito fosse sepolto accanto al nonno Salomone secondo il rituale piú ortodosso? La *guià*[47] no, lei una volta tanto aveva tentato di ribellarsi. Non solamente aveva seguito passo passo il funerale da via della Ghiara fino al cimitero, ma dopo, quando i becchini avevano finito di colmare la fossa, si era buttata a braccia aperte sul tumulo di terra fresca, mettendosi a gridare, con scalpore grande del dottor Carpi[48], specialmente, interrotto nelle sue preghiere, che lí il suo bambino, «*al mié pòvar putín*»[49], non voleva lasciarcelo. Ora, si capisce, una madre è sempre una madre. Però che cosa avrebbe preteso, Gemma, che un Corcos, anziché nel cimitero israelitico in fondo a via Montebello, cosí intimo, raccolto, verde e ben curato come era, fosse stato sepolto di là dal muro, nella Certosa sterminata, dove per ritrovare una lapide si impiegano delle giornate? E tornando alla faccenda del piangere, va bene Gemma, senz'altro. Ma i parenti di lei, saltati fuori per l'occasione in cosí gran numero, e ignari, loro e la carovana di amici e conoscenti che si erano portati dietro, del divieto di stare senza cappello, cos'è che avevano da disperarsi in quel modo?[50] E quella là? Chi era mai quella donnetta con uno scialle nero in testa e dall'aria di zitella, la quale, aiutata anche da Elia e da Jacopo (già tanto somigliante a Elia, il ragazzo: bruno, pallido, fine...), stava cercando in tutte le maniere di tirare su Gemma, mentre lei, Gemma, inutile, faceva di no col capo e non si decideva a rimettersi in piedi?

– Ausilia Brondi? Ah sí, la sorella.

---

menti, Elia Corcos, il «positivista», l'uomo di scienza, esempio di ebreo assimilato (in particolare di quello emiliano), non rinnega le proprie origini. La «Scuola italiana» è la sinagoga di rito italiano. La *milà*, o «piccola operazione», è la circoncisione.
[47] *la guià*: in questo caso Gemma.
[48] *dottor Carpi*: il rabbino.
[49] *al mié... putín*: il mio povero bambino.
[50] *Ma i parenti... modo?*: la diversità, l'inconciliabilità dei due mondi incarnati rispettivamente da Elia e da Gemma ritornano sotto l'aspetto del diverso contegno di fronte alla morte, nella diversa espressione del dolore.

Imbattendosi per puro caso in Ausilia sul portone di via della Ghiara, fra i parenti di Elia ce ne era sempre qualcuno pronto a ripetere questa frase. Intimidita, Ausilia raccoglieva lo scialle sotto la gola. E al *trac* che, aperta dei piani superiori per mezzo di una fune tirata a mano, la serratura faceva, si affrettava a cedere il passo.

Si poneva di lato, la vecchia ragazza, abbassando gli occhi. Come avrebbe preferito in quel momento tornarsene indietro, a casa propria e dei suoi! E invece macché. Finiva anche lei con l'entrare, richiudere adagio il portone, accodarsi a metà scala al gruppo compatto degli altri, impegnati intanto a discorrere fittamente fra loro: secondo un moto istintivo che per quarant'anni almeno fu sempre piú forte, sempre, di qualsiasi volontà di resistergli, di proibirselo[51].

5.
Si ritrovarono poi tutti assieme sul pianerottolo del primo piano, davanti a un'altra porta chiusa. E anche qui, nell'attesa che qualcuno venisse ad aprire, un po' di sosta bisognava sempre farla.

Eccoli però dentro, alla fine. Senonché, rimasta di nuovo indietro (i parenti ebrei in visita erano andati subito oltre, diretti verso la cucina), spesso succedeva che Ausilia si attardasse a girare da sola per le stanze dell'intera casa, comprese quelle, talvolta, del secondo e ultimo piano: evitando insomma nei suoi vagabondaggi, a parte la legnaia e la cantina al pianterreno, soltanto il semivuoto, grigio, in fondo abbastanza pauroso granaio sotto il tetto. Attraversava camera dopo camera, sogguardando via via con una specie di strano amore invidioso i noti, innumerevoli oggetti che le ingombravano, gli scaffali stracolmi di libri e scartafacci collocati dovunque, anche negli anditi di passaggio e perfino nei retrè e nei gabinetti, la mobilia eterogenea, i tavoli e i tavolini con sopra strane, complicate lampade da studio, le vecchie tele, quasi tutte in cattivo stato, appese ai muri accanto a fotografie di famiglia e d'ospedale incorniciate e sottovetro, eccetera; e nel frattempo tornava a ripetersi non senza amarezza che fra loro, Brondi, e quella gente cosí chiusa e superba da cui di solito

[51] *un moto… proibirselo*: solo verso la fine della storia sarà rivelata la ragione dell'impulso irresistibile di Ausilia ad entrare in casa di Elia.

era trattata come era trattata, nessun vero accordo, nessuna intesa che non fosse superficiale sarebbero mai stati possibili.

Prima ancora di rivederlo, ogni volta si raffigurava il cognato.

Nella grande cucina dove le masserizie di rame rimandavano dalle pareti riflessi di fiamma, e dove, di ritorno dai suoi annuali viaggi estivi a Baden-Baden o a Vichy[52] al seguito della duchessa Costabili, Elia riapprodava ogni autunno con un desiderio cosí intenso, cosí imperioso, di raccoglimento e di pace, lui le sarebbe riapparso fra pochi istanti seduto come sempre alla scrivania posta sotto la finestra piú lontana dalla porta d'ingresso, nell'atto, magari, proprio in quel momento, di rialzare gli sguardi dai libri per portarli fuori, di là dall'orto, di là dal muro di cinta che separava l'orto dai bastioni, di là dai bastioni medesimi, e per fissarli infine, sorridendo vagamente sotto i baffi, sulle grandi nuvole dorate che occupavano il cielo dalla parte di Bologna. E le bastava antivederlo, Elia, immaginarselo solamente, per sapere una volta di piú che nel cucinone affollato di serve, di infermiere del *Sant'Anna* o dell'ambulatorio, di distinti parenti israeliti, di bambini e ragazzetti sempre vocianti, spesso scatenati in giochi e rincorse senza freno, dove neppure a Gemma, benché moglie e padrona, era mai riuscito di oltrepassare il muro invisibile dietro il quale Elia si estraniava da tutto quanto lo circondasse[53], lei, la sorella e cognata nubile, non avrebbe in ogni caso potuto occupare che un posto in disparte, un piccolo posto molto secondario e in sottordine. Aveva ragione sua madre che lí in quella casa si era sempre rifiutata di venirci! E suo padre e i suoi fratelli che quando ci venivano a spaccare legna non c'era mai verso di farli salire di sopra, tanto che a un certo punto il mangiare e il bere bisognava per forza portarglieli nella legnaia da basso, non avevano ragione anche loro di evitare qualsiasi intimità e confidenza?

Eppure ce ne era stato uno fra i parenti di Elia completamente diverso da tutti gli altri (convinzione, questa di Ausilia[54], che gli anni avrebbero sempre piú rafforzato).

[52] *Baden-Baden... Vichy*: famose località termali, rispettivamente tedesca e francese.

[53] *il muro... circondasse*: è la solitudine impenetrabile di Elia, inaccessibile ed enigmatico anche per la moglie.

[54] *Eppure... Ausilia*: ad Ausilia è affidato il compito di scostare, con geloso amo-

Si trattava del padre di Elia, del povero signor Salomone.
Essendosi sposato tre volte, aveva avuto dodici figli, e sebbene vecchissimo, e vedovo per la terza volta già all'epoca del
matrimonio di Elia, e molto attaccato all'appartamento d'affitto di via Vittoria dove era vissuto per piú di mezzo secolo,
ciò nonostante aveva acconsentito da ultimo a seguire l'ado-
rato figlio dottore nella casa di via della Ghiara: appena in
tempo, del resto, per morirvi quasi centenario.

Per dire il tipo, mettiamo che, passeggiando, gli capitasse
di incontrare una donna da lui conosciuta di persona, non importa se col cappello della signora o con lo scialle della popolana. Subito, in segno di rispetto, sfumato un tantino di ammirazione quando ne valesse la pena, si addossava completamente al muro o scendeva dal marciapiede. Quantunque reli-
giosissimo e praticante (eh sí, sposandosi come si era sposato,
Elia doveva avergli procurato per lo meno all'inizio un grosso dolore...), pure, in casa, non parlava mai di religione, né
della propria né dell'altrui. Si limitava a esprimersi nel particolare dialetto, simile a quello ferrarese ma pieno di parole
ebraiche, d'uso normale dalle parti di via Mazzini: ed era tutto. Fatto si è che in bocca sua nemmeno le parole ebraiche
avevano niente di misterioso, di strano. Chissà come, acqui-
stavano anche quelle il colore del suo perpetuo ottimismo,
della sua bontà.

Richiesto, tirava fuori dal taschino del gilè un piccolo orologio d'argento, a chiave, che alla sua morte sarebbe poi passato a Jacopo, il nipotino primogenito, non senza, prima di
leggere l'ora, averlo accostato all'orecchio con aria beata. E
spesso, anche se nessuno glielo aveva domandato (era certo
l'uomo piú mite del mondo, ma insieme un gran patriota),
spesso si metteva a raccontare degli anni lontani quando Ferrara stava tuttora sotto l'Austria, e, in piazza, i soldati in divisa bianca montavano la guardia davanti al Palazzo Arcive-
scovile con tanto di baionetta inastata. La gente questi soldati li guardava con disprezzo, con odio. E anche lui – ammet-
teva –, che a quell'epoca, cioè prima del '60, era ancora abbastanza giovane, aveva talvolta fatto altrettanto. Ma insomma, a ripensarci – aggiungeva –, che colpa ne avevano *loro*,

re, il velo dai segreti dei Corcos: paragonare padre e figlio, e confrontare due secoli, due generazioni di ebrei.

quei poveri ragazzi, per lo piú boemi e croati, messi lí a fare da pali nella vigna del signor Cardinale Legato[55]? Sotto le armi bisogna ubbidire, si sa. Gli ordini non si discutono.

Ancora piú di frequente tornava però su Giuseppe Garibaldi che, non aveva nessuna difficoltà ad ammetterlo, era stato il sole, l'idolo della sua gioventú: soffermandosi soprattutto a descrivere la voce del Generale, forte e melodiosa come quella del piú bravo dei tenori, e tale appunto da far rimescolare il sangue, che lui, Salomone Corcos, confuso in mezzo a una folla entusiasta, aveva udito levarsi dal balcone del palazzo Costabili, dove l'Eroe dei due mondi era stato ospite per una intera settimana, in una stellata notte di giugno del 1863.

C'era andato con Elia bambino – soleva raccontare –, tenendolo in braccio per tutta la durata del discorso: e questo perché il minore dei suoi figli, troppo piccolo per poter ricordarsi di un'altra notte meravigliosa, di pochi anni avanti, quando i cancelli del ghetto erano stati abbattuti a furor di popolo, da allora in poi serbasse stampata nella memoria l'immagine dell'Uomo biondo in camicia rossa che aveva fatto l'Italia. Garibaldi! Lui aveva sulle spalle un carico di famiglia non indifferente, qualcosa come dodici figli. Sentiva tuttavia che sarebbe bastata una sola parola del Generale (tartagliava sempre un poco nel dire cose del genere, ma arrivato a questo punto eccolo restare quasi senza fiato), e lui, se necessario, l'avrebbe seguito anche in capo al mondo. In capo al mondo, sicuro! – ripeteva, con gli occhi che gli scintillavano. – Chiunque avesse ascoltato Giuseppe Garibaldi parlare alla gente avrebbe fatto altrettanto.

Con Gemma era sempre stato umano, gentile, pieno di attenzioni. E anche nei confronti di lei, Ausilia, quanta affabilità aveva mostrato in ogni occasione, quanta cortesia! Per esempio: spesso succedeva che, incontrandola per casa, la interrogasse sui prezzi delle verdure, quanto i piselli, quanto l'insalata, quanto le patate, quanto le fave, eccetera. Ma lo faceva, era chiaro, soprattutto per significarle indirettamente che lui della sua famiglia, della sua famiglia di ortolani, ave-

[55] *Cardinale Legato*: il cardinale che, al tempo del potere temporale del papa, rappresentava l'autorità politica centrale in regioni o città dello Stato pontificio che godevano di una certa autonomia.

va la massima stima e considerazione. «Voi siete Ausilia, la
sorella di Gemma», aveva magari cominciato col dire. E pareva già sufficientemente contento – siccome la testa, spiegava, toccandosi la fronte con un dito e sorridendo, da un po'
di tempo in qua gli faceva qualche volta cilecca – per essere
stato capace di ricordarsene da solo.

Ma c'era una cosa, sua, a parte i riccioli bianchi, lucenti
come seta, e il grande naso caratteristico, della quale lei si
rammentava in maniera particolare. E cioè dell'odore che
emanava dai suoi abiti.

Misto di vaghi effluvi di agrumi, di fieno appassito e di
grano, era il medesimo odore che sfogliando certi libretti di
devozione ebraica, da lui portati con sé nella casa di via della Ghiara in vista di una loro «eventuale» distribuzione fra i
convitati delle due successive cene di Pasqua, lei aveva sempre sentito sprigionarsi da quelle vecchie pagine indecifrabi-
li, illustrate da incisioni azzurrine un poco sbiadite le quali
rappresentavano, secondo quanto si leggeva sotto ciascuna di
esse stampato in italiano, le dieci piaghe d'Egitto, Mosè dinanzi a Faraone, il passaggio del Mar Rosso, la caduta della
manna, Mosè sulla vetta del Sinai a colloquio con l'Eterno,
l'adorazione del vitello d'oro: e cosí, di seguito, fino allo sve-
larsi a Giosuè della Terra Promessa. La *redingote* di Elia non
aveva saputo mai d'altro che di sublimato e di acido fenico[56].
Dai panni e dall'intera persona di Salomone Corcos spirava
invece un profumo che, pur diverso come era, faceva subito
pensare a quello dell'incenso.

Di esso, riposti in una credenza del cosiddetto salotto buono – una stanzona in penombra prospiciente su via della
Ghiara, dove nessuno metteva mai piede –, i libretti pasqua-
li avevano impregnato nel corso degli anni, oltre che il mobile, tutto quanto l'ambiente. Al punto che lei, Ausilia, ogni
qualvolta andava a chiudersi là dentro, restandoci poi, seduta nel buio, a pensare per conto proprio magari per delle ore
(a servirsi del salotto buono come di un nascondiglio aveva
continuato anche dopo la morte di Gemma, quando, nel '26,
era venuta a convivere con Elia e con Jacopo in qualità di go-

---

[56] *La redingote... fenico*: la notazione sembra suggerire una sorta di aridità di quel
devoto della scienza che fu Elia, il cui odore caratteristico era di disinfettante, ben
diverso dal profumo agreste e religioso attraverso il quale si manifestava l'indole af-
fabile del padre.

vernante di casa, e perfino dopo la deportazione di entrambi in Germania, nell'autunno del '43...), tornava puntualmente a provare la sensazione che il povero signor Salomone ci fosse anche lui fra quelle quattro mura, presente in carne e ossa. Tale e quale come se, ancora al mondo e respirando in silenzio, le sedesse accanto.

6.

L'amore era un'altra cosa – pensava Ausilia –: nessuno meglio di lei poteva saperlo.

Era qualcosa di crudele, di atroce[57], da spiare di lontano; o da sognarne a palpebre abbassate.

E infatti il sentimento segreto che fin da principio l'aveva tenuta legata ad Elia, tanto da costringerla per tutta la vita a una presenza continua, fatale, indispensabile, quel sentimento non era certo mai stato fonte della minima gioia, no davvero, se ogni volta, entrando nella grande cucina della casa di via della Ghiara dove lui, presso la finestra d'angolo, si attardava a studiare fino all'ora di cena (studiava, e pareva non accorgersi di niente, ma forse niente, in realtà, che valesse la pena d'essere notato, poteva sfuggire ai suoi occhi nerissimi, pungenti, indagatori...), lei sentiva il bisogno di evitare il calmo sguardo che per un attimo, al suo ingresso, si era distolto da un libro, e di suscitare prontamente a difesa l'immagine buona e gentile di Salomone Corcos.

Lo sguardo di Elia! Nulla in verità poteva sfuggirgli. Eppure, insieme, sembrava quasi che non vedesse...

Quella notte famosa che lui si era fidanzato con Gemma (era accaduto nel 1888, d'agosto), mentre, rincasando a tarda ora, passava in punta di piedi davanti alla porta della camera da letto del padre, era rimasto un momento lí, in dubbio se entrare. Fuori il dente, fuori il dolore – pensava –. Forse era meglio informare subito il papà di tutto.

Stava per abbassare la maniglia. Ma ecco di là dalla porta levarsi a un tratto la voce di suo padre.

– Dove sei stato, Signore Iddio santissimo? –, gridava. – Lo sai che finora non sono riuscito a chiudere occhio?

---

[57] L'amore... atroce: Ausilia ha un concetto dell'amore analogo a quello di Micòl Finzi-Contini, protagonista femminile del Giardino dei Finzi-Contini, secondo la quale «l'amore [...] era roba per gente decisa a sopraffarsi a vicenda, uno sport crudele, feroce».

Queste parole del papà, e specialmente il tono lamentoso della sua voce, lo avevano indotto a cambiare idea. Salito in camera sua, una piccola stanza che dava direttamente sui tetti, la prima cosa che aveva fatto era stata quella di andare a spalancare la finestra e di affacciarvisi. Ed essendosi reso conto che ormai era l'alba (non piú un rumore, nella casa, la città addormentata ai suoi piedi, una delle quattro torri del Castello, laggiú, toccata in cima in cima da un po' di luce rosa), di punto in bianco aveva deciso non soltanto di rinunciare al sonno, ma di mettersi senza ulteriore indugio a studiare.

La Scienza – diceva fra sé nel mentre –. Non era la Scienza, in fondo, la sua missione?

Era stato lui stesso, parecchi decenni piú tardi – ricordava Ausilia –, a raccontare spontaneamente tutto questo sul finire di una delle loro solite cene a due, in cucina.

Le stava di fronte di là dal tavolo, la faccia presa in pieno dal lume del lampadario centrale. E intanto, parlando e sogghignando appena sotto i grandi baffi bianchissimi, sembrava guardarla.

Ma la vedeva, in realtà? La vedeva *veramente*?

Certo un'espressione ben strana, povera Gemma, quella dei suoi occhi in quel momento! Neanche se lui, a partire dal mattino successivo alla sera che aveva promesso a sua sorella di sposarla, cose e persone le avesse sempre guardate proprio cosí: dall'alto, e in qualche modo da fuori del tempo[58].

(da Il romanzo di Ferrara, Mondadori, Milano 1991)

---

[58] *cose... tempo*: Elia rimane un enigma insolubile, ed è proprio l'enigma dell'uomo, la sua realtà individuale, interiore e segreta, che Bassani tenta di decifrare al di là dei suoi aspetti etnico-sociali.

ANNA MARIA ORTESE

Un paio di occhiali

Scrive Vittorini nel risvolto di copertina de Il mare non bagna Napoli *(1953), cui appartiene questo racconto:«è Napoli di
tutta la sua vita che [la Ortese] si vede intorno, presenza e memoria insieme, e riflessione, pietà, trasporto, sdegno». A Napoli
la scrittrice ha vissuto con la sua numerosa famiglia pressoché
ininterrottamente per oltre un trentennio, in condizioni economiche drammatiche. E il sordido interno descritto in* Un paio di
occhiali, *dove la famiglia di Eugenia, la bambina semicieca protagonista del racconto, piú che vivere sopravvive, rispecchia fe-
delmente l'abitazione, la portineria del caseggiato in cui gli Ortese abitarono dal 1945 al 1948.*

*Quella denunciata dall'autrice è una realtà sociale degradata,
stridente con l'immagine oleografica di Napoli, tutta sole e mare, quel mare che nel titolo della raccolta, emblematicamente,
non «bagna» la città, uscita in pezzi dalla guerra. Ma la Ortese
supera la dimensione neoralistica del documento, in questo caso
sociale, restituendo il senso di una universale pena esistenziale.*

– Ce sta 'o sole... 'o sole! – canticchiò, quasi sulla soglia del
basso[1], la voce di don Peppino Quaglia. – Lascia fa' a Dio –
rispose dall'interno, umile e vagamente allegra, quella di sua
moglie Rosa, che gemeva a letto con i dolori artritici, compli-
cati da una malattia di cuore, e soggiunse, rivolta a sua cognata che si trovava nel gabinetto: – Sapete che faccio, Nunziata? Piú tardi mi alzo e levo i panni dall'acqua.

– Fate come volete, per me è una vera pazzia, – disse dal
bugigattolo la voce asciutta e triste di Nunziata – con i dolori
che tenete, un giorno di letto in piú non vi farebbe male!

---

[1] *basso*: abitazione al livello della strada, generalmente composta da un'unica
stanza, che ha come unica apertura la porta. È tipica dei quartieri piú poveri di Napoli.

Un silenzio. – Dobbiamo mettere dell'altro veleno, mi sono trovato uno scarrafone[2] nella manica, stamattina.

Dal lettino in fondo alla stanza, una vera grotta, con la
volta bassa di ragnatele penzolanti, si levò, fragile e tranquilla, la voce di Eugenia:

– Mammà, oggi mi metto gli occhiali.

C'era una specie di giubilo segreto nella voce modesta della bambina, terzogenita di don[3] Peppino (le prime due, Car-
mela e Luisella, stavano con le monache, e presto avrebbero
preso il velo, tanto s'erano persuase che questa vita è un ca-
stigo; e i due piccoli, Pasqualino e Teresella, ronfavano ancora, capovolti, nel letto della mamma).

– Sí, e scassali subito, mi raccomando! – insisté, dietro la
porta dello stanzino, la voce sempre irritata della zia. Essa faceva scontare a tutti i dispiaceri della sua vita, primo fra gli
altri quello di non essersi maritata e di dover andare sogget-
ta, come raccontava, alla carità della cognata, benché non
mancasse di aggiungere che offriva questa umiliazione a Dio.
Di suo, però, aveva qualche cosa da parte, e non era cattiva,
tanto che si era offerta lei di fare gli occhiali a Eugenia, quando in casa si erano accorti che la bambina non ci vedeva. –
Con quello che costano! Ottomila lire vive vive![4] – soggiunse. Poi si sentí correre l'acqua nel catino. Si stava lavando la
faccia, stringendo gli occhi pieni di sapone, ed Eugenia ri-
nunciò a risponderle.

Del resto, era troppo, troppo contenta.

Era stata una settimana prima, con la zia, da un occhialaio
di via Roma. Là, in quel negozio elegante, pieno di tavoli lucidi e con un riflesso verde, meraviglioso, che pioveva da una
tenda, il dottore le aveva misurato la vista, facendole leggere
piú volte, attraverso certe lenti che poi cambiava, intere co-
lonne di lettere dell'alfabeto, stampate su un cartello, alcune
grosse come scatole, altre piccolissime come spilli. – Questa
povera figlia è quasi cecata[5], – aveva detto poi, con una spe-

---

[2] *scarrafone*: scarafaggio. Le voci tipiche della parlata napoletana ricorrono in varie forme nel testo (ad esempio l'uso di «tenere» per «avere»).

[3] *don*: usato comunemente nell'Italia meridionale, significa semplicemente «signore». Suona comunque dolorosamente grottesco data la realtà di miseria e di
squallore in cui vive la famiglia di Peppino.

[4] *vive vive*: né piú né meno, e tutte in una volta.

[5] *cecata*: cieca.

cie di commiserazione, alla zia – non si deve piú togliere le lenti –. E subito, mentre Eugenia, seduta su uno sgabello, e tutta trepidante, aspettava, le aveva applicato sugli occhi un altro paio di lenti col filo di metallo bianco, e le aveva detto: – Ora guarda nella strada –. Eugenia si era alzata in piedi, con le gambe che le tremavano per l'emozione, e non aveva potuto reprimere un piccolo grido di gioia. Sul marciapiede passavano, nitidissime, appena piú piccole del normale, tante persone ben vestite: signore con abiti di seta e visi incipriati, giovanotti coi capelli lunghi e il pullover colorato, vecchietti con la barba bianca e le mani rosa appoggiate sul bastone dal pomo d'argento; e, in mezzo alla strada, certe belle automobili che sembravano giocattoli, con la carrozzeria dipinta in rosso o in verde petrolio, tutta luccicante; filobus grandi come case, verdi, coi vetri abbassati, e dietro i vetri tanta gente vestita elegantemente; al di là della strada, sul marciapiede opposto, c'erano negozi bellissimi, con le vetrine come specchi, piene di roba fina, da dare una specie di struggimento; alcuni commessi col grembiule nero le lustravano dall'esterno. C'era un caffè coi tavolini rossi e gialli e delle ragazze sedute fuori, con le gambe una sull'altra e i capelli d'oro. Ridevano e bevevano in bicchieri grandi, colorati. Al disopra del caffè, balconi aperti, perché era già primavera, con tende ricamate che si muovevano, e, dietro le tende, pezzi di pittura azzurra e dorata, e lampadari pesanti d'oro e cristalli, come cesti di frutta artificiale, che scintillavano. Una meraviglia. Rapita da tutto quello splendore, non aveva seguito il dialogo tra il dottore e la zia. La zia, col vestito marrò della messa, e tenendosi distante dal banco di vetro, con una timidezza poco naturale in lei, abbordava ora la questione del prezzo: – Dottò, mi raccomando, fateci risparmiare... povera gente siamo... – e, quando aveva sentito «ottomila lire», per poco non si era sentita mancare.
   – Due vetri! Che dite! Gesú Maria!
   – Ecco quando si è ignoranti... – rispondeva il dottore, riponendo le altre lenti dopo averle lustrate col guanto – non si calcola nulla[6]. E metteteci due vetri, alla creatura, mi saprete dire se ci vede meglio. Tiene nove diottrie da una parte, e dieci dall'altra, se lo volete sapere... è quasi cecata.

[6] *non si calcola nulla*: non si è in grado di valutare.

Mentre il dottore scriveva nome e cognome della bambina: «Eugenia Quaglia, vicolo della Cupa a Santa Maria in Portico», Nunziata si era accostata a Eugenia, che sulla soglia del negozio, reggendosi gli occhiali con le manine sudicie, non si stancava di guardare: – Guarda, guarda, bella mia! Vedi che cosa ci costa questa tua consolazione! Ottomila lire, hai sentito? Ottomila lire, vive vive! –. Quasi soffocava. Eugenia era diventata tutta rossa, non tanto per il rimprovero, quanto perché la signorina della cassa la guardava, mentre la zia le faceva quell'osservazione che denunziava la miseria della famiglia. Si tolse gli occhiali.

– Ma come va, cosí giovane e già tanto miope? – aveva chiesto la signorina a Nunziata, mentre firmava la ricevuta dell'anticipo – e anche sciupata! – soggiunse.

– Signorina bella, in casa nostra tutti occhi buoni teniamo, questa è una sventura che ci è capitata... insieme alle altre. Dio sopra la piaga mette il sale[7]...

– Tornate fra otto giorni, – aveva detto il dottore – ve li farò trovare.

Uscendo, Eugenia aveva inciampato nello scalino.

– Vi ringrazio, zi' Nunzia, – aveva detto dopo un poco – io sono sempre scostumata[8] con voi, vi rispondo, e voi cosí buona mi comprate gli occhiali...

La voce le tremava.

– Figlia mia, il mondo è meglio non vederlo che vederlo – aveva risposto con improvvisa malinconia Nunziata.

Neppure questa volta Eugenia le aveva risposto. Zi' Nunzia era spesso cosí strana, piangeva e gridava per niente, diceva tante brutte parole e, d'altra parte, andava a messa con compunzione, era una buona cristiana, e quando si trattava di soccorrere un disgraziato, si offriva sempre, piena di cuore. Non bisognava badarle.

Da quel giorno, Eugenia aveva vissuto in una specie di rapimento, in attesa di quei benedetti occhiali che le avrebbero permesso di vedere tutte le persone e le cose nei loro minuti particolari. Fino allora, era stata avvolta in una nebbia: la stanza dove viveva, il cortile sempre pieno di panni stesi,

---

[7] *Dio... sale*: aggiunge disgrazia a disgrazia.
[8] *scostumata*: sfacciata.

il vicolo traboccante di colori e di grida, tutto era coperto per lei da un velo sottile: solo il viso dei familiari, la mamma specialmente e i fratelli, conosceva bene, perché spesso ci dormiva insieme, e qualche volta si svegliava di notte e, al lume della lampada a olio, li guardava. La mamma dormiva con la bocca aperta, si vedevano i denti rotti e gialli; i fratelli, Pasqualino e Teresella, erano sempre sporchi e coperti di foruncoli, col naso pieno di catarro: quando dormivano, facevano un rumore strano, come se avessero delle bestie dentro. Eugenia, qualche volta, si sorprendeva a fissarli, senza capire, però, che stesse pensando. Sentiva confusamente che al di là di quella stanza, sempre piena di panni bagnati, con le sedie rotte e il gabinetto che puzzava[9], c'era della luce, dei suoni, delle cose belle; e, in quel momento che si era messa gli occhiali, aveva avuto una vera rivelazione: il mondo, fuori, era bello, bello assai.

– Marchesa, omaggi...
Questa era la voce di suo padre. La spalla coperta da una camicia stracciata, che fino a quel momento era stata inquadrata dalla porta del basso, non si vide piú. La voce della marchesa, una voce placida e indifferente, diceva adesso:
– Dovreste farmi un piacere, don Peppino...
– Ai vostri ordini... comandate...
Eugenia sgusciò dal letto, senza far rumore, s'infilò il vestito e venne sulla porta, ancora scalza. Il sole, che di prima mattina, da una fenditura del caseggiato, entrava nel brutto cortile, le venne incontro, cosí puro e meraviglioso, illuminò il suo viso di piccola vecchia, i capelli come stoppa, tutti arruffati, le manine ruvide, legnose, con le unghie lunghe e sporche. Oh, se in quel momento avesse avuto gli occhiali! La marchesa era là, col suo vestito di seta nera, la cravattina di pizzo bianco, con quel suo aspetto maestoso e benigno che incantava Eugenia, le mani bianche e piene di gioielli; ma il viso non si vedeva bene, era una macchia bianchiccia, ovale. Là sopra, tremavano delle piume viola.
– Sentite, dovreste rifarmi il materasso del bambino... potete salire verso le dieci e mezza?

---

[9] *La mamma... puzzava*: qui, come in altri passi del racconto, l'autrice descrive la realtà senza mezzi termini.

– Con tutto il cuore, ma io sarei disposto nel pomeriggio, signora marchesa...

– No, don Peppino, di mattina deve essere. Nel pomeriggio viene gente. Vi mettete sul terrazzo e lavorate. Non vi fate pregare... fatemi questo favore... Ora sta suonando la messa. Quando sono le dieci e mezza, mi chiamate...

E, senza aspettare risposta, si allontanò, scansando accortamente un filo d'acqua gialla che scorreva da un terrazzino e aveva fatto una pozza a terra.

– Papà, – disse Eugenia andando dietro a suo padre che rientrava nel basso – la marchesa quant'è buona! Vi tratta come un galantuomo. Il Signore glielo deve rendere![10]

– Una buona cristiana, questo è – rispose, con tutt'altro significato di quello che si sarebbe potuto intendere, don Peppino. Con la scusa ch'era proprietaria della casa, la marchesa D'Avanzo si faceva servire continuamente dalla gente del cortile; a don Peppino, per i materassi, metteva in mano una miseria; Rosa, poi, era sempre a sua disposizione per le lenzuola grandi, anche se le ossa le bruciavano[11] si doveva alzare per servire la marchesa; è vero che le figlie gliele aveva fatte chiudere[12] lei, e cosí aveva salvato due anime dai pericoli di questo mondo, che pei poveri sono tanti, ma per quel terraneo[13], dove tutti si erano ammalati, si pigliava tremila lire, non una di meno. – Il cuore ci sarebbe, sono i soldi che mancano – amava ripetere con una certa flemma. – Oggi, caro don Peppino, i signori siete voi, che non avete pensieri... Ringraziate... ringraziate la Provvidenza, che vi ha messo in questa condizione... che vi ha voluto salvare[14]... –. Donna Rosa aveva una specie di adorazione per la marchesa, per i suoi sentimenti religiosi: quando si vedevano, parlavano sempre dell'altra vita. La marchesa ci credeva poco, ma non lo diceva, ed esortava quella madre di famiglia a pazientare e sperare[15].

Dal letto, donna Rosa chiese, un po' preoccupata: – Le hai parlato?

[10] *glielo deve rendere*: deve ricompensarla per questo.
[11] *le ossa le bruciavano*: per l'artrosi di cui soffriva.
[12] *chiudere*: entrare in convento.
[13] *terraneo*: sinonimo di «basso», vedi nota 1, p. 159.
[14] *Oggi... salvare*: grottesca è l'affermazione della marchesa.
[15] *sperare*: nella vita eterna come risarcimento delle sofferenze terrene.

– Vuole fare il materasso al nipote – fece don Peppino annoiato. Portò fuori il treppiede col fornello per scaldare un po' di caffè, regalo delle monache, e rientrò ancora per prendere dell'acqua in un pentolino. – Non glielo faccio per meno di cinquecento – disse.

– È un prezzo giusto.

– E allora, chi va a ritirare gli occhiali di Eugenia? – domandò zi' Nunzia uscendo dallo sgabuzzino. Aveva, sopra la camicia, una gonna scucita, ai piedi le ciabatte. Dalla camicia, le uscivano le spalle puntute, grigie come pietre. Si stava asciugando la faccia in un tovagliolo. – Io, per me, non ci posso andare, e Rosa è malata...

Senza che nessuno li vedesse, i grandi occhi quasi ciechi di Eugenia si riempirono di lacrime. Ecco, forse sarebbe passata un'altra giornata senza che avesse i suoi occhiali. Andò vicino al letto della madre, abbandonò le braccia e la fronte sulla coperta, in un atteggiamento compassionevole. Una mano di donna Rosa si allungò a carezzarla.– Ci vado io, Nunzia, non vi scaldate... anzi, uscire mi farà bene...

– Mammà...

Eugenia le baciava una mano.

Alle otto, c'era una grande animazione nel cortile, Rosa era uscita in quel momento dal portone, alta figura allampanata, col cappotto nero, senza spalline, pieno di macchie e corto da scoprirle le gambe simili a bastoncini di legno, la borsa della spesa sotto il braccio, perché al ritorno dall'occhialaio avrebbe comprato il pane. Don Peppino, con una lunga scopa in mano, stava togliendo l'acqua di mezzo al cortile, fatica inutile, perché il mastello ne dava continuamente, come una vena aperta. Là dentro c'erano i panni di due famiglie: le sorelle Greborio, del primo piano, e la moglie del cavaliere Amodio, che aveva avuto un bambino due giorni avanti. Era appunto la serva della Greborio, Lina Tarallo, che stava sbattendo i tappeti a un balconcino, con un fracasso terribile. La polvere scendeva a poco a poco, mista a vera immondizia, come una nuvola, su quella povera gente, ma nessuno ci faceva caso. Si sentivano strilli acutissimi e pianti: era zi' Nunzia che, dal basso, chiamava a testimoni tutti i santi per affermare ch'era stata una disgraziata, e la causa di tutto questo era Pasqualino che piangeva e urlava come un

dannato perché voleva andare dietro alla mamma. – Vedete-
lo, questo sforcato![16] – gridava zi' Nunzia. – Madonna bella,
fatemi la grazia, fatemi morire, ma subito, se ci state, tanto
in questa vita non stanno bene che i ladri e le male femmine[17]. – Teresella, piú piccola di suo fratello, perché era nata
l'anno che il re era andato via[18], seduta sulla soglia di casa,
sorrideva, e, ogni tanto, leccava un cantuccio di pane[19] che
aveva trovato sotto una sedia.

Seduta sullo scalino di un altro basso, quello di Mariuccia
la portinaia, Eugenia guardava un pezzo di giornale per ragazzi, ch'era caduto dal terzo piano, con tante figurine colorate. Ci stava col naso sopra, perché se no non leggeva le parole. Si vedeva un fiumiciattolo azzurro, in mezzo a un prato
che non finiva mai, e una barca rossa che andava... andava..
chissà dove. Era scritto in italiano, e per questo lei non capiva troppo[20], ma ogni tanto, senza un motivo, rideva.

– Cosí, oggi ti metti gli occhiali? – disse Mariuccia, affacciandosi alle sue spalle. Tutti, nel cortile, lo sapevano, e perché Eugenia non aveva resistito alla tentazione di raccontarlo, e anche perché zi' Nunzia aveva trovato necessario far capire che, in quella famiglia, lei spendeva del suo... e che insomma...

– Te li ha fatti la zia, eh? – soggiunse Mariuccia, sorridendo bonariamente. Era una donna piccola, quasi nana, con
un viso da uomo, pieno di baffi. In quel momemto si stava
pettinando i lunghi capelli neri, che le arrivavano al ginocchio: una delle poche cose che attestassero che era anche una
donna. Se li pettinava lentamente, sorridendo coi suoi oc-
chietti di topo, furbi e buoni.

– Mammà li è andati a ritirare a via Roma – disse Eugenia
con uno sguardo di gratitudine. – Li abbiamo pagati ottomila lire, sapete? Vive vive... La zia è... – stava aggiungendo
«proprio buona», quando zi' Nunzia, affacciandosi al basso,
chiamò inviperita: – Eugenia!

[16] *sforcato*: disgraziato (letteralmente «tolto alla forca», «canaglia»).
[17] *male femmine*: prostitute.
[18] *l'anno... via*: nel 1946, quando l'Italia dopo il referendum istituzionale del 2
giugno divenne una repubblica.
[19] *cantuccio di pane*: pezzetto di pane tagliato dalla parte dove è piú spessa la
crosta.
[20] *Era scritto... troppo*: alla miseria economica e sociale s'aggiunge inevitabilmente anche quella culturale.

– Eccomi qua, zia! – e corse come un cane.

Dietro la zia, Pasqualino, tutto rosso e sbalordito, con una smorfia terribile, tra lo sdegno e la sorpresa, aspettava.

– Vammi a comprare due caramelle da tre lire l'una, da don Vincenzo il tabaccaio. Torna subito!

– Sí, zia.

Prese i soldi nel pugno, senza piú curarsi del giornale, e uscí lesta dal cortile.

Per un vero miracolo scansò un carro di verdura alto come una torre e tirato da due cavalli, che le stava venendo addosso all'uscita dal portone. Il carrettiere, con la frusta sguainata, sembrava cantasse, e dalla bocca gli uscivano intanto queste parole: «bella... fresca», strascicate e piene di dolcezza, come un canto d'amore. Quando il carro fu alle sue spalle, lei, alzando in alto i suoi occhi sporgenti, scorse quel bagliore caldo, azzurro, ch'era il cielo, e sentí, senza però vederla chiaramente, la gran festa che c'era intorno. Carretti, uno dietro l'altro; grossi camion con americani[21] vestiti di giallo che si sporgevano dal finestrino, biciclette che sembrava rotolassero. In alto, i balconi erano tutti ingombri di cassette fiorite, e alle inferriate penzolavano, come gualdrappe[22] di cavallo, come bandiere, coperte imbottite gialle e rosse, straccetti celesti di bambini, lenzuola, cuscini e materasse esposti all'aria, e si snodavano le corde dei canestri che scendevano in fondo al vicolo per ritirare la verdura o il pesce offerto dai venditori ambulanti. Benché il sole non toccasse che i balconi piú alti (la strada era come una spaccatura nella massa disordinata delle case), e il resto non fosse che ombra e immondizia, si presentiva, là dietro, l'enorme festa della primavera. E pur cosí piccola e scialba, legata come un topo al fango del suo cortile, Eugenia cominciava a respirare con una certa fretta, come se quell'aria, quella festa e tutto quell'azzurro ch'erano sospesi sul quartiere dei poveri, fossero anche cosa sua. Mentre entrava dal tabaccaio, la sfiorò il paniere giallo della serva di Amodio, Buonincontri Rosaria. Era grassa, vestita di nero, con le gambe bianche e il viso acceso, pacifico.

---

[21] *americani*: gli ultimi rimasti delle truppe alleate che nel 1943 erano sbarcate nell'Italia meridionale.

[22] *gualdrappe*: drappi ornamentali che si mettono sulla groppa dei cavalli, sotto la sella, in occasione di parate.

– Di' a mammà se oggi può salire un momento sopra, la signora Amodio le deve fare un'ambasciata[23].

Eugenia la riconobbe alla voce.

– Ora non ci sta. È andata a via Roma a ritirarmi gli occhiali.

– Io pure me li dovrei mettere, ma il mio fidanzato non vuole.

Eugenia non afferrò il senso di quella proibizione. Rispose solo, ingenuamente:

– Costano assai assai, bisogna tenerli riguardati.

Entrarono insieme nel buco di don Vincenzo. C'era gente. Eugenia era respinta sempre indietro.

– Fatti avanti... sei proprio cecata – osservò con un bonario sorriso la serva di Amodio.

– Ma zi' Nunzia ora le fa gli occhiali – intervenne, strizzando l'occhio, con aria d'intesa scherzosa, don Vincenzo che aveva sentito. Anche lui portava gli occhiali.

– Alla tua età, – disse porgendole le caramelle – ci vedevo come un gatto, infilavo gli aghi di notte, mia nonna mi voleva sempre appresso... Ma ora sono invecchiato.

Eugenia assentí vagamente.

– Le mie compagne... nessuna tengono le lenti[24] – disse. Poi, rivolta alla Buonincontri, ma parlando anche per don Vincenzo: – Io sola... Nove diottrie da una parte e dieci dall'altra... sono quasi cecata! – sottolineò dolcemente.

– Vedi quanto sei fortunata... – disse don Vincenzo ridendo, e a Rosaria: – Quanto di sale?

– Povera creatura! – commentò la serva di Amodio mentre Eugenia usciva, tutta contenta. – È l'umidità che l'ha rovinata. In quella casa ci chiove[25]. Ora donna Rosa ha i dolori nelle ossa. Datemi un chilo di sale grosso, e un pacchetto di quello fino...

– Sarete servita.

– Che mattinata, eh, oggi, don Vincenzo? Sembra già l'estate.

---

[23] *fare un'ambasciata*: dare una notizia.
[24] *Le mie... lenti*: costruzione ricalcata sulla sintassi della parlata napoletana.
[25] *chiove*: piove.

Camminando piú adagio di quando era venuta, Eugenia cominciò a sfogliare, senza rendersene ben conto, una delle due caramelle, e poi se la infilò in bocca. Sapeva di limone. «Dico a zi' Nunzia che l'ho perduta per la strada» propose dentro di sé. Era contenta, non le importava se la zia, cosí buona, si sarebbe arrabbiata. Si sentí prendere una mano, e riconobbe Luigino.

– Sei proprio cecata! – disse ridendo il ragazzo. – E gli occhiali?

– Mammà è andata a prenderli a via Roma.

– Io non sono andato a scuola, è una bella giornata, perché non ce ne andiamo a camminare un poco?

– Sei pazzo! Oggi debbo stare buona...

Luigino la guardava e rideva, con la sua bocca come un salvadanaio, larga fino alle orecchie, sprezzante.

– Tutta spettinata... ·

Istintivamente, Eugenia si portò una mano ai capelli.

– Io non ci vedo buono, e mammà non tiene tempo – rispose umilmente.

– Come sono questi occhiali? Col filo dorato? – s'informò Luigino.

– Tutto dorato! – rispose Eugenia mentendo – lucenti lucenti!

– Le vecchie portano gli occhiali – disse Luigino.

– Anche le signore, le ho viste a via Roma.

– Quelli sono neri, per i bagni – insisté Luigino.

– Parli per invidia. Costano ottomila lire...

– Quando li hai avuti, fammeli vedere – disse Luigino. – Mi voglio accertare se il filo è proprio dorato... sei cosí bugiarda... – e se ne andò per i fatti suoi, fischiettando.

Rientrando nel portone, Eugenia si domandava ora con ansia se i suoi occhiali avrebbero avuto o no il filo dorato. In caso negativo, che si poteva dire a Luigino per persuaderlo ch'erano una cosa di valore? Però, che bella giornata! Forse mammà stava per tornare con gli occhiali chiusi in un pacchetto... Fra poco li avrebbe avuti sul viso... avrebbe... Una furia di schiaffi si abbatté sulla sua testa. Una vera rovina. Le sembrava di crollare; inutilmente si difendeva con le mani. Era zi' Nunzia, naturalmente, infuriata per il ritardo, e dietro zi' Nunzia, Pasqualino, come un ossesso, perché non credeva piú alla storia delle caramelle. – Butta il san-

gue![26]... Tieni!... Brutta cecata!... E io che ho dato la vita
mia per questa ingratitudine... Finire male, devi! Ottomila
lire, vive vive! Il sangue mi tolgono dalle vene, questi sfor-
cati...

Lasciò cadere le mani solo per scoppiare in un gran pianto.

– Vergine Addolorata, Gesú mio, per le piaghe del vostro
costato, fatemi morire!...

Anche Eugenia piangeva, dirottamente.

– 'A zi', perdonatemi... 'a zi'...

– Uh... uh... uh... – faceva Pasqualino, con la bocca spalancata.

– Povera creatura... – fece donna Mariuccia andando vicino a Eugenia, che non sapeva dove nascondere la faccia, tutta rigata di rosso e di lacrime davanti al dispiacere della zia
– non l'ha fatto apposta, Nunzia... calmatevi... –. E a Eugenia: – Dove tieni le caramelle?

Eugenia rispose piano, perdutamente, offrendo l'altra nella manina sporca: – Una l'ho mangiata. Tenevo fame[27].

Prima che la zia si muovesse di nuovo, per buttarsi addosso alla bambina, si sentí la voce della marchesa, dal terzo piano, dove c'era il sole, chiamare piano, placidamente, soave-
mente:

– Nunziata!

Zi' Nunzia levò in alto il viso amareggiato, come quello
della Madonna dei Sette Dolori, che stava a capo del letto
suo.

– Oggi è il primo venerdí del mese. Offritelo a Dio.

– Marchesa, quanto siete buona! Queste creature mi fanno fare tanti peccati, io mi sto perdendo l'anima, io... – E
crollava[28] il viso tra le mani come zampe, mani di faticatore,
con la pelle marrone, squamata.

– Vostro fratello non ci sta?

– Povera zia, essa ti fa pure gli occhiali, e tu cosí la rin-
grazi... – diceva intanto Mariuccia a Eugenia che tremava.

– Sissignora, eccomi qua... – rispose don Peppino che fino

---

[26] *Butta il sangue*: che tu possa vomitare sangue, che ti venga un accidente.
[27] *Tenevo fame*: Eugenia ha fame, una fame permanente, ed è la denutrizione
(con le degradate condizioni abitative) ad aver reso la bambina simile ad una «piccola vecchia».
[28] *crollava*: scuoteva.

a quel momento era stato mezzo nascosto dietro la porta del basso, agitando un cartone davanti al fornello dove cuocevano i fagioli per il pranzo.

– Potete salire?

– Mia moglie è andata a ritirare gli occhiali di Eugenia... io sto badando ai fagioli... vorrebbe aspettare, se non vi dispiace...

– Allora, mandatemi su la creatura. Tengo un vestito per Nunziata. Glielo voglio dare...

– Dio ve ne renda merito... obbligatissimo – rispose don Peppino con un sospiro di consolazione, perché era quella l'unica cosa che poteva calmare sua sorella. Ma, guardando Nunziata, si accorse che essa non si era affatto rallegrata. Continuava a piangere dirottamente, e quel pianto aveva tanto stupito Pasqualino, che il bambino si era chetato per incanto, e ora si leccava il catarro che gli scendeva dal naso, con un piccolo, dolce sorriso.

– Hai sentito? Sali su dalla signora marchesa, ti deve dare un vestito... – disse don Peppino alla figlia.

Eugenia stava guardando qualche cosa nel vuoto, con gli occhi che non ci vedevano: erano fissi, fissi, e grandi. Trasalí e si alzò subito, obbediente.

– Dille: «Dio ve ne renda merito», e rimani fuori la porta.

– Sí, papà.

– Mi dovete credere, Mariuccia, – disse zi' Nunzia, quando Eugenia si fu allontanata – io a quella creatura le voglio bene, e dopo mi pento, quanto è vero Dio, di averla strapazzata. Ma mi sento tutto il sangue alla testa, mi dovete credere, quando devo combattere con i ragazzi. La gioventú se n'è andata, lo vedete... – e si toccava le guance infossate. – A volte, mi sento come una pazza...

– D'altra parte, pure loro debbono sfogare, – rispose donna Mariuccia – sono anime innocenti. Avranno tempo per piangere. Io, quando li vedo, e penso che devono diventare tale e quale a noi... – andò a prendere una scopa e spinse via una foglia di cavolo dalla soglia – mi domando che cosa fa Dio.

– Ve lo siete tolto nuovo nuovo![29] – disse Eugenia pian-

---

[29] *Ve lo siete... nuovo*: lo scartate ancora nuovo!

tando il naso sul vestito verde steso sul sofà in cucina, mentre la marchesa andava cercando un giornale vecchio per in-
voltarlo.

La D'Avanzo pensò che la bambina non ci vedeva davvero, perché se no si sarebbe accorta che il vestito era vecchissimo e pieno di rammendi (era di sua sorella morta), ma si
astenne dal far commenti. Solo dopo un momento, mentre
veniva avanti col giornale, domandò:

– E gli occhiali te li ha fatti la zia? Sono nuovi?

– Col filo dorato. Costano ottomila lire, – rispose d'un fiato Eugenia, commuovendosi ancora una volta al pensiero del
privilegio che le toccava – perché sono quasi cecata – aggiunse semplicemente.

– Secondo me, – fece la marchesa, involtando con dolcezza il vestito nel giornale, e poi riaprendo il pacco perché una
manica veniva fuori – tua zia se le poteva risparmiare. Ho visto degli occhiali ottimi, in un negozio all'Ascensione, per sole duemila lire.

Eugenia si fece di fuoco. Capí che la marchesa era dispia-
ciuta. «Ognuno nel suo rango... tutti ci dobbiamo limitare...»
l'aveva sentita dire tante volte, parlando con donna Rosa che
le portava i panni lavati, e si fermava a lamentarsi della pe-
nuria.

– Forse non erano buoni... io tengo nove diottrie... – ri-
batté timidamente.

La marchesa inarcò un ciglio[30], ma Eugenia per fortuna
non lo vide.

– Erano buoni, ti dico... – si ostinò con la voce leggermente piú dura la D'Avanzo. Poi si pentí. – Figlia mia, – disse piú
dolcemente – parlo cosí perché so i guai di casa tua. Con sei-
mila lire di differenza, ci compravate il pane per dieci giorni,
ci compravate... A te, che ti serve veder bene? Per quello che
tieni intorno!... – Un silenzio. – A leggere, leggevi?

– Nossignora.

– Qualche volta, invece, ti ho visto col naso sul libro. Anche bugiarda, figlia mia... non sta bene...

Eugenia non rispose piú. Provava una vera disperazione,
fissava gli occhi quasi bianchi sul vestito.

– È seta? – domandò stupidamente.

---

[30] *inarcò un ciglio*: in segno di disappunto.

La marchesa la guardava, riflettendo.

– Non te lo meriti, ma ti voglio fare un regaluccio – disse
a un tratto, e si avviò verso un armadio di legno bianco. In
quel momento il campanello del telefono, ch'era nel corridoio, cominciò a squillare, e invece d'aprire l'armadio la D'A-
vanzo uscí per rispondere all'apparecchio. Eugenia, oppressa
da quelle parole, non aveva neppure sentito la consolante al-
lusione della vecchia, e appena fu sola si mise a guardare intorno come le consentivano i suoi poveri occhi. Quante cose
belle, fini! Come nel negozio di via Roma! E lí, proprio davanti a lei, un balcone aperto, con tanti vasetti di fiori.

Uscí sul balcone. Quant'aria, quanto azzurro! Le case, come coperte da un velo celeste, e giú il vicolo, come un pozzo,
con tante formiche che andavano e venivano... come i suoi
parenti... Che facevano? Dove andavano? Uscivano e rien-
travano nei buchi, portando grosse briciole di pane, questo
facevano, avevano fatto ieri, avrebbero fatto domani, sempre... sempre. Tanti buchi, tante formiche. E intorno, quasi
invisibile nella gran luce, il mondo fatto da Dio, col vento, il
sole, e laggiú il mare pulito, grande... Stava lí, col mento inchiodato sui ferri, improvvisamente pensierosa, con un'e-
spressione di dolore che la imbruttiva, di smarrimento.
Suonò la voce della marchesa, placida, pia. Teneva in mano,
nella sua liscia mano d'avorio, un librettino foderato in cartone nero, con le lettere dorate.

– Sono pensieri di santi, figlia mia. La gioventú, oggi, non
legge niente, e per questo il mondo ha cambiato strada. Tieni, te lo regalo. Ma mi devi promettere di leggerne un poco
ogni sera, ora che ti sei fatti gli occhiali.

– Sissignora – disse Eugenia frettolosamente, arrossendo
di nuovo perché la marchesa l'aveva trovata sul balcone, e
prese il libretto che essa le dava. La D'Avanzo la guardò com-
piaciuta.

– Iddio ti ha voluto preservare, figlia mia! – disse andando a prendere il pacchetto col vestito e mettendoglielo tra le
mani. – Non sei bella, tutt'altro, e sembri già una vecchia. Iddio ti ha voluto prediligere, perché cosí non avrai occasioni di
male. Ti vuole santa, come le tue sorelle!

Senza che queste parole la ferissero veramente, perché da
tempo era già come inconsciamente preparata a una vita priva di gioia, Eugenia ne provò lo stesso un turbamento. E le

parve, sia pure un attimo, che il sole non brillasse piú come
prima, e anche il pensiero degli occhiali cessò di rallegrarla.
Guardava vagamente, coi suoi occhi quasi spenti, un punto
del mare, dove si stendeva come una lucertola, di un colore
verde smorto, la terra di Posillipo. – Di' a papà – proseguiva
intanto la marchesa – che pel materasso del bambino oggi
non se ne fa niente. Mi ha telefonato mia cugina, starò a Posillipo tutto il giorno.

    – Io pure, una volta, ci sono stata... – cominciava Eugenia,
rianimandosi a quel nome e guardando, incantata, da quella
parte.

    – Sí? veramente? – La D'Avanzo era indifferente, per lei
quel nome non significava nulla. Con tutta la maestà della sua
persona, accompagnò la bambina, che ancora si voltava verso
quel punto luminoso, alla porta che chiuse adagio alle sue
spalle.

    Fu mentre scendeva l'ultimo gradino, e usciva nel cortile,
che quell'ombra che le aveva oscurato la fronte da qualche
momento scomparve, e la sua bocca s'aperse a un riso di
gioia, perché Eugenia aveva visto arrivare sua madre. Non
era difficile riconoscere la sua logora, familiare figura. Gettò
il vestito su una sedia, e le corse incontro.

    – Mammà! Gli occhiali!

    – Piano, figlia mia, mi buttavi a terra!

    Subito, si fece una piccola folla intorno. Donna Mariuccia,
don Peppino, una delle Greborio, che si era fermata a ripo-
sarsi su una sedia prima di cominciare le scale, la serva di
Amodio che rientrava in quel momento, e, inutile dirlo, Pasqualino e Teresella, che volevano vedere anche loro, e stril-
lavano allungando le mani. Nunziata, dal canto suo, stava osservando il vestito che aveva tolto dal giornale, con un viso
deluso.

    – Guardate, Mariuccia, mi sembra roba vecchia assai... è
tutto consumato sotto le braccia! – disse accostandosi al
gruppo. Ma chi le badava? In quel momento, donna Rosa si
toglieva dal collo del vestito l'astuccio degli occhiali, e con
cura infinita lo apriva. Una specie d'insetto lucentissimo, con
due occhi grandi grandi e due antenne ricurve, scintillò in un
raggio smorto di sole, nella mano lunga e rossa di donna Rosa, in mezzo a quella povera gente ammirata.

    – Ottomila lire... una cosa cosí! – fece donna Rosa guar-

dando religiosamente, eppure con una specie di rimprovero,
gli occhiali.

Poi, in silenzio, li posò sul viso di Eugenia, che estatica
tendeva le mani, e le sistemò con cura quelle due antenne dietro le orecchie. – Mo'[31] ci vedi? – domandò accorata.

Eugenia, reggendoli con le mani, come per paura che glieli portassero via, con gli occhi mezzo chiusi e la bocca semiaperta in un sorriso rapito, fece due passi indietro, cosí che
andò a intoppare[32] in una sedia.

– Auguri! – disse la serva di Amodio.

– Auguri! – disse la Greborio.

– Sembra una maestra, non è vero? – osservò compiaciuto
don Peppino.

– Neppure ringrazia! – fece zi' Nunzia, guardando ama-
reggiata il vestito. – Con tutto questo, auguri!

– Tiene paura, figlia mia! – mormorò donna Rosa, avvian-
dosi verso la porta del basso per posare la roba. – Si è messi
gli occhiali per la prima volta! – disse alzando la testa al balcone del primo piano, dove si era affacciata l'altra sorella
Greborio.

– Vedo tutto piccolo piccolo – disse con una voce strana,
come se venisse di sotto una sedia, Eugenia. – Nero nero.

– Si capisce; la lente è doppia. Ma vedi bene? – chiese don
Peppino. – Questo è l'importante. Si è messi gli occhiali per
la prima volta – disse anche lui, rivolto al cavaliere Amodio
che passava con un giornale aperto in mano.

– Vi avverto – disse il cavaliere a Mariuccia, dopo aver fissato per un momento, come fosse stata solo un gatto, Eugenia, – che la scala non è stata spazzata... Ho trovato delle
spine di pesce davanti alla porta! – E si allontanò curvo, quasi chiuso nel suo giornale, dove c'era notizia di un progetto-
legge per le pensioni, che lo interessava.

Eugenia, sempre tenendosi gli occhiali con le mani, andò
fino al portone, per guardare fuori, nel vicolo della Cupa. Le
gambe le tremavano, le girava la testa, e non provava piú nessuna gioia. Con le labbra bianche voleva sorridere, ma quel
sorriso si mutava in una smorfia ebete. Improvvisamente i

[31] *Mo'*: adesso.
[32] *intoppare*: urtare violentemente.

balconi cominciarono a diventare tanti, duemila, centomila; i
carretti con la verdura le precipitavano addosso; le voci che
riempivano l'aria, i richiami, le frustate, le colpivano la testa
come se fosse malata; si volse barcollando verso il cortile, e
quella terribile impressione aumentò. Come un imbuto visci-
do il cortile, con la punta verso il cielo e i muri lebbrosi fitti
di miserabili balconi; gli archi dei terranei, neri, coi lumi brillanti a cerchio intorno all'Addolorata; il selciato bianco di acqua saponata, le foglie di cavolo, i pezzi di carta, i rifiuti, e,
in mezzo al cortile, quel gruppo di cristiani cenciosi e defor-
mi, coi visi butterati dalla miseria e dalla rassegnazione[33], che
la guardavano amorosamente. Cominciarono a torcersi, a
confondersi, a ingigantire. Le venivano tutti addosso, gridando, nei due cerchietti stregati degli occhiali. Fu Mariuccia
per prima ad accorgersi che la bambina stava male, e a strap-
parle in fretta gli occhiali, perché Eugenia si era piegata in
due e, lamentandosi, vomitava.

– Le hanno toccato lo stomaco! – gridava Mariuccia reg-
gendole la fronte. – Portate un acino di caffè, Nunziata!

– Ottomila lire, vive vive! – gridava con gli occhi fuor della testa zi' Nunzia, correndo nel basso a pescare un chicco di
caffè in un barattolo sulla credenza; e levava in alto gli occhiali nuovi, come per chiedere una spiegazione a Dio. – E
ora sono anche sbagliati!

– Fa sempre cosí, la prima volta – diceva tranquillamente
la serva di Amodio a donna Rosa. – Non vi dovete impressionare; poi a poco a poco si abitua.

– È niente, figlia, è niente, non ti spaventare! – Ma donna Rosa si sentiva il cuore stretto al pensiero di quanto erano
sfortunati.

Tornò zi' Nunzia col caffè, gridando ancora: – Ottomila
lire, vive vive! – intanto che Eugenia, pallida come una morta, si sforzava inutilmente di rovesciare[34], perché non aveva
piú niente. I suoi occhi sporgenti erano quasi torti dalla sofferenza, e il suo viso di vecchia inondato di lacrime, come
istupidito. Si appoggiava a sua madre e tremava.

– Mammà, dove stiamo?

---

[33] *Come... rassegnazione*: aveva ragione zia Nunzia, quando ad Eugenia diceva:
«Figlia mia, il mondo è meglio non vederlo che vederlo».
[34] *rovesciare*: vomitare.

– Nel cortile stiamo, figlia mia – disse donna Rosa pazientemente; e il sorriso finissimo, tra compassionevole e meravigliato, che illuminò i suoi occhi, improvvisamente rischiarò le facce di tutta quella povera gente.

– È mezza cecata!

– È mezza scema, è!

– Lasciatela stare, povera creatura, è meravigliata – fece donna Mariuccia, e il suo viso era torvo di compassione, mentre rientrava nel basso che le pareva piú scuro del solito.

Solo zi' Nunzia si torceva le mani:

– Ottomila lire, vive vive!

(da *Il mare non bagna Napoli*, Adelphi, Milano 1994)

ITALO CALVINO

L'avventura di due sposi

Scritta nel 1958, questa storia fa parte della terza sezione dei
Racconti *(usciti in quell'anno), intitolata* Gli amori difficili.
Un amore «difficile» è anche quello di Arturo ed Elide, en-
trambi operai, divisi dai ritmi produttivi (lui fa il turno di notte,
lei quello di giorno): anche le loro carezze sono frettolose, gua-
state dall'assillo del fare presto, del dover andare al lavoro. Quel-
lo «struggimento che li pigliava tutti e due d'avere cosí poco tem-
po per stare insieme» che «quasi non riuscivano a portare il cuc-
chiaio alla bocca, dalla voglia che avevano di star lí a tenersi per
mano», è la muta, commovente, protesta dei due sposi contro
condizioni di lavoro che li privano di uno spazio persino per i
sentimenti.
La realtà in cui si radica questo racconto, ancora nell'orbita
del neorealismo, è quella della fabbrica, del lavoro operaio, del-
la nuova società industriale, attentamente osservata da Calvino
nella Torino degli anni Cinquanta.

L'operaio Arturo Massolari faceva il turno della notte,
quello che finisce alle sei. Per rincasare aveva un lungo tra-
gitto, che compiva in bicicletta nella bella stagione, in tram
nei mesi piovosi e invernali. Arrivava a casa tra le sei e tre
quarti e le sette, cioè alle volte un po' prima alle volte un po'
dopo che suonasse la sveglia della moglie, Elide.
Spesso i due rumori: il suono della sveglia e il passo di lui
che entrava si sovrapponevano nella mente di Elide, raggiun-
gendola in fondo al sonno, il sonno compatto della mattina
presto che lei cercava di spremere ancora per qualche secondo col viso affondato nel guanciale. Poi si tirava su dal letto
di strappo[1] e già infilava le braccia alla cieca nella vestaglia,

---

[1] *di strappo*: di colpo. Esprime tutta la difficoltà di alzarsi dal letto.

coi capelli sugli occhi. Gli appariva cosí, in cucina, dove Arturo stava tirando fuori i recipienti vuoti dalla borsa che si portava con sé sul lavoro: il portavivande, il termos, e li posava sull'acquaio. Aveva già acceso il fornello e aveva messo su il caffè. Appena lui la guardava, a Elide veniva da passarsi una mano sui capelli, da spalancare a forza gli occhi, come se ogni volta si vergognasse un po' di questa prima immagine che il marito aveva di lei entrando in casa, sempre cosí in disordine, con la faccia mezz'addormentata. Quando due hanno dormito insieme è un'altra cosa, ci si ritrova al mattino a riaffiorare entrambi dallo stesso sonno, si è pari.

Alle volte invece era lui che entrava in camera a destarla, con la tazzina del caffè, un minuto prima che la sveglia suonasse; allora tutto era piú naturale, la smorfia per uscire dal sonno prendeva una specie di dolcezza pigra, le braccia che s'alzavano per stirarsi, nude, finivano per cingere il collo di lui. S'abbracciavano. Arturo aveva indosso il giaccone impermeabile; a sentirselo vicino lei capiva il tempo che faceva: se pioveva o faceva nebbia o c'era neve, a secondo di com'era umido e freddo. Ma gli diceva lo stesso: – Che tempo fa? – e lui attaccava il suo solito brontolamento mezzo ironico, passando in rassegna gli inconvenienti che gli erano occorsi, cominciando dalla fine: il percorso in bici, il tempo trovato uscendo di fabbrica, diverso da quello di quando c'era entrato la sera prima, e le grane sul lavoro, le voci che correvano nel reparto, e cosí via.

A quell'ora, la casa era sempre poco scaldata, ma Elide s'era tutta spogliata, un po' rabbrividendo, e si lavava, nello stanzino da bagno. Dietro veniva lui, piú con calma, si spogliava e si lavava anche lui, lentamente, si toglieva di dosso la polvere e l'unto dell'officina. Cosí stando tutti e due intorno allo stesso lavabo, mezzo nudi, un po' intirizziti, ogni tanto dandosi delle spinte, togliendosi di mano il sapone, il dentifricio, e continuando a dire la cose che avevano da dirsi, veniva il momento della confidenza, e alle volte, magari aiutandosi a vicenda a strofinarsi la schiena, s'insinuava una carezza, e si trovavano abbracciati[2].

---

[2] *s'insinuava... abbracciati*: sono attimi d'intimità strappati all'inflessibilità dei ritmi produttivi, che impediscono ai sentimenti di manifestarsi e che rendono «difficile» l'amore, la vita coniugale, dei protagonisti.

Ma tutt'a un tratto Elide: – Dio! Che ora è già! – correva a infilarsi il reggicalze, la gonna, tutto in fretta, in piedi, e
con la spazzola già andava su e giú per i capelli, e sporgeva il
viso allo specchio del comò, con le mollette strette tra le labbra. Arturo le veniva dietro, aveva acceso una sigaretta, e la
guardava stando in piedi, fumando, e ogni volta pareva un po'
impacciato, di dover stare lí senza poter far nulla. Elide era
pronta, infilava il cappotto nel corridoio, si davano un bacio,
apriva la porta e già la si sentiva correre giú per le scale.

Arturo restava solo. Seguiva il rumore dei tacchi di Elide
giú per i gradini, e quando non la sentiva piú continuava a se-
guirla col pensiero, quel trotterellare veloce per il cortile, il
portone, il marciapiede, fino alla fermata del tram. Il tram lo
sentiva bene, invece: stridere, fermarsi, e lo sbattere della pe-
dana a ogni persona che saliva. «Ecco, l'ha preso», pensava,
e vedeva sua moglie aggrappata in mezzo alla folla d'operai e
operaie sull'«undici», che la portava in fabbrica come tutti i
giorni. Spegneva la cicca, chiudeva gli sportelli alla finestra,
faceva buio, entrava in letto.

Il letto era come l'aveva lasciato Elide alzandosi, ma dalla
parte sua, di Arturo, era quasi intatto, come fosse stato rifatto
allora. Lui si coricava dalla propria parte, per bene, ma dopo allungava una gamba in là, dov'era rimasto il calore di sua moglie, poi ci allungava anche l'altra gamba, e cosí a poco a poco
si spostava tutto dalla parte di Elide, in quella nicchia di tepore che conservava ancora la forma del corpo di lei, e affondava
il viso nel suo guanciale, nel suo profumo, e s'addormentava.

Quando Elide tornava, alla sera, Arturo già da un po' girava per le stanze: aveva acceso la stufa, messo qualcosa a
cuocere. Certi lavori li faceva lui, in quelle ore prima di cena,
come rifare il letto, spazzare un po', anche mettere a bagno
la roba da lavare. Elide poi trovava tutto malfatto, ma lui a
dir la verità non ci metteva nessun impegno in piú: quello che
lui faceva era solo una specie di rituale per aspettare lei, quasi un venirle incontro pur restando tra le pareti di casa, mentre fuori s'accendevano le luci e lei passava per le botteghe in
mezzo a quell'animazione fuori tempo[3] dei quartieri dove ci
sono tante donne che fanno la spesa alla sera.

---

[3] *fuori tempo*: ad ora insolita.

Alla fine sentiva il passo per la scala, tutto diverso da quello della mattina, adesso appesantito, perché Elide saliva stanca dalla giornata di lavoro e carica della spesa. Arturo usciva
sul pianerottolo, le prendeva di mano la sporta, entravano
parlando. Lei si buttava su una sedia in cucina, senza togliersi
il cappotto, intanto che lui levava la roba dalla sporta. Poi:
– Su, diamoci un addrizzo[4], – lei diceva, e s'alzava, si togl-
va il cappotto, si metteva in veste da casa. Cominciavano a
preparare da mangiare: cena per tutt'e due, poi la merenda
che si portava lui in fabbrica per l'intervallo dell'una di notte, la colazione che doveva portarsi in fabbrica lei l'indomani, e quella da lasciare pronta per quando lui l'indomani si sarebbe svegliato.

Lei un po' sfaccendava un po' si sedeva sulla seggiola di
paglia e diceva a lui cosa doveva fare. Lui invece era l'ora in
cui era riposato, si dava attorno, anzi voleva far tutto lui, ma
sempre un po' distratto, con la testa già ad altro. In quei momenti lí, alle volte arrivavano sul punto di urtarsi[5], di dirsi
qualche parola brutta, perché lei lo avrebbe voluto piú attento a quello che faceva, che ci mettesse piú impegno, oppure
che fosse piú attaccato a lei, le stesse piú vicino, le desse piú
consolazione. Invece lui, dopo il primo entusiasmo perché lei
era tornata, stava già con la testa fuori di casa, fissato nel
pensiero di far presto perché doveva andare.

Apparecchiata tavola, messa tutta la roba pronta a portata
di mano per non doversi piú alzare, allora c'era il momento
dello struggimento[6] che li pigliava tutti e due d'avere cosí poco tempo per stare insieme, e quasi non riuscivano a portarsi
il cucchiaio alla bocca, dalla voglia che avevano di star lí a tenersi per mano.

Ma non era ancora passato tutto il caffè e già lui era dietro la bicicletta a vedere se ogni cosa era in ordine. S'abbracciavano. Arturo sembrava che solo allora capisse com'era
morbida e tiepida la sua sposa. Ma si caricava sulla spalla la
canna della bici e scendeva attento le scale.

Elide lavava i piatti, riguardava la casa da cima a fondo, le
cose che aveva fatto il marito, scuotendo il capo. Ora lui cor-

---

[4] *diamoci un addrizzo*: muoviamoci (forma dialettale).
[5] *di urtarsi*: di bisticciare.
[6] *struggimento*: desiderio unito a sofferenza acuta e insistente.

reva le strade buie, tra i radi fanali, forse era già dopo il ga-
sometro. Elide andava a letto, spegneva la luce. Dalla propria
parte, coricata, strisciava un piede verso il posto di suo marito, per cercare il calore di lui, ma ogni volta s'accorgeva che
dove dormiva lei era piú caldo, segno che anche Arturo aveva dormito lí, e ne provava una grande tenerezza[7].

(da *Racconti*, Einaudi, Torino 1958)

---

[7] *strisciava... tenerezza*: Calvino pone sempre in primo piano la dimensione esistenziale, su cui influisce una realtà sociale in trasformazione, da lui attentamente
osservata.

MARIO RIGONI STERN

Alba e Franco

È questa la piú bella storia di caccia de Il bosco degli urogalli
*(1962): caccia intesa, come dice lo stesso Rigoni Stern, quale
«reale contatto con gli animali e con la natura, in limpida solitudine e riflessione per i sentieri della montagna dove ogni segno,
ogni incontro, ogni rumore hanno dei significati ben precisi con
la vita». Ne sono protagonisti due segugi che riempiono il bosco
delle loro gesta, Alba e Franco: intelligente sensibile e schiva la
prima, estroverso forte e alquanto monello il secondo. Tra questi
e i loro padroni s'instaura un rapporto d'affetto nonché di complicità di istinti e di sensazioni.*

*L'autore descrive la caccia (anche un'arte, frutto di osserva-
zione e di esperienza) con passione e competenza, riproducendo-
ne i gesti e i suoni, gli entusiasmi e le emozioni. L'ambiente, fatto di boschi, di pascoli, di montagne, di neve, è quello familiare
a Rigoni Stern, scrittore della sua terra (l'Altipiano di Asiago,
sulle Prealpi venete) e della sua gente.*

No, non è questa la storia di due innamorati. E nemmeno
di una società per azioni: ma solamente quella di due cani segugi dal pelo fulvo[1].

Vissero sino a qualche tempo fa vicino al mio paese[2], in
una casa presso il bosco, isolata e tranquilla, dove non giungono rumori di motociclette o di altre diaboliche macchine.
Solo di notte, tre volte alla settimana, si sente volare alto un
aeroplano di linea che ogni tanto accende e spegne i lumi come una lucciola in un campo di segala. Ma il suo rumore non
disturba; è familiare anzi, e, quando il vecchio Cristiano lo
sente, smette per un attimo di tirare nella pipa dicendo:

[1] *fulvo*: biondo tendente al rossiccio.
[2] *al mio paese*: quello del narratore, Asiago.

– Eccolo. – E mentalmente gli manda l'augurio di buon viaggio.

Eravamo dopo la Liberazione e i tre fratelli, Piero, Giacomo e Bruno, consegnati i mitra e le bombe all'autorità, ripresero la scure[3]. Ritornarono al bosco, questa volta, per lavorare da uomini liberi. Lavoravano e intanto ripensavano alla caccia. In quegli anni appena passati i cacciati non erano stati gli animali del bosco e perciò, questi, avevano prolificato indisturbati. Sovente, lungo i sentieri, schizzavano le lepri; e i caprioli, fattisi sicuri, non s'impaurivano piú tanto alla vista dell'uomo.

Un meriggio, mentre il sole incombeva alto sul nero degli abeti trasudanti resina, i tre fratelli si sdraiarono sul muschio a riposare nell'ombra. Non parlarono di partigiani e di fascisti ma bensí di lepri, caprioli, urogalli[4] e piú spesso di cani. Ricordavano i due segugi della casa, uccisi dai tedeschi durante una perquisizione: non erano riusciti a trovar uomini e allora, tanto per sparare e per impressionare avevano ucciso, ridendo, i due cani davanti ai piedi del vecchio padre[5].

– Dobbiamo trovare un cane o due per quando si aprirà la caccia, – diceva il piú vecchio dei fratelli masticando un fuscello. – È un peccato lasciar uccidere dagli altri tutti questi animali che girano per i boschi.

Loro, quasi, si sentivano i tenutari di quei boschi, vi erano nati dentro e vi avevano combattuto perché i tedeschi non li distruggessero rapinando il legname.

– Già, – diceva il piú giovane, – ma dove li trovi adesso due cani pronti per la caccia? E poi, chissà cosa costeranno –. Intanto frugava con uno stecco tra le ceneri del fuoco ormai spento per cavarne una bracia e accendere la sigaretta.

– Sta' zitto cucciolo –. Cosí lo chiamavano perché era il piú giovane anche se in effetti era il piú alto e muscoloso dei tre. – Sta' zitto! Che ne vuoi sapere tu di cani se quando noi andavamo a caccia non eri ancor nato?

Il giovane continuò a frugare tra le ceneri anche dopo aver trovato la bracia. Giacomo riprese:

---

[3] *consegnati… la scure*: Piero, Giacomo e Bruno, dopo essere stati partigiani ritornano al loro lavoro di boscaioli.

[4] *urogalli*: l'urogallo, il gallo cedrone, nelle storie di Rigoni Stern appare come un animale mitico, simbolo di un'antica libertà.

[5] *avevano ucciso… padre*: un gesto di violenza gratuita.

– Domenica andremo a cercare per i paesi qui attorno e qualcosa speriamo trovare. O sette o diciassette[6] i cani bisognerà averli.

– Giusto, – confermò il piú vecchio.

La domenica successiva, invece di venire a messa in paese, partirono per tre direzioni differenti.

Allora non c'erano né corriere né motociclette e i chilometri si dovevano fare a gambe e ognuno, secondo il piano prestabilito, andò per contrade e paesi vicini dove era noto che una volta esistevano compagnie di segugisti[7]. Ma purtroppo la guerra aveva ucciso anche qui e chi possedeva un cane lo teneva caro.

Alla sera, i tre fratelli si ritrovarono in casa stanchi e sfiduciati. Solo il piú vecchio aveva avuto una mezza promessa da Toi Ambrosini chiamato Bufera, gestore di una trattoria sulla strada per la pianura. Si trattava di una cucciolina di pochi mesi nata da Falco e Selva, due cani puri[8] ma oramai vecchi.

La domenica successiva andarono a prenderla: era ben poca cosa per una caccia che si presentava laboriosa e abbondante, ma non c'era da scegliere. A guardarla risaltavano subito le gambe gracili e tremanti, il corpo smilzo e poco sviluppato. Ma aveva anche il muso lungo e affilato, le orecchie lunghe e mobili e soprattutto gli occhi vivi e intelligenti, non proprio comuni per un cane della sua razza.

La presero fiduciosi di quegli occhi e dopo aver contrattato il prezzo, dopo aver bevuto un litro a confermare il contratto, il piú vecchio dei tre la sollevò per la collottola e la ripose in un vecchio zaino. La piccola non guaí. Buon segno.

A casa si abituò subito. La misero in stalla, al caldo, su paglia asciutta vicina alla vitella. Qualche volta sgattaiolava attraverso la porta socchiusa ed entrava in cucina a farsi coccolare; specialmente alla sera quando ritornavano dal lavoro. Di solito andava a posare la testa sulle ginocchia del piú vecchio quando stava mangiando e lo fissava con quegli occhi parlanti come fosse in adorazione di lui. Ma Piero faceva poche moine. Quando aveva finito di mangiare puliva il piatto

---

[6] *O sette... diciassette*: costi quel che costi, a qualsiasi prezzo.
[7] *segugisti*: cacciatori che usano segugi.
[8] *puri*: di razza.

con un pezzo di mollica e lo porgeva delicatamente alla cagnetta, e bastava che le accarezzasse un po' la testa con la
mano odorosa di resina che vedevi la cucciola fremere tutta
per l'emozione.

La chiamarono Alba a speranza di giorni nuovi dopo tanti
anni neri.

In luglio di quell'anno toccò di morire a Nardin Rode-
ghiero chiamato Gambe, gran appassionato quanto sfortuna-
to cacciatore solitario. Cosí il suo segugio bastardo di due anni, sul quale aveva tanto sperato e fantasticato, rimase senza
padrone. Non era questo un gran bel cane, anzi, piuttosto
rozzo e grossolano. Il corpo massiccio e poco slanciato, le
orecchie troppo piccole, gli occhi parevano tonti, la coda
grossa e arcuata. In compenso aveva un torace poderoso, garretti solidi e robusti[9], zampe larghe e dure: tutto l'insieme dava l'aspetto di un animale robusto e sano forse appunto perché non di razza pura. Ma gran ladro era; lo sapevano le case
dei vicini, la macelleria del paese e il pizzicagnolo[10] che al venerdí esponeva il baccalà. Sapeva entrare nelle case: si appoggiava all'uscio con le gambe anteriori, abbassava la maniglia, spingeva cautamente la porta con il muso, guardava dentro e, se c'era via libera, era un attimo vederlo uscire con in
bocca qualcosa di proibito.

Diventò la disperazione della povera vedova perché le la-
mentele dei vicini gli portarono l'intimazione della guardia
comunale: o pagare la multa, o ucciderlo, o venderlo.

La notizia arrivò sino alla casa vicino al bosco e un sabato
sera il piú giovane venne in paese dalla vedova per sentire se
fosse disposta a venderlo. Questa ben volentieri lo cedette, e
senza alcun compenso. Disse solo «fatemi mangiare una volta lepre».

Bruno lo legò con una funicella e lo condusse a casa. Quando arrivò era sul tramonto; gli altri due fratelli lo avevano visto venire da lontano e gli si avviarono incontro. Rimasero
male e non dissero niente. Il vecchio padre, seduto nell'orto
a fumar la pipa sotto il ciliegio, sbruffò forte il fumo e bron-

---

[9] *garretti solidi e robusti*: aveva una grande forza nelle gambe, era capace di resistere alla fatica della corsa.
[10] *pizzicagnolo*: venditore di generi alimentari.

tolò tra i denti: – Che razza di bestia ci porti? – Disse «bestia»[11] e non cane e non animale.

Questa bestia, appena entrata in cucina, annusò negli angoli e pulí rapidamente la coppa del cibo che avevano preparato per Alba. Annusò ad una ad una tutte le persone senza dimostrare alcun sentimento e quando Piero slegò Alba e la fece entrare in cucina, la bestia l'annusò ben bene da tutte le parti e finalmente scodinzolò.

Quella sera stessa deliberarono di chiamarlo Franco perché dimostrava d'essere furbo, libero e sfacciato.

Una domenica mattina, sul finire dell'agosto – mancavano quindici giorni all'apertura della caccia –, condussero Alba e Franco fino all'orlo del bosco e li misero con il muso dove rincasando a sera avevano visto uscir il lepre[12] al pascolo. Li misero proprio con il muso sul sentiero e tenevano basse le teste per farli annusare. Poi li liberarono dal guinzaglio. Alba fiutò, sbuffò, scodinzolò e saltellò lí attorno come per giocare, quindi diede un paio di guaiti e partí difilato sulla traccia. Franco la seguí abbaiando. Bene, erano a posto.

Dopo una mezz'ora Alba ritornò fremente, stupita e stanca; zoppicava sulle esili gambe non ancora mature per l'età e non ancora use al bosco. Franco, invece, ritornò di lí a due ore con un palmo di lingua a penzoloni ma non affatto stanco e con le zampe intatte come avesse sempre corso sul muschio.

I tre fratelli erano contenti, non avevano bisogno di altri cani.

Nei giorni che precedettero l'apertura[13], ogni sera, a turno, prendevano la bicicletta e pedalavano per strade sassose e, per quanto possibile, impervie, facendosi seguire dai due segugi per allenarli. Franco correva avanti e indietro, a destra e a manca, facendo arrampicare sugli alberi tutti i gatti che incontrava. Dimostrava di essere mai stanco: un demonio scatenato era. Alba metteva fuori un palmo di lingua e non si allontanava mai dalla bicicletta. Quando rientrava si buttava sfinita sotto la tavola.

---

[11] *bestia*: espressione di delusione e di disprezzo nei confronti del cane, nel quale il padre non ravvisa il segugio desiderato.
[12] *il lepre*: la lepre (qui al maschile, come nei dialetti veneti).
[13] *l'apertura*: della caccia.

Cristiano, il padre, seguiva con interesse i figli e i cani in queste azioni preparatorie e intanto, dal volo e dal numero degli uccelli, pronosticava un'abbondante stagione di caccia.

Venne la vigilia. Fucili e cartucce erano pronti da un bel po': quella sera misero tutto in ordine sul tavolo in cucina e andarono a dormir presto.

Ma gli uomini non dormirono. I tre si rivoltavano nei letti e le ore non passavano mai: avrebbero voluto morire quella sera e resuscitare al mattino. E il vecchio ricordava tanti anni addietro quando era lui ad aspettare l'alba per andare a caccia con i suoi fratelli diventati ora ricchi al di là del Gran Mare[14]. Che a quest'ora forse, nella loro comodità meccanica rimpiangevano la povera casa vicino al bosco.

Si alzarono che era ancor buio e l'ampia cucina fu ripiena della loro impazienza. I cani fiutavano qualcosa di nuovo ed erano eccitati e frementi quanto i loro padroni. Il vecchio tirava come un dannato nella pipa spenta e ogni tanto andava all'uscio a guardare verso il nero del bosco e verso il cielo a sentire l'aria.

Al primo albore, mentre Bruno, il piú giovane dei tre, teneva i cani al guinzaglio, gli altri due si avviavano per postarsi nel bosco agli incroci dei sentieri.

I due cani tiravano forte, specialmente Franco, e Bruno, a volte, doveva trattenerli con forza irrigidendo i muscoli delle gambe. Ma Alba e Franco continuavano ugualmente a tirare anche se il collare li soffocava, anche se la voce tentava di calmarli. Quando giunse il segnale convenuto li lasciò liberi. Dapprima stettero un attimo immobili, stupiti ed increduli e come volessero accumulare energie; poi Alba, come già un mese prima, saltellò quasi volesse giocare, quindi annusò la rugiada, alzò la testa e, immobile con il corpo, la girò attorno fiutando alto. Franco partí giostrando[15] tra gli abeti ficcando ogni tanto il muso nel sottobosco. Ad un certo punto Alba fermò la testa, aspirò avidamente dalle narici aperte e dilatate: fremette dalle labbra ai polpastrelli e scagnando levò il lepre[16].

Lo inseguí subito abbaiandogli con voce esile e staccata. Giunse anche Franco. Da quel momento iniziò un concerto a

---

[14] *al di là... Mare*: al di là dell'Atlantico, in America, dove erano emigrati.
[15] *giostrando*: muovendosi velocemente.
[16] *scagnando levò il lepre*: abbaiando furiosamente e con insistenza dopo averne sentito l'odore, stanò la lepre.

due voci che per anni, nell'autunno, echeggiò per i boschi e le valli della zona. Franco aveva una voce dal timbro baritonale e possente, rapida e inesauribile; Alba come di soprano acuto: esile staccata[17] e stanca da sembrar svogliata. Infilarono cosí il sentiero e sparirono dentro il bosco.

Il lepre davanti a loro correva a balzi lunghi ed elastici come se nelle gambe posteriori avesse delle potenti molle che scattavano, lanciandolo avanti, ogni volta che toccava terra. L'anima di Bruno andò dietro alla muta e intanto stringeva e accarezzava il fucile.

Poco dopo si sentí lo sparo. Uno solo. Buono. E dopo giunse il grido di Piero: Mortooo!! e il silenzio dei cani.

Aveva sentito la muta avvicinarsi. Con il corpo immobile portò lentamente il fucile in linea di sparo e vide quindi dal sentiero venirgli incontro il lepre: grosso, con le orecchie ritte, a balzi rapidi e lunghi ché subito dietro gli erano i cani.

Come si accorse di qualcosa d'insolito al crocicchio dei sentieri si era fermato bruscamente puntandosi sulle gambe anteriori e abbassando il posteriore. Tentò di voltare nel fitto[18] e sentí il piombo spezzargli le ossa.

I cani gli furono subito sopra e anche il terzo dei fratelli. Alba annusò e con il muso fece rotolare sul terreno quel corpo inerte dall'odore cosí forte. Franco lo addentò e sentí le ossa scricchiolargli sotto i denti. Piero a stento glielo strappò da bocca. Vennero anche gli altri due e il piú giovane, a pieni polmoni, rivolto verso la casa gridò: Mortooo!! ché lo sentisse anche il vecchio padre che certamente aveva già udito lo sparo. Quindi Piero levò il coltello, aprí il lepre, ne estrasse gli intestini e li divise in parti uguali per i due cani che avidamente aspettavano qualcosa.

Quattro lepri scovarono quel giorno Alba e Franco e quattro lepri capitombolarono sotto i colpi precisi dei tre fratelli. Ma il quarto, prima di venire a tiro, fece molta strada. Parecchi chilometri. E Franco s'era tanto allontanato per inseguirlo che nemmeno piú s'udiva il suo abbaiare. Solo a tratti, portata dal vento, veniva la sua voce da oltre i dossi dei boschi.

Allora si diedero il grido, e decisero di ritornare. Avevano

[17] *staccata*: «Bai bai», faceva Alba, mentre la voce di Franco, come si dice piú avanti, era «rapida» («baubau bau baubaubau»).
[18] *nel fitto*: dentro il bosco.

un lepre ciascuno. Alba, stanca morta e tremando sulle gam-
bette esili e gracili, li seguiva passo passo sul sentiero del ritorno quando improvvisamente si sentí piú vicino l'abbaiare
di Franco. Lestamente si postarono ma Franco arrivò loro incontro sfiatato e sfiancato, mogio mogio e senza il lepre. Aveva perso la traccia qualche centinaio di metri prima dove il lepre, che era riuscito a prendere una certa distanza, aveva fatto il nodo. Ossia aveva intrecciato la sua corsa in varie direzioni e, infine, con un lungo balzo s'era acquattato. Rimisero
i fucili in spalla e s'avviarono decisamente verso casa. Erano
le dieci passate e la caccia, per quel giorno, era da conside-
rarsi finita. I cani camminavano dietro a loro; ad un tratto
Alba si fermò, annusò come la prima volta e corse decisa dentro il bosco: guaí tre volte e il lepre schizzò fuori. Il piú giovane, che era davanti, fu il piú lesto a sparare e quello fu il
quarto a cadere. Un maschio con i baffi lunghi e grigi, duri
come setole di porco.

Il vecchio aspettava sulla porta di casa e fumando la pipa
guardava verso il bosco. Li vide venire dal sentiero e chiamò
verso la cucina da dove venivano rumori di pentole e di fuoco. Disse:

– Ehi donna, guarda i tuoi figli!

Prima che cadesse la neve novantaquattro lepri e tre caprioli avevano finito la loro corsa: fermati per sempre dai fucili dei tre fratelli. Erano segnati giorno per giorno sul luna-
rio appeso dietro la porta della stalla, sotto il quadro di
Sant'Antonio abate.

In ottobre vennero le beccacce, in novembre la brina, in
dicembre le cesene[19] e la neve. Quella notte un silenzio fondo e malinconico avvolgeva tutte le cose; si sentiva la neve
sul bosco, sui prati, sul tetto della casa, nelle stesse stanze tie-
pide e una cosa dolce e intima arrivava sin dentro il cuore. Il
vecchio si alzò per primo, spalancò la porta della cucina: gli
uccelli nelle gabbie sbatterono le ali, una cesena zirlò[20]. Aprí
le braccia e respirò profondo: la neve venne a posarsi sulle
sue mani e sul capo.

E incominciò il lungo inverno. In questa stagione un odore buono e sano impregna la casa e i suoi abitatori; in una

---

[19] *le cesene*: uccelli invernali simili ai tordi.
[20] *zirlò*: emise il suo verso.

stanza attigua alla cucina s'accumulano trucioli d'abete e mastelli di legno che gli uomini lavorano. Le pile di varie misure si alzano fin sotto il soffitto e, quando raggiungono il carico d'una slitta, vengono caricate e portate al paese per la spedizione. Non ne esce un buon guadagno ma il tempo passa lesto ed è bello sentirsi tra le mani il legno pulito e nitido e vedere i trucioli che saltano vivi sotto i coltelli affilati e sentire l'odore di resina nel naso e la voce calda del vecchio che racconta[21] della sua guerra. Storie vecchie, ché oramai le sanno anche i muri. Ma è bello sentire una voce che racconta. Alba e Franco dormivano acciambellati tra i trucioli e ogni tanto alzavano la testa per ascoltare o andavano a sfregarsi or contro le gambe di uno ora dell'altro.

I tre fratelli, oltre alla caccia, avevano un'altra passione: correre sugli sci. Ogni giorno, per qualche ora, calzavano gli sci da fondo leggeri e stretti e si rincorrevano, come giocando, per i prati e i boschi. Divennero bravi e incominciarono a gareggiare e a vincere. La pista passava vicino alla casa: saliva proprio lí davanti, costeggiava l'orto, sfiorava il bosco e correva via veloce sulla neve cristallina e secca. Quando c'erano le gare i due vecchi, con Alba e Franco, stavano sull'uscio della cucina per vederli passare. Li scorgevano ancora da lontano e dall'andata distinguevano uno dall'altro; sparivano poi nella valletta, sbucavano dal bosco e salivano su. Il vecchio controllava i tempi sulla sveglia e si dimenticava persino di accendere la pipa lasciando che i fiammiferi gli bruciassero le dita. Quando passavano vicino diceva sottovoce: Forza. La vecchia non diceva niente. Alba e Franco correvano loro incontro, li seguivano per la pista e abbaiavano come per incitarli a correre piú forte e a vincere. Forse i cani pensavano che traccia fosse mai quella che i loro padroni seguivano e che selvaggina avrebbero trovato alla fine. Loro sentivano solo l'odore del catrame vegetale lasciato sulla neve dagli sci.

Tornarono le allodole, i fringuelli, i becchincroce[22]; le volpi si ritirarono nei boschi; si arò e si seminò la segala e il lino. Il lavoro del bosco. Il fieno. E venne nuovamente la stagione della caccia.

[21] *vecchio che racconta*: analogamente i racconti di Rigoni Stern sono storie vissute o attinte alla memoria collettiva della sua gente.
[22] *Tornarono… i becchincroce*: ritornò la primavera. I becchincroce sono passeracei che nidificano nei boschi di conifere.

Le voci di Alba e Franco ripresero nuovamente a risuonare nei boschi. I richiami dei fratelli si ripercuotevano da un dosso all'altro e le fucilate rompevano ogni tanto il latrare dei cani.

Questi s'erano fatti maestri nella loro caccia: quando Franco inseguiva diritto per i sentieri, Alba li intersecava a zig-zag per non permettere al lepre di rintanarsi nel bosco dopo aver fatto il salto. Quando il lepre riusciva a far perdere le tracce allora Franco si metteva su un ceppo o su un sasso e latrava e abbaiava ai quattro venti, correva quindi in tutte le direzioni e se il lepre non era lesto a schizzar via, c'era il caso che lo addentasse. Alba aveva un fiuto eccezionale. Era invece delicata di costituzione ma la sua passione sopperiva anche a questo. Quando era tanto stanca da non poter piú correre, Piero appendeva le lepri uccise ad un abete, e la costringeva a far loro la guardia. Non c'era verso che qualcuno potesse avvicinarsi alla sua preda. Diventava una tigre. Nemmeno gli altri fratelli riuscivano a staccar le lepri dall'albero: solo Piero.

Un giorno che appunto stava in questo atteggiamento, passò da quelle parti una squadra di cacciatori forestieri. Videro la cagnetta tremante sotto l'albero e sull'albero appese tre lepri. Vollero avvicinarsi, ma giunti a pochi passi, quella cagnetta diventò una vipera: arrotò i denti[23], gonfiò la coda, ringhiò sordamente, e poi si mise ad urlare e a saltare, come un demonio scatenato che pareva impossibile che un corpo cosí piccolo potesse sprigionare tanta energia e furia. Incuteva veramente paura. Al diavolio giunse di corsa Bruno e riuscí a calmarla: ma era ancora tutta fremente e brontolava indispettita.

– Che razza di iena hai per cagna, – disse uno dei quelli. – A momenti le sparavo.

– Spara ai tuoi bastardi e gira al largo, – rispose Bruno.

– Mi vuoi vendere quelle tre lepri?

– Se riesci a staccarle te le regalo.

– Allora vendimi la cagna.

– Neanche se mi dài in cambio tua moglie e tutti i tuoi averi. Gira al largo ti dico.

---

[23] *arrotò i denti*: digrignò i denti, in segno d'ira e di minaccia.

– Che maleducato, tante arie si dà per una cagna e tre lepri.

Se ne andarono cosí e Alba da sotto l'abete ringhiava a loro.

Divenne brava anche agli uccelli[24]. Alle quaglie e alle beccacce non c'era cane da ferma che potesse starle a paro[25]. Accadeva a volte che brigate di quaglie si rifugiassero nei campi di patate vicino alla casa e che i cani da punta non riuscissero a levarle. I tre stavano a vedere per un po' e quindi portavano lí Alba. Bai! Bai! Bai! tre incroci per il campo e vedevi le quaglie levarsi a volo. In ottobre, nelle vallette umide del bosco sopra la casa, era sufficiente far un cenno con la mano per veder Alba andar su e far levar la beccaccia. Persino gli urogalli sapeva cacciare. Sentiva la pastura[26] e abbaiava appena appena, tanto per avvertire e poi, in silenzio, con la testa alta ti portava fin sotto l'abete dove l'urogallo s'era appollaiato: abbaiava forte e lo faceva partire.

Un cacciatore che poteva farlo offrí, a quei tempi, novantamila lire per averla. Era il prezzo di una buona vacca e persino il vecchio padre, anche se in casa non c'era tanta abbondanza, non volle accettare. Non aveva prezzo, ecco.

Un giorno concessero la caccia nella zona di rifugio e di ripopolamento dove da anni era bandita. In quei boschi i caprioli vivevano a branchi ed era un paradiso terrestre. Quel mattino accorsero tutti i cacciatori della zona e ne vennero, anche, da molto lontano. Sino in paese si udiva il latrare delle mute ai guinzagli e prima dell'alba vennero a trovarsi sulla cima del monte, al centro della bandita, una trentina di cani e forse piú. Li lasciarono e pareva un finimondo: latravano, abbaiavano, squittivano, correvano per il bosco in tutti i sensi, inseguendo i caprioli che incrociavano e ingarbugliavano le tracce e gli odori. Ad un tratto si sentí un inseguimento ben noto: Alba e Franco erano partiti decisi sulla traccia buona. Simultaneamente, i tre fratelli che erano alle loro poste[27], gioirono: – Sentili i nostri!

[24] *agli uccelli*: nella caccia agli uccelli.
[25] *starle a paro*: eguagliarla.
[26] *la pastura*: l'odore della selvaggina.
[27] *poste*: i luoghi dove attendevano che la selvaggina giungesse incalzata dai cani.

Vennero giú per il sentiero attraverso il bosco. Davanti
quattro caprioli: un vecchio maschio, una femmina e due piccoli che appena segnavano le corna: dietro Alba e Franco: piú
dietro ancora, distanziati, tutti gli altri cani. A fondo valle,
dove il sentiero si apriva in una radura che dava sulla strada,
c'era Toni Muss, cacciatore anziano e, nascosto dietro un
abete, il capo dei guardacaccia che osservava la battuta.

Muss sparò da trenta passi al vecchio becco che cadde be-
lando sulle ginocchia. Lasciò andare gli altri. Mise il fucile in
spalla, accese mezzo toscano e si avviò lentamente a dissan-
guarlo. Uscí allora da dietro la pianta il capo dei guardacaccia
e in quel momento giunsero anche Alba e Franco. Chiese a
Toni Muss:

– Di chi sono questi cani?

– Del Piero Poslen, – rispose con tono assente e roco, non
degnandolo nemmeno d'uno sguardo. – I cani piú bravi del-
l'universo mondo.

Giunsero anche gli altri.

Con il tempo Franco si faceva sempre piú robusto e sempre piú ladro. Per un giro di chilometri attorno, non era possibile lasciare un uscio aperto. Lo videro un giorno correre
per i prati con in bocca un pane di burro: dietro, il proprietario del burro sbraitava. Passò vicino al bosco dove il vecchio stava pascolando le mucche e cosí lo poté vedere che andava a nasconderlo tra le foglie sotto un cespuglio e allontanarsi tranquillo, come niente fosse accaduto. E una domenica di primavera mentre Piero andava in paese, passando per
una contrada sentí delle donne che si accapigliavano per il
mangime delle galline:

– Tieni le galline nel tuo cortile e dàgli da mangiare, e se
no tiragli il collo e non mantenerle con il mio.

– Sono le tue che vengono nel mio orto. Ladra! Una ladra sei!

– Anche ladra adesso. Tu sarai una ladra che vieni a prendermi le uova.

– Sei tu, sei tu ladra! Metterò il veleno e te le farò morire
tutte.

Continuavano cosí mostrandosi le pugna[28] dai confini dei

---

[28] *le pugna*: i pugni (forma antiquata), in segno di minaccia.

cortili e si protendevano una verso l'altra alzando vieppiú la voce. Piero, dalla strada, osservava e non sapeva se ridere o scappare, giacché piú d'una volta era accaduto che Franco fosse capitato a casa con in bocca le pentole del mangime o addirittura con delle uova tra i denti, tenendole delicatamente senza romperle.

– Ehi donne! – disse. – Calma; io so che è un cane a rubare il vostro mangime. Tenete chiusi i cancelli dei cortili invece.

Detto questo se ne andò in fretta in fretta.

Anche il macellaio vide una volta una filza di salsicce involarsi dalla porta e nient'altro. D'inverno, poi, quando gli sciatori si fermano vicino al rifugio a far merenda e aprono i sacchi sopra la neve, s'avvicinava cauto come una volpe. Facevano appena in tempo a tirar fuori gli involti che lui era già in corsa con in bocca i panini ripieni e fragranti. Demonio d'un cane!

Cosa importa tutto questo, quando in caccia non v'era segugio di qualsivoglia razza che potesse stargli a paro?

Un autunno i due fratelli piú giovani andarono agli allenamenti collegiali degli sciatori e a cacciare rimase solo Piero. Andava per qualche ora due volte alla settimana, e, una mattina, a un paio di chilometri dalla casa, i cani scovarono un lepre grosso come un capretto. Poté solo fargli una fucilata in fretta: i cani erano troppo sotto. Lo inseguirono veloci e furiosi perché Franco, nel farlo schizzare[29], era riuscito ad addentargli la coda. Era un lepre vecchio e astuto e perciò nelle corse non teneva il sentiero ma tagliava diritto per boschi e prati senza curarsi del terreno. Partirono sulla traccia come saette.

Baubau, bau, baubaubau. Bai bai. Finché piú non si sentirono. Poi, da molto lontano, portato dal vento, giunse solo l'abbaiare di Franco. Attraversarono una valle, girarono un monte, passarono nei boschi vicino alla casa, poi nei pascoli e ancora nel bosco. E poi per i monti, attorno e attorno, e il lepre era ancora in piedi e la traccia viva, e sempre piú fioca la voce dei cani. A un certo momento, dopo tre ore, Alba ritornò e si gettò sfinita e incapace a muoversi sulle scarpe di

---

[29] *schizzare*: balzar fuori di scatto.

Piero. Franco resisteva ancora e il lepre anche a resistere[30] e
il cane abbaiava sempre piú fioco e piú staccato. Passarono
ancora la valle ed era oramai mezzogiorno. Piero aveva fame
ma non poteva ritornare a casa. Per Franco doveva farlo. Doveva ammazzarglielo anche se avesse dovuto restare sino a
notte. Sapeva che lí l'avrebbe riportato e non si muoveva.
    – Passerà da qui, quel maledetto, – pensava a voce alta, –
passerà da qui e non lo mancherò. Dovessi crepare non lo
mancherò. Voglio forargli le orecchie a quel bastardo. Presto
o tardi dovrà pur passare.
    Gli giungeva l'abbaiare sfinito di Franco e pensava bat-
tendo i piedi per terra: «Dài Franco. Forza Franco. Dài, dài
Franco. Bravo, bravo, pigliala, pigliala quel figlio d'una put-
tana. Dài bello, dài bello, pigliala il gattino!» E fremendo si
commuoveva. Il lepre giunse vicino al paese all'imbocco della valle e lo attraversò. E Franco dietro senza piú fiato per
abbaiare. La gente, era mezzogiorno, se li vide passare tra le
gambe, e i cani segugi che erano sugli usci a prendere il sole
s'accodarono a Franco e scatenarono lo scagnare per la piazza e le vie del paese. Corsero ancora per delle ore e i cani si
stancarono e ritornarono a casa e Franco ancora solo a resistere.
    Se un cane può piangere io penso che Franco piangesse per
resistere ancora. Le zampe lasciavano una traccia rossa di
sangue dove si posavano e la bava bagnava i fili d'erba e i rami bassi del bosco.
    E Piero era lí che aspettava e il sole incominciava a scen-
dere e Franco non cedeva e il lepre anche non cedeva.
    «Bravo Franco, bravo Franco». Altro non era capace di di-
re Piero. Bravo Franco. Aveva sentito i cani del paese che
s'erano accodati e poi non li aveva piú sentiti. E poi un solo
abbaio, unico e basta, e aveva capito.
    «Eccoli laggiú che attraversano i pascoli vicino alla casa.
Franco è staccato di cento metri ma anche il lepre è sfinito.
Ora vengono. Vengono. Risalgono il fianco del monte e vengono dove stamattina». Franco abbaiò due volte, due sole
volte come per avvisarlo. Allora si rivolse ad Alba:
    – Su bella, su pelandrona; su brava. Senti là. Aiutalo,
corri.

[30] *anche a resistere*: resisteva anch'esso, continuava a fuggire.

Alba si alzò sulle gambe tremanti, scosse la testa e, zoppicando, fece il giro a dar aiuto a Franco. Poco dopo si sentí la sua voce fresca.

«Si avvicinano. Si avvicinano».

«Ecco, ora sono al roccolo[31]; ora nel vallone. Adesso sono alla pozza. Ecco Franco, ancora Franco. Bravo, forza. Sono alla cava; sta' attento. Non muoverti e non tremare stupido. Se lo sbagli?»

Sentí nel bosco pesticciare[32] sulle foglie di faggio. Si girò lentamente. Il lepre era lí, seduto, che lo guardava. Grosso, grosso; con la testa tutta una schiuma bianca che gli copriva i baffi, le labbra, fin quasi agli occhi. Bianca e verde. E gli pareva di vedere l'ansimare e i battiti impazziti del cuore.

Alzò il fucile e sparò. Lui neanche si mosse. Allora sparò ancora. Il lepre stirò le gambe e si adagiò.

Franco, per primo, giunse sul lepre. Lo prese in bocca, lo sentí inerte e allora si lasciò andare sull'erba della radura e pareva morto anche lui come il lepre.

Venne Alba; l'addentò furiosa e pareva volesse dilaniarlo. Allora Piero si mosse. Posò il fucile ed estrasse il coltello. Strappò in malo modo il lepre ad Alba e disse:

– Non a te. Non lo meriti.

Aprí il lepre: levò il cuore e il fegato. Si inginocchiò a lato di Franco, tagliò il cuore e il fegato ancora caldi e a piccoli bocconi glieli metteva in bocca. Dopo gli accarezzava la testa, gli puliva gli occhi con il fazzoletto, gli asciugava le zampe sanguinanti senza dirgli nulla e sentiva dentro una cosa, una cosa ecco che si fa fatica a dire e che a volte non si prova nemmeno per i cristiani.

Passavano le stagioni. Passavano e ripassavano gli uccelli migratori; sulle montagne lentamente crescevano gli abeti. Franco ed Alba sempre meglio conoscevano il bosco, la loro caccia e i tre fratelli. Nel mondo accadevano tante cose: la guerra in Corea, il ponte aereo, il Patto Atlantico, le elezioni, l'invasione delle motorette, l'automazione. Ma sulla terra le cose vanno come sempre; il sole nasce e tramonta, matura-

---

[31] *roccolo*: appostamento fisso per catturare vivi gli uccelli, costituito da reti verticali collocate in un pergolato a forma di semicerchio o di ferro di cavallo.
[32] *pesticciare*: calpestare ripetutamente.

no le messi, cade la neve. Anche nella piccola casa vicino al
bosco: nell'inverno si fanno mastelli di legno, nell'estate si la-
vora la terra e si tagliano le piante, nell'autunno si caccia.
Proprio come mille anni fa e come tra mille anni ancora[33].

Un giorno stavano preparando i campi per la semina. Il cavallo baio, guidato da Bruno, tirava l'aratro; Piero arava;
Giacomo aggiustava i recinti e il vecchio, fumando la pipa,
osservava i fringuelli montani che passavano alti e rapidi a segno di burrasca. I cani s'erano allontanati verso il bosco, cosí, tanto per annusare; e dopo poco si sentí la solita cagnizza[34]. Non la smettevano, i cani. I tre ascoltavano ognuno seguendo il proprio lavoro, e nessuno voleva essere il primo ad
abbandonarlo per andar a prendere il fucile. Lavoravano senza dirsi una parola; pure trepidavano e aspettavano che almeno il vecchio dicesse qualcosa. Ma era troppo assorto nei suoi
pensieri dietro agli uccelli e ai suoi ricordi, per accorgersene.
Correvano i cani sulla traccia, il cavallo sudava e la terra dura e nera s'apriva buona contro il ferro. S'allontanarono, i cani, ritornarono e sempre correvano finché Piero non poté piú
resistere. Disse: «Oooh» al cavallo e andò in casa a prendere
il fucile. Il vecchio nemmeno parlò e Giacomo prese il posto
di Piero dietro l'aratro.

Andò sino ai pascoli della malga e vi fu lo sparo. Ritornò con il lepre, e, legati i cani, ritornò a lavorare. Non si poteva farlo bene e serenamente sentendo lo scagnare dietro la
pista.

Cosí andò per molti anni, tanti per due cani segugi. Vollero conservare la loro razza e una primavera Alba venne coperta da Franco. Partorí tre cuccioli e un mese dopo il parto
morí di sua morte naturale. La seppellirono nell'orto, sotto il
ciliegio, dove a sera il vecchio è uso di fumar la pipa e di
ascoltare il pigolio dei pettirossi.

Un anno dopo se ne andò anche Franco. Era d'autunno

---

[33] *Passavano... ancora*: è il fluire e il morire delle cose umane dentro una natura
che sa restare se stessa e sotto gli occhi dell'autore e dei suoi personaggi rinnova
l'immagine dell'eterno. La guerra di Corea, combattuta tra il giugno del 1950 e il luglio del 1953, vide fronteggiarsi da un lato la Corea del nord e la Cina, dall'altro la
Corea del sud e gli Stati Uniti. Il Patto Atlantico, stipulato nell'aprile del 1949, fu
un patto di reciproca assistenza politico-militare e di collaborazione economica tra
gli Stati Uniti, il Canada e alcuni paesi dell'Europa occidentale, tra cui l'Italia.
[34] *cagnizza*: cagnara, l'abbaiare di molti cani tutti insieme.

tardi, poco prima della neve che già s'annusava nell'aria. Lo portarono a cacciare nei pascoli vicino alla malga. Franco trovò la pastura del lepre, abbiaiò stanco, corse qua e là barcollando e s'inoltrò nel fitto. Non ritornò piú.

(da *Il bosco degli urogalli*, Einaudi, Torino 1970).

BEPPE FENOGLIO

Golia

Questo racconto resistenziale è tratto dal volume Un giorno
di fuoco, *uscito nel 1963 a poche settimane dalla morte dell'autore.*

*Come l'intera narrativa partigiana di Fenoglio, esso offre uno
spaccato antiretorico della Resistenza, vista — e in questo sta il
superamento della dimensione neorealistica del documento — come una metafora della vita, al pari della guerra civile, che diviene l'immagine tragica, ma anche meschina, di un mondo privo di
senso.*

*Vi si disegna un quadro di sbandamento e di dolore, di sacri-
fici spesso inutili e di violenze assurde e gratuite al di là dei diversi schieramenti coinvolti nella tragedia e accomunati nella
pietà dell'autore. E se da un lato viene sottolineata l'umanità dei
partigiani nei confronti dei prigionieri tedeschi, dall'altro non
viene taciuta la fragilità emotiva dei combattenti più giovani,
certo generosi ma spesso irresponsabili, come il ragazzo partigiano che qui, sorta di piccolo Davide folle di paura, uccide Fritz,
un prigioniero tedesco che ricorda il gigante Golia, però inoffensivo e indifeso.*

Il primo grido della sentinella andò perso. Ma quando ripeté: – I nostri! Tornano i nostri! Hanno un prigioniero! –
allora i partigiani che sedevano a calvalcioni del parapetto
della scuola a guardare in faccia il sole di gennaio sciamarono
via[1] dal parapetto e per i vicoli e le scarpate si buttarono sullo stradone della collina. E la popolazione col batticuore corse alla specola a prender parte[2].
Videro attaccar la salita un drappello di partigiani con in

---

[1] *sciamarono via*: s'allontanarono in direzioni diverse.
[2] *alla specola… parte*: in un luogo elevato da dove si poteva vedere il prigioniero.

mezzo un uomo tanto piú alto di loro, come se lui sfuggisse alle regole della distanza che riducevano di tanto[3] i partigiani. Il gigante vestiva un'uniforme e aveva capelli biondissimi, nei quali il sole giocava frenetico, come se non n'avesse parecchie di quelle occasioni.

Poi dall'ultima svolta sbucarono in velocità i partigiani del presidio e ora si sfrenavano[4] contro il drappello come se volessero ributtarlo a valle. La gente sulla specola pensò: «Qui succede come tutte le altre volte che beccano uno della repubblica[5]», e si aspettava di vederli cozzare nel drappello, scardinarlo e artigliare il prigioniero per dargli poi a pugni e calci un primo acconto. L'ultima volta gli stessi catturatori avevano fatto quadrato intorno al prigioniero e avevano resistito all'assalto sebbene grandinassero su loro tutti i colpi destinati al fascista. S'erano lottati[6] cosí per un quarto d'ora, e il groviglio sbandava da un ciglio all'altro della strada come se questa s'inclinasse ora di qua ora di là. Il drappello puntava[7] per salire, gli altri per fermarlo, sicché a chi guardava dalla specola pareva che tutt'insieme si affannassero a spingere su per l'erta un pesantissimo carro che un po' sale ma poi risciivola quando lo sforzo si rompe. Questo era successo l'ultima volta e la penultima, ma stavolta fu differente.

A venti passi dal drappello si arrestarono di netto, guardarono un momento, poi in silenzio e con le mani basse scansarono il drappello e gli si accodarono come ad ingrossar la scorta. Si vide però il piú piccolo ed il piú giovane dei partigiani, quello che per scherno chiamavano Carnera[8], avvicinarsi piú d'ogni altro al gigante, spiccare un salto e a volo strappargli dal petto un qualcosa che vi luccicava. Il colosso si portò una mano al petto come se lí fosse stato ferito e poi girò la testa, come la girano i buoi, verso il partigiano piccolo.

Sulla specola la gente si guardò in faccia e un anziano dis-

---

[3] *riducevano di tanto*: facevano apparire tanto piú piccoli.

[4] *si sfrenavano*: si lanciavano, in una corsa veloce.

[5] *repubblica*: le truppe della Repubblica di Salò. I suoi aderenti venivano anche chiamati, in senso dispregiativo, «repubblichini».

[6] *lottati*: azzuffati. Raro è l'uso di «lottare» con la particella pronominale.

[7] *puntava*: spingeva.

[8] *Carnera*: Primo Carnera fu negli anni Trenta campione mondiale dei pesi massimi. Per antonomasia venne ad indicare una persona di corporatura eccezionalmente grande e robusta.

se: – Non dev'essere un fascista. O se lo è, è talmente un pezzo grosso che gli[9] mette rispetto.

Poi dalla specola corsero giú alla porta del paese, giusto in tempo per fare ala all'entrata di un soldato tedesco circondato dai partigiani del presidio. La gente fremette e serrò gomito a gomito quando su di essa, in curva, passò lo sguardo di lui. Non era uno sguardo feroce, ma scaturiva da occhi cosí azzurri, piombava da tanta altitudine. Varcò la soglia della scuola con dietro i partigiani che arrivavano sí e no a coprirgli le scapole, e la popolazione restò a fissare le pietre toccate dai suoi piedi e ad annusare l'aria quasi che egli avesse dovuto lasciarci un odore particolare. In quel boccheggiamento[10] uno disse: – Visto, come son fatti gli uomini di Hitler? – L'avevano visto, e tacevano, cominciando a spiegarsi il mistero dell'otto settembre[11], quando una dozzina di questi uomini avevano domato delle caserme con dentro interi reggimenti nostri.

Sostarono davanti alla scuola un'ora buona, e alle donne non passava per la mente di rincasare né glielo ricordavano i loro uomini. Finalmente dalla scuola uscí Sandor, il comandante, e gli trovarono un'aria grave come non mai, come se sentisse il peso di una nuova e piú alta responsabilità. L'avvilupparono in una rete di domande, ma tutte fatte a bassa voce, quasi nella paura che il tedesco da là dentro potesse afferrarle, offendersi e infuriarsi e travolgendo i partigiani comparire sulla soglia e farli crepar tutti di puro spavento. Ma la voce di Sandor era normale, e sonora, mentre rispondeva a tutti e a ciascuno: – Sí, parla discretamente l'italiano. Del resto è piú d'un anno che è in Italia. Prima era sul fronte russo, poi l'hanno mandato qui da noi in riposo. Chiamalo riposo. L'ha preso Tarzan[12] e la sua volante, alla periferia di Ceva[13]. No no, ha subito alzato le mani, non se l'aspettava

---

[9] *gli*: ai partigiani.
[10] *boccheggiamento*: per lo stupore la gente apriva la bocca, muoveva le labbra, senza però proferire parola.
[11] *otto settembre*: il giorno in cui fu reso pubblico l'armistizio firmato il 3 settembre 1943 tra il governo di Badoglio e gli Alleati.
[12] *Tarzan*: nome di battaglia di Dario Scaglione, compagno di lotta partigiana di Fenoglio, la cui morte, avvenuta dopo uno scontro con i fascisti a Valdivilla, nelle Langhe, nella primavera del 1945, segnò profondamente l'autore.
[13] *Ceva*: nella zona meridionale delle Langhe, quasi al confine tra la provincia di Cuneo e quella di Savona.

neanche lontanamente. Cosa gli ha fatto Carnera? Gli ha soltanto preso la medaglia, una medaglia della Russia.

Uno si schiarí la gola e domandò se lo fucilavano.

– Non ci conviene mica. È meglio conservarlo per un cambio. Se va male[14] a uno dei nostri, si manda il parroco a Ceva a proporre il cambio. C'è da guadagnarci, alle volte per
uno di loro te ne restituiscono dieci dei nostri.

A sentire che non lo fucilavano alla gente si slargò il cuore
e rincasarono con una certa qual consolazione.

Per un paio di giorni il tedesco non fu visibile, quantunque
molti perdessero un bel po' di tempo appostati in mira alle finestre della scuola, per vederlo almeno di sfuggita, per ve-
derne almeno un pezzo.

Il terzo giorno, due donne che tornavano dal forno con un
bambino per mano e nell'altra il cestone del pane, queste due
donne all'altezza della scuola girarono a caso gli occhi e sus-
sultarono a vedere il tedesco alla finestra, inquadrato di pro-
filo. Stava seduto e facendo un lavoro per suo conto con le
labbra strette e la mani sotto il davanzale. Dietro alle due
donne altri si accalcarono e guardavano incantati. Finché il
tedesco voltò gli occhi alla strada: la gente tenne il fiato, ma
lo sguardo di lui era diretto in basso, centrava i due bambini.

– Belli bambini, – disse poi.

Alzò una mano e mostrava uno stivaletto, lo agitò un po'
come se volesse metterlo in vendita e disse: – Stivale, mio stivale, rotto in una parte.

Un uomo si staccò e andò sorridendo fin sotto la grata; le
donne lo seguirono con occhi trepidi e compiaciuti. E disse,
ad alta voce: – Io sapere aggiustare. Aggiustare e riportare.
Va bene?

– Voi aggiustare e riportare. Capito. Grazie – sillabò il tedesco e di tra le sbarre gli passò lo stivaletto.

Il ciabattino tornò, fendette il crocchio, tenendo alto lo
stivale, mostrandolo ma non prestandolo, come chi torna dal
palco della giuria con un premio. Benché il tedesco indugias-
se dietro la grata, ora la gente non aveva piú occhi che per la
sua calzatura, perché era una cosa sua e la piú vicina, che si
poteva toccare.

Poi di Fritz (lo battezzarono cosí, all'unanimità, partigiani

---

[14] *va male*: viene fatto prigioniero.

e borghesi) di Fritz Sandor dovette essersi fatto un buon concetto, perché lo mise fuori a spaccar legna. Non libero, a sor-
vegliarlo c'era sempre Carnera, seduto sulla montagnola dei
ceppi[15], con la testa nella coppa delle mani e gli occhi, naturalmente torvi, a seguire la traiettoria delle schegge. Aveva
quattordici anni appena compiuti ed era fatto come un ragno.
Ficcato nei calzoni teneva il suo pistolino 6,35 e ogni tanto lo
tirava su a metà, un po' come memento[16] al tedesco e un po'
perché non gli indolenzisse la pancia.

Ma Fritz a Carnera sorrideva sempre, cosí come sorrideva
a tutti e a tutto, perfino ai ciocchi sulla toppa[17]. E quando gli
riusciva un fendente di particolare forza e precisione, che le
schegge rimbalzavano fin sul tetto della censa[18], allora fissava
Carnera pazientemente come se non potesse essergli negato
un sorriso almeno di apprezzamento. Ma Carnera non poteva
e non voleva sorridergli, sempre i suoi occhi o s'appuntivano
per il sospetto o s'intorbidavano per la noia. Avrebbe dato un
calcio a quel servizio di guardia, non fosse stato che il prigioniero era un tedesco e questo servizio quindi tra i fatti sa-
lienti della sua carriera partigiana.

Ancorché pieno gennaio, Fritz per spaccar la legna si sfila-
va camicia e flanella. E le donne, al riparo degli spigoli e delle tendine, lo guardavano a lungo: nessuno dei loro uomini
aveva quella pelle, una pelle di bimbo a fasciare un gigante di
quarant'anni, tenera, abbondante, fulgida per i peli d'oro. E
un giorno in una casa sullo spiazzo dove Fritz lavorava de-
tonò uno schiaffo. Un marito era arrivato dietro la moglie che
perdeva tempo a contemplare il torace del tedesco, l'aveva af-
ferrata per le spalle, ruotata e battuta in faccia. Il fatto però
non danneggiò Fritz in paese, dove la cosa si riseppe, perché
era chiaro che la colpa era tutta di lei.

Non lo consideravano piú un nemico – del resto l'avevano
considerato tale soltanto per i pochi minuti della sua entrata
in paese – e riusciva sempre piú difficile perfino considerarlo
straniero; in quanto a stranieri, erano infinitamente piú stranieri i due prigionieri inglesi, Tom e Victory, che l'otto set-

---

[15] *ceppi*: pezzi di tronco da ardere.
[16] *memento*: avvertimento (letteralmente «ricordati», imperativo futuro del verbo latino *meminisse*, "ricordarsi").
[17] *ai ciocchi sulla toppa*: ai ceppi.
[18] *censa*: tabaccheria. Forma dialettale.

tembre erano evasi da un campo di concentramento ed erano
stati qualche mese con Sandor finché in uno sbandamento del
'44 erano andati a perdersi chissà dove.

Ma la curosità non moriva. I bambini che tornavano dalla
dottrina in canonica, si fermavano sempre a vedere Fritz lavorare alla legna o ad altro e facevano ogni volta tardissimo,
ma a casa era sempre buona la scusa d'essersi fermati per
Fritz. A Carnera la bile montava fin sotto il palato[19], perché
lui teneva infinitamente all'ammirazione dei bambini, ma
questi s'interessavano sempre e soltanto a Fritz. Finché, al
massimo della gelosia, Carnera li cacciava tutti a casa con un
urlo e la faccia feroce.

Ora il cuciniere lo mandava spesso in giro per le case a farsi imprestare gli arnesi da cucina che a lui mancavano, e dopo avergli dato quel che gli bisognava, le donne lo trattene-
vano sempre un po' e gli versavano un bicchiere di vino dolce, la prima che aveva pensato d'offrirglielo avendo scoperto
che gli piaceva piú dell'altro ed essendosi fatta premura d'av-
visarne le compagne.

Quanto ai partigiani, l'ammisero a mangiar con loro, anche se subito dopo lo spedivano nello stanzino di là a lavare i
piatti.

Ma un giorno, appena sentí Fritz affondare i primi piatti
nell'acqua, Ivan, che era dei piú vecchi, ritirò le mani da sulla tavola e disse: – È scandaloso trattare un tedesco cosí come lo trattiamo noi[20].

Sandor stava bagnando di saliva una sigaretta accesa male.
Capí storto e disse: – Vorresti che non gli facessimo nemmeno lavare i piatti?

Allora Ivan disse adagio e marcato: – Io voglio dire che lo
trattiamo scandalosamente bene. Quasi come se gli volessimo
bene, ecco. Questo è lo scandaloso che dico io.

Sandor disse con leggerezza: – E cosa vuoi fargli? Fucilarlo?

– Io non sono un sanguinario e tu lo sai. Ci ho riflettuto
molto, ed è proprio quello che dovremmo fargli. Fucilarlo.

Non aveva ancor detto l'ultima parola e già Carnera gli si

[19] *A Carnera... palato*: Carnera andava in collera.
[20] *È scandaloso...*: inizia un dialogo di grande intensità, che mostra quale nodo
di sentimenti contrastanti sia nei partigiani.

era postato dietro, con una mano sulla spalla, come a schierarsi e a incoraggiarlo.

Lo stanzone s'era allagato di silenzio, un partigiano lasciò cadere sulla tavola la tabacchiera.

– Per principio, bisogna farlo, – aggiunse Ivan.

Sandor guardò di sfuggita verso lo stanzino dove Fritz rigovernava, poi, abbassando involontariamente la voce, disse: – A parte il fatto che eravamo d'accordo di conservarlo per un eventuale cambio. A parte questo, a te cos'ha fatto? Perché ce l'hai?

– A me niente, perché se un tedesco m'avesse fatto qualcosa, non sarei qui a parlarti. A me niente, ma qualcosa avrà ben fatto a qualcun altro. Pensa un momento, Sandor, a tutto quello che hanno fatto i tedeschi in Italia. Ne hanno fatte tante, dico io, che per farle debbono essercisi messi in tutti quanti sono, nessuno escluso, e quindi Fritz compreso.

S'intromise Polo, un altro dei piú vecchi, e disse: – Ma cosa vuoi che abbia fatto Fritz? Non lo vedi che è il tedesco meno tedesco che ci sia? Fritz è il tipo domestico.

Carnera premeva sempre alle spalle di Ivan e accennava a lavorargli i fianchi coi pugni per pungolarlo e intanto fissava Sandor come a convincerlo per via ipnotica.

Ivan disse, opacamente come sempre: – Anche se lui personalmente non ha fatto niente, è giusto che paghi lui per gli altri che hanno fatto e che non ci vengono nelle mani.

Disse Polo, sporgendo le labbra: – Per fortuna hai detto in principio che tu non sei sanguinario...

Allora Ivan alzò la voce. – No, sono giusto, e non sanguinario. Pensa un momento ai nostri, che i tedeschi hanno fucilato, impiccato, bruciato coi lanciafiamme, pensa a Marco, Dio Cristo, a Marco che l'hanno impiccato col gancio da macellaio e ci ha messo un'ora a morire. E credi che Marco in tutta quell'agonia non abbia pensato: «Almeno restano dei nostri che mi vendicheranno, che li faranno pagare anche per me!»? Guarda noi come gliela facciamo pagare! Questo è tradimento!

– È tradimento! – echeggiò Carnera, sporgendosi da dietro la schiena di Ivan.

La parola mozzò il fiato a tutti. Poi, il partigiano Gibbs cominciò: – Gli altri... – Non si poteva ancora dedurre se Gibbs parlava a favore o contro, ma Ivan scattò subito. – Gli

altri! Ma non capite che gli altri siamo noi, possiamo esserlo
da un minuto all'altro? Appena ci ammazzano siamo subito
gli altri. E se capitasse a me, e ne avessi il tempo, io lo pen-
serei: «Almeno i miei mi vendicheranno». E se da dove sarò
andato a finire vedo che i miei non soltanto non mi vendica-
no ma trattano bene uno di quelli che m'hanno ucciso, allora,
se potessi tornar giú, com'è vero Dio faccio la pelle al tedesco
che m'ha ammazzato e anche al partigiano che potendolo non
m'ha vendicato.

– Io ti capisco, Ivan, – disse allora Sandor, – ma non mi
sento di far fare a Fritz la fine che vuoi tu. Io coi tedeschi ce
l'ho, è naturale che ce l'ho, per tante cose. Ma non c'è confronto con come ce l'ho coi fascisti. Io arrivo a dirti che ce
l'ho soltanto coi fascisti. Per me son loro la causa di tutto.
Guarda, Ivan, se io corressi dietro a un tedesco, e mi spun-
tasse da un'altra parte un fascista, stai certo che io lascio perdere il tedesco e mi ficco dietro al fascista. E lo acchiappo,
dovesse creparmi la milza. E tu faresti lo stesso.

– Questo è vero, anch'io farei cosí. Ma con questo tedesco
io non ho per niente la coscienza a posto. Per niente –. E
scuoteva tenacemente la testa. Poi si alzò, andò alla finestra,
come se le sue prossime parole fossero da proclamarsi al mondo. E disse: – Ma che gente siamo noi italiani? Siamo in una
guerra in cui si può far del male a tutti, si deve far del male a
tutti, e noi ce lo facciamo soltanto tra noi. Cos'è questo? Vigliaccheria, cretina bontà, forse giustizia? Io non lo so. So solo che se noi di qua pigliamo un tedesco, invece di ammazzarlo finiamo per tenerlo come uno dei nostri. I fascisti di là,
se beccano un inglese o un americano, qualche sfregio certo
gli faranno, ma ammazzarlo non lo ammazzano. Ma se invece ci pigliamo tra noi, niente ti salva piú, e se cerchiamo di
spiegare che siamo fratelli ci ridiamo in faccia. E cosí, quando la guerra finirà, ci sarà, mettiamo, degli inglesi che tornano dalle loro madri e dicono: «M'hanno preso i fascisti italiani ma m'hanno lasciata salva la vita», e dei tedeschi che
torneranno a casa e diranno la stessa cosa dei partigiani italiani. Ma alle madri italiane, alle nostre, che cosa si dirà?

Si sentiva l'acciottolio[21] dei piatti sotto le mani del tedesco e il respiro pesante dei partigiani. Poi Polo disse, lascian-

---

[21] *l'acciottolio*: il rumore.

do cascar le braccia: – Tutta questa discussione per Fritz. E
lui è di là che ci lava i piatti. Di', Ivan, non ti sembra già abbastanza che un uomo di Hitler, un soldato dell'esercito tedesco che ha domato Francia e Polonia e mezzo mondo sia di
là a lavarci i piatti a noi poveri scalcinati partigiani italiani?
    – Mah, – fece Ivan, stanchissimo, – io non lo so, non so
piú niente. Io ho parlato per questione di principio.
    Gridò Carnera: – Abbastanza? E abbastanza le balle!
    Sandor alzò appena un sopracciglio, ma Polo domandò: –
E tu, Mosquito[22], cosa vorresti fargli di piú?
    – Io l'ammazzerei? Io lo ammazzo!
    Polo ci fece sopra una sghignazzata, cosí artificiale e con-
cisa[23] che Carnera se ne offese il doppio che se fosse stata sincera e prolungata. Gridò: – Voi non mi prendete sul serio
perché io non ho la vostra età, ma io come partigiano valgo
tanto quanto voi! Con la differenza che se voi aveste solo la
mia età non avreste avuto il coraggio d'entrare nei partigiani,
come ho fatto io a quattordici anni.
    Polo disse, con una voce ghiacciata: – Te lo dico io quel
che sei venuto a far tu nei partigiani. Ci sei venuto per farti
mantenere, perché ci hai tutto da guadagnare, per mangiare
tutti i giorni la carne che a casa tua vedevi soltanto la domenica[24]...
    Ben piú lunga era la lista, ma Polo la troncò perché la fi-
sonomia del piccolo impressionava. Piangeva di furore e quel-
l'acqua[25] l'accecava, sicché il dito puntato non centrava affatto Polo, ma era a Polo che disse: – A te ti farò vedere io,
ti farò vedere!
    – Sí, ma sbrigati, perché altrimenti la guerra finisce e tu
non ci avrai fatto veder altro che mangiar carne.
    – Ti farò vedere io, e presto. E intanto ti dico che sei un
vergognoso. Vergognoso tu e vergognosi tutti, meno Ivan –.
E scavalcò la panca perché Polo e qualche altro offeso stavano per abbrivarlo[26], e dalla porta gridò tutto d'un fiato: – Qui
dentro ad avere il cuore di partigiano ci siamo solo io e Ivan.
Voi siete tutti dei vergognosi. Perché se io piglio un tedesco,

[22] *Mosquito*: zanzara, in spagnolo.
[23] *artificiale e concisa*: non spontanea e breve, nervosa.
[24] *Ci sei venuto... domenica*: dalle parole di Polo traspare la smitizzazione della
Resistenza operata da Fenoglio.
[25] *quell'acqua*: le lacrime.
[26] *abbrivarlo*: gettarglisi addosso.

io l'ammazzo. Perché io sono un partigiano e Ivan ha ragione
a dire che è un tradimento, – e scappò.

Quella sera stessa una donna del paese entrò al comando a
regalare un cambio di biancheria per Fritz.

Ma, ancora di gennaio, ci fu un giorno che il tedesco dovette tremare per la sua vita, che era, a fil di logica, perduta.
Tarzan mancava da tre giorni, forse era sceso a Ceva a studiare i posti di blocco o forse batteva le colline semplicemente per distrazione, era quello che diceva che a non muoversi
il partigiano è il piú noioso dei mestieri e che in fondo, a
muoversi o a starsene fermi, il pericolo era pressoché identi-
co. Tre giorni erano molti, ma Tarzan era il tipo che rientrava sempre alla base.

Invece arrivò, mandato dai frati del convento appena fuori Ceva, un uomo ad avvisare che la repubblica aveva preso e
fucilato un partigiano proprio all'angolo del convento, e là
l'aveva lasciato. Dalla descrizione era Tarzan. – E portatevi
qualcosa da far leva, ché per il gelo s'è tutto attaccato alla
ghiaia.

Fritz stava alla grata e vide il gruppo dei partigiani spartir-
si. Vide Polo andare al portico e tirarne fuori il camion e ma-
novrarlo fino al limite della piazza, pronto per la discesa. E
Ivan salire sul cassone con cinque altri, piazzare un mitraglia-
tore sulla cabina e tutti aspettare Sandor. Il capo era entrato in
casa del medico condotto. Ne usciva adesso, portava sul braccio un fagottone bianco, e dietro gli uscí la moglie del dottore,
che pareva fare a Sandor delle raccomandazioni. Poi Sandor
sparí nella cabina e il camion rotolò in folle giú per la discesa.

Dopo tre ore tornavano, si sentí il camion penare in salita
come sempre, il suo motore urlare come Sisifo[27].

Fritz, trovato tutto spalancato, era uscito in piazza. Già ci
stava adunata tutta la popolazione, dopo aver chiuso i bambini in casa e sbarrato tutto, che non potessero vedere assolutamente niente di quanto andava a succedere in piazza.
Tutti stavano a testa china, come violentati dal fragore del
camion ormai vicinissimo, qualcuno si premeva le due mani
sul petto, altri si tamponavano la bocca.

---

[27] *Sisifo*: secondo la mitologia, dopo la morte, fu condannato per l'eternità
a spingere su per un alto monte un gran masso che appena era in cima rotolava
a valle.

Il camion frenò nel bel mezzo della piazza, tutto fu visto e compreso quando Polo saltato giú dalla cabina andò ad abbattere la sponda del cassone. Lo calarono e lo deposero sul primo scalino della chiesa. La moglie del medico, con le mani giunte sotto il mento, fissava la muffa rossa[28] fiorita sul suo bel lenzuolo matrimoniale. S'erano dimenticati di spegnere il motore, singhiozzava come un orco[29]. Polo corse a spegnerlo, e cosí si sentí distintamente il cigolio delle imposte tentate dai bambini[30] confinati nelle case.

Sandor attraversò la piazza, arrivò allo scalino e rimase lí come una statua. Elia, partigiano meridionale, partí dal fondo e avanzò adagio rasente alla popolazione; nelle mani a coppa teneva quattro o cinque ciottoli innaffiati di sangue e ripeteva con voce da chierico: – Queste pietre sono sporche del suo sangue. Sono le pietre del mucchio di ghiaia sul quale l'hanno fucilato –. La gente ritraeva la testa ma aguzzava gli occhi, e le donne si segnavano, perché pareva proprio una cosa di chiesa, un passaggio di sante reliquie.

Ora Sandor s'era riscosso, si chinò, prese un lembo del lenzuolo e lentissimamente scoprí Tarzan fino alla cintola. Poi si raddrizzò e disse: – L'hanno ammazzato come voi ammazzate i vostri conigli. Venite tutti a vedere come l'hanno ammazzato.

Nessuno si mosse, soltanto il medico, ma non poteva passare, l'orrore aveva paralizzato la gente e toltole ogni senso fuorché la vista, e cosí si opponeva al medico compatta ed insensibile come un muro. Dovette aggirarla, ma gli ci vollero piú di cinque minuti per arrivare allo scalino. Si chinò, poi posò un ginocchio a terra, era fortemente miope e perciò il suo naso sfiorava il petto di Tarzan, la gente da lontano accompagnava con gli occhi il suo dito nella minuziosa ricerca di tutti i buchi aperti dalla raffica.

Una donna urlò: – Tiratelo su da quelle pietre, portatelo in chiesa. Le pietre gli fanno male, ha persino la testa sulle pietre. Vado a prendergli un cuscino.

Dall'altra parte s'alzò un urlo selvaggio e come molteplice. La gente si sentí mancare, un urlo cosí poteva farlo solo la re-

---

[28] *la muffa rossa*: il sangue marcio che imbrattava.
[29] *singhiozzava… orco*: allude al suo funzionamento irregolare, a sbalzi, e rumoroso.
[30] *tentate dai bambini*: che i bambini cercavano di aprire.

pubblica, venuta su a tradimento dietro il camion a sorpren-
derli mentre facevano la pietà[31] a Tarzan e fra un attimo
avrebbe spazzato la piazza con la mitraglia.

Era soltanto Polo. I capelli serpentini gli ingraticciavano[32]
la faccia, lucente per pianto e sudor freddo, e degli occhi gli
si vedeva solo il bianco. S'era chinato sopra un catino immaginario, si rimboccava le maniche e gridava: – Hanno ammazzato Tarzan che era nostro fratello! Voglio lavarmi nel
loro sangue! – e immergeva le mani in quel catino e se le lavava con cura e naturalezza. Toccandosi i bicipiti urlò: – Voglio lavarmi fin qui!

Fritz era nell'ultima fila, ma per la sua statura dominava
tutta la piazza. D'improvviso quel suo svettare lo spaventò,
cosí era impossibile non esser visto e additato. Si curvò, già
le ginocchia gli tremavano come ai cavalli e le natiche gli pul-
savano come un cuore. Ora che la gente era ai sentimenti
estremi lui non capiva piú una parola d'italiano, il silenzio e
il clamore l'atterrivano egualmente. Nell'uno e nell'altro, nelle facce, nell'aria coglieva la necessità della vendetta, del sacrificio, e per placare lo spirito di Tarzan non c'era che lui
sottomano.

Tutti erano come sotto ipnosi. Macchinalmente rinculò[33]
d'un passo, d'un altro e un altro ancora, finché urtò col tal-
lone contro il parapetto della scuola. Conosceva la natura sottostante: una scarpata da potersi far rotoloni in un niente,
quindi una raggera di rittani[34], uno dei quali talmente incas-
sato da sembrare un sotterraneo. Ma poi?

Avvertí una presenza al suo fianco. Abbassando lo sguardo vide Carnera, tutto eretto come se volesse piantargli gli
occhi al livello, ed erano occhi impietrati, nemmeno il gran
piangere fatto per Tarzan li aveva illanguiditi un po'.

Fritz annaspò e disse: – Tu cercare me? Sandor ti manda? –
Non reggeva lo sguardo di Carnera e d'altra parte non si fi-
dava a distogliere gli occhi per non perdere il minimo movimento del piccolo, se metteva mano a quella sua pistola fic-

---

[31] *la pietà*: il funerale (forma popolare).
[32] *I capelli… ingraticciavano*: i capelli ricci gli incorniciavano.
[33] *rinculò*: indietreggiò senza voltare le spalle.
[34] *rittani*: fossi incassati, scavati dalle acque nei fianchi di una collina e spesso
invasi dalla vegetazione (sono tipici del paesaggio delle Langhe piemontesi).

cata nei calzoni. Si sentiva tutto gelato, come se fosse morto
già da parecchie ore. Poi batté le ciglia e, sperando che gli occhi gli si inumidissero almeno un po', disse: – Povero Tarzan.
Buono era Tarzan. Quando preso me, agito da vero soldato.

Ma Carnera taceva, e quella pistola non saltava fuori, e i
secondi passavano. E già si diramava calda nel cervello di
Fritz, a scongelarlo, la certezza che non lui sarebbe stato immolato allo spirito di Tarzan[35], che la cosa stava tutta tra italiani. Carnera infatti finì col chinar gli occhi e si limitò a ri-
portarlo dentro la scuola, dove il cuciniere, senza una parola,
gli diede da pelar le castagne.

Fu comunque per Fritz la peggior sera di tutta la sua prigionia. Non cenò, rimase sempre in un angolo dello stanzone
della mensa, rabbrividendo alle fiammelle degli zolfini[36] con
cui i partigiani si accendevano le sigarette: dovevano non vederlo, non ricordarsi di lui, non indicarselo l'un l'altro. Non
alzò mai gli occhi, non vedeva che le gambe dei partigiani che
entravano e uscivano dandosi il cambio per vegliare Tarzan
in chiesa. E benedisse il cuciniere quando dallo stanzino lo
chiamò a rigovernare. Nessuno gli si arrestò davanti, nessuno
lo fissò particolarmente, non gli venne rivolta parola. Finalmente, verso le dieci, Sandor passando gli fece: – Tu non andare a dormire?

Nulla era dunque cambiato, semplicemente non c'era piú
Tarzan ad essere come tutti gli altri buono con lui.

Ci fu poi un altro avvenimento, borghese questo e felice,
il matrimonio dell'unica figlia del signor Ilario, padrone della
censa e gran rifornitore dei partigiani. Sposava un uomo di
Murazzano, che sarebbe entrato in famiglia. Malgrado il contrario parere dei loro vecchi, non vollero aspettare la fine della guerra. I vecchi avevano detto: – È troppo pericoloso spo-
sarsi in un'epoca come questa in cui gli uomini si dànno la
caccia e s'ammazzano l'un l'altro. Il tuo uomo, Elsa, è di
quelli che se ne stanno a casa a farsi gli affari loro e di politica non s'intrigano, ma vedi bene che son proprio gli estranei,
gli innocenti, che il piú delle volte ci lasciano la pelle. E tu,
Dario, abbi cognizione per tutt'e due[37]. Sai bene che un gio-

---

[35] immolato... Tarzan: ucciso per rappresaglia, per vendicare la morte di Tarzan.
[36] zolfini: zolfanelli, fiammiferi di legno.
[37] abbi cognizione... due: cerca di capire, e di farlo capire anche ad Elsa.

vane come te non ha la sicurezza di andare a letto la sera e svegliarsi vivo la mattina dopo. Se ti dovesse capitare una disgrazia, cerca di farla contare per te solo e non per due.

Ma Elsa rispondeva: – È appunto perché viviamo in una epoca come questa che ci vogliamo sposare a tutti i costi. Se capita una disgrazia a Dario, io che me ne faccio poi della vita? Invece, se gli capita da sposati, almeno sarò stata sua moglie e qualcosa dalla vita avrò avuto.

I vecchi allargarono le braccia e le nozze si fecero, le sole che in quel paese si celebrarono nei due anni della guerra partigiana.

Al ricevimento in casa del signor Ilario andarono tutti i partigiani, ma alla spicciolata e solo per il tempo di far gli auguri, mordere una fetta di torta e bere un bicchiere di moscato, ripeter gli auguri e via, perché tutti insieme avrebbero intasato la sala. Solo Sandor ci sarebbe rimasto dal principio alla fine.

Fritz era nella lista, per espresso invito del signor Ilario e consenso di Sandor. Quando, al suo turno, apparve sulla soglia, lo accolse un applauso inaudito, che egli ricevette impalato e come gonfio, mentre la gente non finiva di battergli le mani, insensibile agli spifferi gelati. Poi Fritz s'avanzò, a testa china per non darla nei molti lumi che pendevano dal soffitto, si presentò agli sposi e batté i tacchi. Allora le donne si allungarono sulla tavola a brandire bottiglie e tutte insieme gridavano: – Da bere a Fritz! Non date di quello a Fritz! È il vino dolce che piace a Fritz! Il vino dolce a Fritz! – Basta, il tedesco ebbe un trattamento speciale e restò con Sandor fino alla fine.

Un fratello dello sposo aveva portato la fisarmonica, a un certo punto la spallò[38] e attaccò una mazurca. Finita quella prima aria, Fritz col bicchiere in mano s'avvicinò al musicante e gli domandò, mentre tutti pendevano da lui: – Sapere valzer delle bimbe brune?

Il ragazzotto non rispose né sí né no, reclinò il capo sulla tastiera, finché il signor Ilario gli disse ruvidamente: – Lo sai o non lo sai quel che t'ha detto Fritz? Non sarai mica cosí stupido da aver soggezione? Non vedi che è dei nostri?

Al ragazzo venne da piangere, dopo tutto non era un mu-

---

[38] spallò: mise in spalla.

sicante pagato, era venuto con lo strumento solo per festeg-
giare a modo suo il fratello sposo. Ma poi, per non passar da
selvaggio, fece un accordo e disse con gli occhi bassi che la sapeva.

Allora Fritz si raddrizzò, misurando con le dita lo spazio
che separava la sua testa dal soffitto. – Se tu sapere, anche io
sapere. Tu suonare e io cantare –. E la cantò tutta in italiano, scortecciando[39] le parole, mentre le donne si torcevano le
mani in grembo e vibravano dalla testa ai piedi, con gli occhi
lustri[40] puntati su Fritz.

Finito, per i battimani tintinnarono i vetri e ballarono i lumi, e le donne incrociarono le loro grida: – Ma bravo, Fritz!
L'ha cantata tutta in italiano, tutta! E che bella voce, diversa dalle nostre. Chi te l'ha insegnata, Fritz? Deve avergliela
insegnata una donna delle nostre, un'italiana di chissà dove.
Non ne sai altre, Fritz?

Fritz s'inchinò alla sposa e disse: – No, io non sapere altre
canze[41], ma sapere tante altre cose buone per festa...

– Avanti, Fritz! Forza, Fritz! – gridarono le donne, come
percorse dalla corrente elettrica. E Fritz sciorinò tutto un repertorio di giochi scherzi e trucchi, con le carte, con l'orologio del signor Ilario, coi fazzoletti delle donne e i cappelli degli uomini, perfino con roba fatta venire dalla cucina. Gli invitati inghiottivano saliva, si davano gomitate, qualche donna rovesciava la pupilla come se fosse per godere, gli stessi
uomini fissavano caldamente[42] Fritz, che rimaneva composto
come un professionista. E alla fine un invitato disse: – Certo
che nella meccanica i tedeschi non li batte nessuno.

Negli stomaci le torte si rapprendevano e pesavano come
cemento, dentro il vino correva a gara col sangue, la stufa era
incandescente. Il tedesco aveva eclissato gli stessi sposi[43], le
donne non la smettevano. – Ma com'è simpatico! Non è stato straordinario con quei giochi? Tu credevi che ci fossero
dei tedeschi cosí? Non vi sembra che sia sempre stato dei nostri, che l'abbiamo sempre avuto in paese? – E tornavano a
fissarlo come per rinforzarsi dentro quelle impressioni. Gli

[39] *scortecciando*: pronunciando male.
[40] *lustri*: perché Fritz piaceva alle donne.
[41] *canze*: canzoni. Fritz storpia l'italiano.
[42] *caldamente*: entusiasti.
[43] *Il tedesco... sposi*: al centro dell'attenzione non c'erano piú gli sposi ma Fritz.

guardavano soprattutto il collo, che nessuna di loro avrebbe
potuto cingere con le due mani, e la nuca, cosí grossa e rasa e
brillante come la gola del maiale maturo.

Poi il signor Ilario s'alzò e trascinandosi dietro la sedia
andò a portarsi dirimpetto a Fritz. Che mise via il bicchiere
e si protese verso il padrone di casa.

Il signor Ilario sbatté le labbra, posò una mano sulla spalla a Fritz, poi la ritirò mandandosela con forza sulla coscia e
finalmente disse: – Sentire un po' me[44], Fritz. Parliamoci da
soldato a soldato.

Fritz, da seduto, uní i tacchi e accennò di sí con la testa,
con gravità senza pari.

– Perché anch'io essere stato soldato, ai tempi di mia gioventú, avere fatto tutta l'altra guerra. Essere alpino, alpini,
quei soldati italiani con una piuma sul cappello. Forse tu,
Fritz, conoscerli, austriaci conoscerli di sicuro.

Fritz assentí su ogni punto, mentre la gente faceva cerchio e spalliera, e partiva qualche schiocco di dita[45] a quelli
che per accostarsi strisciavano sul pavimento le gambe delle
sedie.

Poi il signor Ilario, chi l'avrebbe detto? si mise a parlare
in mezzo tedesco, e Fritz s'illuminò tutto in faccia, ma per un
attimo solo, poi ritornò compunto, perché in quel mezzo tedesco il signor Ilario gli raccontava cose tristi.

– Ich, – esordí il vecchio battendosi il petto, – ich kriegs-
gefangen in Osterreich[46].

– Sie?

– Mangiare sempre kartoffel. Gran kartoffel.

– Kartoffel, patate, ja.

Il signor Ilario si palpò la giacca. – Com'è la parola? Ah,
papier. Papier, sempre vestiti di papier, im winter und arbeit
in bahnen –. Poi si voltò a tradurre alla gente: – Gli sto dicendo che quando ci hanno portato prigionieri in Austria, là
ci davano da mangiare patate e sempre solo patate, e noi andavamo ancora a cercare le bucce nella fossa dell'immondizie.
E ci davano dei vestiti di carta, cosí noi giravamo vestiti di

<hr>

[44] *Sentire un po' me*: nel suo discorso il signor Ilario deforma l'italiano come
fa Fritz.
[45] *faceva cerchio... dita*: si metteva in piedi dietro e tutt'intorno e intimava il
silenzio.
[46] *ich... Osterreich*: il signor Ilario poi traduce.

carta, d'inverno e a lavorare sulle strade –. Tornando a Fritz:
– Tanta fame in Austria, e tanto freddo. Nicht brot, nicht
feuer[47]. Ma la gente non era cattiva, era buona come in tutte
le parti del mondo. Noi prigionieri lo vedevamo da noi che la
gente non avere pane nemmeno per lei e pochissima legna da
bruciare. Datemi da bere. Dunque, Fritz, tu vedere che anch'io stato soldato. Tu devi parlarmi da soldato a soldato –.
E qui gli occhi del padrone di casa annegarono nelle lacrime.
Fritz turbatissimo alzò gli occhi in faccia alla gente, ma questa era tutta fissa a lui e si accorse del cambiamento d'umore
dell'altro quando ripigliò a parlare e la sua voce era accidentata[48] per il pianto. Diceva: – Fritz, quando finire questa
guerra, quando? Perché se andare ancora lunga, noi tutti mo-
riamo di crepacuore. Per noi, noi siamo vecchi e frusti[49], e
quando la morte viene, viene sempre all'ora giusta, e magari
anche un po' tardi. Ma mia figlia e quelli giovani come lei?
Mia figlia e suo uomo, Fritz! Io ho resistito alla prigionia in
Austria, poi ho fatto dieci anni il cantiniere in Francia, e
adesso sono vent'anni che lavoro nella censa di questo paese.
Tutta la vita ho lavorato per procurar del bene a mia figlia, a
lei e all'uomo che si sarebbe poi scelto. Perché se lo godano e
si ricordino sempre di me. E invece, se la guerra va ancora
lunga, mia figlia può perdere il suo uomo, e allora tutto il bene che io le ho fatto non le servirebbe più a niente, non la
consolerebbe più –. Le ultime parole le disse mulinando le
braccia per tener discosto sua figlia che gli si era chinata addosso per interromperlo e gli diceva: – Fatti forza, papà. Non
parlare così, non far così, asciugati gli occhi.
    Un'invitata vecchia con tanta pratica di uomini disse: – È
vecchio. Ha bevuto un po' fuori dell'ordinario e il vino l'ha
portato al sentimento[50].
    Sandor s'era fatto accanto al signor Ilario e gli disse: – La
faremo finire noi, e più presto di quel che si creda.
    Ma il vecchio scuoteva la testa. – Voi, poveri ragazzi, lon-
tani dalle vostre case, fate tutto quello che potete, ma non
potete far altro che star quassù a difendervi, con poco o nien-

---

[47] *Nicht... feuer*: Niente pane, niente fuoco.
[48] *accidentata*: incrinata.
[49] *frusti*: consumati. Sinonimo di vecchi.
[50] *l'ha portato al sentimento*: lo induce a fare discorsi patetici.

te, e a patire. Voi lo sapete solo quanto me quando la guerra finisce. Fritz invece lo sa, lui è dell'esercito tedesco, e tutto dipende dall'esercito tedesco.

Fritz fissava attonito quella vecchia faccia stemperata[51] nelle lacrime, quella bocca tremante sotto i baffoni imperlati di vino. Gli uomini avevano messo via i bicchieri e s'erano presa la testa fra le mani. Poi il tedesco si raccolse, cominciò a percuotersi la coscia, con violenza, piú volte, e a roteare degli occhi impressionanti. Qualcuno temette che quella debolezza, quel sentimento del padrone di casa avesse avuto l'effetto di offenderlo, d'infuriarlo, e adesso chissà cosa andava a capitare, cosí allo stretto[52], con quel bestione che per giunta aveva strabevuto. Sicché si sbirciò Sandor, se era armato e gli stava attento, pronto a intervenire.

Il tedesco s'era alzato, sbuffò un paio di volte come se già volesse rimettersi dal faticoso discorso che ancora non aveva fatto, poi disse: – Ora io dire tutto quello che io sapere. E io sapere, anche se sono da lungo tempo separato dai miei camerati, da mio esercito tedesco. Germania non piú forte da vincere guerra. Ma ancora forte, Germania, da farla andare lunga, come dice il padrone della casa. Voi potere domandare: perché ancora combattere, se guerra è perduta? Ma voi essere italiani, e solo tedeschi adatti a capire i tedeschi. Tutti gli altri non adatti, e voi italiani meno di tutti, scusate. Soldati tedeschi essere tutti eroi, essere molto pochi quelli come Fritz che stare a bere vino dolce e vicino a buono fuoco. Ora molti soldati tedeschi morire, molti molti, ma morire anche molti suoi nemici, perché soldato tedesco non morire mai solo, portare con sé almeno un nemico. Signor Ilario, voi volete sapere quando finisce guerra? Allora calcolare il tempo che tutti soldati tedeschi morire, tutti, da oceano Atlantico a Russia. Solo una parola potere fermarli da combattere e morire. Parola del Führer, ma Führer non dire mai questa parola, Führer prima morire anche lui. Se guerra finisce, tutto il mondo è felice, e solo popolo tedesco triste e disperato. Perché non essere tutti tristi e disperati?

Cosí parlò Fritz, con la fronte avvampante per il riflesso della stufa.

---

[51] *stemperata*: sciolta.
[52] *allo stretto*: in quel luogo cosí stretto.

Il discorso aveva affrettato l'ora di togliere il disturbo. Mentre la sposa accompagnava suo padre a letto, lo sposo spalancò la porta al buio e al gelo della notte e disse: – Siamo noi che dobbiamo ringraziare voi. E perdonate la debolezza di mio suocero.

S'incamminarono tutt'insieme, col programma di sciogliersi in piazza come un corteo, e facevano catena perché nessuno scivolasse malamente sulla strada ghiacciata. Tutti zitti, qualcuno batteva i denti. Li sorpassarono Sandor e Fritz, che tagliavano per la scuola: marciavano disinvolti sul ghiaccione e il tedesco graduava il passo su quello del comandante. Una donna disse: – Però Fritz è proprio come uno dei nostri –. Non le risposero né sí né no, uno le fece una smorfia al buio e suo marito si curvò a sibilarle all'orecchio: – La pianti, stupida e ubriaca?

Poi nevicò, tanta ne venne che sotterrò la scure di Fritz e i due terzi dell'alta toppa.

La mattina Fritz parve impazzire alla vista della neve. Col pretesto di dissotterrar la scure, buttò all'aria con le mani nude metri quadri di neve, raccogliendone i fiocchi ricadenti nella bocca aperta o nello slargo della camicia, e con quella che v'era entrata si massaggiava il petto. E nel mentre parlava e cantava e gesticolava come uno zingaro, con certe scrollate elettriche[53]. Dalle finestre dirimpetto occhieggiava la gente, e sorrideva di quella felicità e rabbrividiva per quel massaggio di neve. A un bel momento Carnera urlò: – Parla almeno italiano, o tedescaccio, se la neve ti fa questo effetto! – insospettito da quelle raffiche di parole tutte tedesche. Poi, tanto piú torvo in quanto vedeva Fritz divertirsi genuinamente e l'inutilità, dal punto di vista lavoro, di quella sua sosta all'aperto, lo rispedí dentro la scuola. Ma di lí a un momento Fritz era già alla finestra, con la fronte premuta contro l'inferriata che quando si fosse poi ritirato ne avrebbe portato i segni. E le donne che tra una faccenda e l'altra lo sbirciavano dai vetri lo videro stare a lungo in quella posizione, a sorridere fisso alla neve. Ma poi gli videro le mascelle afflosciarsi e gli occhi stringersi come per voglia di lacrimare, e stette a guardar tristemente la neve molto piú a lungo di quanto fosse stato a sorriderle[54].

---

[53] *elettriche*: repentine.
[54] *gli occhi... sorriderle*: lo prende la nostalgia di casa.

Lo si rivide libero in piazza nel pomeriggio. I partigiani battagliavano a palle di neve, divisi in due squadre; avevano posato all'asciutto le armi da fuoco e con mani bollenti raccoglievano, comprimevano e scagliavano, con urla di provocazione e di trionfo. Fritz arrivò dondolando fino alla linea di mezzo e lí si fermò, fuori della lizza, a seguire con gli occhi l'incrociarsi delle palle. Sorrideva, con le mani ciondoloni che non conoscevano le tasche. Sandor lo vide con la coda dell'occhio, gli gridò senza guardarlo, intentissimo a mirare e a schivare: – Tirare anche tu, Fritz! Mettiti dalla parte che vuoi.

Ma Fritz scosse la testa, sempre sorridendo, e allora Sandor sventolò una mano per ottenere un minuto di tregua per sé, poi si rivolse a Fritz: – Perché non vuoi? Non essere capace?

– Capace, sí. Ma non potere, non potere tirare a voi.

Il tempo passava lentissimo, come facesse la stessa fatica che gli uomini a spostarsi sulla neve fonda. Un po' piú filato doveva trascorrere a Ceva, dove i fascisti e i tedeschi avevano caffè, cinema e portici. I partigiani dormivano venti ore su ventiquattro, cambiando stalla ogni notte, litigando per il posto nella greppia o nel cassone del fieno, riempiendo i dormiveglia di fantasie libidinose come tabacco a volontà, bere un'aranciata, che una donna per tutta una notte gli pitturasse con lacca azzurra le piante dei piedi. Si sollevavano ogni tanto sui gomiti e attraverso i finestrini delle stalle guardavano fuggevolmente la valle Bormida, tutta parata di bianco come un duomo per il funerale d'una vergine, poi ripiombavano sulla paglia. Dormivano venti ore su ventiquattro, senza nemmeno una sentinella; Sandor aveva proibito ai paesani di aprir le strade con lo spartineve, tanto avevano in casa di tutto, pane e carne e vino.

Finché un giorno di primo febbraio, Pantera, seduto alla finestra per aver luce per una certa sua operazione (con un coltello da cucina si scrostava dai piedi la carne morta stratificatavi sotto dal tanto camminare), diede un allarme.

Un uomo arrancava sull'ultimo costone, squarciando la neve al polpaccio, la nebbietta del fiato fissa tra le labbra come una pipa, e da piú presso si notò che indossava una divisa tutta d'un colore, una vera divisa insomma. Della repubblica non era, tedesca non pareva, ad ogni buon conto lo puntarono con tutte le armi.

L'uomo si fermò ai piedi della scarpata, ansava a testa china. Alzati gli occhi e viste le nere canne spianate, rise di col-
lerica compassione e gridò: – Che fate, disgraziati? Sono del
comando. Vengo da voi. Prendo di qua?

Sandor si scostò dal parapetto e disse: – Ha una faccia da
Gielle[55]. – Se avesse la barba, – precisò Polo e andarono con
tutti gli altri ad aspettarlo in piazza.

Arrivò, scuotendo i calzoni per scrostarli dalla neve. Era
anche piú giovane di Sandor, con un'aria metà da intellettuale e metà da ufficiale effettivo, il che finiva per comporgli
un'unica aria di estrema durezza e antipatia. Indossava, completa, una divisa inglese, la prima che venisse sotto gli occhi
degli uomini di Sandor, quella divisa inglese tanto piú razionale di quella tedesca, tanto piú maschia dell'americana. Come sola arma portava la pistola, ma una pistola come un can-
noncino, che spuntava con la sua poderosa culatta[56] da una
fondina di tela cruda sulla quale stava scritto in inchiostro
blu e con la calligrafia consentita dalla ruvidità della trama:
LADY REB.

Li confrontò per qualche minuto, mentre il respiro gli si
normalizzava. Davanti a lui tutti, Sandor il primo, provaro-
no una vaga umiliazione, quasi la vergogna d'esser sempre rimasti a presidiare quel paese ultimo creato da Dio quando a
stare un po' piú vicino al comando c'era da acquisire tutte
quelle cose, quella divisa, quell'arma e, soprattutto, quell'a-
ria. Mai avevano pensato di doversi vergognare, come ora facevano, davanti a un altro partigiano. Dalla schifiltosaggine[57]
di quell'ufficiale s'intuiva che il loro distaccamento era dal
comando tenuto in pochissimo conto, sicché ai partigiani
parve in pericolo il riconoscimento dei tanti mesi di servizio,
come se quell'ufficiale avesse il diritto e il potere di negar la
convalida[58]

L'ufficiale osservò criticamente[59] Gibbs, che indossava la
maglia gialloverde d'una squadra di calcio della pianura, poi
finalmente aprí la bocca. Disse: – Sono il tenente Robin. Chi

[55] *Gielle*: Gioventú del Littorio, in cui erano irreggimentati gli italiani dai sei ai
ventuno anni.
[56] *culatta*: la parte posteriore della canna.
[57] *schifiltosaggine*: atteggiamento superbo.
[58] *la convalida*: il riconoscimento della loro partecipazione alla lotta partigiana.
[59] *criticamente*: giudicandolo negativamente.

di voi è Sandor? Tu sei il capo qui. Devi avere una ventina
di uomini.

Sandor confermò con una cert'aria subordinata e l'altro: –
Senza perdere tempo, armatevi e scendiamo insieme a Mone-
siglio. Sono arrivati degli ufficiali inglesi, scesi col paracadute, col programma di eseguirci dei lanci[60]. Questa è già roba
loro, – e si palpò una manica, – e questa pure, – schiaffeg-
giando la fondina che rivestiva la Colt 45. – Voglino vederci
tutti quanti siamo, fare i loro conti e mandarci il necessario.

I partigiani volarono alle armi[61] e ai pellicciotti, folli di voglia di possedere una divisa e un'arma come quelle, folli di
paura d'arrivar tardi.

L'ufficiale s'era accesa una sigaretta mai vista col bocchi-
no di sughero e aspettava fumando. Gli capitò sott'occhio
Carnera, che si serrava convulsamente il pellicciotto con una
banda di cuoio. Strinse le labbra fino a risucchiarsele in bocca e chiamò Sandor. – Chi è quel piccolo? Vi mancava la mascotte? Queste cose lasciamole fare ai Muti[62].

– Non è una mascotte. È uno dei nostri, con noi da
un pezzo. Ha sulle spalle due combattimenti e sei rastrellamenti.

– Fallo restar su. Se gli inglesi vedono inquadrato uno scu-
gnizzo simile, c'è pericolo che si formino il concetto che noi
partigiani non siamo una cosa seria.

Sandor andò a convincere Carnera. Che s'offese, s'indignò e disse: – Ma io vado a chiedergli spiegazione –. Sandor
lo frenò col braccio teso. – Lasciami passare, Sandor. Ma non
lo sa che io son buono di spaccargli la testa? Lo sa che io ho
sulle spalle tre combattimenti e sette rastrellamenti, che io
mangio un cane se lui ne ha altrettanti? Domandagli un po'
se vuol farsela con me alla pistola. Lasciami passare, Sandor,
vado soltanto a chiedergli spiegazione.

Ma Sandor non lo lasciò, gli ordinò di restar su a sorve-
gliare Fritz, soltanto ora il tedesco gli riveniva in mente.

I partigiani si allineavano, pestando i piedi, e Ivan disse:
– Addio, siamo di nuovo nel Regio[63].

Sandor domandò all'ufficiale: – Come sono?

---

[60] *eseguirci dei lanci*: di lanciarci rifornimenti col paracadute.
[61] *volarono alle armi*: corsero ad armarsi.
[62] *ai Muti*: ai fascisti.
[63] *nel Regio*: nell'esercito regolare.

– Chi? I tuoi uomini?

– No, questi ufficiali inglesi.

L'altro nicchiò, come se Sandor non fosse degno del-
l'informazione, poi disse in fretta: – Sono dei filoni[64], sono.
Allora, siamo al completo?

– Manca il partigiano Elia.

– Motivo?

– Malato con la scabbia[65].

L'ufficiale strinse le labbra alla sua maniera. In quel momento Fritz sbucò con due fascine sottobraccio. Vide il nuovo, calò le fascine a terra, uní i tacchi sulla neve senza rumore e disse a se stesso: «Englisch!? Englische streituniform![66]».

L'ufficiale scattò con Sandor. – Dio santo, avete un prigi-
niero tedesco e lo trattenete senza avvertire il comando. Ma
scherziamo?

– Noi l'abbiamo preso e ce lo siamo tenuto. Eventualmen-
te per un cambio. Intanto ci fa i servizi –. Ma il tono di Sandor non era deciso come lui avrebbe voluto.

– Perché l'avete preso voi mica è roba vostra! Dio santo
un prigioniero tedesco è importante, è roba da comando, e
voi ve lo tenete quassú, cosí –. Poi, piú sommesso ma piú
concentrato: – Quasi quasi l'interrogherei, ma ci vuole troppo tempo per cavargli qualcosa che meriti e noi dobbiamo andare. Partiamo. Arrivati al comando, ne parlo subito al maggiore e vedrai che lui ti dirà di portarglielo giú e ti farà un cicchetto[67] perché non hai provveduto a suo tempo.

Guardò vivamente a Fritz, riobbligandolo a riunire i tacchi. – Non c'è pericolo che evada ora che il grosso viene via
con me? Non avete un locale dove rinchiuderlo?

– Non c'è nessun pericolo, – rispose Sandor. – Quel piccolo di prima basta lui a tenerlo d'occhio. Ormai lo conoscia-
mo bene, è una pasta frolla, non sembra nemmeno un soldato tedesco.

– Forse austriaco? – indagò sottilmente l'ufficiale.

– No, no, tedesco. Ma non somiglia, ecco.

Segnale di partenza. Carnera andò al parapetto, li avrebbe
seguiti con gli occhi fin dove possibile. E come la fila s'al-

---

[64] *filoni*: furboni.
[65] *scabbia*: infezione cutanea.
[66] *Englisch… streituniform!*: Inglese!? Uniforme militare inglese!
[67] *cicchetto*: ramanzina.

lungò sull'intatto pendio, sorrise. Il primo era quell'odioso
del comando, ma sarebbe stato dimenticato prima di sera. Gli
altri guardava Carnera, a loro sorrideva: Sandor, Ivan,
Gibbs, Pantera, anche Polo, e tutti gli altri: scendevano un
po' legnosi[68], un po' burattini sulla neve diseguagliata dai colpi di vento, i piú con le mani in tasca, tutti con le armi pen-
dule a tracolla come chitarre. Erano i suoi compagni, quelli i
cui nomi avrebbe dovuto citare ogniqualvolta avesse raccontato di sé, fra dieci venti cinquant'anni, gli unici partigiani
che avrebbe riconosciuto tali, perché erano stati partigiani
con lui.

Mentre Domenico che chiudeva la fila spariva con la testa
sotto una gobba del pendio. Carnera sentí dietro di sé crocchiare la neve. Era Fritz che tornava dall'aver scaricato le fascine in cucina.

Domandò ansioso: – Essere ufficiale inglese?

– Quello là? Quello è inglese come me. Ha soltanto la divisa. Ora ce la dànno a tutti. Tu li conosci gli inglesi?

– Popolo molto serio, popolo molto capace fare affari.

– Ah sí?

Indugiarono un po' a considerare le orme che i partiti avevano lasciato e poi mossero gli occhi intorno e in alto. C'era
da restare accecati a voler fissare là dove il cielo d'un azzurro di maggio si saldava alla cresta delle colline, di tutto nude
fuorché di neve cristallizzata. Una irresistibile attrazione veniva, col barbaglio[69], da quella linea: sembrava essere la frontiera del mondo, da lassú potersi fare il tuffo senza fine.

Il nervoso prese Carnera. A se stesso, ma gridando, disse:
– Cosa stiamo a fare? Tutt'oggi soli! Stesse secco quel bec-
camorto del comando. Stessero secchi anche gli inglesi. Cosa
facciamo? Se andiamo a casa, c'è il cuciniere che prima o poi
ci mette a lavorare. E poi c'è Elia con la scabbia che si la-
menta e si gratta a sangue. Andiamo a fare un giro intorno al
paese. Spazziren[70], eh?

Fritz raggiò in faccia[71], senza esitare additò il bosco. – Andiamo a bosco –. L'attirava fin dai primi tempi e aveva sempre sperato di visitarlo una volta o l'altra. Coronava un bric-

[68] *legnosi*: rigidi, impacciati.
[69] *barbaglio*: splendore abbagliante.
[70] *Spazziren*: deformazione di *spazieren*, "passeggiare".
[71] *raggiò in faccia*: mostrò una grande gioia.

co a cupola ed ora appariva come un magazzino di forche[72].
Carnera s'insospettí. – Perché proprio a bosco?
– Io amo boschi.
– È lontano.
– No, niente lontano.
Carnera gonfiò la pancia per sentirci contro la pistola fic-
cata nei calzoni; la sentí e disse: – Allora muoviamoci. Ma tu
cammina sempre avanti e non fare scherzi, capito?
Fritz fece la faccia offesa: – No, no, io...
– Intesi. Tu camminare avanti e fare buchi per me dove io
mettere i miei piedi.
S'incamminarono. Fritz imprimeva pesantemente i piedi sulla neve e Carnera saltellava dall'una all'altra di quelle impronte elefantesche. Ma dopo un po' di quella ginna-
stica gridò: – Fa' i passi piú corti, mi stanco a saltare cosí
in lungo.
Erano nella terra di nessuno tra il paese e il bosco, ai piedi del bricco a cupola. Gli occhi di Carnera si puntarono sulla schiena del tedesco: dopo appena un quarto d'ora di cammino il sudore già scuriva la camicia sulle scapole e al confine
coi calzoni; anche da questo Carnera giudicò la forza del tedesco, quella era la sudorazione di un gigante, non di un uomo. Sentí freddo nella schiena, ma non era che gli salisse dai
piedi assediati dalla neve[73], e si mise a pensare e pensando di-
menticò le orme di Fritz e si trovò ad avanzare sulla neve
compatta. Vedeva che Fritz lo stava distanziando, ma non lo
richiamò, era troppo concentrato a pensare. «E se questo tedesco si convince che io sono piccolo, un ragazzino qualunque? Arrivati a un certo punto, tra le piante, si volterà di
scatto e mi verrà addosso con le mani avanti. È vero che io
sono armato. Ma la mia pistola sparerà? Non l'ho mai provata. Ho solo quattro colpi e di quelli che non si trovano e li ho
sempre conservati per quando ne avessi bisogno con la repubblica. Chissà da quanto tempo questa pistola non spara?
E se io premessi il grilletto e non ne uscisse niente, facesse solo pluff come una bottiglia che si stappa? Allora lui ridereb-
be, mi verrebbe addosso e mi fiacca[74] sotto i piedi».
– Friiiitz!

---

[72] *forche*: cui fanno pensare gli alberi spogli.
[73] *freddo... neve*: era paura.
[74] *mi fiacca*: mi schiaccia, mi uccide.

Un urlo cosí non gli era mai uscito. Fritz ruotò su se stesso. Disse da lassú: – Cosa avere? Perché non venire?

Carnera avanzò ricercando le impronte di Fritz e salí rapidamente, ma a dieci metri da lui s'arrestò. A guardarlo da sotto in su, gli apparí non un uomo ma una rocca sul punto di rovinare su di lui.

– Fritz, torniamo indietro.

Il tedesco fece una tal faccia contrariata che a ciascun angolo della bocca venne a pendergli un chilo di carne.

– Non andare piú a bosco?

– No, torniamo giú. Non sto bene, ho mal di testa. Questa neve con questo sole m'ha dato alla testa –. Infatti il riverbero gli sigillava gli occhi, e sí che aveva bisogno di tenerli bene aperti per controllare ogni mossa del tedesco.

Ma Fritz non scendeva, pur nel barbaglio Carnera scoprí il sorriso di disprezzo che gli arricciò i labbroni. Disse Fritz: – Io non buono soldato tedesco, ma anche tu non buono partigiano. Partigiano nemmeno capace di camminare sulla collina. Tu essere piccolo, dovere stare a scuola invece che fare il partigiano.

Carnera nel furore scalciò la neve, ma non salí d'un passo. Gridò da giú: – Bastardone, è vero che io non sono un buon partigiano, e sai perché? Perché non ti ho ammazzato subito. Anche Sandor e tutti gli altri non sono buoni partigiani, ma ci mettiamo poco, sai, a diventare buoni partigiani.

Sentí la neve stringergli i polpacci, come una morsa. Intanto Fritz scendeva, un passo, due passi. Carnera aprí la bocca per urlargli di fermarsi dov'era, ma il tedesco si fermò spontaneamente.

Fritz sorrideva come prima e adesso sollevava una gamba per ripigliar la discesa. Carnera estrasse la pistola e gliela spianò contro. Fritz ricalò la gamba: fissava l'arma, un pistolino, ma puntato dritto al suo cuore. Poi scosse la testa e rise. – Tu piccolo. Non essere capace di uccidere me.

– Non esser tanto sicuro.

– Tu piccolo. Non essere capace di uccidere me –. E si tastava tutto il petto, come per misurarlo per sé e per Carnera. Sorrideva sempre.

L'arma tremava visibilmente nel pugno di Carnera.

– Guarda, Fritz, che ti faccio kaputt[75]. Non dirmelo un'altra volta.

---

[75] kaputt: morto.

Il tedesco lo fissava come a ipnotizzarlo, e Carnera si sentiva dentro come debbono sentirsi le gallinelle all'abbrivo del gallo[76].

Fritz sollevò la gamba, sempre sorridendo.

– Kaputt! – urlò Carnera.

– Tu piccolo. Non essere capace di uccidere me, – e scese.

Un colpo solo partí dal pistolino di Carnera, ma fu come se saltasse una mina nella pancia del bricco. E Fritz piombò giú piatto come una rana, e la neve sventagliata volò a pungere in faccia Carnera e a risvegliarlo.

(da Opere, Einaudi, Torino 1978)

---

[76] *all'abbrivo del gallo*: davanti al gallo che piomba su di loro.

GOFFREDO PARISE

Il crematorio di Vienna (2)

Ne Il crematorio di Vienna *(1969), di cui riportiamo il secondo capitolo, Parise denuncia la riduzione dell'uomo a cosa,
operata dalla civiltà tecnologica. Questa ha imposto una nuova
moralità: la produttività. Chi vi si conforma subisce l'annichili-
mento della propria essenza umana; chi non intende farlo, o non
ne è capace, viene emarginato: la violenza dell'uomo sull'uomo
ha sempre modo di erompere, se pur in forme diverse.
Nella tragico-grottesca storia aziendale che segue, il protagonista, appartenente alla specie impiegatizia, sente su di sé il penetrante, insidioso, sguardo-sonda del dirigente. Questi lo sospetta
di insufficiente concentrazione produttiva: in effetti egli è còl-
to da distrazioni naturalistiche, gravissima infrazione alla logica aziendale. L'eco del canto di un grillo percepita nei recessi
della mente suggerisce che il protagonisa, nonostante lo snaturamento quotidianamente subìto, conserva ancora qualcosa di umano; ma al tempo stesso ne sancisce, sul metro della nuova moralità, la fine.*

Ieri mattina Morgante, il dirigente che divide con me il
grande ufficio, mi ha guardato a lungo mentre ero chino sul
lavoro. Ho sentito chiaramente lo sguardo liberarsi dalle sue
pupille e tentare di penetrarmi come un ago microscopico e
indolore. Non ho alzato gli occhi: una cosí minuscola azione
può essere un errore molto grave. È durato una ventina di secondi, di grande tensione da parte mia perché non è facile op-
porre ai tentacoli di uno sguardo-sonda, molto sensibili e re-
trattili, in lenta penetrazione, una parvenza di materia passiva, elastica, in completo stato di riposo: al contrario è assai
facile che lo sguardo incontri una materia rigida, percorsa da
fremiti, e questo può tradire una disposizione alla difesa.
È la seconda volta in un anno, vivendo insieme sei ore al
giorno, per cinque giorni alla settimana, che Morgante mi

scruta in quel modo. Quello sguardo mi ha scosso un po', con immensa fatica riprendo il lavoro, ma non so liberarmi da un senso di leggera nausea che è la spia alla preoccupazione e all'ansia: il solo fatto che esiste lo sguardo dimostra che esiste il sospetto. Morgante mi sospetta di non amare il lavoro, di eseguirlo meccanicamente e senza reale abbandono e, peggio ancora, sospetta che io mi distragga dalla concentrazione produttiva con pensieri miei, personali, che col lavoro non hanno nulla a che fare. In altre parole mi sospetta di una colpa che è considerata la piú grave di tutte nella nostra azienda, la sola per cui, nonostante le molteplici e complesse garanzie sindacali, si contempli una rapida eliminazione.

I suoi sospetti sono esatti, lo grido a voce alta dentro di me, ma mi prende una grande allegrezza se penso che non potrà mai provarli; anche se, per una tale colpa, non occorrono nemmeno prove: la presidenza, dove finiscono sempre i casi come il mio, si accontenta di solito di un certo numero di sospetti, per mettere in moto la macchina dell'eliminazione. I sospetti però devono essere molti e dichiarati da elementi della stessa specie impiegatizia. Per ora io ho contro di me i due sguardi di Morgante. Due soli in un anno. Da essi mi sono lasciato penetrare con molta circospezione, li ho sentiti frugare inutilmente e poi ritirarsi. Un solo momento di tensione, o peggio ancora di paura, sarebbe bastato a quegli sguardi per penetrare fulminei nell'interno, eseguire il sondaggio e risucchiarsi dietro un campione di me, cosí microscopico da confinare con l'ipotesi e tuttavia sufficiente per formulare il sospetto e aggredirmi nei giorni successivi con altri sondaggi.

Ho risposto con una scarica di concentrazione produttiva che ha lasciato Morgante, coi suoi strumenti di alta sensibilità, pieno di dubbi. Però, d'ora in avanti devo stare molto attento.

Per alcuni giorni sono stato preso dai rimorsi. Le mie distrazioni naturalistiche, come si vogliono chiamare secondo il linguaggio morale dell'azienda[1], vanno aumentando e assumono molto spesso il carattere di tentazioni. Addirittura, per

---

[1] *il linguaggio... azienda*: il linguaggio attraverso il quale si esprimono i valori e le norme di comportamento che improntano la vita aziendale.

qualche vertiginoso[2] istante, mi sono sentito proiettato fuori
dall'azienda e dal suo organismo produttivo: ho provato la
sensazione di essere un cosmonauta clandestino che viaggia da
solo dentro una capsula sua personale, senza il beneplacito
dell'umanità. È stato un momento terribile che mi ha dato
una grande emozione ma un terrore ancora piú grande; le mie
mani hanno tremato tutto il pomeriggio, non ho cenato la sera e con molta difficoltà, aiutato non da una, com'è prescritto, ma da alcune pasticche, ho potuto prendere sonno la notte. Dopo, sono cominciati i rimorsi[3]. Mi sono preoccupato che
tali rimorsi vengano sorpresi da Morgante o da qualcun altro,
poi anche la preoccupazione è cessata. Infatti i rimorsi, pure
turbando lo stato di «optimum» nell'equilibrio chimico attivo, sono ammessi nell'azienda e talvolta indicati addirittura
come annunciatori di un «raptus» produttivo[4].

In ogni caso, provocando uno stato di dubbio, di annebbiamento interiore[5], di crisi di coscienza o meglio ancora di
angoscia nei riguardi del lavoro, della produzione e del consumo, tali stati di rimorso hanno pur sempre rapporti intimi
con essi e non con qualcosa d'altro al di fuori di essi: e dunque, se pure un pochino allarmanti, non gravi. Ma i miei, pur
essendo strettamente connessi alla produzione e al consumo,
lo sono in maniera negativa perché rapidamente si trasforma-
no in tentazioni critiche[6]. Perché tocca proprio a me? È vero
che ognuno ha dentro di sé qualcosa di negativo, un germe di-
struttore che lo tenta, ma, ancora una volta, perché proprio a
me, dopo soli dodici anni di lavoro in azienda e assai vicino
alle alte sfere?

Ho l'impressione che i dubbi siano svaporati dalla mente
di Morgante, e che i sospetti, invece, prendano corpo ogni
giorno di piú. Lo vedo da molte piccole manifestazioni: il suo

[2] *vertiginoso*: incredibile, straordinario.
[3] *È stato... rimorsi*: paradossalmente, nevroticamente, il sentirsi per un istante
«uomo» è avvertito come colpevole trasgressione, generatrice di rimorso. Nella civiltà industriale e tecnologica si consuma la totale perdita di valore dell'uomo in
quanto tale.
[4] *Infatti... produttivo*: persino il rimorso, quando determina un aumento di produttività, ha una sua funzione nella logica aziendale.
[5] *annebbiamento interiore*: perdita di lucidità mentale.
[6] *tentazioni critiche*: nei confronti della logica aziendale, fondata sulla massima
produttività.

saluto è frettoloso, al mattino non mi porge piú la mano e
quando gliela porgo io la stringe con eccessiva effusione. La
mia presenza lo disturba perché, come i suoi sospetti emana-
no da lui cosí che io posso intenderli, allo stesso modo egli
giunge ad intercettare i miei pensieri. Entrambi non siamo in
grado di leggere con limpidezza nella mente l'uno dell'altro,
perché entrambi sulla difensiva. Però io sono giunto a capire
la sostanza delle sue supposizioni ed egli la sostanza delle mie
fantasie. Il rapporto tra noi due è simile a quello di un colpevole e un occasionale testimone. Fino a che punto il testimone non diventa correo?[7] Su questo interrogativo baso la mia
relativa sicurezza di questi giorni e per la conservazione del
mio posto in azienda sono quasi allegro vedendo Morgante
molto piú turbato di me. È a disagio, con alcuni momenti di
angoscia perché teme di cadere in una rete di tentacoli mali-
gni che non riesce a decifrare. Per questo egli lancia i suoi
sguardi.

Cosa straordinaria, ha smesso di fumare. Gli ho chiesto la
ragione ed egli fissandomi con intenzione perché io scoprissi
un minimo di forza morale, ha risposto che aveva deciso di
smettere per non essere disturbato nella concentrazione produttiva. *Tout court*[8]. Gli ho risposto per le rime: che se tutti
i produttori di lavoro smettessero di fumare non si produr-
rebbero piú sigarette. Resosi conto dell'immensa ingenuità,
per non dire stupidità, di quella sua esibizione di virtú, è caduto un momento in un forte imbarazzo. Ma si è ripreso subito e ho sentito in lui un tale odio contro di me che ho provato una grande paura.

Morgante è molto piú forte di me, la sua struttura, la sua
composizione chimica, sembrano frutto di precedenti selezio-
ni industriali nella specie impiegatizia e infatti egli è uno dei
migliori esemplari dell'azienda. Al confronto io sembro un
animaletto in estinzione: sono dotato molto piú di lui di strumenti di difesa ma poco o niente di strumenti di aggressione[9].
Ho usato l'ironia sul fumo e la pagherò cara. L'ironia è mol-

[7] *correo*: corresponsabile della trasgressione per non averla denunciata, punita.
[8] *Tout court*: proprio cosí.
[9] *Morgante... aggressione*: la legge darwiniana della selezione naturale vale anche
per la specie impiegatizia, nella quale s'impongono gli individui piú capaci di adat-
tarsi all'ambiente.

to punita in azienda come elemento disgregatore, in opposizione all'allegria che è invece elemento altamente produttivo.
Di solito mi camuffo; non so perché, invece, in questi ultimi
tempi l'involucro difensivo che mi son costruito intorno come un baco da seta con la bava di mille riflessioni, va inde-
bolendosi; e con l'involucro si vanno indebolendo gli altri
successivi strumenti di difesa.

Ho sempre sentito, dal suo odore, quando al mattino apre
la porta silenziosa dell'ufficio che Morgante desidera aggredirmi ed eliminarmi; in questi giorni il suo odore è aumenta-
to d'intensità, è una sorta di sudorazione che da un lato serve a volatilizzare[10] parte della sua aggressività, dall'altro ad
avvertirmi. Ma poiché il suo odore emana sempre piú violento sento che il momento è vicino. Morgante ormai sa che io
sono un pericolo per la sua specie. Mi difenderò coi miei mezzi, ma comincio a tremare e già da qualche notte ho sogni
prodotti da stimoli premonitori.

Mi sono abbandonato definitivamente ai miei pensieri e
non produco quasi piú. È la fine, ma poiché cosí deve essere,
ho smesso di nascondermi: oggi non ho saputo trattenere la
commozione che mi saliva alla gola e che so benissimo mi ro-
vinerà. Morgante presente, avevo davanti a me gli occhi chiari, di radium[11], di un secondo dirigente; ho seguitato a di-
strarmi silenziosamente dal lavoro: ecco i prati di molti anni
fa, forse ancestrali[12], i rumori notturni della natura e sepolto
in quel buio magma il canto di un grillo.

(da *Il crematorio di Vienna*, Einudi, Torino 1977)

---

[10] *volatilizzare*: far evaporare, eliminare.
[11] *radium*: come elemento chimico è un metallo alcalino-terroso di colore bianco
lucente.
[12] *forse ancestrali*: remoti nel tempo, dato lo snaturamento del protagonista.

LEONARDO SCIASCIA

Gioco di società

Tratto dalla raccolta Il mare colore del vino *(1973), questo racconto carico di suspense cattura subito il lettore nel suo congegno narrativo, perfetto anche nella conclusione.*

Sciascia aveva già utilizzato i meccanismi tecnici e psicologici della narrativa «gialla» nei romanzi (da Il giorno della civetta*, 1961, a* A ciascuno il suo*, 1966, a* Il contesto*, 1971), nei quali le strutture del racconto poliziesco, riempite di contenuti politici e sociali (l'intrallazzo politico, la presenza soffocante della mafia, la riflessione sul potere), sono specchio della tensione razionale, oltre che dell'impegno morale e civile, con cui Sciascia guarda alla concretezza del presente nella ricerca e nella difesa della verità.*

Neppure questo racconto, una straordinaria, quasi virtuosistica applicazione dei canoni del genere «giallo», è pura evasione, se vi si legge, sulla bocca della donna che conduce il «gioco», questo giudizio: «In una società bene ordinata, onesta, in cui non si fanno carte false, in cui la capacità e il merito camminano da soli, la sorte più benigna li avrebbe portati sulla soglia di un ufficio pubblico, come uscieri, e la più maligna oltre la soglia di un carcere. Invece... Invece sono ricchi, potenti e rispettati...».

La porta improvvisamente si aprí[1] mentre la sua mano ancora esitava sul pulsante del campanello. La donna disse: – Entri, l'aspettavo – sorridendo, la voce gorgheggiata[2] come se veramente stesse realizzandosi per lei un avvenimento desiderato, aspettato con emozione e con gioia. Lui pensò che c'era un equivoco[3], tentò di calcolarne le conseguenze. Re-

[1] *La porta... aprí*: fin dalle prime battute il racconto si caratterizza come appartenente al genere «giallo».

[2] *gorgheggiata*: modulata.

[3] *Lui pensò... equivoco*: presto si accorgerà che non è affatto un equivoco: troppo sicura di sé e decisa è la signora.

stava sulla soglia smarrito, un po' stravolto. Sicuramente, pensò, lei stava aspettando qualcuno: qualcuno che non conosceva o che conosceva appena o che non vedeva da tanti anni. E non aveva gli occhiali, poi; e di solito, sapeva, li portava. – Mi aspettava? – Certo che l'aspettavo... Ma entri, la prego – sempre gorgheggiando.

Entrò, fece tre passi sul pavimento di ceramica che riproduceva una antica carta nautica: pesantemente, come in un pantano. Si voltò verso di lei che già aveva chiusa la porta e sempre sorridente gli indicava una poltrona.

Tentò di chiarire l'equivoco, di sapere. – Ma lei chi aspettava, precisamente?

– Precisamente? – fece eco lei con un sorriso ora ironico.

– Ecco: io...

– Lei...?

– Insomma, credo che...

– Che io stia scambiandolo per un altro –. Non sorrideva piú. E pareva piú giovane. – Ma no, aspettavo proprio lei... Vero è che non ho gli occhiali, ma gli occhiali mi servono per le cose vicine. L'ho riconosciuta quando era al cancello. Ora forse, da vicino, ho bisogno degli occhiali: cosí né lei né io avremo il minimo dubbio –. Gli occhiali erano posati su un libro aperto, il libro sul davanzale della finestra. Aspettandolo, l'orecchio certo intento a cogliere il cigolío del cancello, aveva cominciato a leggere il libro: ma ne aveva letto poche pagine. Lo assalí l'insensata curiosità di sapere che libro fosse, quale lettura si era scelta per ingannare l'attesa. Ma come mai lo attendeva? Era caduto in una trappola, in un tradimento, o c'era stato un pentimento improvviso da parte dell'uomo che lo aveva mandato?

Stranamente, gli occhiali dalla montatura nera e pesante la fecero apparire ancora piú giovane: lo sguardo, dilatato dalle lenti, assunse un che di meravigliato, di spaurito. Ma non era né meravigliata né spaurita. Gli voltò le spalle come a sfidarlo, anzi. Aprí il cassetto di uno scrittoio, tirò fuori delle carte. Quando si voltò e gli si avvicinò aveva in mano un ventaglio di fotografie. – Sono un poco sfocate – disse – ma non c'è dubbio. Questa è stata scattata alle undici del venti giugno, in via Mazzini: lei è con mio marito; quest'altra alle cinque del pomeriggio, in piazza del Popolo: ventitre luglio, lei è solo, sta chiudendo la macchina dopo aver posteggiato; e in

quest'altra ancora c'è anche sua moglie... Vuole vederle? – Il
tono era ironico ma senza malanimo, quasi svagato. Lui si
sentí finalmente caricato per fare quello che doveva fare. Ma
non poteva; per quel tanto che riusciva a connettere, non poteva piú, non doveva. Fece segno di sí, che voleva vederle.
Lei gliele diede, restò a guardarlo con la leggera e compiaciu-
ta ansia di chi mostra fotografie familiari, di bambini, e se ne
aspetta complimenti. Ma l'uomo era come paralizzato, le per-
cezioni i pensieri i movimenti gli accadevano lenti e remoti,
disperatamente pesanti. E il complimento venne da lei, bana-
le e feroce. – Ma sa che lei è fotogenico? – e infatti la sfoca-
tura non arrivava a velare la sua identità, mentre un po'
confondeva quella di sua moglie e del commendatore.
   – Si accomodi – disse la donna indicandogli la poltrona
vicina: e lui vi si sprofondò come nella frana della sua esi-
stenza⁴. Poi: – Vuole bere qualcosa? – e senza aspettare risposta prese due bicchieri, una bottiglia di cognac. Si trovò
col bicchiere in mano, di fronte a lei che sorseggiava dal suo
guardandolo con divertimento. Bevve. Si guardò intorno
come chi rinviene da un collasso. Bella casa. Le restituí le
fotografie.
   – È una bella ragazza, sua moglie. Somiglia, non so se lei
lo sa, alla principessa di Monaco. Ma su questa fotografia
posso anche sbagliare. Sbaglio?
   – Forse non sbaglia.
   – Dunque lei non se ne era mai accorto –. Ancora quell'o-
diosa risata gorgheggiante. – Ne è innamorato?
   Non rispose.
   – Non mi giudichi indiscreta, non è per curiosità che glie-
lo domando.
   – E perché dunque?
   – Vedrà... Ne è innamorato?
   Respinse la domanda con un gesto della mano.
   – Non vuole rispondermi o debbo intendere che non ha
nessun sentimento nei riguardi di sua moglie?
   – Come vuole.
   – Io voglio una risposta precisa –. Lo disse duramente, con
minaccia; poi con tono suadente e accorato: – Perché, vede,
io debbo sapere prima se lei può sopportare.

⁴ *come... esistenza*: in effetti la sua esistenza sta franando.

– Prima di che?

– Lei ha già risposto alla mia domanda.

– Non mi pare.

– Ma sí. Io le ho detto: debbo sapere prima se lei può sopportare; e lei non mi ha domandato che cosa avrebbe dovuto sopportare, quale rivelazione riguardo a sua moglie, al suo amore per lei... Si è attaccato subito a quel «prima». Prima di che? Giusto. Non è di sua moglie che si preoccupa, ma di se stesso. Giusto. Va bene cosí.

– Glielo domando ora: che cosa dovrei sopportare?

– Quello che le dirò.

– Su mia moglie? E si preoccupa se posso sopportarlo?

– Su sua moglie. E mi preoccupavo di sapere come lei avrebbe reagito perché noi due siamo destinati a una lunga e solida amicizia, e dovremo lasciarci alle spalle tante cose. Sempre che lei lo voglia, si capisce.

– Ma mia moglie...

– Ci arriverò. Intanto mi dica: ha capito?

– Che cosa?

– Queste fotografie, il fatto che stessi aspettandola: ha capito?

– No.

– Non mi deluda: se davvero non ha capito, le mie speranze crollano. E anche le sue.

– Le mie?

– Certo, anche le sue. Non le ho detto che diventeremo amici? Sinceramente dunque mi dica: ha capito?... E non abbia paura di parlare, non c'è nessun microfono nascosto, nessun registratore in funzione. Può accertarsene, del resto... Io sto per offrirle un lavoro semplice, rapido, redditizio; e senza rischi. Senza dire che sto salvandola da un pericolo immediato, sicuro. Deve ammettere, dunque, che ho almeno il diritto di conoscere il suo quoziente di intelligenza... E allora: ha capito?

– Non del tutto.

– Naturalmente... Mi dica che cosa ha capito.

– Ho capito che lei sa.

– Risposta breve ed esauriente. Vuol sapere ora come ci sono arrivata?

– Mi piacerebbe.

– Perderemo del tempo, ma è giusto che lei sappia... Ma a

che ora deve incontrarsi con mio marito? Perché è bene che
glielo dica subito: la base della nostra futura amicizia sarà
l'incontro che lei stasera avrà con mio marito. A che ora?

– Ma non dobbiamo incontrarci.

– Ecco che lei ancora diffida. Conosco benissimo mio marito: non poteva non darle appuntamento per stasera. A che
ora?

– A mezzanotte e un quarto.

– Dove?

– In una stradetta di campagna, a trenta chilometri da qui.

– Bene, abbiamo tempo... Ma forse è meglio che sia lei,
ora, a farmi delle domande.

– Non saprei da dove cominciare, sono piuttosto confuso.

– Davvero? Mi aspettavo lei fosse un tipo piú pronto, di
riflessi piú rapidi, di immediate riflessioni. Ma forse il punto[5]
della sua meraviglia, della sua confusione, sta nel fatto che
mio marito non le ha detto niente di me, del mio carattere,
della mia capacità a intuire i suoi pensieri piú segreti. Dopo
quindici anni di vita in comune, un uomo come lui è un libro
aperto per una donna come me. Un libro molto sciocco, molto noioso. Lei che ne dice?

– Di che?

– Di mio marito.

– A giudicare dalla situazione in cui mi trovo in questo
momento, è un imbecille.

– Sono contenta di sentirglielo dire. Ma avrebbe potuto
capirlo anche prima, che imbecille è. Capisco, però, come lei
sia stato abbagliato dalla sua prestanza, dal suo modo di fare,
dall'autorità e dal denaro che continuamente, ma anche con
una certa accortezza, una certa nonchalance[6], fa mostra di
possedere... E di denaro ne possiede, non si allarmi... Anch'-
ch'io, d'altra parte, ci sono caduta. Non che ne sia pentita: il
mio solo disappunto è di averlo sposato diciamo per amore
invece che per calcolo. Ma l'avrei sposato in ogni caso; e il
mio ravvedimento è stato poi immediato. E mi ero, non dico
adattata, ma addirittura adagiata, in una situazione che mi
consentiva di sfogare capriccio e dispetto, una situazione che
mi offriva tutto quello che una donna può desiderare, com-

---

[5] *il punto*: la causa.
[6] *nonchalance*: indifferenza.

preso il disprezzo per l'uomo che le vive accanto, ed ecco che l'imbecille viene a rompere l'equilibrio.

– Non direi, però, che è cosí totalmente imbecille come lei lo considera: nel caso in cui mi trovo, sí, non c'è dubbio, si è comportato scioccamente, senza precauzione... Ma è un uomo che si è fatto da sé, almeno cosí mi ha detto, cosí dicono tutti: e si è fatto molto ricco, molto potente...

– Lei ha un'idea da romanzo rosa, da manuale americano del successo, sugli uomini che si fanno da sé. Io conosco non solo mio marito, ma una cerchia piuttosto vasta di uomini che si sono fatti da sé: e posso assicurarle che sono stati fatti, tutti, dagli altri; i quali, a loro volta, sono stati fatti da circostanze, combinazioni e intrallazzi che, anche se arrivano all'altezza della storia, restano fortuiti e miserabili... Nell'ultima guerra, mio marito era nei battaglioni della milizia fascista[7] insieme a Sabatelli, che è poi diventato ministro dei lavori pubblici: entrambi volontari. Tutto qui. E Sabatelli lei non immagina nemmeno che cretino è. In una società bene ordinata, onesta, in cui non si fanno carte false[8], in cui la capacità e il merito camminano da soli[9], la sorte piú benigna li avrebbe portati sulla soglia di un ufficio pubblico, come uscieri, e la piú maligna oltre la soglia di un carcere. Invece...

– Invece sono ricchi, potenti e rispettati... Ma lei mi ha invitato a farle delle domande. Posso?

Fermata nello slancio oratorio, fece segno di sí: ma contrariata, stizzita.

– Le mie curiosità sono molte, ma la piú immediata è questa: perché proprio stasera mi aspettava?

– Perché oggi, a tavola, mio marito mi ha chiesto se avevo intenzione di passar fuori la serata: al cinema, da qualche amica; ché lui sarebbe tornato tardi, molto tardi, per una riunione del consiglio di amministrazione di una delle sue società. E di riunioni simili, durante questa estate, ne ha avute altre due: e dunque la terza doveva essere quella buona. Buona per lui, fatale per me. Perché non dico io, che lo conosco

---

[7] *milizia fascista*: la Milizia volontaria per la sicurezza nazionale, corpo speciale costituito dal regime fascista, che operò dal 1923 al 1943 svolgendo principalmente attività di polizia interna.

[8] *non si fanno carte false*: non si ricorre a qualsiasi mezzo per riuscire nel proprio intento.

[9] *camminano da soli*: soli valgono.

profondamente, ma chi tiene con lui una certa dimestichezza,
sa che è tutto dedito a un'idea di superstiziosa perfezione ba-
sata sul tre. E non parliamo poi del nove, su cui addirittura
delira. La terza riunione, dunque; il giorno tre; e lei è arrivato puntualmente alle nove. È stato lui, non è vero, a dirle che
avrebbe dovuto suonare il campanello alle nove in punto?
    – Sí, ma io credevo...
    – ...che fosse un dettaglio calcolato dalla sua mente orga-
nizzatrice. Ma lei non sa quanto poco organizzatrice sia la sua
mente, ammesso che ne abbia una. E voglio aggiungere che
nella sua decisione di affidarle una missione cosí... delicata
diciamo, rischiosa... certamente ha giocato il fatto che lei sia
un professore di matematica. Lui conosce appena la tavola pi-
tagorica[10], e perciò coltiva la convinzione che le sue rapine, e
tutte le rapine che riescono, attingano alla matematica piú su-
blime[11]. In certe rapine alle banche, poi, addirittura sente la
musica delle sfere[12]. Quelle rapine di cui si legge nei giornali:
cronometrate, perfette... E quando non sono perfette, lui sui
resoconti le studia, ne coglie le debolezze e gli errori, le porta alla perfezione ideale. Cosí è accaduto in questo caso. C'è
stato, qualche anno fa, un delitto di cui certo anche lei si ricorda, un processo famoso. Mio marito ci si è appassionato, è
arrivato al punto che mandava un suo impiegato, ogni mattina, a prendere posto nell'aula dell'assise, che glielo tenesse
per il caso lui avesse il tempo di andare ad assistere; e piú di
una volta il tempo l'ha avuto[13]. Nel tempo stesso che cercava
gli errori che avevano portato il protagonista nella gabbia degli imputati, ecco che lui ne faceva uno[14]. Se oggi lei... Insomma, se le cose fossero andate secondo il piano, almeno
una decina di persone si sarebbero ricordate del suo interesse
a quel processo, e specialmente l'impiegato che gli teneva il
posto e uno dei giudici, che lo conosce bene e che qualche
volta, dall'alto dello scranno, gli faceva un sorriso.

    [10] *la tavola pitagorica*: la tabella per la moltiplicazione dei primi dieci numeri natu-
rali (le tabelline dall'uno al dieci, nel linguaggio scolastico elementare), del filosofo
e matematico greco Pitagora (570 ca – 496 a. C.).
    [11] *attingano... sublime*: siano frutto di un calcolo perfetto.
    [12] *sente... sfere*: gode della loro perfezione. Secondo Pitagora l'universo era co-
stituito da sfere il cui movimento produceva una musica perfetta.
    [13] *C'è... avuto*: il marito meditava infatti da tempo il delitto perfetto. L'*assise*,
ellissi di Corte d'Assise, è il tribunale penale che giudica i reati piú gravi.
    [14] *ecco... uno*: perché cosí facendo mostrava un interesse davvero singolare, ec-
cessivo, verso quel delitto.

– È da allora che lei ha cominciato a sospettare?

– Anche da prima; ma è dalla sua passione a quel processo che ho capito che le intenzioni andavano concretandosi in un piano preciso.

– E allora si è rivolta a un'agenzia di investigazioni.

– Una cosa molto lunga, molto costosa; ma, come vede, ne valeva la pena. Per un paio d'anni l'agenzia non mi ha rapportato altro che le sue infedeltà. C'era da ridere: le sue infedeltà! Già dopo pochi mesi che eravamo sposati non me ne importava niente. Lui le donne le aveva sempre pagate, continuava a pagarle, aveva pagato anche me col matrimonio credendo che il mio prezzo, per quanto ingente e di lunga durata, fosse sopportabile.

– E non era sopportabile?

– Evidentemente no.

– Voglio dire: perché gli è diventato insopportabile?

– Per colpa mia, naturalmente. Ho fatto di tutto per allontanarlo da me, per respingerlo al margine della mia vita, delle mie giornate, delle mie notti. Un margine molto esiguo, un piccolo tapis roulant[15] di assegni... No, non ho avuto altri uomini. O meglio: una volta sola, quando ho cominciato a disgustarmi di mio marito. Cosí, tanto per provare. Prova fallita. Non si faccia illusioni, dunque.

Gli venne una vampata di collera, cercò una risposta violenta.

– Non si offenda. So bene di non essere né bella né giovane, lei potrebbe anche dirmi che sono brutta e vecchia. Ma io volevo dire che lei facilmente potrebbe farsi l'illusione di poter raggiungere tutto il mio denaro, invece che una parte, passando sul mio corpo vivo dopo essere passato sul corpo morto di mio marito: e io invece voglio che tutto sia tra noi chiaro fin da ora.

– Dunque lei riconosce che suo marito non ha poi tutti i torti.

– Io non riconosco niente; e se lei al punto a cui è arrivato, a cui siamo arrivati, ha voglia di pesare i meriti delle sue due possibili azioni, l'esecuzione del piano di mio marito o l'esecuzione del mio, sulla bilancia dell'arcangelo, è affare suo. Ma è un cattivo affare, immischiare la bilancia in queste

---

[15] *tapis roulant*: nastro trasportatore.

cose. Questo tipo di bilancia, dico. Lei – e si aprí a un sorriso complimentoso – è un piccolo, avido delinquente: non si
permetta dei lussi che possono perderla[16].
    – Non sono un delinquente.
    – Davvero?
    – Non piú di lei.
    – D'accordo. E molto meno di sua moglie, direi.
    – Forse. Ma lei come può dirlo?
    – Lo deduco da quello che so. Lei non sa che sua moglie,
diciamo cosí, frequenta altri uomini?
    – Non è vero!
    – Ma sí che è vero. E non se la prenda. Che cosa possono
togliere a una donna come sua moglie, tutti gli uomini che
frequenta? Siete una bella coppia, state bene assieme, desi-
derate le stesse cose, non litigate mai, i vicini vi guardano con
simpatia... Il primo rapporto che l'agenzia di investigazioni
mi ha mandato su di voi, dice cose davvero carine: lei ha ven-
tidue anni, insegna in una scuola materna, molto bella, vivace, elegante; lui ha ventisette anni, supplente di matematica
in una scuola media, simpatico, serio; molto innamorati, molto tranquilli... Il secondo rapporto, e poi tutti gli altri, su di
lei non dicono niente di diverso; ma di sua moglie rivelano
un'attività insospettabile, sorprendente. Per denaro, senza
dubbio. Perciò anche se veramente, fino a questo momento,
lei non sapeva, si tranquillizzi. Per denaro, soltanto per denaro... Sa che una volta, una volta sola, è andata anche con
mio marito?
    – Lo sospettavo. L'ho sospettato, cioè, in principio: ho
creduto che suo marito si fosse attaccato a noi soltanto perché voleva arrivare a mia moglie. Non che mia moglie ci stesse, però. E poi il sospetto svaní: non avevo piú ragione di credere che venisse a tentare mia moglie, se quello che voleva da
noi, da me, l'aveva ormai dichiarato.
    – Nel piano di mio marito, invece, una piccola liaison[17]
con sua moglie ci voleva. Per servirsene, credo, nell'even-
tualità che lei, per caso o per una qualunque disattenzione
nell'esecuzione del piano, si scoprisse[18]. Allora avrebbe det-

16 *perderla*: rovinarla.
17 *liaison*: relazione amorosa.
18 *si scoprisse*: fosse scoperto.

to: ho avuto una relazione con sua moglie, lui è venuto a saperlo, per vendetta ha ucciso la mia; o l'ha uccisa perché è
venuta a cercare me, per uccidermi, e lei gli ha resistito
o l'ha mortificato o in qualche altro modo ha suscitato la
sua violenza... Ma non cominci a rodersi nel sospetto che in
ogni caso, e d'accordo con sua moglie, mio marito avrebbe
portato la polizia sulle sue tracce: non arriva a queste finez-
ze. E poi sono sicura che sua moglie non avrebbe mai consentito a questa soluzione finale: credo di aver capito che tipo di donna è.
   – Che tipo di donna?
   – Mi somiglia. Somiglia a tante altre... Adoriamo le cose,
abbiamo messo le cose al posto di Dio dell'universo dell'a-
more. Le vetrine sono il nostro firmamento, gli armadi a muro e le cucine americane contengono l'universo. Le cucine in
cui non si cucina, abitate dal Dio dei caroselli televisivi...
Mio padre, che era un piccolo borghese, passò tutta la vita in
case d'affitto, senza mai sentire l'esigenza di possederne una.
Oggi non c'è rivoluzionario che non voglia essere proprietario della casa in cui abita; che non si getti nei debiti, nei mutui venticinquennali, per il possesso di una casa. L'idea del-
l'eternità, l'idea dell'inferno, si sono contratte nei mutui
bancari venticinquennali. Sono le banche che amministrano
la metafisica[19]. Ma lasciamo perdere... Sua moglie, dunque,
mi somiglia. Ci somigliamo tutte, oggi, questo è il guaio. Sua
moglie, in piú, ha indifferenza o innocenza. Sono certa che è
stata lei a infiammarsi per prima, quando mio marito vi ha
proposto l'affare... A proposito: in che termini ve l'ha proposto?
   – Ha già versato a nostro nome, in una banca di Amburgo, una grossa somma.
   – Quanto?
   – Duecentomila marchi.
   – Dunque lei poteva stasera, invece di venire qui, volare
ad Amburgo e...
   – Potevo. Ma tra due anni, se tutto fosse andato liscio,
avrei avuto altri quattrocentomila marchi.

---

[19] *Sono... metafisica*: è radicalmente mutata la scala dei valori, al cui vertice si
pongono il denaro e i beni materiali. Per bocca della signora parla Sciascia, acuto os-
servatore della società ch'egli indaga con grande rigore intellettuale e morale.

– Ne avrà da me cinquecentomila, e tra sei mesi. Si fida?

– Non lo so.

– Deve[20] fidarsi. E tenga presente che il mio piano com-
porta un rischio minimo, mentre quello che lei stava per eseguire l'avrebbe defilato in galera[21] con certezza, è il caso di
dire, matematica. L'agenzia di investigazioni era incaricata,
nel caso mi fosse accaduto qualcosa, di mandare copie dei
rapporti e delle fotografie alla polizia... Mentre ora, anche
ammettendo che io non tenga fede all'impegno o che addirittura abbia intenzione di tradirla, lei corre soltanto il rischio
di non avere altro denaro e di essere condannato per omicidio passionale, d'onore. Due o tre anni di carcere, e c'è sempre di mezzo un'amnistia. Anzi, non dimentichi questo mio
buon consiglio: nel caso lei cadesse in trappola, si attenga
sempre al tradimento di sua moglie, all'atroce delusione che
mio marito le ha dato. Sempre.

– Pensandoci bene, lei forse mi sta appunto mettendo nella trappola.

– La riterrei un cretino, se non se ne andasse da qui con
questo sospetto... – Guardò l'ora, si alzò, sorridendo domandò. – Mi giudicherà indiscreta se le chiedo di che morte
doveva farmi morire?

– Pistola.

– Benissimo... Se ne vada ora, è quasi al limite del tempo
che ci vuole per raggiungere il posto dell'appuntamento. E
auguri.

L'accompagnò alla porta dolcemente sorridendo, materna.
Prima di chiuderla, quando lui si era già avviato verso il cancello, lo richiamò con un bisbiglio. – Mi raccomando: piú di
un colpo, è molto robusto – col tono di sollecitare particolari
attenzioni per un bambino gracile. E poi: – C'è il silenziatore, immagino.

– Nella pistola? Sí. c'è.

– Bene. Di nuovo auguri –. Chiuse la porta, si appoggiò
con le spalle. Aveva un sorriso incantato, gustò ogni sillaba
dicendo: – Il silenziatore: omicidio premeditato –. Si avvicinò alla finestra. Lo vide uscire dal cancello.

Sedette in poltrona. Si alzò. Passeggiò. Sfiorò con le mani,

---

[20] *Deve*: la signora ha nelle sue mani il destino del professore.
[21] *defilato in galera*: mandato dritto in galera.

quasi facesse musica, mobili e oggetti. Si fermò davanti ai
quadri. Guardò l'orologio. Andò al telefono, fece il numero,
con voce agitata disse: – Mio marito è ancora in ufficio?... È
già andato via?... Sono preoccupata, molto preoccupata... Sí,
lo so che non è la prima volta che fa tardi; ma stasera è accaduto un fatto che mi inquieta... È venuto a cercarlo un giovane, aveva un'aria sconvolta, minacciosa; si è messo qui ad
aspettarlo; se ne è andato proprio ora. Mi ha fatto paura...
No, non è soltanto un'impressione; è che so per quale ragione il giovane poteva essere cosí sconvolto, cosí minaccioso...
Ma mio marito è andato via da quanto tempo?... Sí, grazie.
Buonasera... Sí, buonanotte –. Riattaccò, fece un altro numero, parlò con voce piú agitata e accorata. – Commissaria-
to? C'è il commissario Scoto?... Me lo passi; subito, per favore... Oh commissario, sono fortunata a trovarla in ufficio a
quest'ora... Sono la signora Arduini... Senta, sono preoccupata, molto preoccupata... Mio marito... È imbarazzante, per
me, umiliante: ma non posso fare a meno di dirglielo... Mio
marito ha una relazione con una donna sposata, una donna
molto giovane, molto bella. Lo so perché l'ho fatto sorveglia-
re da un'agenzia di investigazioni, non ho vergogna a confes-
sarlo... No, non voglio accusarlo di adulterio; al contrario, sono preoccupata che gli succeda qualcosa... Perché, vede, stasera è venuto qui il marito di lei, un giovane professore: era
molto agitato, stravolto. L'ho fatto entrare, incautamente; e
si è messo qui, con atteggiamento minaccioso, ad aspettare
mio marito. Per un paio d'ore. Ho tentato di farlo parlare,
ma non rispondeva che evasivamente, con poche parole. Ora
se ne è andato... Sí, da qualche minuto... Ho telefonato a mio
marito per avvertirlo, ma già aveva lasciato l'ufficio. Dovrebbe essere già qui, lei non potrebbe fare qualcosa?... Sí,
va bene – quasi piangendo – aspetterò ancora mezz'ora e la
richiamerò... Grazie[22].

(da *Il mare colore del vino*, Einaudi, Torino 1973)

[22] *Mio marito... Grazie*: il racconto, carico di suspense, ha un finale a sorpresa,
anche se la signora ha lasciato intravedere la sua reale intenzione.

PRIMO LEVI

Cerio

Questo brano appartiene a Il sistema periodico *(1975), una raccolta di ventuno racconti ciascuno dei quali ha per titolo il nome di un elemento chimico. Attraverso essi Levi traccia la storia di una professione (quella di chimico, che fu a lungo sua) e insieme la progressiva acquisizione di un'identità morale, culturale e civile, riflettendo nella propria travagliata vicenda individuale quella di un'intera generazione, provata da esperienze terribili.*

In Cerio, *anche se vista attraverso l'osservatorio della scienza, torna l'esperienza del Lager: Levi non cessa mai di essere un ex deportato e un testimone. La chimica, se per il giovane che intraprende gli studi universitari rappresenta la chiave per penetrare il mistero del mondo, per l'internato ad Auschwitz costituisce la salvezza. Nella Buna (la fabbrica di gomma sintetica, annessa al campo di sterminio, nella quale, in quanto chimico, è stato mandato a lavorare) gli garantisce infatti un lavoro meno debilitante, riparo dal freddo, ma soprattutto, grazie al cerio, gli dà il pane che lo tiene in vita per due mesi fino all'arrivo dei russi e insieme consente alla sua coscienza di sopravvivere.*

Che io chimico, intento a scrivere qui le mie cose di chimico, abbia vissuto una stagione diversa, è stato raccontato altrove[1].

A distanza di trent'anni, mi riesce difficile ricostruire quale sorta di esemplare umano corrispondesse, nel novembre 1944, al mio nome, o meglio al mio numero 174517[2]. Dovevo aver superato la crisi piú dura, quella dell'inserimento nell'ordine del Lager, e dovevo aver sviluppato una strana callo-

---

[1] *altrove*: in *Se questo è un uomo* (1947) e ne *La tregua* (1963).
[2] *numero 174517*: il numero di matricola tatuato sull'avambraccio di Primo Levi. Nel Lager l'uomo è privato anche del diritto di avere un nome.

sità³, se allora riuscivo non solo a sopravvivere, ma anche a pensare, a registrare il mondo intorno a me, e perfino a svolgere un lavoro abbastanza delicato, in un ambiente infettato dalla presenza quotidiana della morte, ed insieme reso frenetico dall'avvicinarsi dei russi liberatori, giunti ormai ad ottanta chilometri da noi. La disperazione e la speranza si alternavano con un ritmo che avrebbe stroncato in un'ora qualsiasi individuo normale.

Noi non eravamo normali perché avevamo fame. La nostra fame di allora non aveva nulla in comune con la ben nota (e non del tutto sgradevole) sensazione di chi ha saltato un pasto ed è sicuro che non gli mancherà il pasto successivo: era un bisogno, una mancanza, uno yearning⁴, che ci accompagnava ormai da un anno, aveva messo in noi radici profonde e permanenti, abitava in tutte le nostre cellule e condizionava il nostro comportamento. Mangiare, procurarci da mangiare, era lo stimolo numero uno, dietro a cui, a molta distanza, seguivano tutti gli altri problemi di sopravvivenza, ed ancora piú lontani i ricordi della casa e la stessa paura della morte⁵.

Ero chimico in uno stabilimento chimico, in un laboratorio chimico (anche questo è già stato raccontato), e rubavo per mangiare. Se non si comincia da bambini, imparare a rubare non è facile; mi erano occorsi diversi mesi per reprimere i comandamenti morali e per acquisire le tecniche necessarie, e ad un certo punto mi ero accorto (con un balenio di riso, e un pizzico di ambizione soddisfatta) di stare rivivendo, io dottorino per bene, l'involuzione-evoluzione di un famoso cane per bene, un cane vittoriano e darwiniano che viene deportato, e diventa ladro per vivere nel suo «Lager» del Klondike, il grande Buck del *Richiamo della Foresta*⁶. Rubavo co-

³ *callosità*: assuefazione.
⁴ *yearning*: brama.
⁵ *Mangiare... morte*: ha scritto O. Lustig, anch'egli un sopravvissuto di Auschwitz, nel suo *Dizionario del Lager* alla voce *Hunger* ("fame"): «Una fame selvaggia, spietata, ormai di vecchia data, continua e totale ci teneva in suo potere. Una fame che rendeva impossibile pensare, una fame che disumanizzava, che trasformava in bestie feroci. [...] la tremenda, bestiale fame ha finito per spogliare il prigioniero del suo passato d'uomo fino a renderlo colpevole di ignobili bassezze: rubare l'unica patata ad un malato, toglierla di mano ad un moribondo» (La Nuova Italia, Firenze 1996, pp. 90-91).
⁶ *l'involuzione... Foresta*: il cane Buck, nel romanzo dello scrittore americano

me lui e come le volpi: ad ogni occasione favorevole ma con
astuzia sorniona e senza espormi. Rubavo tutto, salvo il pane
dei miei compagni.

Sotto l'aspetto, appunto, delle sostanze che si potessero
rubare con profitto, quel laboratorio era terreno vergine, tutto da esplorare. C'erano benzina ed alcool, prede banali e
scomode: molti li rubavano, in vari punti del cantiere, l'offerta era alta ed alto anche il rischio, perché per i liquidi ci
vogliono recipienti. È il grande problema dell'imballaggio,
che ogni chimico esperto conosce: e lo conosceva bene il Padre Eterno, che lo ha risolto brillantemente, da par suo, con
le membrane cellulari, il guscio delle uova, la buccia multipla
degli aranci, e la nostra pelle, perché liquidi infine siamo anche noi[7]. Ora, a quel tempo non esisteva il polietilene[8], che
mi avrebbe fatto comodo perché è flessibile, leggero e splen-
didamente impermeabile: ma è anche un po' troppo incorrut-
tibile, e non per niente il Padre Eterno medesimo, che pure è
maestro in polimerizzazioni, si è astenuto dal brevettarlo: a
Lui le cose incorruttibili non piacciono.

In mancanza di adatti imballaggi e confezioni, la refurtiva
ideale avrebbe quindi dovuto essere solida, non deperibile,
non ingombrante, e soprattutto nuova. Doveva essere di alto
valore unitario, cioè non voluminosa, perché spesso eravamo
perquisiti all'ingresso nel campo dopo il lavoro; e doveva infine essere utile o desiderata da almeno una delle categorie
sociali che componevano il complicato universo del Lager.

Avevo fatto in laboratorio vari tentativi. Avevo rubato
qualche centinaio di grammi di acidi grassi, faticosamente ottenuti per ossidazione della paraffina da qualche mio collega
dall'altra parte della barricata[9]: ne avevo mangiato una metà,
e saziavano veramente la fame, ma avevano un sapore cosí
sgradevole che rinunciai a vendere il resto. Avevo provato a
fare delle frittelle con cotone idrofilo, che tenevo premuto
contro la piastra di un fornello elettrico; avevano un vago sa-

---

Jack London (1876-1916), allevato in una famiglia borghese, riesce a sopravvivere in
un ambiente selvaggio e ostile grazie all'istinto primordiale che si risveglia in lui.
    [7] *liquidi... noi*: è un'iperbole: l'acqua costituisce in realtà il settanta per cento del
corpo umano.
    [8] *polietilene*: materia plastica ottenuta attraverso la polimerizzazione (una rea-
zione molecolare) dell'etilene (un idrocarburo).
    [9] *dall'altra... barricata*: tedesco.

pore di zucchero bruciato, ma si presentavano cosí male che
non le giudicai commerciabili: quanto a vendere direttamente il cotone all'infermeria del Lager, provai una volta, ma era
troppo ingombrante e poco quotato. Mi sforzai anche di in-
gerire e digerire la glicerina, fondandomi sul semplicistico ra-
gionamento che, essendo questa un prodotto della scissione
dei grassi, deve pure in qualche modo essere metabolizzata[10]
e fornire calorie: e forse ne forniva, ma a spese di sgradevoli
effetti secondari.

C'era un barattolo misterioso su di uno scaffale. Conteneva una ventina di cilindretti grigi, duri, incolori, insapori, e
non aveva etichetta. Questo era molto strano, perché quello
era un laboratorio tedesco. Sí, certo, i russi erano a pochi chilometri, la catastrofe era nell'aria, quasi visibile; c'erano
bombardamenti tutti i giorni; tutti sapevano che la guerra
stava per finire: ma infine alcune costanti devono pure sussi-
stere, e fra queste c'era la nostra fame, e che quel laboratorio
era tedesco, e che i tedeschi non dimenticano mai le etichette. Infatti, tutti gli altri barattoli e bottiglie del laboratorio
avevano etichette nitide, scritte a macchina, o a mano in bei
caratteri gotici: solo quello non ne aveva.

In quella situazione, non disponevo certamente dell'at-
trezzatura e della tranquillità necessarie per identificare la
natura dei cilindretti. A buon conto, ne nascosi tre in tasca e
me li portai la sera in campo. Erano lunghi forse venticinque
millimetri, e con un diametro di quattro o cinque.

Li mostrai al mio amico Alberto. Alberto cavò di tasca un
coltellino e provò ad inciderne uno: era duro, resisteva alla la-
ma. Provò a raschiarlo: si udí un piccolo crepitio e scaturí un
fascio di scintille gialle. A questo punto la diagnosi era facile:
si trattava di ferro-cerio, la lega di cui sono fatte le comuni
pietrine per accendisigaro. Perché erano cosí grandi? Alberto, che per qualche settimana aveva lavorato da manovale insieme con una squadra di saldatori, mi spiegò che vengono
montati sulla punta dei cannelli ossiacetilenici[11], per accendere la fiamma. A questo punto mi sentivo scettico sulle possibilità commerciali della mia refurtiva: poteva magari servire

[10] *metabolizzata*: trasformata chimicamente.
[11] *cannelli ossiacetilenici*: quelli usati per saldare.

ad accendere il fuoco, ma in Lager i fiammiferi (illegali) non
scarseggiavano certo.

Alberto mi redarguí. Per lui la rinuncia, il pessimismo, lo
sconforto, erano abominevoli e colpevoli: non accettava l'u-
niverso concetrazionario[12], lo rifiutava con l'istinto e con la
ragione, non se ne lasciava inquinare. Era un uomo di volontà buona e forte, ed era miracolosamente rimasto libero, e
libere erano le sue parole ed i suoi atti: non aveva abbassato
il capo, non aveva piegato la schiena. Un suo gesto, una sua
parola, un suo riso, avevano virtú liberatoria, erano un buco
nel tessuto rigido del Lager, e tutti quelli che lo avvicinavano
se ne accorgevano, anche coloro che non capivano la sua lingua. Credo che nessuno, in quel luogo, sia stato amato quanto lui.

Mi redarguí: non bisogna scoraggiarsi mai, perché è dan-
noso, e quindi immorale, quasi indecente. Avevo rubato il
cerio: bene, ora si trattava di piazzarlo, di lanciarlo. Ci
avrebbe pensato lui, lo avrebbe fatto diventare una novità,
un articolo di alto valore commerciale. Prometeo era stato
sciocco a donare il fuoco agli uomini invece di venderlo:
avrebbe fatto quattrini, placato Giove, ed evitato il guaio
dell'avvoltoio[13].

Noi dovevamo essere piú astuti. Questo discorso, della necessità di essere astuti, non era nuovo fra noi: Alberto me lo
aveva svolto sovente, e prima di lui altri nel mondo libero, e
moltissimi altri ancora me lo ripeterono poi, infinite volte fino ad oggi, con modesto risultato; anzi, col risultato parados-
so di sviluppare in me una pericolosa tendenza alla simbiosi[14]
con un autentico astuto, il quale ricavasse (o ritenesse di ricavare) dalla convivenza con me vantaggi temporali[15] o spirituali. Alberto era un simbionte[16] ideale, perché si asteneva
dall'esercitare la sua astuzia ai miei danni. Io non sapevo, ma
lui sí (sapeva sempre tutto di tutti, eppure non conosceva il
tedesco né il polacco, e poco il francese), che nel cantiere esi-

[12] *concentrazionario*: del Lager.
[13] *Prometeo… avvoltoio*: secondo la mitologia greca, Giove puní Prometeo, che
aveva donato il fuoco agli uomini, facendolo incatenare ad una rupe del Caucaso dove un avvoltoio gli rodeva il fegato, che sempre ricresceva.
[14] *alla simbiosi*: a vivere in stretta relazione.
[15] *temporali*: materiali.
[16] *simbionte*: in biologia, l'animale o il vegetale che vive in simbiosi con altri.

steva un'industria clandestina di accendini: ignoti artefici,
nei ritagli di tempo, li fabbricavano per le persone importanti e per gli operai civili. Ora, per gli accendini occorrono le
pietrine, ed occorrono di una certa misura: bisognava dunque
assottigliare quelle che io avevo sotto mano. Assottigliarle
quanto, e come? «Non fare difficoltà, mi disse: ci penso io.
Tu pensa a rubare il resto».

Il giorno dopo non ebbi difficoltà a seguire il consiglio di
Alberto. Verso le dieci di mattina proruppero le sirene del
Fliegeralarm, dell'allarme aereo. Non era una novità, oramai,
ma ogni volta che questo avveniva ci sentivamo, noi e tutti,
percossi di angoscia fino in fondo alle midolla. Non sembrava un suono terreno, non era una sirena come quelle delle
fabbriche, era un suono di enorme volume che, simultaneamente in tutta la zona e ritmicamente, saliva fino ad un acuto spasmodico e ridiscendeva ad un brontolio di tuono. Non
doveva essere stato un ritrovato casuale, perché nulla in Germania era casuale, e del resto era troppo conforme allo scopo
ed allo sfondo: ho spesso pensato che fosse stato elaborato da
un musico malefico, che vi aveva racchiuso furore e pianto,
l'urlo del lupo alla luna e il respiro del tifone: cosí doveva
suonare il corno di Astolfo[17]. Provocava il panico, non solo
perché preannunciava le bombe, ma anche per il suo intrinseco orrore, quasi il lamento di una bestia ferita grande fino
all'orizzonte.

I tedeschi avevano piú paura di noi davanti agli attacchi
aerei: noi, irrazionalmente, non li temevamo, perché li sapevamo diretti non contro noi, ma contro i nostri nemici. Nel
giro di secondi mi trovai solo nel laboratorio, intascai tutto il
cerio ed uscii all'aperto per ricongiungermi col mio Kommando[18]: il cielo era già pieno del ronzio dei bombardieri, e
ne scendevano, ondeggiando mollemente, volantini gialli che
recavano atroci parole di irrisione:

Im Bauch kein Fett,
Acht Uhr ins Bett;
Der Arsch kaum warm,
Fliegeralarm!

[17] *il corno di Astolfo*: nell'*Orlando furioso* dell'Ariosto, Astolfo, l'arguto e biz-
zarro cugino di Orlando, possiede un corno che col suo spaventoso suono mette in
fuga qualsiasi avversario.
[18] *Kommando*: la squadra di internati cui apparteneva Levi.

Niente lardo nella pancia,
Alle otto vai a letto;
Appena il culo è caldo,
Allarme aereo!

A noi non era consentito l'accesso ai rifugi antiaerei: ci
raccoglievamo nelle vaste aree non ancora fabbricate, nei din-
torni del cantiere. Mentre le bombe cominciavano a cadere,
sdraiato sul fango congelato e sull'erba grama[19] tastavo i cilindretti nella tasca, e meditavo sulla stranezza del mio destino, dei nostri destini di foglie sul ramo, e dei destini umani
in generale[20]. Secondo Alberto, una pietrina da accendino era
quotata una razione di pane, cioè un giorno di vita; io avevo
rubato almeno quaranta cilindretti, da ognuno dei quali si potevano ricavare tre pietrine finite. In totale, centoventi pietrine, due mesi di vita per me e due per Alberto, e in due mesi i russi sarebbero arrivati e ci avrebbero liberati; e ci avrebbe infine liberati il cerio[21], elemento di cui non sapevo nulla,
salvo quella sua unica applicazione pratica, e che esso appartiene alla equivoca ed eretica famiglia delle Terre Rare[22], e
che il suo nome non ha nulla a che vedere con la cera, e neppure ricorda lo scopritore; ricorda invece (grande modestia
dei chimici d'altri tempi!) il pianetino Cerere[23], essendo stati il metallo e l'astro scoperti nello stesso anno 1801; e forse
era questo un affettuoso-ironico omaggio agli accoppiamenti
alchimistici[24]: come il Sole era l'oro e Marte il ferro, cosí Cerere doveva essere il cerio.

A sera io portai in campo i cilindretti, ed Alberto un pezzo di lamiera con un foro rotondo: era il calibro prescritto a
cui avremmo dovuto assottigliare i cilindri per trasformarli in
pietrine e quindi in pane.

[19] *sull'erba grama*: sulla poca erba.
[20] *dei nostri… generale*: della precarietà della condizione loro, degli internati, e
dell'uomo in generale.
[21] *ci avrebbe… cerio*: perché, barattato con razioni di pane, avrebbe consentito
loro di rimanere in vita fino all'arrivo dei russi.
[22] *equivoca… Rare*: è un gruppo di quindici elementi, poco frequenti in natura
(da cui il nome di Terre Rare), caratterizzati dall'avere proprietà chimiche pressoché
uguali.
[23] *il pianetino Cerere*: dal diametro di soli 384 km, scoperto nel 1801.
[24] *accoppiamenti alchimistici*: gli alchimisti (i «progenitori» dei chimici) collega-
vano i metalli da loro conosciuti agli astri.

Quanto seguí è da giudicarsi con cautela. Alberto disse che i cilindri si dovevano ridurre raschiandoli con un coltello, di nascosto, perché nessun concorrente ci rubasse il segreto. Quando? Di notte. Dove? Nella baracca di legno, sotto le coperte e sopra il saccone pieno di trucioli, e cioè rischiando di provocare un incendio, e piú realisticamente rischiando l'impiccagione: poiché a questa pena erano condannati, fra l'altro, tutti coloro che accendevano un fiammifero in baracca.

Si esita sempre nel giudicare le azioni temerarie, proprie od altrui, dopo che queste sono andate a buon fine: forse non erano dunque abbastanza temerarie? O forse è vero che esiste un Dio che protegge i bambini, gli stolti e gli ebbri? O forse ancora, queste hanno piú peso e piú calore delle altre innumerevoli andate a fine cattivo, e perciò si raccontano piú volentieri? Ma noi non ci ponemmo allora queste domande: il Lager ci aveva donato una folle famigliarità col pericolo e con la morte, e rischiare il capestro per mangiare di piú ci sembrava una scelta logica, anzi ovvia.

Mentre i compagni dormivano, lavorammo di coltello, notte dopo notte. Lo scenario era tetro da piangere: una sola lampadina elettrica illuminava fiocamente il grande capannone di legno, e si distinguevano nella penombra, come in una vasta caverna, i visi dei compagni stravolti dal sonno e dai sogni: tinti di morte, dimenavano le mascelle, sognando di mangiare. A molti pendevano fuori dalla sponda del giaciglio un braccio o una gamba nudi e scheletrici: altri gemevano o parlavano nel sonno.

Ma noi due eravamo vivi e non cedevamo al sonno. Tenevamo sollevata la coperta con le ginocchia, e sotto quella tenda improvvisata raschiavamo i cilindri, alla cieca e a tasto[25]: ad ogni colpo si udiva un sottile crepitio, e si vedeva nascere un fascio di stelline gialle. A intervalli, provavamo se il cilindretto passava nel foro-campione; se no, continuavamo a raschiare; se sí, rompevamo il troncone assottigliato e lo mettevamo accuratamente da parte.

Lavorammo tre notti: non accadde nulla, nessuno si accorse del nostro tramestio, né le coperte né il saccone presero fuoco, e in questo modo ci conquistammo il pane che ci resse in vita fino all'arrivo dei russi e ci confortammo nella fiducia

[25] *a tasto*: a tastoni, al tatto.

e nell'amicizia che ci univa. Quanto avvenne di me è scritto altrove. Alberto se ne partí a piedi coi piú quando il fronte fu prossimo: i tedeschi li fecero camminare per giorni e notti nella neve e nel gelo, abbattendo tutti quelli che non potevano proseguire; poi li caricarono su vagoni scoperti, che portarono i pochi superstiti verso un nuovo capitolo di schiavitú, a Buchenwald ed a Mauthausen. Non piú di un quarto dei partenti sopravvisse alla marcia[26].

Alberto non è ritornato, e di lui non resta traccia: un suo compaesano, mezzo visionario e mezzo imbroglione, visse per qualche anno, dopo la fine della guerra, spacciando a sua madre, a pagamento, false notizie consolatorie.

(da *Il sistema periodico*, Einaudi, Torino 1994)

---

[26] *Alberto... marcia*: nel gennaio del 1945, i tedeschi, avvicinandosi le truppe russe, evacuarono il campo di Auschwitz, dove lasciarono solo gli ammalati, tra cui Levi, che aveva contratto la scarlattina; gli altri prigionieri furono trasferiti a Buchenwald e a Mauthausen. Tutti dovevano essere sottratti alla liberazione, affinché nessun testimone sopravvivesse.

ITALO CALVINO

Fino a che dura il Sole

Nelle Cosmicomiche vecchie e nuove *(1984), in cui confluiscono i racconti delle* Cosmicomiche *(1965) e di* Ti con zero *(1967) accanto a nuove storie come* Fino a che dura il Sole, *Calvino esibisce il suo costante e profondo interesse verso la scienza.*

Il protagonista di queste storie cosmiche, dal nome impossibile, Qfwfq, è il ciarliero testimone dell'intera evoluzione dell'universo, dall'accensione delle galassie alla formazione del sistema solare, alla comparsa della vita sulla Terra. Qui egli racconta del nonno, il vecchio colonnello Eggg, il quale, lasciato il servizio, che lo ha costretto ad un continuo andirivieni attraverso l'universo in formazione, si è stabilito, per godersi la pensione, sulla Terra, «un pianeta [...] di quelli con l'atmosfera e le bestioline e le piante».

La fantascienza delle Cosmicomiche *è costruita sulle congetture della scienza; ma rivolgendosi ad un passato remotissimo, ad epoche ignote che si misurano in miliardi di anni, diviene una fantascienza a ritroso, che, sfociando non nel futuribile bensí nel fiabesco, ribadisce la peculiare vocazione narrativa di Calvino.*

Le stelle, a seconda di come sono grandi e luminose e colorate, hanno una diversa evoluzione, classificabile mediante il diagramma Hertzsprung-Russel. La loro vita può essere brevissima (qualche milione di anni soltanto, per le grosse stelle azzurre) o seguire un corso tanto lento (una decina di miliardi d'anni, per le gialle) che prima di portarle alla vecchiaia può prolungarsi (per le piú rosse e piccole) fino a miliardi di millenni. Per tutte viene il momento in cui, bruciato tutto l'idrogeno che avevano, non resta loro che dilatarsi e raffreddarsi (trasformandosi in «giganti rosse») e di lí cominciare una serie di reazioni termonucleari che le porterà rapidamente alla morte. Prima d'arrivare a quel momento, il Sole, stella gialla di potenza media che splende già da 4 o 5 miliardi d'anni, ha davanti a sé un tempo almeno altrettanto lungo[1].

[1] *Le stelle... luogo:* introduzione scientifica al racconto. Il *diagramma Hertzsprung-Russel* è un diagramma temperatura-luminosità che rappresenta graficamente le caratteristiche di una stella e le sue evoluzioni.

È proprio per stare un po' tranquillo, che mio nonno venne a stabilirsi qui, – *raccontò Qfwfq*, – dopo che l'ultima
esplosione di «Supernova»[2] li aveva proiettati ancora una
volta nello spazio, lui la nonna i figli i nipoti i pronipoti. Il
Sole stava condensandosi allora allora, tondeggiante, giallino,
su di un braccio della Galassia, e gli fece una buona impressione, in mezzo a tutte le altre stelle in giro. – Proviamone
una gialla, questa volta, – disse a sua moglie. – Se ho capito
giusto, le gialle sono quelle che stanno su piú a lungo senza
cambiare. E magari di qui a un po' le si forma intorno anche
un sistema planetario.

Questa di piazzarsi con tutta la famiglia su un pianeta, magari di quelli con l'atmosfera e le bestioline e le piante, era
una vecchia idea del Colonnello Eggg per quando sarebbe andato in pensione, dopo tutti quegli andirivieni in mezzo alla
materia incandescente[3]. Non che patisse il caldo, mio nonno,
e quanto agli sbalzi di temperatura aveva dovuto abituarcisi
da un pezzo, in tanti anni di servizio, ma arrivati a una certa
età comincia a far piacere a tutti sentirsi intorno un clima
temperato.

Mia nonna, invece, gli dette subito sulla voce[4]: – E perché
non su quell'altra? Piú grossa è, piú mi dà affidamento! – e
indicò una «gigante azzurra».

– Sei matta, non sai che cos'è quella? Non le conosci, le
azzurre? Bruciano veloci che non te ne accorgi, e non è passato un paio di migliaia di millenni che già devi far fagotto![5]

Ma com'è la nonna Ggge lo sapete, rimasta giovanile non
solo d'aspetto ma anche nel giudizio, mai contenta di quel
che ha, sempre smaniosa di cambiare, in meglio o in peggio
non importa, attratta da tutto quello che è diverso. E dire
che il gran daffare, in quei traslochi in fretta e furia da un
corpo celeste all'altro, ricadeva sempre sulle sue spalle, specie
quando c'erano dei bambini piccoli. – Sembra che da una vol-

---

[2] *Supernova*: stella che, esplodendo, aumenta di luminosità in misura eccezionale, per poi esaurirsi in breve tempo.
[3] *materia incandescente*: quella che forma le stelle.
[4] *gli dette… voce*: lo contraddisse.
[5] *Sei matta… fagotto*: il comico scaturisce dall'assurdo presentato come naturale,
nel continuo intreccio di diversi piani e registri narrativi, quello scientifico (la storia
dell'universo in formazione), e quello quotidiano e familiare (la vicenda coniugale e
i bisticci domestici del colonnello Eggg).

ta all'altra non se ne ricordi, – si sfoga nonno Eggg, con noi
nipoti, – non sa imparare a starsene tranquilla. Qui nel Sistema solare, dico io, di cosa può lamentarsi? Le Galassie è da
tanto che le giro in lungo e in largo: un po' d'esperienza me
la sarò fatta, no? Ebbene, mai che mia moglie lo riconosca...

É questo il chiodo del Colonnello: soddisfazioni ne ha avute tante nella carriera, ma questa, cui adesso terrebbe piú di
tutte, non riesce ad averla: sentir dire finalmente da sua moglie: «Sí, Eggg, hai avuto occhio, per questo Sole io non avrei
dato due soldi mentre tu hai saputo valutare subito che era
un astro dei piú fidati e stabili, di quelli che non si buttano a
far scherzi da un momento all'altro, e hai pure saputo met-
terti nella posizione giusta per prender posto sulla Terra,
quando poi si è formata... la quale Terra, con tutti i suoi limiti e difetti, offre ancora delle buone zone di residenza, e i
ragazzi hanno spazio per giocare e scuole non troppo distanti...». Questo vorrebbe che sua moglie gli dicesse, il vecchio
Colonnello, che gli desse questa soddisfazione, una volta.
Macché. Invece, basta che lei senta parlare di qualche sistema stellare che funziona in tutt'altro modo, per esempio le
oscillazioni di luminosità delle «R R Lyrae»[6], e cominciano le
smanie: che là magari si fa una vita piú varia, si è piú nel giro, mentre noi restiamo confinati in quest'angolo, in un punto morto dove non succede mai niente[7].

– E cosa vuoi che succeda? – chiede Eggg, prendendo tutti noialtri a testimoni. – Come se ormai non lo sapessimo che
dappertutto è la stessa storia: l'idrogeno che si trasforma in
elio, poi i soliti giochi col berillio e il litio[8], gli strati incandescenti che crollano uno addosso all'altro, poi si gonfiano
come palloni imbianchendo imbianchendo e ancora crollano... Almeno si riuscisse, standoci in mezzo, a godere lo
spettacolo! Invece ogni volta la gran preoccupazione è non
perdere di vista i pacchi e i pacchetti del trasloco, e i bambini che piangono, e la figliola che le si infiammano gli occhi,
e il genero che gli si fonde la dentiera... La prima a soffrir-

[6] *R R Lyrae*: stelle della costellazione della Lira dalla luce intermittente.
[7] *là magari... niente*: Ggge avverte la Terra come «periferia» ed è presa dalla smania, anch'essa piccolo-borghese, di abitare «in centro».
[8] *l'idrogeno... litio*: dalle reazioni termonucleari all'interno di una stella si pro-
ducono energia e via via nuovi elementi: l'idrogeno si trasforma in elio, l'elio in carbonio, il carbonio in altri elementi della tavola periodica, tra cui il berillio e il litio.

ne, si sa, è proprio lei, Ggge; dice dice, ma bisogna vederla
all'atto pratico...

Anche per il vecchio Eggg (ce l'ha raccontato tante volte)
i primi tempi erano pieni di sorprese; la condensazione delle
nubi di gas, l'urto degli atomi, quell'aggrumarsi di materia
che s'ingrossa s'ingrossa finché non si accende, e il cielo che
si affolla di corpi incandescenti di tutti i colori, ognuno che
pare differente da tutti gli altri, diametro temperatura den-
sità, modo di contrarsi e dilatarsi, e tutti quegli isotopi[9] che
nessuno immaginava che esistessero, e quegli sbuffi, quegli
scoppi, quei campi magnetici: un susseguirsi d'imprevisti. Ma
adesso... Gli basta un'occhiata e già ha capito tutto: che stella è, di che calibro, quanto pesa, cosa brucia, se fa da calami-
ta o espelle roba, e quel che espelle a che distanza si ferma, e
a quanti anni-luce ce ne può stare un'altra.

Per lui la distesa del vuoto è come un fascio di binari in un
nodo ferroviario: scartamenti scambi deviazioni sono quelli e
non altri, si può prendere questo o quel percorso ma non correre in mezzo né saltare le massicciate. Nel fluire del tempo,
lo stesso: ogni movimento è incasellato in un orario che lui sa
a memoria; conosce tutte le fermate, i ritardi, le coincidenze,
le scadenze, le variazioni stagionali. Il suo sogno era sempre
stato questo, per quando si sarebbe ritirato dal servizio: contemplare il traffico ordinato e regolare che percorre l'universo, come quei pensionati che vanno tutti i giorni alla stazione a vedere i treni che arrivano e che partono; e rallegrarsi
che non tocchi piú a lui di venire sballottato, carico di baga-
gli e di bambini, in mezzo al via vai indifferente di quegli or-
digni roteanti ognuno per suo conto...

Un posto, dunque, ideale da tutti i punti di vista. In quattro miliardi d'anni che son qui, si sono già abbastanza ambientati, hanno fatto qualche conoscenza: gente che va e che
viene, si capisce, è l'usanza del posto, ma per la Signora Ggge che ama tanto la varietà questo dovrebbe essere un vantaggio. Adesso hanno dei vicini, sullo stesso pianerottolo,
certi Cavicchia, che sono proprio buona gente: vicini con cui
ci si aiuta, ci si scambia delle gentilezze.

– Vorrei vederti, – disse Eggg a sua moglie, – se nelle Nu-

[9] *isotopi*: elementi che, pur avendo lo stesso numero atomico, hanno diversa massa atomica.

bi di Magellano[10] trovavi gente altrettanto civile! – (Perché Ggge, nel suo rimpianto per altre residenze, tira in ballo anche costellazioni extragalattiche).

Ma quando una persona ha una certa età mica si può cambiarle la testa: se non c'è riuscito in tanti anni di matrimonio, il Colonnello non ci riuscirà di certo ora. Per esempio: Ggge sente che i vicini partono per Teramo. Sono abruzzesi, i Cavicchia, e vanno tutti gli anni a far visita ai parenti. – Ecco, – fa Ggge, – tutti partono e noi stiamo sempre qui. Io ho mia mamma che non la vado a trovare da miliardi d'anni!

– Ma lo vuoi capire che non è lo stesso? – protesta il vecchio Eggg.

La mia bisnonna, bisogna sapere, abita nella Galassia d'Andromeda[11]. Sí, una volta viaggiava sempre con la figlia e il genero, ma proprio nel momento in cui cominciò a formarsi questo ammasso di galassie, si perdettero di vista, lei prese da una parte e loro dall'altra. (Ggge ancor oggi ne dà la colpa al Colonnello: – Avresti dovuto fare piú attenzione, – sostiene. E lui: – Ma sí, non avevo altro a cui badare, in quel momento! – si limita a dire, per non specificare che sua suocera, ottima donna, certo, però come compagna di viaggio era uno di quei tipi fatti apposta per complicare le cose, specie nei momenti di trambusto).

La Galassia d'Andromeda è qua dritto sopra la nostra testa, ma c'è sempre di mezzo un paio di miliardi d'anni-luce. Per Ggge gli anni-luce sembra siano come i salti di una pulce: non ha capito che lo spazio è una pasta che t'incolla come il tempo.

L'altro giorno, forse per rallegrarla, Eggg le dice: – Senti, Ggge, non è detto che resteremo qui all'infinito[12]. Da quanti millenni ci stiamo? Quattro milioni? Ebbene: fa' conto d'essere, a dir poco, a metà del nostro soggiorno. Non passeranno cinque milioni di millenni, e il Sole si gonfierà tanto da inghiottire Mercurio Venere e Terra, e ricomincerà una serie di

---

[10] *Nubi di Magellano*: coppia di nebulose extragalattiche, visibili nell'emisfero australe, osservate e descritte da Antonio Pigafetta durante il viaggio di Magellano, tra il 1519 e il 1522.
[11] *Galassia d'Andromeda*: la galassia piú vicina alla via Lattea, lontana due milioni di anni-luce (non due miliardi, come dirà piú avanti Qfwfq).
[12] *all'infinito*: per l'esperienza e la percezione umane i tempi, contati in miliardi di anni, di cui ragiona Eggg sono davvero l'infinito.

cataclismi uno dietro l'altro, rapidissimi. Chissà dove saremo
sbattuti. Dunque, cerca di goderti questo poco di tranquillità
che ci rimane.

– Ah sí, – fa lei, subito interessata, – allora bisognerà che
non ci lasciamo cogliere alla sprovvista. Comincerò a mettere
da parte tutto quello che non si sciupa e non è troppo d'in-
gombro, per portarcelo con noi quando il Sole esplode.

E prima che il Colonnello possa fermarla, corre in soffitta
a vedere quante valigie ci sono, e in che stato, e se le serra-
ture tengono. (In questo pretende d'esser previdente: se si è
proiettati nello spazio non c'è niente di peggio che dover rac-
cogliere il contenuto delle valigie sparso in mezzo al gas in-
terstellare).

– Ma che fretta hai? – esclama il nonno. – Si tratta di
bei miliardi d'anni che abbiamo ancora davanti a noi, ti ho
detto! ·

– Sí, ma c'è tante cose da fare, Eggg, e io non voglio ri-
durmi all'ultimo momento. Per esempio: voglio aver pronta
della marmellata di cotogne, se per caso incontriamo mia sorella Ddde, che ne va matta e magari chissà da quanto tempo
non ne assaggia, poverina.

– Tua sorella Ddde? Ma non è quella che è su Sirio?[13]

La famiglia di nonna Ggge sono in non so quanti, sparsi un
po' per tutte le costellazioni: e ad ogni cataclisma lei s'aspetta d'incontrarne qualcuno. Il fatto è che non si sbaglia: ogni
volta che il Colonnello[14] esplode nello spazio si ritrova in
mezzo a cognati o a cugini d'acquisto.

Insomma, ormai non la tiene piú nessuno: tutta infervora-
ta nei preparativi, non pensa ad altro, lascia a mezzo le fac-
cende piú indispensabili, perché tanto «tra un po' il Sole finisce». Il marito ci si rode: aveva tanto sognato di godersi la
sua pensione[15] concedendosi una pausa nella serie delle defla-
grazioni, lasciando che i crogiuoli celesti friggano nel loro
multiforme combustibile, standosene al riparo a contemplare
lo scorrere dei secoli come un corso uniforme senza interru-
zioni, ed ecco – arrivato sí e no al bel mezzo di questa va-

[13] *Sirio*: la stella piú luminosa della costellazione del Cane Maggiore e dell'intero emisfero boreale.

[14] *il Colonnello… spazio*: esplode l'astro su cui in quel momento si trova il Colonnello con la sua famiglia.

[15] *il marito… pensione*: altro quadro piccolo-borghese.

canza[16], – la signora Ggge comincia a metterlo in stato di tensione, con le valigie spalancate sui letti, i cassetti sottosopra, le camicie messe una sull'altra, ecco che tutte le migliaia di milioni di miliardi d'ore e giorni e settimane e mesi che lui poteva godersi come un congedo sconfinato, d'ora in poi le dovrà vivere sul piede di partenza, come quand'era in servizio, sempre nell'attesa d'un trasferimento, senza poter dimenticare nemmeno per un attimo che tutto quel che lo circonda è provvisorio, provvisorio ma sempre ripetuto, un mosaico di protoni elettroni neutroni[17] da scomporre e ricomporre all'infinito, una zuppa da rimestare finché non si raffredda o non si riscalda, insomma questa villeggiatura nel piú temperato pianeta del sistema solare è bell'e rovinata.

– Che ne dici, Eggg, qualche stoviglia ben imballata io credo che potremmo portarcela dietro senza che si rompa...

– Ma no, cosa ti viene in mente Ggge, col posto che occupano, pensa a quante cose devi farci stare... – Ed è obbligato a partecipare anche lui, a prendere posizione sui vari problemi, a condividere la lunga impazienza, ad abitare una perpetua[18] vigilia...

Io lo so qual è ora l'aspirazione struggente di questo vecchio pensionato, ce l'ha detto chiaro tante volte: essere messo fuori gioco una volta per tutte, lasciare che le stelle si disfino e si rifacciano e tornino a disfarsi centomila volte, con la signora Ggge e tutte le cognate in mezzo che si rincorrono e s'abbracciano e perdono le cappelliere e gli ombrellini e li ritrovano e tornano a riperderli, e lui non averci a che fare, lui restare nel fondo della materia spremuta e masticata e sputata e che non serve piú a niente... Le «nane bianche»![19]

Il vecchio Eggg non è uno che parla tanto per parlare: ha un progetto ben preciso in mente. Sapete le «nane bianche», le stelle compattissime e inerti, residuo delle piú lancinanti esplosioni, arroventate al calor bianco dei nuclei di metalli schiacciati e compressi uno dentro l'altro? e che continuano a girare lentamente su orbite dimenticate, diventando a poco a poco fredde e opache bare di elementi? – Che vada, Ggge,

[16] *vacanza*: una vacanza (o «villeggiatura», come dirà piú avanti) sulla Terra complessivamente di nove miliardi di anni!
[17] *protoni neutroni elettroni*: gli elementi costitutivi dell'atomo.
[18] *perpetua*: veramente, dato che durerà ben cinque miliardi di anni!
[19] *nane bianche*: lo stadio finale di vita delle stelle grandi come il Sole.

che vada, – ridacchia Eggg, – che si lasci portare via dagli
zampilli d'elettroni in fuga. Io aspetterò qui, fin quando il
Sole e tutto quel che gli gira intorno non si sarà ridotto a una
vecchissima stella nana; ma scaverò una nicchia tra gli atomi
piú duri, sopporterò fiamme di ogni colore, pur d'imboccare
finalmente il vicolo cieco, il binario morto, pur di toccare la
riva dalla quale non si riparte[20]...

E guarda in su con gli occhi già di quando sarà «nana bianca», e il roteare delle galassie col loro accendi e spegni di fuochi azzurri gialli rossi, col loro condensarsi e disperdersi di
nuvole e pulviscoli non sarà piú occasione per le solite polemiche coniugali ma qualcosa che c'è, che è lí, che è quello che
è, punto e basta.

Eppure io credo che, almeno nei primi tempi del suo soggiorno su quell'astro deserto e dimenticato, gli verrà ancora
da continuare a discutere mentalmente[21] con Ggge. Non gli
sarà facile smettere. Mi pare di vederlo, solo nel vuoto, mentre percorre la distesa degli anni-luce, ma sempre litigando
con sua moglie. Quel «te l'avevo detto» e «bella scoperta»
che ha commentato la nascita delle stelle, la corsa delle galassie, il raffreddarsi dei pianeti, quell'«adesso sarai contenta» e
«solo questo sai dire» che ha segnato ogni episodio e fase e
scoppio dei loro litigi e dei cataclismi celesti, quel «credi sempre d'aver ragione» e «perché tu non mi stai mai a sentire»
senza il quale la storia dell'universo non avrebbe per lui nome né ricordo né sapore, quel battibecco coniugale ininterrotto, se mai un giorno finisse, che desolazione, che vuoto![22]

(da *Cosmicomiche vecchie e nuove*, Garzanti, Milano 1984)

---

[20] *pur d'imboccare... riparte*: Eggg sembra quasi stanco della vita, di una vita, qual è la sua, che, secondo i nostri parametri temporali, è già una sorta d'im-
mortalità.
[21] *mentalmente*: poiché Ggge se ne sarà andata.
[22] *se mai... vuoto*: ciò che dà senso alla vita e vi lascia traccia sono i rapporti e i
sentimenti umani.

ANTONIO TABUCCHI

Piccoli equivoci senza importanza

La vita è governata dal caso, dal malinteso, dall'incomprensione, dai «piccoli equivoci senza importanza» o «senza rimedio». Lo mostra questo racconto, rievocazione delle vicende di un gruppo di amici degli anni universitari (Tonino, Federico, Leo, Memo, Maddalena) attraverso i pensieri e i sentimenti di Tonino, l'io narrante, che assiste come cronista ad un processo in cui Federico è il giudice e Leo l'imputato. La vita gli appare, pirandellianamente, come una recita in cui ciascuno sostiene la parte assegnatagli dal destino, gran burattinaio del teatro del mondo.

La forma espressiva del racconto è quella di un flusso narrativo in cui ricordi e sensazioni, parole e immagini, s'accavallano in una continua interferenza tra il presente e diversi piani del passato, o forse, piú profondamente, tra ciò che è avvenuto e ciò che non è avvenuto.

Quando l'usciere ha detto: in piedi, entra la corte, e nell'aula per un attimo si è fatto silenzio, proprio in quel momento, quando Federico è sbucato dalla porticina guidando il piccolo corteo, con la toga e i capelli già quasi bianchi, mi è venuta in mente *Strada anfosa*[1]. Li ho guardati sedersi, come assistendo a un rituale incomprensibile e lontano ma proiettato nel futuro, e l'immagine di quegli uomini gravi[2] seduti dietro al bancone sovrastato da un crocifisso si è dissolta sotto l'immagine di un passato che per me era il presente[3], pro-

---

[1] *Strada anfosa*: una celebre canzone degli anni Sessanta, cantata da Domenico Modugno. «Anfosa» significa fradicia.

[2] *gravi*: seri, calati nel loro ruolo di giudici.

[3] *un passato... presente*: Tonino, colui che sta raccontando, non riesce a distinguere il presente dal passato, donde quella malinconia (il «mal del tempo», come lo definisce l'autore stesso in *Piazza d'Italia*), che affligge molti io narranti e personaggi dei racconti di Tabucchi.

prio come in un vecchio film, e sul blocco per gli appunti che
mi ero portato la mia mano ha scritto, quasi per proprio conto, *Strada anfosa*, mentre io ero ormai altrove, abbandonato al
ritroso dell'evocazione[4]. E anche il Leo, seduto dentro quella gabbia come un animale pericoloso, anche lui ha perduto
quell'aria malata che hanno le persone profondamente infeli-
ci, l'ho visto[5] appoggiarsi alla console stile impero[6] di sua
nonna, con quella sua vecchia aria annoiata e furba che aveva solo il Leo e che era il suo fascino, e ha detto: Tonino, ri-
metti *Strada anfosa*. E cosí io gli ho rimesso il disco, se lo me-
ritava il Leo di ballare con Maddalena altrimenti detta la
Grande Tragica perché alla recita scolastica di fine anno in-
terpretando Antigone[7] si era messa a singhiozzare sul serio e
non si fermava piú; e quello era proprio il disco fatto apposta
per loro, da ballarsi appassionatamente nel salotto stile impero della nonna del Leo. E cosí è cominciato il processo, con il
Leo e Federico che ballavano a turno con la Grande Tragica
guardandola perdutamente negli occhi, entrambi facendo finta che non erano affatto rivali, che di quella ragazza dai capelli rossi non gliene importava molto, lo facevano cosí per
ballare, e invece spasimavano per lei, io compreso, naturalmente, che mettevo il disco come se niente fosse[8].

Fra un ballo e l'altro è arrivato l'anno seguente, che fu
l'anno di una frase che diventò un emblema, la usavamo fino
all'abuso perché andava bene per le piú svariate circostanze:
non trovarsi a un appuntamento, spendere piú di quanto avevamo, dimenticare un impegno solenne, leggere un libro ritenuto eccellente e che invece era una noia mortale: tutti gli errori, i malintesi, le sviste che ci capitavano erano «un piccolo equivoco senza importanza». Il fatto iniziale successe a Federico, fu un'occasione di risate memorabili perché Federico
aveva programmato la sua vita, come tutti noi, del resto, lui
si era iscritto a lettere classiche, in greco era sempre stato un

---

[4] *al ritroso dell'evocazione*: ai ricordi.
[5] *l'ho visto*: nel ricordo.
[6] *console... impero*: tavolo da parete di gusto neoclassico (chiamato «impero»
perché coincise con l'impero napoleonico).
[7] *Antigone*: figlia di Edipo e di Giocasta. Nell'omonima tragedia di Sofocle dà
sepoltura al fratello Polinice sfidando il divieto di Creonte, tiranno di Tebe.
[8] *cosí... fosse*: ecco il passato sovrapporsi prepotentemente al presente e interfe-
rire continuamente con esso.

genio e nell'*Antigone* faceva Creonte; noi ci iscrivemmo a lettere moderne, era piú attuale, diceva il Leo, vuoi mettere Joyce[9] con quegli autori barbosi? Eravamo al Caffè Goliardico,
ognuno col suo libretto, scrutavamo i piani di studio con i
programmi stesi sul biliardo, al gruppetto si era unito il Memo, veniva da Lecce e aveva impegni politici, era molto
preoccupato che si facesse politica *correttamente*, per questo
si prese il soprannome di Deputatino, e tutto il corso poi lo
chiamò sempre cosí. A un certo punto arrivò Federico con
un'aria stravolta sventolando il suo libretto di matricola, era
trafelato e quasi non riusciva a spiegarsi, era fuori di sé, per
errore gli avevano dato un libretto di Giurisprudenza, non
sapeva capacitarsene. Per confortarlo lo accompagnammo alle segreterie, ci attese un impiegato gentile e noncurante, era
un vecchietto che aveva visto sfilare davanti a sé migliaia di
studenti, esaminò il libretto di Federico e la sua aria preoccupata: è un piccolo equivoco senza rimedio, disse, è inutile
preoccuparsi tanto. Federico lo guardò allibito, con la faccia
congestionata, e balbettò: un piccolo equivoco senza rimedio?! Il vecchietto non si scompose, mi scusi, disse, è stato un
lapsus, volevo dire un piccolo equivoco senza importanza,
prima di Natale le faccio avere l'iscrizione giusta, intanto se
lo desidera può seguire le lezioni di Giurisprudenza, almeno
non perde le sue giornate. Uscimmo reggendoci la pancia: un
piccolo equivoco senza importanza! E giú, tutti a ridere del-
l'aria furibonda di Federico.

Come sono curiose le cose. Un mattino, qualche settimana
dopo, Federico arrivò al Goliardico con un'aria di sufficien-
za. Usciva da una lezione di filosofia del diritto, c'era andato
tanto per andarci, proprio per fare qualcosa: ebbene, ragazzi,
potevamo non credergli ma in un'ora aveva capito certi problemi che non aveva mai capito in vita sua, in confronto i tra-
gici greci non spiegavano nulla del mondo, aveva preso la decisione di restare a Giurisprudenza, tanto i classici li conosceva già.

Federico ha detto qualcosa in tono interrogativo, mi è parsa una voce lontana e metallica come se la ascoltassi in un te-

---

[9] *Joyce*: lo scrittore irlandese (1882-1941) autore dei *Dubliners* (1914) e del-
l'*Ulysses* (1922), uno dei maestri della letteratura novecentesca.

lefono, il tempo ha barcollato ed è precipitato verticalmente[10]
e attorniato da bollicine, galleggiando in una pozza di anni, è
affiorato il viso di Maddalena. Forse non si dovrebbe andare
a trovare una ragazza della quale si è stati innamorati, il giorno in cui stanno per tagliarle i seni. Se non altro per propria
difesa. Ma io non avevo nessuna voglia di difendermi, mi ero
già arreso. E cosí ci andai. L'aspettai nel corridoio prima delle sale operatorie, dove li fanno sostare per qualche minuto in
attesa del loro turno. Arrivò sul lettino con le ruote, sul viso
aveva l'allegria innocente della pre-anestesia, che credo dia
una commozione senza consapevolezza. Aveva gli occhi lustri
e io le strinsi la mano. Le restava la paura, ma ottusa dalla
chimica[11], lo capii. Dovevo dirle qualcosa? Avrei voluto dirle: Maddalena, sono sempre stato innamorato di te, chissà
perché non sono mai riuscito a dirtelo prima. Ma non si può
dire una cosa del genere a una ragazza che sta entrando in
una sala operatoria per un'operazione come quella. E allora le
dissi a tutta velocità: *molte sono le malvagità del mondo ma
l'uomo tutte le supera anche oltre il mare di spuma sotto l'impe-
tuoso vento del sud egli avanza ed attraversa le perigliose onde
che gli ruggiscono intorno*, che era una battuta dell'*Antigone*
che le dicevo alla recita tanti anni prima, chissà come mi venne in mente cosí bene e non so se lei se la ricordava, se era in
grado di capire, mi strinse la mano e la portarono via. Io scesi giú allo spaccio dell'ospedale, l'unico alcoolico disponibile
era l'amaro Ramazzotti, ce ne vollero una decina per riuscire
a ubriacarmi, quando cominciai a sentire una certa nausea andai a sedermi su una panchina davanti alla clinica e dovetti
cercare di convincermi che presentarmi dal chirurgo era una
pazzia, era un desiderio dato dalla sbornia, perché volevo
proprio andare dal chirurgo e dirgli di non buttarli nell'ince-
neritore, quei seni, di darli a me perché li volevo conservare,
e anche se dentro erano malati non me ne importava niente,
perché tanto c'è sempre una malattia dentro tutti noi, e io a
quei seni gli volevo bene, insomma, come dire?, avevano un
significato, speravo capisse. Ma quel barlume di raziocinio
che mi restava me lo impedí e riuscii a raggiungere un taxi, a
casa dormii tutto il pomeriggio, mi svegliò il telefono che era

[10] *il tempo... verticalmente*: il passato è ritornato prepotentemente.
[11] *ottusa dalla chimica*: attenuata dai farmaci.

già buio, non feci nemmeno caso all'ora, era la voce di Federico che mi diceva: Tonino, sono io, mi senti Tonino?, sono
io. Ma dove sei?, gli risposi con la voce impastata[12]. Sono a
Catanzaro, fa lui. A Catanzaro?, dico io, e cosa ci fai a Catanzaro? Sto facendo gli esami di procuratore, dice, ho sentito che Maddalena sta male, che è in ospedale. Proprio cosí,
gli dissi, te lo ricordi che seni aveva?, non ci sono piú: zac.
Lui mi disse: ma cosa dici, Tonino, sei ubriaco? Certo che sono ubriaco, dissi io, sono ubriaco come un ubriaco e la vita mi
fa orrore, e anche tu mi fai orrore che fai gli esami a Catanzaro, perché non l'hai sposata?[13], lei era innamorata di te,
non del Leo, e tu l'hai sempre saputo e non l'hai mai sposata
per paura, perché hai sposato quella saputona di tua moglie,
me lo spieghi?, sei un fetente, Federicuccio. Sentii fare clic
perché aveva riagganciato, io dissi qualche altra sconcezza a
vuoto e poi ritornai a letto e sognai un campo di papaveri.

E cosí gli anni hanno continuato a svolazzare avanti e indietro, come venivano, mentre il Leo e Federico continuavano a ballare con Maddalena nel salotto stile impero. In un attimo, sempre come in un vecchio film, mentre stavano seduti là in fondo, uno con la toga e l'altro dentro la gabbia, il
tempo ha cominciato a fare la giostra[14] senza ordine, tipo fo-
glietti del calendario che volano via e si riappiccicano l'uno
sull'altro, e intanto loro ballavano con Maddalena guardandola intensamente negli occhi mentre io mettevo il disco. Via
cosí, un'estate tutti insieme alla colonia montana del Comitato Olimpico Nazionale, le passeggiate nei boschi, la mania
del tennis che ci aveva contagiato tutti, ma chi giocava sul serio era il Leo, con quel rovescio imprendibile e insieme quel-
l'eleganza, le magliette attillate, i capelli lustri, l'asciugamano
intorno al collo dopo la partita. La sera, sul prato, distesi, a
parlare del mondo: sul petto di chi avrebbe appoggiato la testa Maddalena? E poi quell'inverno che ci sorprese tutti. Prima di tutto per il Leo, chi l'avrebbe detto, lui cosí elegante e
cosí ostentatamente futile, abbracciato alla statua nell'atrio

[12] *con la voce impastata*: faticando a trovare le parole.
[13] *perché... sposata*: nei racconti di *Piccoli equivoci senza importanza* si esprime
una visione della vita non solo come casualità e ineluttabilità ma anche come in-
compiutezza.
[14] *a fare la giostra*: ad andare avanti e indietro vertiginosamente.

del rettorato, che arringava con trasporto la folla di studenti. Aveva un eschimo[15] verdolino di tipo militare che gli stava d'incanto, io me lo presi blu pensando che andava meglio con i miei occhi chiari, ma poi Maddalena non se ne accorse neppure, o almeno non mi disse niente, invece guardava l'eschimo di Federico che gli stava ampio e lo infagottava un po', a me pareva ridicolo quel ragazzone legnoso con le maniche troppo lunghe, ma evidentemente alle donne faceva tenerezza.

Poi il Leo ha cominciato a parlare con la voce bassa e monotona come se raccontasse una favola, e questa è l'ironia del Leo, io lo sapevo, nell'aula non si sentiva volare una mosca, tutti i giornalisti concentratissimi a prendere appunti come se lui raccontasse il Gran Segreto, e anche Federico lo seguiva con estrema attenzione; dio santo, ho pensato, ma perché devi fingere di stare cosí attento, non ti racconta niente di strano, quell'inverno c'eri anche tu. E quasi mi sono immaginato che Federico a un certo punto si alzasse in mezzo alla corte e dicesse: signori giurati, col vostro permesso questo pezzo vorrei raccontarlo io, conoscendolo benissimo per averlo vissuto: la libreria si chiamava «Mondo Nuovo», era ubicata in piazza Dante, ora al suo posto c'è una profumeria elegante, se non erro, che vende anche le borse di Gucci. Era una stanza larga con uno sgabuzzino sulla destra dove c'era uno stanzino e poi il cesso. Nello stanzino non abbiamo mai tenuto bombe né altri tipi di esplosivi[16], ci tenevamo le frese[17] pugliesi che portava il Memo quando andava a passare le vacanze al suo paese, e tutte le sere ci trovavamo lí e mangiavamo frese con olive. L'argomento della conversazione era quasi sempre la rivoluzione cubana, infatti c'era anche un poster di Che Guevara[18] sopra il banco della cassa; ma si esaminavano anche le altre rivoluzioni della storia e ne parlavo io perché i miei ami-

---

[15] *eschimo*: ampio giaccone con cappuccio, di tela impermeabile generalmente foderata di lana, che per gli studenti del Sessantotto costituí una specie di divisa.
[16] *bombe... esplosivi*: Leo è imputato di atti di terrorismo.
[17] *frese*: un pane speciale, duro, a forma di ciambella, che prima di essere consumato viene ammorbidito con acqua e condito con sale, olio e origano.
[18] *Che Guevara*: il guerrigliero argentino Ernesto Guevara (1928-1967), «Che» (pronunciato «cè», interiezione tipicamente argentina) per la storia. Protagonista con Fidel Castro della rivoluzione cubana, si dedicò poi completamente alla lotta di liberazione dei popoli latino-americani. Fu uno dei «miti» del Sessantotto.

ci da un punto di vista storico-filosofico erano abbastanza
ignoranti, io invece la storia del pensiero politico la studiavo
per un esame al quale presi trenta e lode, e cosí tenni alcune
lezioni, che noi chiamavamo seminari, su Babeuf, Bakunin e
Carlo Cattaneo[19]; comunque in verità delle rivoluzioni non
me ne importava molto, lo facevo perché c'era una ragazza
dai capelli rossi che si chiamava Maddalena della quale ero innamorato, però ero convinto che fosse innamorata del Leo, o
meglio, lo sapevo che era innamorata di me, però avevo paura che fosse innamorata del Leo, insomma, è stato un piccolo
equivoco senza importanza, che era una frase che dicevamo
tra noi a quell'epoca, e poi c'era il Leo che mi prendeva in giro, ha sempre avuto una grande capacità di prendere in giro
la gente, lui, ha la battuta facile e il dono dell'ironia, cosí mi
faceva delle domande trabocchetto, un po' perfide, per far
capire a tutti che io ero un riformista[20] e lui un vero rivoluzionario, molto radicale: ma non è mai stato cosí radicale, il
Leo, lo faceva per farmi fare brutta figura con Maddalena, ad
ogni modo un po' per convinzione o un po' per caso si trovò
a ricoprire un ruolo di primo piano, diventò il piú importante del gruppo, ma anche per lui fu un piccolo equivoco che lui
credeva senza importanza. E poi sapete com'è, succede che la
parte che uno si assume diventa vera davvero, la vita è cosí
brava a sclerotizzare le cose, e gli atteggiamenti diventano le
scelte[21].

Ma Federico non ha detto niente di tutto questo, stava at-
tentissimo a seguire le domande del Pubblico Ministero e le
risposte del Leo, e io ho pensato: non è possibile, è tutta una
recitazione. Ma non era una recitazione, no, era una cosa vera, stavano davvero processando il Leo, e anche le cose che il
Leo aveva fatto erano vere, e lui le stava confessando candi-
damente, impassibile, e Federico lo ascoltava impassibile, e
allora ho pensato che anche lui non poteva fare altrimenti,
perché quella era la sua parte nella commedia che ci stavano

---

[19] *Babeuf... Cattaneo*: Babeuf (1760-1797) fu un rivoluzionario francese; Bakunin (1814-1876) un anarchico russo protagonista di molte insurrezioni avvenute in
Europa; Carlo Cattaneo (1801-1869) uno storico e politico milanese di ispirazione
liberista e federalista, fondatore della rivista «Il Politecnico» (1839-1844).
[20] *riformista*: qui in senso polemico-spregiativo, per indicare il moderato in con-
trapposizione al fautore della rivoluzione.
[21] *sclerotizzare... scelte*: rendere privo di sviluppi un atteggiamento.

giocando. E a quel punto mi è venuto un impulso di ribellione, come una volontà di oppormi a quella vicenda che pareva
già scritta, di intervenire, di modificarla. Cosa potevo fare?,
ho pensato, e l'unica soluzione mi è parsa il Memo, era l'unica cosa da farsi, sono uscito dall'aula e sono andato nell'atrio
mostrando ai carabinieri il mio tesserino[22]; mentre compone-
vo il numero ho pensato in tutta fretta a cosa potevo dire:
stanno condannando il Leo, gli avrei detto, vieni qui, devi fare qualcosa, si sta seppellendo con le sue stesse mani, è assurdo, sí lo so che è colpevole, ma non fino a questo punto, è solo la rotella di un ingranaggio che lo ha stritolato, e ora lui sta
recitando la parte di chi manovrava le leve di quell'ingranaggio, ma lo fa per tenere fede alla sua figura, lui non ha mai
manovrato nessuna macchina e forse non ha neppure nessuna
spia da fare, è soltanto il Leo, un Leo esattamente uguale a
quando giocava a tennis con l'asciugamano al collo, solo che
è anche intelligente, è uno stupido intelligente, e tutto questo è assurdo.
    Il telefono ha squillato a lungo e poi ha risposto una voce
femminile educata e fredda con un marcato accento romane-
sco: no, l'onorevole non c'è, è a Strasburgo[23], che cosa desidera? Sono un amico, ho detto, un vecchio amico, vorrei che
lo rintracciasse, è una questione molto importante. Mi dispiace, ha detto la voce educata e fredda, ma non credo che
sia possibile, l'onorevole in questo momento è in riunione, se
lo desidera può lasciare un messaggio, glielo trasmetterò appena possibile. Ho riagganciato e sono entrato in aula ma non
ho raggiunto il mio posto, sono rimasto in cima all'emiciclo[24],
dietro la fila dei carabinieri; nell'aula in quel momento c'era
un parlottio diffuso, credo che il Leo avesse detto una battuta delle sue, sul viso aveva ancora l'espressione maliziosa di
chi ha detto una frase perfida, e in quell'espressione io ho letto una grande tristezza. E anche Federico, che stava siste-
mando le sue carte davanti a sé, mi è parso oppresso da una
grande tristezza, come un peso che sentisse sulle spalle, e allora mi è venuta voglia di attraversare l'aula e di arrivare fino al bancone fra i flash dei fotografi e di parlargli, di strin-

---

[22] *tesserino*: di giornalista.
[23] *Strasburgo*: città francese, sede del Parlamento europeo.
[24] *emiciclo*: l'aula del tribunale ha forma di semicerchio.

gergli la mano a tutti e due, insomma, qualcosa del genere.
Ma cosa potevo dirgli, che si trattava di un piccolo equivoco
senza rimedio? Perché mentre pensavo questo ho proprio
pensato che tutto era davvero un enorme piccolo equivoco
senza rimedio che la vita si stava portando via, ormai le parti erano assegnate e era impossibile non recitarle[25], e anch'io,
che ero venuto col mio blocchetto per gli appunti, anche il
mio semplice guardare loro che recitavano la loro parte, anche questa era una parte, e in questo consisteva la mia colpa,
nello stare al gioco, perché non ci si sottrae a niente e si ha
colpa di tutto, ognuno a suo modo. E allora mi è venuta una
grande stanchezza e una specie di vergogna, e insieme è arrivata un'idea che mi ha assalito e che non ho saputo decifrare, qualcosa che potrei chiamare il desiderio della Semplificazione. In un attimo, seguendo un gomitolo che si stava sroto-
lando con la velocità di una vertigine, ho capito che noi eravamo lí a causa di una cosa che si chiama Complicazione, e
che per secoli, per millenni, per milioni di anni essa ha con-
densato, strato su strato, circuiti sempre piú complessi, sistemi sempre piú complessi, fino a formare ciò che ora noi siamo e ciò che stiamo vivendo. E mi è venuta la nostalgia della Semplificazione, come se i milioni di anni che avevano prodotto gli esseri che si chiamavano Federico, il Leo, Maddalena, il Deputatino e io stesso – questi milioni di anni per sortilegio si dissolvessero in un bruscolo[26] di tempo fatto di
niente: e ci ho immaginati tutti quanti seduti su una foglia.
Voglio dire, seduti propriamente no, perché i nostri organismi erano diventati microscopici e mononucleari[27], senza sesso, senza storia e senza ragione: ma pur tuttavia ancora con
un barlume di coscienza che ci permetteva di riconoscerci, di
sapere che eravamo noi cinque, lí su una foglia, a sorbire gocce di rugiada come se fossimo a prendere una bibita davanti
a un tavolino del Caffè Goliardico, e avevamo solo la funzione di stare lí, mentre un'altra specie di grammofono suonava
per noi un'altra specie di *Strada anfosa*, in una forma che da
essa differiva, ma che era uguale nella sostanza.
E mentre sostavo assorto su quella foglia, la Corte si è al-

[25] *ormai... recitarle*: è l'ineluttabilità del destino.
[26] *bruscolo*: particella.
[27] *mononucleari*: cellule con un solo nucleo.

zata in piedi, e anche il pubblico; il Leo è rimasto seduto nella gabbia e ha acceso una sigaretta, forse era un intervallo della seduta, non so, ma io sono uscito in punta di piedi, fuori
l'aria era limpida e il cielo turchino, di fronte al palazzo di
giustizia il carrettino di un gelataio sembrava abbandonato e
passavano rare macchine; mi sono messo a camminare verso
la darsena; sul canale c'era una chiatta rugginosa che scivola-
va in silenzio come se non avesse il motore, le sono passato
accanto e sopra c'erano il Leo e Federico, uno con la sua aria
strafottente e l'altro con la sua aria grave e pensosa, che mi
guardavano con espressione interrogativa, aspettavano una
frase da me, era evidente; e in fondo alla chiatta, come se gui-
dasse il timone, c'era Maddalena splendente di giovinezza
che sorrideva come può sorridere una ragazza che sa di essere splendente di giovinezza. Ragazzi, ho pensato di dirgli, vi
ricordate la *Strada anfosa*? Ma tutti e tre avevano una fissità
immobile, e ho capito che erano immagini di gesso eseguite in
maniera realistica e troppo colorata, con quelle pose strava-
ganti e caricaturali che hanno a volte i manichini delle vetrine. E non ho detto niente, naturalmente, gli ho solo fatto un
cenno di saluto mentre la chiatta se li portava via e ho proseguito sul molo con passi pausati[28] e lenti, cercando di non calpestare gli interstizi del lastricato, come quando ero bambino
e con un ingenuo rituale provavo a regolare sulla simmetria
delle pietre la mia infantile decifrazione del mondo[29] ancora
senza scansione e senza misura.

(da *Piccoli equivoci senza importanza*, Feltrinelli, Milano 1985)

[28] *pausati*: interrotti.
[29] *infantile... mondo*: sovente nei racconti di *Piccoli equivoci senza importanza*
l'io narrante o il personaggio si pone insistentemente domande sul senso delle cose
e sulla vita.

Gli autori e le opere

CORRADO ALVARO
(San Luca di Calabria 1895 – Roma 1956)
La fedeltà alla terra natale, il legame indissolubile, nostalgico, con il mondo delle origini, coesiste in Alvaro con un'apertura intellettuale europea, maturata attraverso i suoi soggiorni all'estero come inviato speciale e attraverso la sua opera di redattore della rivista bontempelliana «900». Queste due componenti si riflettono nella sua produzione narrativa, costituita da opere molto diverse, come i racconti de *L'amata alla finestra* (1929) e di *Gente in Aspromonte* (1930), ispirati alla terra d'origine, e i romanzi *L'uomo nel labirinto* (1926) e *L'uomo è forte* (1938), di respiro europeo nella problematica e nella struttura saggistica.

L'ambiente natío, dominato da una miseria secolare e da forti contrasti sociali, chiuso nelle sue ferree e pur suggestive tradizioni arcaiche, è al centro di *Gente in Aspromonte*, cui soprattutto è legata la fama dello scrittore calabrese: vi s'intrecciano la narrazione corale, di ascendenza verghiana, e sottili analisi psicologiche, la rappresentazione realistica, di forte carica polemica, e la rievocazione mitico-lirica, cosicché il tema sociale non si cristallizza nella dimensione verista del documento ma si trasfigura in una vicenda esistenziale simbolica. Col ritorno al paese natale si conclude anche *L'uomo nel labirinto*, in cui si denuncia l'inautenticità dell'uomo moderno smarrito nella babele della vita cittadina, che genera solitudine e indifferenza. Ispirato da un viaggio compiuto qualche anno prima nella Russia staliniana, *L'uomo è forte* descrive invece, con tinte kafkiane, l'allucinante atmosfera di terrore che grava su uno stato totalitario, e nella quale è leggibile anche la realtà italiana del «ventennio».

GIORGIO BASSANI
(Bologna 1916 - Roma 2000)
A Ferrara è ambientata l'intera narrativa di Bassani, e non casualmente l'edizione definitiva e complessiva che riunisce tutti i suoi libri s'intitola *Il romanzo di Ferrara* (1980): un'opera cresciuta, per lenta accumulazione e attraverso una continua riscrittura, nell'arco di un trentennio. Al suo centro, rivisitate da una memoria-giudice, sono le vicende della comunità ebraica ferrarese, soprattutto quelle degli anni piú bui del fascismo, dopo la promulgazione delle famigerate leggi antisemite del 1938, con la discriminazione e la persecuzione che seguirono.

La tematica ebraica s'intreccia quasi sempre con quella civile. Nel romanzo breve *Gli occhiali d'oro* (1958), il libro più significativo di Bassani, il giovane che narra prende lacerante coscienza della propria ebraicità in seguito alle leggi razziali e vede rispecchiata la sua emarginazione in quella dell'omosessuale dottor Fadigati. Un altro giovane ebreo discriminato, che cerca solidarietà negli antifascisti ferraresi, è il protagonista de *Gli ultimi anni di Clelia Trotti*; e la tragedia storica delle deportazioni e dello sterminio, accennata ne *La passeggiata prima di cena*, irrompe in un altro racconto, *Una lapide in via Mazzini*.

Compendio del mondo poetico bassaniano, anche per il fitto intreccio di rimandi e corrispondenze con personaggi, motivi e momenti delle altre storie ferraresi, è *Il giardino dei Finzi-Contini* (1962). L'autobiografico io narrante si smarrisce, affascinato, nel mondo degli aristocratici e impenetrabili Finzi-Contini, isolati anche fisicamente nell'edenico giardino della loro villa, dove, presaghi della catastrofe incombente, attendono con consapevole abbandono la morte. E il richiamo della morte, percepita come liberazione dal male di vivere e come appagamento dell'ansia d'assoluto, segna anche l'ultima, desolata, storia ferrarese, *L'airone* (1968).

ROMANO BILENCHI
(Colle Val d'Elsa, Siena 1909 – Firenze 1989)
Il mondo narrativo di Bilenchi ruota intorno alla memoria dell'infanzia, sentita quale radice dell'uomo adulto, e dell'adolescenza: un tema, questo, dominante nella letteratura degli anni Venti e Trenta, specie negli scrittori legati a «So-

laria». Narratore tutto di risonanze interiori, Bilenchi ha tuttavia uno stile asciutto ed essenziale, frutto di un mirabile equilibrio tra l'impulso a scrivere come forma di autoconoscenza e le esigenze di una resa oggettiva.

Suggestive rappresentazioni dell'infanzia e dell'adolescenza, sullo sfondo della piccola e media borghesia della provincia toscana, si trovano in diversi racconti della fitta produzione pubblicata tra il 1935 e il 1943, e nel romanzo *Conservatorio di Santa Teresa* (1940). *Anna e Bruno*, che dà il titolo all'omonimo volume di racconti (1938), narra l'idillio tra una madre e un figlio stretti da un rapporto esclusivo, riparo per il bimbo dalle durezze del mondo. Al centro di *Conservatorio di Santa Teresa* è invece il passaggio dall'infanzia all'adolescenza: uscito dal protettivo mondo materno, il figlio entra in contatto con una realtà che svela la sua fragilità psicologica e gli fa provare un acuto senso di esclusione. L'adolescente autobiografico di Bilenchi è una persona sola, che dinanzi ad un mondo esterno chiuso e arido reagisce ripiegandosi su se stessa e abbandonandosi alla nostalgia dell'infanzia, immagine mitica della sua vita.

Nei racconti *La siccità* e *La miseria*, pubblicati nel 1941, e nel molto piú tardo *Il gelo*, del 1982 (riuniti nel 1984 in *Gli anni impossibili*), è la realtà nel suo complesso, naturale e storica, ad essere percepita come una minaccia distruttiva, anche al di là dell'adolescenza.

Dopo un silenzio di molti anni, Bilenchi ha pubblicato nel 1972 un romanzo d'ispirazione storica e politica, *Il bottone di Stalingrado*, in cui ripercorre fasi cruciali della storia italiana: l'avvento del fascismo, la Resistenza, le lotte operaie del dopoguerra.

MASSIMO BONTEMPELLI
(Como 1878 – Roma 1960)
Il nome di Bontempelli è legato soprattutto alla poetica del «realismo magico», una nuova prospettiva letteraria che ha le sue radici nella fase avanguardistica dello scrittore. Se nei racconti de *La vita intensa* (1920), di sapore futurista ma insieme ironicamente critici verso il futurismo, prevale il puro divertimento, nel romanzo *La vita operosa* (1921) si mostra una coscienza critica piú matura: in esso (uno dei testi di punta dell'avanguardia italiana) l'autore evoca la Milano del pri-

mo dopoguerra in preda a vorticose trasformazioni e denuncia la crisi delle ideologie e il condizionamento dell'individuo nella società industriale. Nei successivi romanzi – *La scacchiera davanti allo specchio* (1922), viaggio attraverso le immagini di uno specchio, ed *Eva ultima* (1923), incentrato su una marionetta che si rivela piú autentica di tanti personaggi reali – circola un relativismo di stampo pirandelliano e agisce la suggestione della contemporanea pittura metafisica.

Intonati alla poetica del «realismo magico» sono *Il figlio di due madri* (1929), storia di un ragazzo morto che torna a rivivere in un coetaneo; *Vita e morte di Adria e dei suoi figli* (1930), la cui protagonista vuole nascondere il declino della sua favolosa bellezza; *Gente nel tempo* (1937), un'intricata vicenda di morti a scadenza fissa all'interno di una famiglia. Ma in questi romanzi l'intreccio si fa sempre piú esasperato e l'immaginazione soverchiante. I racconti del *Giro del sole* (1941), improntati a una libertà fantastica di tipo ariostesco, sono invece prosa d'arte, vicini al classicismo dei rondisti.

Del Bontempelli poeta si ricorda la raccolta *Il purosangue – L'ubriaco* (1919), esperimento giocoso di poesia futurista. Entro la sua produzione teatrale spiccano *Nostra Dea* (1925), che prospetta un pirandelliano trasmutarsi della personalità secondo l'abito indossato, e *Minnie la candida* (1926), che denuncia l'alienazione sofferta dall'uomo in una società governata solo dalle leggi della produzione e del consumo.

DINO BUZZATI
(Belluno 1906 – Milano 1972)

L'incombere della morte e una vita percepita come governata dal capriccio del destino e destinata allo scacco sono i motivi centrali della narrativa di Buzzati, sui quali l'autore compie molteplici variazioni. In lui, raffinato intellettuale borghese, anche il destino assume un carattere borghese, poiché viene percepito non come antagonista cui ribellarsi, bensí come dolorosa abitudine e come norma di un piú ampio ordine psicologico e sociale interamente accettato. A comporre l'allegoria di questa frustrazione perpetua partecipano mirabilmente – da *Bàrnabo delle montagne* (1933) a *Il segreto del Bosco Vecchio* (1935) a *Il deserto dei Tartari* (1940) – le montagne, che si configurano come uno spazio metafisico, come un misterioso paesaggio del surreale.

Il deserto dei Tartari, il libro maggiore di Buzzati, e *Un amore* (1963) narrano entrambi, attraverso formule narrative diverse, il tempo e l'amore-passione, un'attesa-ricerca non soddisfatta. Drogo e Dorigo, i rispettivi protagonisti, aspirano entrambi ad una vita che trovi un proprio significato: il primo attende che all'orizzonte del deserto si mostri il nemico, il secondo che la ragazza squillo di cui è innamorato muti natura. Nel *Deserto*, un testo intensamente esistenziale, la morte è l'effettivo oggetto dell'attesa, mentre in *Un amore* la sua presenza – mai cancellata – torna a farsi incombente quando la passione, forzata distrazione, si attenua.

Buzzati ha scritto anche numerosi racconti, dalla raccolta de *I sette messaggeri* (1941) a quella de *Le notti difficili* (1971). Essi ci rivelano uno scrittore attento al mistero annidato nella realtà quotidiana e che vede l'uomo insidiato da simboli angosciosi, manovrato da quel burattinaio del teatro del mondo che è la morte.

ITALO CALVINO
(Santiago de Las Vegas, Cuba 1923 – Siena 1985)
Il lungo cammino letterario di Calvino, dal neorealismo alla piú sofisticata sperimentazione, mostra come lo scrittore abbia cercato forme di conoscenza e di rappresentazione sempre piú rispondenti ad una realtà in rapida e radicale trasformazione. A tal fine egli si è accostato ad alcune esperienze centrali della cultura italiana ed europea del dopoguerra, e la sua narrativa ne reca vistose tracce.

Calvino esordisce con *Il sentiero dei nidi di ragno* (1947), un libro d'impianto neorealistico, ma già incrinato da quell'apertura al fiabesco che gli è congeniale. Alcuni racconti degli anni Cinquanta (raccolti in volume nel 1958) lo mostrano anche attento indagatore della nuova realtà industriale. La sua formazione illuministica, la tensione critica e la vocazione fantastica si fondono nella trilogia *I nostri antenati* (comprendente *Il visconte dimezzato*, 1952; *Il barone rampante*, 1957; *Il cavaliere inesistente*, 1959), dove si prospetta una realtà labirintica in cui la ragione fatica a ritrovarsi.

Sul finire degli anni Sessanta Calvino s'impegna in una nuova ricerca narrativa, alimentata dall'attenzione alle nuove teorie letterarie e alle scienze naturali. Ne nascono *Le cosmicomiche* (1965) e *Ti con zero* (1967), fantascienza a ritroso, e

Il castello dei destini incrociati (1969), esibizione dei molti possibili meccanismi di montaggio narrativo. La tensione tra gioco combinatorio e osservazione della realtà produce un libro notevolissimo, *Le città invisibili* (1972), fantastico e tuttavia carico dei segni del nostro tempo (vi è ben visibile l'orrore della città moderna). Le possibilità offerte dalla combinatoria e dalla riflessione teorica sulla narrativa sono portate all'estremo nel metaromanzo *Se una notte d'inverno un viaggiatore* (1979), da cui emerge la visione di un mondo governato dal disordine e dalla precarietà.

L'impossibilità di dare attraverso la letteratura un'immagine adeguata della realtà, avvertita come priva di stabilità e certezze, traspare dalle prose di *Palomar* (1983).

BEPPE FENOGLIO
(Alba, Cuneo 1922 – Torino 1963)
La narrativa di Fenoglio ruota intorno ai due grandi temi della lotta partigiana e del mondo contadino delle Langhe, di cui egli ebbe diretta esperienza.

Già nell'opera d'esordio, i racconti de *I ventitre giorni della città di Alba* (1952), la rappresentazione ch'egli dà della Resistenza non è documentaria né tanto meno celebrativa, bensí demistificatoria, talora corrosiva, come nel racconto che dà il titolo alla raccolta. Fenoglio traspone l'esperienza autobiografica della guerra partigiana su un piano simbolico, adombrandovi una concezione della vita come continua necessità di maturazione, di scelta e di lotta, pur nella consapevolezza di una radicale insensatezza delle cose. Johnny, il personaggio autobiografico protagonista dei romanzi *Primavera di bellezza* (1959) e *Il partigiano Johnny* (incompiuto, pubblicato postumo nel 1968 come combinazione di due redazioni del testo), concepisce la sua partecipazione alla Resistenza come un ineluttabile dovere tragico, impostogli non da una ragione ideologica bensí da una profonda aspirazione alla dignità umana. Altra proiezione autobiografica è il partigiano Milton, protagonista del breve romanzo incompiuto *Una questione privata* (postumo, 1965), il capolavoro di Fenoglio. Milton agisce in un drammatico spazio privato scavato entro la storia: in mezzo alla guerra e alla violenza fruga nel passato della donna amata alla ricerca di una verità che non potrà dargli che dolore e disperazione.

Un Fenoglio neoverista è quello che, nel romanzo breve *La malora* (1954), descrive la realtà contadina delle Langhe, fatta di sacrificio, di crudeltà e di dolore, in cui vige una distruttiva logica economica: un mondo non dissimile da quello cui avevano dato voce Verga e Tozzi.

Eccellenti sono anche i racconti di *Un giorno di fuoco* (postumo, 1963), legati anch'essi, come quelli dell'opera d'esordio, ai due nuclei tematici della narrativa fenogliana.

CARLO EMILIO GADDA
(Milano 1893 – Roma 1973)

Il trascorrere del tempo mette sempre piú in luce la grandezza e la complessità dell'opera di Gadda, profondamente unitaria nella sua esigenza assoluta di verità: opera che nasce da una disperata condizione psicologica, radicata nei traumi dell'infanzia e dell'adolescenza, e da un rapporto traumatico con la realtà, avvertita come caos, non-senso, volgarità. Di questa realtà vuol farsi mimesi e parodia l'originalissimo stile espressionistico di Gadda: una scrittura nella quale si mescolano, con straordinaria perizia, forme auliche, registri dialettali, gerghi specialistici, difficili tecnicismi (derivati dalla sua formazione scientifica, che si unisce in lui ad una solida cultura umanistica).

La funzione della scrittura gaddiana come lucida autoanalisi trova espressione piena nel romanzo *La cognizione del dolore* (incompiuto, pubblicato in rivista nel 1938-41; in volume nel 1963 e, con l'aggiunta di due capitoli, nel 1970). È un'autobiografia, appena velata dall'ambientazione in un immaginario paese latino-americano in cui è facilmente identificabile la natía Brianza: vi erompe l'astio verso la meschinità borghese e ritorna la figura della madre, ignara colpevole del «male di vivere» del figlio.

Ai vertici della narrativa gaddiana si pone anche *Quer pasticciaccio brutto de via Merulana* (pubblicato in rivista nel 1946-47; riscritto, in volume nel 1957), cui è sotteso il concetto che ogni frammento della realtà, ogni persona, ogni evento, è un groviglio, un «pasticciaccio» appunto. Le indagini che vi si narrano su un duplice delitto, insolubile e insoluto, restituiscono l'immagine di un mondo fosco e meschino (cui contribuisce l'ambientazione in epoca fascista) e spesso grottesco. Di Gadda, autore anche di numerosi e splendidi

racconti, si ricorda ancora *L'Adalgisa* (1944), affresco satiri-
co della borghesia milanese degli inizi del secolo.

TOMMASO LANDOLFI
(Pico, Frosinone 1908 – Milano 1972)
La scrittura di Landolfi, narratore raffinatissimo, presup-
pone una tormentata problematica esistenziale, un «male di
vivere» che lo ha condotto alle soglie del piú amaro nichilismo. Egli ha ostentato una sorta di dandysmo di stampo dannunziano, ma nello stesso tempo ha vissuto un'inquieta ricerca metafisica. Questo si riflette nella sua opera, continuo
gioco di specchi che contrappone e sovrappone snobismo e
sincerità, irrisione e disperazione.
I tre racconti del *Dialogo dei massimi sistemi* (1937), opera
d'esordio e forse vetta della narrativa di Landolfi, imitano il
linguaggio della logica per screditare ogni possibilità di com-
prensione razionale; la mimesi linguistica riflette una angoscia che non può avere riscatto anche perché razionalmente
non definibile. *Il mar delle blatte e altre storie* (1939) spazia
nel surreale, materializzando le angosce e le ossessioni del-
l'uomo in fantasie oniriche, cosí come *La pietra lunare* (1939)
e *Le due zittelle* (1946), in cui si accentuano i toni dell'ironia
dissacratoria. Nel romanzo *Cancroregina* (1950) il racconto
fantascientifico si risolve nella parodia del genere.
Nella seconda fase della produzione di Landolfi domina
una vena diaristica, che fa riferimento al gioco, vizio dichiarato dello scrittore, ma insieme simbolo esistenziale, anche
del bisogno di perdere continuamente per ricominciare sempre daccapo: si collocano in quest'ottica *La bière du pécheur*
(1953; un titolo ambiguo poiché, pronunciandolo, può essere
inteso sia come "La birra del pescatore" sia come "La bara
del peccatore"), *Rien va* (1963), *Des mois* (1967).

PRIMO LEVI
(Torino 1919 – 1987)
Il nome di Levi è legato soprattutto alla sua opera di
testimone della persecuzione e dell'annientamento degli ebrei,
vissuta in prima persona durante il suo internamento ad Auschwitz. La necessità di conservare la memoria dell'Olocausto è
all'origine di *Se questo è un uomo* (1947), racconto-diario,
preciso ed essenziale, dell'universo di abiezione e di sopraf-

fazione instaurato nel Lager nazista: un autentico *reportage* dalla morte, eppur ben diverso dalla memorialistica del neorealismo in quanto animato soprattutto dalla volontà di capire, di definire una realtà incomprensibile dalla ragione. L'odissea del ritorno a casa dopo la liberazione nel gennaio del 1945, attraverso un'Europa sconvolta dalla guerra e alla ricerca di una nuova vita, è raccontata con toni quasi picareschi ne *La tregua* (1963). Il calvario ebraico negli anni dell'Olocausto ritorna in *Se non ora quando?* (1982), racconto delle epiche vicende di un gruppo di partigiani ebrei operanti nella Russia occidentale. Un inquieto ritorno all'esperienza del Lager è nelle pagine saggistiche de *I sommersi e i salvati* (1986), dove, di fronte all'affacciarsi di pericolose dimenticanze, addirittura di negazioni o giustificazioni dello sterminio nazista degli ebrei, vacilla la fiducia dell'autore nella razionalità dell'uomo, donde quel profondo pessimismo che non fu estraneo alle ragioni del suo suicidio.

Ma Levi non è stato solo il Testimone, avendo al proprio attivo un'importante produzione legata tematicamente alla sua professione di chimico e alla civiltà industriale e tecnologica. Un'originale forma di letteratura scientifica e civile sono le pagine autobiografiche de *Il sistema periodico* (1975); mentre romanzo d'ambiente operaio è *La chiave a stella* (1978), specchio della fiducia di Levi nel valore del lavoro e nella possibilità di un rapporto concreto e costruttivo con le cose. La sua ricca produzione di racconti comprende testi di genere sia realistico (legati ai temi delle opere maggiori) sia fantastico, spesso molto vicini alla fantascienza come, per esempio, *Storie naturali* (1966).

ELSA MORANTE
(Roma 1918 – 1985)

La Morante è stata una scrittrice anticonformista, estranea alle mode letterarie. In pieno clima neorealistico si è rivelata in modo sorprendente con *Menzogna e sortilegio* (1948), un romanzo intonato su un registro favoloso e magico, mentre quando la stagione del neorealismo si era da tempo conclusa ne ha richiamato i moduli con *La Storia* (1974).

L'intera sua opera, pervasa di elementi autobiografici, è segnata dalla ricerca della verità, che si traduce in una scrittura tessuta di realismo e di fantasticheria, di penetrante ana-

lisi psicologica e di trasfigurazione mitica di cose e persone.
Il passato ripercorso a ritroso dalla protagonista di *Menzogna
e sortilegio*, un congegno narrativo fitto di eventi, vicende,
caratteri, non è affatto consolatorio. Ne *L'isola di Arturo*
(1957), racconto di una difficile iniziazione alla vita, la dolorosa scoperta della verità coincide con la maturazione del ragazzo protagonista, che scopre come l'unica felicità possibile
resti quella perduta dell'infanzia.

Ne *La Storia*, la ricerca morantiana porta ad individuare i
valori autentici negli umili, negli esclusi, negli sconfitti, nelle «vittime» innocenti e inermi della «grande storia», semi-
natrice di crimini efferati, esplicito bersaglio dell'autrice. Se
questo è l'orizzonte ideologico (che semplifica alquanto la
prospettiva storica), la narrazione richiama i moduli del romanzo popolare ottocentesco, delineando un vasto affresco
di Roma nell'arco di sette anni, dal tempo di guerra all'immediato dopoguerra, tra i periodi piú bui della sua storia.

La verità di *Aracoeli* (1982), ultima opera della Morante,
è la morte, e in questo terribile confronto sfociano l'amara
disillusione della scrittrice nei confronti della realtà e della
vita, e la sua angoscia davanti alla vecchiaia e alla malattia.

ALBERTO MORAVIA
(pseudonimo di Alberto Pincherle, Roma 1907 – 1990)

Attraverso una fittissima, ininterrotta, produzione letteraria e giornalistica, Moravia ha esercitato un ruolo di primissimo piano nella vita culturale italiana dagli anni Cinquanta alla sua morte. Ma egli è stato soprattutto un narratore, nel quale l'innato impulso a raccontare ha preceduto la
stessa coscienza di intellettuale, curioso dei piú svariati
aspetti dell'attualità.

Il romanzo d'esordio, *Gli indifferenti* (1929), il suo capolavoro, individua e rappresenta una categoria esistenziale che rimane il tema piú autentico della sua narrativa: l'«indifferenza», ossia l'accettazione di una realtà negativa e l'incapacità di
decidere, avvertita come carattere del ceto borghese. A questo
ambiente appartengono gli adolescenti che nei romanzi *Agosti-
no* (1943), altro libro notevole, e *La disubbidienza* (1948), conoscono l'aspetto sordido, violento e crudele della realtà, o l'i-
pocrisia e l'inganno degli adulti. La scoperta del popolo come
possibile alternativa esistenziale alla borghesia coincide con il

momento del parziale avvicinamento dello scrittore al neorealismo: ne sono frutto i romanzi *La romana* (1947) e *La ciociara* (1957), nonché i *Racconti romani* (scritti negli anni Cinquanta).

Moravia ritorna all'esplorazione del mondo borghese con *La noia* (1960), dove il sesso entra come criterio d'interpretazione dell'intera realtà e come risposta, vana, all'apatia e all'alienazione. Con questo libro lo scrittore passa al romanzo-saggio, in cui prevalgono gli elementi intellettualistici, alimentati da un costante interesse per le nuove tendenze culturali via via emergenti. La fitta serie dei romanzi e dei racconti successivi mostra un Moravia sempre piú impegnato a individuare nel nostro mobile presente l'ispirazione per nuove forme in cui calare la sua caratteristica tematica esistenziale.

ANNA MARIA ORTESE
(Roma 1914 - Rapallo 1998)
La sostanza della narrativa della Ortese è costituita da una sofferta percezione del vivere, calata in forme che oscillano tra il realismo e il surrealismo.

L'esordio della scrittrice, con i racconti di *Angelici furori* (1935), è all'insegna di un'analisi psicologico-esistenziale nei toni del fiabesco; e questa inflessione è confermata dai racconti de *L'infanta sepolta* (1950). Una virata in direzione neorealista sembrano costituire i racconti de *Il mare non bagna Napoli* (1953) e di *Silenzio a Milano* (1958), che con un'analoga operazione demistificatoria capovolgono le immagini convenzionali delle due città. I primi denunciano la desolata condizione di irredimibile miseria economica e morale del mondo popolare napoletano; i secondi portano alla luce sacche di emarginazione e di solitudine esistenti in quel simbolo del benessere e della vitalità che è la metropoli lombarda: ma la dimensione del lucido documento sociale è continuamente superata da una trepida attenzione al destino degli uomini e delle cose che approda spesso a esiti lirici.

Polemica morale e una fantasia sempre piú trasfiguratrice s'intrecciano ne *L'iguana* (1965), col suo meraviglioso allegorico, e ne *Il porto di Toledo* (1975). In questo opera uno stravolgimento fantastico dei dati offerti dalla memoria, per cui ogni cosa si colloca in una dimensione assai vicina a quella onirica: la vecchia Napoli dell'infanzia e dell'adolescenza, il mondo di ieri, si trasforma nella strana e vivacissima Toledo.

Con *Il cardillo addolorato* (1993) la Ortese si pone decisamente dentro la favola, che però ci trasmette tutta la contraddittorietà del reale, il groviglio della vita.

GOFFREDO PARISE
(Vicenza 1929 – Treviso 1987)
Parise ci racconta il tempo delle macerie materiali e spirituali lasciate dalla Seconda guerra mondiale in modo molto diverso dai neorealisti: ne *Il ragazzo morto e le comete* (1951) la morte insidia l'uomo oltre i limiti della guerra, lo compenetra; e l'unica alternativa ad una condizione dolorosa consiste nell'evasione fantastica.

Lo scrittore ha poi descritto certi aspetti bizzarri o corrotti della sua città, nei modi frizzanti della commedia di costume, come ne *Il prete bello* (1954), dove lo scandalo ecclesiastico-politico svela i vizi e le debolezze delle strutture sociali e religiose del secondo anteguerra; o nei toni spenti de *Il fidanzamento* (1956) e di *Amore e fervore* (1959), specchi di una società piccolo-borghese pervasa di pregiudizi, di meschinità morale, di torbidi complessi, di una religiosità che sfuma nell'ipocrisia: un mondo, questo, percepito come incapace di rinnovarsi.

Mutando poi radicalmente tematica e registro, nella trilogia del servo-padrone (*Il padrone*, 1965; *L'assoluto naturale*, 1967; *Il crematorio di Vienna*, 1969) Parise denuncia la riduzione dell'uomo a cosa operata dalla civiltà tecnologica e i nuovi protagonisti della violenza, le macchine e gli strumenti: il marchio doloroso di quest'uomo – privato dei suoi tratti «umani» e oppresso dal senso della propria inautenticità – è la nevrosi.

La freddezza quasi illuministica di queste narrazioni tragico-grottesche si scioglie poi inaspettatamente nella vena fervida e malinconica di *Sillabario n. 1* (1972) e *Sillabario n. 2* (1982): i racconti che formano questi volumi ci mostrano come ad ogni promessa della vita segua inevitabilmente una delusione, e la felicità sia solo un attimo di estraneità rispetto al «normale» disordine del mondo.

CESARE PAVESE
(Santo Stefano Belbo, Cuneo 1908 – Torino 1950)
Narratore e poeta (con *Lavorare stanca*, 1936), Pavese ha trasposto nei suoi personaggi la propria inadeguatezza alla

vita, l'incapacità di comunicare con gli altri, la vocazione alla solitudine: una solitudine tragica, ritrovata ogni volta in quella campagna (la terra e le colline di Santo Stefano Belbo, nelle Langhe) cui lo scrittore ritorna per recuperare il senso vero dell'esistenza. Un mondo contadino di passioni violente e primordiali è rappresentato nel romanzo breve *Paesi tuoi* (1941), l'espressione piú intensa del naturalismo pavesiano. Dalla vasta e approfondita riflessione sul mito condotta negli anni della guerra (e mai interrotta) nasce *Feria d'agosto* (1945), raccolta composita di testi narrativi e descrittivi e di pagine saggistiche (importanti quelle intitolate *Del mito, del simbolo e d'altro*). Nutriti di fonti classiche sono i *Dialoghi con Leucò* (1947), dove il mito agisce come forma trasfigurata di conoscenza e di autoconoscenza.

Una lucida analisi di sé troviamo in *La casa in collina* (pubblicato nel 1948 nel volume *Prima che il gallo canti*), forse il libro maggiore di Pavese, che nell'intellettuale protagonista proietta la personale estraneità alla storia, la sua incapacità di attribuirle un senso e un valore. La consapevolezza della propria solitudine e impotenza è trasposta infine nel protagonista de *La luna e i falò* (1950), l'ultimo libro dello scrittore, narrazione fortemente simbolica di un ritorno alle origini. Il tema dell'adolescenza (centrale, con quello dell'infanzia, nell'opera pavesiana) ritorna in altri due romanzi, *Il diavolo sulle colline* e *Tra donne sole* (pubblicati nel 1949 nel volume *La bella estate*).

Pavese ha lasciato anche un diario. *Il mestiere di vivere* (dall'ottobre del 1935 a pochi giorni prima del suicidio), eccezionale documento di un ossessivo e continuo scavo interiore e insieme della lucidità critica che ha accompagnato il suo lavoro creativo.

LUIGI PIRANDELLO
(Agrigento 1867 – Roma 1936)
Con la sua imponente e variegata produzione, narrativa e drammaturgica, Pirandello è stato uno dei maggiori interpreti europei della crisi esistenziale e culturale del primo Novecento. I temi che, variamente elaborati, percorrono l'intera sua opera sono la solitudine dell'uomo, l'ipocrisia e la violenza dei rapporti sociali, l'instabilità e l'inautenticità dei rapporti umani (approfondita nel romanzo *Quaderni di Serafino*

Gubbio operatore, inizialmente intitolato *Si gira*, 1915), l'ineluttabilità del destino di ciascuno (incarnata ne *Il fu Mattia
Pascal*, 1904), l'imponderabilità del caso, gli inganni della coscienza, la perdita dell'identità e dell'unicità dell'io (sofferta
in *Uno nessuno e centomila*, 1926), l'impossibilità di spiegare
razionalmente il mondo (da cui la follia, come nel dramma
Enrico IV, 1929). Altre peculiarità pirandelliane sono il carattere raziocinante dei personaggi, la paradossalità dei loro
dialoghi, spesso null'altro che monologhi incrociati, il ruolo
dell'ironia come strumento di conoscenza (approfondito nel
saggio *L'umorismo*, 1908).

Il teatro di Pirandello nasce dalla sua narrativa e ne divul-
ga i temi, con straordinario successo grazie anche alle inno-
vazioni strutturali apportate al teatro tradizionale, che si
connettono alla riduzione, operata già dal narratore, del
mondo a palcoscenico e dell'uomo a personaggio: se la vita è
un'enorme «pupazzata», fare teatro diventa un'operazione
di «teatro nel teatro» (le cui possibilità sono esplorate nella
trilogia *Sei personaggi in cerca d'autore*, 1921, *Questa sera si recita a soggetto*, 1930, e *Ciascuno a suo modo*, 1930).

Dopo tanta desolata demistificazione, l'ultimo Pirandello
tenta, attraverso il «teatro del mito», un recupero di valori,
come la solidarietà umana (*La nuova colonia*, 1928), l'istanza
religiosa (*Lazzaro*, 1929), la perennità della poesia (*I giganti
della montagna*, incompiuto). Del Pirandello narratore, oltre
ai numerosi racconti (raccolti in *Novelle per un anno*), va ricordato anche un altro romanzo, *I vecchi e i giovani* (1909), il
cui pessimismo storico è ancora espressione di un disperato
nichilismo esistenziale.

MARIO RIGONI STERN
(Asiago, Vicenza 1921)
L'intera opera di Rigoni Stern si configura sostanzialmen-
te come un unico romanzo scritto in tempi diversi: il romanzo dell'Altipiano di Asiago, un lembo delle Prealpi venete, la
sua «nazione».

Da *Il bosco degli urogalli* (1962) alla *Storia di Tönle* (1978),
a *Uomini, boschi e api* (1980), a *Le stagioni di Giacomo*
(1996), Rigoni Stern si fa descrittore e testimone, a futura
memoria, di una civiltà scomparsa, quella che si identifica
con i boschi, le nevi, i casolari alpini: una civiltà marginale e

per secoli appartata, un antico mondo, visceralmente sentito,
di valori e tradizioni, che aveva saputo mantenere una sua armonia sia attraverso le durezze del tempo di pace, sia attraverso le rovine della guerra. Tönle, il protagonista del suo libro maggiore, è espressione di una cultura «sommersa», la
cultura – segnata dalla povertà e dal bisogno – di generazioni
di boscaioli e contadini, pastori e malghesi; e la sua storia riflette il periodo cruciale della vita dell'Altipiano, quello compreso tra l'annessione all'Italia e il primo conflitto mondiale,
quando il suo volto lentamente ma irrimediabilmente muta.

La guerra, anche se ha segnato profondamente Rigoni
Stern, costituisce un'esperienza a lui estranea. *Il sergente nella neve* (1953), epica narrazione delle sofferenze patite dai
soldati italiani durante la campagna di Russia, ci mostra la
guerra come orrore e massacro, ma insieme racconta di alpini
che sono legati da un profondo vincolo culturale e che soprattutto sognano di «tornare a baita».

ALBERTO SAVINIO
*(pseudonimo di Andrea De Chirico,
Atene 1891 – Roma 1952)*
Per Savinio, non solo narratore, autore di teatro e saggi-
sta, ma anche musicista, pittore (fratello minore di Giorgio
De Chirico, il maestro della pittura metafisica), scenografo e
regista, la letteratura è inconcepibile senza lo scambio con le
altre arti. Dai suoi libri traspare una ricca e variegata cultura
di ampiezza europea, formata soprattutto a Parigi, dapprima,
negli anni immediatamente precedenti la Grande guerra, par-
tecipando all'avanguardia artistica e letteraria (l'amicizia con
Apollinaire si rivela nelle prose dell'*Hermaphrodito*, 1918);
poi, tra le due guerre, frequentando in particolare Bréton e i
surrealisti (la cui suggestione è soprattutto nei racconti del-
l'*Achille innamorato*, 1938).

Se fino ai primi anni Trenta appare piú esplicito in Savinio l'intento disgregativo dell'avanguardia, negli anni successivi prevale in lui il proposito di «dare forma all'informe», di
definire una nuova civiltà attraverso una critica radicale, se
pur leggera nei toni, dei valori assoluti e definitivi, ch'egli
considera ostacoli alla libertà dell'uomo. Viene intanto ad imporsi al centro della sua opera il tema della morte (particolarmente nei racconti della *Casa «la Vita»*, 1943), con cui s'in-

treccia una concezione, d'impronta nietzscheana, del tempo
come eterno ritorno.

Centrale in Savinio è anche l'attenzione al mondo dell'infanzia, dal romanzo *Tragedia dell'infanzia* (1937), dove l'oppressione degli adulti impedisce la libertà e la felicità del
bambino, all'*Infanzia di Nivasio Dolcemare* (1941), piú esplicitamente autobiografico, in cui l'infanzia non rappresenta
un paradiso perduto bensí una condizione di disagio nella
quale è radicata quella presente del narratore, e ancora nei
racconti del *Signor Dido* (1978), dove il richiamo dell'infanzia si identifica con quello della morte.

LEONARDO SCIASCIA
(Racalmuto, Agrigento 1921 – Palermo 1989)

Sciascia ha concepito la letteratura come strumento essenziale di conoscenza e di libertà: con grande lucidità e rigore
intellettuale e morale, ha indagato i mali della sua terra, la
Sicilia. Ma la Sicilia, soffocata dalla mafia, diventa nelle sue
pagine un'immagine esemplare di tanta vita italiana; di piú,
una metafora del mondo, insidiato dalla menzogna, dall'ingiustizia, dal sopruso.

La sua vasta produzione, costituita da libri che si situano
tra narrativa e saggistica, è una lunga e ininterrotta indagine
sulla storia passata e presente della Sicilia. Storia di una continua sconfitta della ragione, essa ha il suo punto di partenza
ne *Le parrocchie di Regalpetra* (1956), un'inchiesta già impo-
stata come un romanzo, misto di realtà storica e d'invenzione. Con *Il giorno della civetta* (1961) e *A ciascuno il suo* (1966)
l'autore impone il fenomeno mafioso all'attenzione dell'opinione pubblica nazionale. Per capire il presente, Sciascia ne
ricerca le lontane radici: libri come *Il consiglio d'Egitto* (1963)
e *Morte dell'inquisitore* (1967) sono ambientati nella Sicilia ri-
spettivamene del Settecento e del Seicento.

Il suo pessimismo circa la possibilità di rigenerazione della Sicilia, e della realtà di cui essa è metafora, s'accentua ne
Il contesto (1971), una denuncia della complicità tra poteri
statali, interessi privati, forze d'opposizione; e diviene desolata visione del presente in *Todo modo* (1974), indagine sulle oscure trame che trovano connivenze nel governo. La va-
nità di ogni tentativo di correzione razionale di questo mondo traspare da quella sorta di autobiografia intellettuale ap-

passionata e ironica che è *Candido ovvero Un sogno fatto in Sicilia* (1977). Alla ricostruzione dei piú eterogenei fatti di cronaca o di vicende lontane Sciascia ha dedicato la sua ultima, fitta, produzione (all'interno della quale ricordiamo almeno *L'affaire Moro*, 1978).

ITALO SVEVO
(pseudonimo di Ettore Schmitz,
Trieste 1861 – Motta di Livenza, Treviso 1928)
La narrativa maggiore di Svevo (alla quale si saldano, in una sostanziale unità di fini e di temi, i racconti e il teatro) si configura come una sempre piú profonda e organica esplorazione della coscienza. Vi è svolto di fatto un solo tema, quello dell'«inettitudine», che costituisce l'epicentro della grande narrativa mitteleuropea.

Il rapporto dei protagonisti sveviani con la vita è sempre sotto il segno della «malattia», in quanto essi risultano incapaci di inserirsi nel ritmo normale dell'esistenza, e sono quindi vittime di abulia, alienazione, nevrosi, complessi di inferiorità. Alfonso Nitti (in *Una vita*, 1892) rifiuta la «normalità» ma insieme la vita. Emilio Brentani (in *Senilità*, 1898) si sente attratto dalla «normalità» ed aspira, invano, ad entrarvi. Zeno Cosini (in *La coscienza di Zeno*, 1923) non è migliore di Alfonso e di Emilio, è l'inetto di sempre; ma, con l'aiuto della psicoanalisi freudiana, egli conosce e accetta la propria «malattia», non vuole uscirne, poiché ha scoperto che la «salute» è perfettamente funzionale al sistema borghese e al suo ordine repressivo e alienante, di cui egli è comunque partecipe.

La coscienza di Zeno costituisce l'approdo non solo psicologico e ideologico, ma anche letterario di Svevo. Il libro si presenta infatti come un'autobiografia, condotta sulla base d'una distaccata «registrazione di eventi» e di un rigoroso procedimento analitico: si ha cosí un completo ribaltamento delle strutture narrative naturalistiche entro le quali, nei primi due romanzi, operava l'autoindagine dello scrittore triestino.

Svevo è stato il primo scrittore italiano a servirsi di Freud per scandagliare le profondità dell'io, anche se non credeva all'efficacia terapeutica della psicoanalisi (Zeno, poi, non vuol «guarire»). A questa apertura

ha concorso la specifica fisionomia culturale di Trieste,
città appartata ma per molti versi avanzata, in virtú
del suo carattere cosmopolita e dello stretto legame con
la coeva cultura mitteleuropea, cui Svevo appartiene
interamente.

ANTONIO TABUCCHI
(Pisa 1943)

Tabucchi è uno degli scrittori piú interessanti di questi ultimi anni anche per la consapevolezza critica con cui accom-
pagna il suo lavoro creativo. Egli si pone sul versante meta-
letterario, tipico della cultura postmoderna, aperto magistral-
mente da Calvino. Ma Tabucchi non fa della scrittura sulla
scrittura un gioco lucido e freddo dell'intelligenza: attraverso la sapiente sperimentazione strutturale e formale egli ten-
gli appare confusa, oscura, mutevole, e indagabile solo
se la si guarda da molteplici punti di vista. Una tale
realtà, quindi, non è descrivibile, non è raccontabile
senza dubbi e incertezze. Spesso, soprattutto nei racconti, l'io narrante o il personaggio si pongono continue
domande sul senso delle cose e della vita, la cui ambiguità si rispecchia significativamente nel fatto che ogni
storia resta aperta (l'ambiguità – tra l'altro – è la tematica prediletta di Fernando Pessoa, lo scrittore portoghese
di cui Tabucchi è studioso e divulgatore dell'opera in
Italia).

Tabucchi predilige la forma breve del racconto: si ricorda-
no soprattutto le raccolte *Il gioco del rovescio* (1981), *Donna
di Porto Pim e altre storie* (1983) e *Piccoli equivoci senza importanza* (1985). Ma si è cimentato anche nel romanzo, dal libro d'esordio, *Piazza d'Italia* (1975), un quadro di cent'anni
di storia italiana ricco di passione civile; a *Notturno indiano*
(1984), suggestivo viaggio attraverso un'India notturna, sulle tracce di un amico scomparso; a *Sostiene Pereira* (1994),
storia del risveglio di una coscienza umana e politica nel
Portogallo durante la dittatura di Salazar; al recentis-
simo *Si sta facendo sempre più tardi* (2001), in cui, rinno-
vando originalmente il genere tradizionale del romanzo
epistolare, offre uno struggente «trattatello» sulle passioni
umane.

FEDERIGO TOZZI
(Siena 1883 – Roma 1920)

L'opera di Tozzi nasce come oggettivazione di una tormentata vita interiore, ma si pone anche come lacerante metafora della condizione umana.

Le nevrosi dell'autore, alla cui origine è il traumatico rapporto col padre, si proiettano nei protagonisti dei suoi racconti, appartenenti al folto gruppo degli «inetti» novecenteschi. Nei *Ricordi di un impiegato* (scritto nel 1910, pubblicato postumo nel 1920) Leopoldo è imprigionato entro un mondo privo di senso e frantumato come il suo io. In *Con gli occhi chiusi*, il capolavoro di Tozzi (composto nel 1913, pubblicato nel 1919), Pietro si rifiuta di «vedere», difendendosi cosí da una realtà esterna violenta, gretta, incapace d'amore, inesplicabile (qui incarnata in certa provincia senese agricola e piccolo-borghese), che pare avere i connotati paterni. Ne *Il podere* (scritto nel 1918, pubblicato postumo nel 1921) Remigio, con la sua inettidudine attua una sorta di resistenza passiva nei confronti della realtà sociale ma anche di quella naturale, entrambe avvertite come radicale negatività. Ed è l'inettitudine a condurre alla rovina e alla morte i tre fratelli Gambi in *Tre croci* (composto anch'esso nel 1918, pubblicato postumo nel 1920), un romanzo che appare sospeso, come il precedente, tra naturalismo e simbolismo, e i cui protagonisti sono vittime inconsapevoli del male di vivere. Rispetto alle frammentarie opere precedenti (della quale è esempio eccezionale *Bestie*, scritto tra il 1915 e il 1917, anno della sua pubblicazione), *Il podere* e *Tre croci* sono costruzioni narrative piú organiche e coerenti. Motivi, situazioni e problematiche dei romanzi sono ripresi nelle *Novelle* (scritte tra il 1908 e la morte), tra cui spiccano quelle legate alla sofferta vicenda autobiografica dell'autore.

ELIO VITTORINI
(Siracusa 1908 – Milano 1966)

Vittorini intellettuale e operatore culturale ha lasciato un segno profondo nella cultura italiana tra gli anni Trenta e Sessanta. Egli ha creduto fermamente nella funzione progressiva della cultura, concepita come ricerca libera (lo testimoniano le riviste da lui fondate, «Il Politecnico», nel 1945, e «Il Menabò», con Calvino, nel 1959) e autonoma rispetto alle esigenze della politica (celebre, a questo proposito, la sua polemica con Togliatti nel 1947).

Vittorini scrittore ha dato il meglio di sé in *Conversazione in Sicilia* (apparso dapprima su «Letteratura» tra il 1938 e il 1939), una storia che combina, in perfetto equilibrio, realtà e trasfigurazione simbolica: l'umanità offesa incontrata dal protagonista nel ritorno alla proprie radici, in una Sicilia mitica, diviene emblematica di una condizione universale e metastorica dell'uomo. Vittorini è stato uno sperimentatore incessante di forme narrative: *Conversazione in Sicilia* era stato infatti preceduto da un altro romanzo atipico, *Il garofano rosso* (pubblicato dapprima su «Solaria» tra il 1933 e il 1934), nel quale s'intrecciano la maturazione sentimentale e quella politica di un adolescente negli anni dell'ascesa del fascismo.

Le opere narrative successive al suo libro maggiore risultano troppo esplicitamente connesse all'impegno di intellettuale militante, sensibilissimo alle sollecitazioni della realtà politica e sociale. Un realismo programmatico caratterizza *Uomini e no* (1945), di materia resistenziale; *Il Sempione strizza l'occhio al Frejus* (1947) esalta invece, attraverso figure esemplari, la vita popolare; mentre *Le città del mondo* (postumo, nel 1969) è un viaggio alla ricerca di un'utopica città ideale in cui l'uomo possa vivere in piena libertà e dignità.

Negli ultimi anni della sua vita Vittorini è giunto a negare la validità della letteratura come mezzo di conoscenza della nuova realtà industriale e tecnologica: abbandonando ogni nostalgia dei valori originari del mondo popolare (mitizzati in *Conversazione in Sicilia*), egli ha additato nella cultura scientifica e tecnica lo strumento primario per liberare concretamente l'uomo.